Der Weg des Mamonts

von Evelyn Holmy

Impressum:

Evelyn Holmy
Der Weg des Mamonts
2.Auflage
Verlag: epubli GmbH, Berlin, www.epubli.de
ISBN 978-3-7375-3629-5

In Liebe für J., R. und M.

„Alles, was gegen die Natur ist,
hat auf Dauer keinen Bestand.“

Charles Darwin.

Namen der wichtigsten Handlungsträger

Stamm der Reni (Rentierjäger)

Wolf/ Breka	Jäger vom Stamm der Reni
Eisfuchs	Brekas Sohn
Malo	Brekas Freund, entstammt einem Clan südlich des Großen Meeres
Rabenherz, Milan, Schwarze Feder	Seher und Heiler der Reni
Grauer Wolf	junger Reni
Weißer Falke	Reni aus dem Ältestenrat
Adlerschrei	Sprecher und Kopf des Ältestenrates
Stiller Rauch	Reni aus dem Ältestenrat
Rotes Wiesel	Reni-Junge

Waldstamm

Clan der Veni

Veni	geistige Führerin und Heilerin des Veni-Stammes, geborene Konsai
Asil	Brekas Zwillingsbruder
Ulan	Anführer der Veni, Vater von Breka, Asil, Stisja, Keril, Jili
Silki	Gefährtin Ulans, geborene Konsai, Mutter von Keril, Stisja und Jili

Isja	Ulans frühere Gefährtin, geborene Tautee, Mutter von Breka und Asil
Edil	Stiefschwester von Breka und Asil, „Flusskind“
Bärriss	Edils Gefährte, geborener Konsai, Bruder von Silki
Urs	Großvater von Breka und Asil, Vater von Ulan und Tisi
Alba	Großmutter von Breka und Asil, Mutter von Ulan und Tisi
Tisi	Ulans Schwester, Mutter von Wykat, Jerat, Amili, Babuk
Tallidon	Gefährte von Tisi, geborener Mora, Vater von Bower, Wykat, Jerat, Amili, Babuk
Keril	Ulans jüngster Sohn
Stisja	Ulans ältere Tochter
Jili	Ulans kleine Tochter
Bower	Gefährte von Stisja, geborener Mora, Sohn Tallidons
Wykat	ältester Sohn von Tisi und Tallidon
Jerat	Sohn von Tisi und Tallidon
Babuk	Kerils Feund, jüngster Sohn von Tisi und Tallidon
Amili	Tochter von Tisi und Tallidon
Djari	Tochter von Amili

Clan der Mora

Mora	Anführer, geistiger Führer und Heiler des Mora-Stammes
Milandra/ Kleine Laus	Gefährtin Moras
Don	Morajunge
Jollina	Schwester Moras
Budon	Bruder Tallidons

Clan der Tautee

Abras	früherer Gefährte von Isja
Undred	geistiger Führer und Heiler der Tautee

Clan der Konsai

Konsai	geistiger Führer und Heiler der Konsai, Venis älterer Bruder
Alver	Venis jüngerer Bruder
Umanthu	Anführer der Konsai

Begegnung im Wald

Wolf rückt noch etwas näher in die Wärme der anderen und lehnt sich behaglich auf seinem Umhang aus Rentierfell zurück. Er streicht sich mit dem Ärmel seines knielangen Felloberteils das Blut des Bären aus dem Bart und hält das Gesicht genüsslich in die Sonne. Wie gut es tut, nach all den vergangenen Tagen ohne Jagderfolg, wieder einmal satt geworden zu sein. Auch wenn der Stamm sicher noch hungert. Denn die Wintervorräte sind aufgezehrt. Sie müssen schnell zurück, ihren Familien vom Fleisch des riesigen Bären abgeben, den sie heute erjagen konnten. Sie hatten ihn im Winterschlaf überrascht.
Es wird ein langer Weg zurück zu ihnen sein. Ein beschwerlicher Weg. Und sie können ihn sicher nicht mehr allzu oft gehen. Insgeheim wissen sie nun, dass sie nicht länger im offenen Land bleiben können. Die ungewöhnliche Kälte hält nun schon seit fünf lang gewordenen Wintern an und kann somit bald nicht mehr als ungewöhnlich bezeichnet werden. Unmöglich, unter dieser Kälte noch weiter nördlich, im offenen, flachen Land vor den Bergen und Wäldern, zu leben. Der tiefere Boden der Ebene ist nun meistenorts das ganze Jahr über gefroren. Es wachsen kaum noch Bäume auf ihm. Wenn er überhaupt noch bedeckt ist, dann durch kleinere Pflanzen, die meist ungenießbar sind. Die furchtbaren Stürme, die nun oft vom mächtigen Eis herüber wehen, wirbeln den unbedeckten Boden auf und machen die Sicht beinahe unmöglich. Anders, als hier im geschützten Wald.
Wolf gibt einem herzhaften Rülpser freien Lauf und zwängt sich noch ein Stück vom rohen Herzen des Bären hinein. Wer kann wissen, wann sie wieder etwas zu Beissen bekommen? Denn am furchtbarsten ist, dass es ihnen die Kälte kaum noch ermöglicht, weiterhin Rentiere, ihre Hauptbeute, in der Ebene zu erlegen. Die Herden wandern auf völlig neuen, unbekannten Wegen durchs Land, ziehen viel weiter nach Süden, als früher. Dorthin, wo es nun ebenfalls kälter geworden ist und wo die Tiere bessere Bedingungen als im eisig gewordenen Norden finden. Die Reni hatten entlang der alten Routen vergeblich auf die Tiere gewartet, um sie überraschend anzugreifen. Und vergeblich sind sie ihnen nun im Winter, als all ihre Vorräte aufgebraucht waren, mit dem Stamm hinterhergezogen, hatten ihre Spuren im Schnee verfolgt. Meist wurden diese durch den Wind verweht. Wenn es jedoch schneite, verschluckte der frischgefallene Schnee die Fährten binnen Kurzem.

Und selbst wenn sie eine Herde finden konnten, die Tiere bemerkten sie schon von weitem. Sie waren viel zu schnell und liefen einfach vor ihnen davon.
Es sind sorgevolle Zeiten. Wenn sie zurück sind wird Wolf den Alten vorschlagen, noch weiter nach Süden zu ziehen. In den Schutz der Wälder. Sie haben im Grunde keine Wahl mehr, wenn nicht noch mehr Kinder Hungers sterben sollen. Dennoch ist es keine einfache Entscheidung. Bedeutet sie doch auch Kampf. Denn erfreut werden die Wald-Clans sicher nicht sein, ihre Jagdgründe mit ihnen in dieser harten Zeit teilen zu müssen.
Aus diesem Grunde vertilgen Wolf und die anderen Jäger seines Stammes das Bärenfleisch nun roh. Er hatte vor den Männern darauf bestanden, hatte nicht gewagt, ein verräterisches Feuer zu entzünden. Anders wird es sein, wenn sie mit ihrem großen Stamm hierher ziehen. Man wird sie angesichts ihrer Vielzahl sicher nicht sonderlich behelligen. Denn die Waldmenschen leben in lächerlich kleinen Clans zusammen, die sich uneins sind. Eine Sache, die Wolf zuversichtlich stimmt, wenn er an die Zukunft seines Stammes, der Reni, denkt. Er hofft, dass dieser dann noch immer über achtzig Menschen zählen wird. Denn er beginnt, langsam zu zerfallen.
Träge blinzelt er Malo entgegen, der ihm grinsend ein weiteres Stück vom rohen, noch wärmedampfenden Fleisch des Bären reicht. Mit einem müden Kopfschütteln bedeutet er seinem besten Freund, dass er genug hat. Malo macht eine gleichgültige Miene und beisst selber herzhaft ab. Das Blut rinnt ihm dabei übers dunkle Kinn. Er wischt es sich mit Schnee ab. Dessen Weiß steht in grobem Kontrast zu Malos dunkler Hautfarbe. Diese macht ihn unter den Reni einmalig, verrät seine Herkunft weit aus dem Süden.
„Mal sehen, ob Weißer Falke auch so erfolgreich war, wie wir“, nuschelt Malo schmatzend.
„Hoffen wir es“, erwidert ihm Wolf träge und denkt an die andere Gruppe um Weißer Falke, die weiter nördlich ebenfalls auf Jagd auszog.
Das Geheul eines Wolfes lässt Malo bedeutungsvoll zu Wolf blicken. „Scheinbar hat er genug von seinen Liebesabenteuern“.
Wolf zuckt gleichgültig die Schultern. „Kann ich mir bei ihm nicht vorstellen.“
„Ja“, lacht Malo. „Nicht das Einzige, das euch verbindet.“ Mit wissendem Lächeln isst er weiter.
„Das sagt der Richtige“, kommentiert es Wolf gähnend. Er streicht sich

bedächtig das lange, braungelockte Haar aus der Stirn und legt sich so bequem wie möglich auf seinem Fell zurecht. Mit geschlossenen Augen gönnt er sich einen Moment Ruhe. Denn aus dieser lässt er sich durch nichts so schnell bringen. An die in der Nähe aufklatschenden Schneefladen, die in der immer stärker werdenden Sonne des Vormittages von den Bäumen fallen, hat er sich bereits gewöhnt. Auch an das Krachen immer mal wieder umfallender Bäume, die der nassen Schneelast nicht länger standhalten. Dennoch kann es nicht dazu beitragen, dass er sich in der für ihn fremden Umgebung sicher fühlt. Dieses Mal verlässt er sich jedoch auf die Aufmerksamkeit der Männer. Dass deren Wachsamkeit nachlässt, wenn sie sich durch ihn, ihren Anführer, unbeobachtet wissen, verdrängt er für einen schläfrigen Moment aus seinen Gedanken.
„Scheint so, dass hier bereits der Frühling einzieht", hört er Malo sagen und brummt etwas zur Bestätigung in seinen braunen Bart, den er sich zum Schutz gegen die Kälte immer im Winter wachsen lässt. Sehr zur Betrübnis einiger Frauen des Stammes, die er dann und wann in die Arme schließt. Er gibt einem weiteren Gähnen freien Lauf. Im Grunde muss er Malo Recht geben. Bisher hat er sein Herz noch nicht ernsthaft an eine Frau gebunden. Und das, obwohl er bereits 25 Winter zählt und schon Kindeskinder hat. Er gähnt wieder, bevor er für sich feststellen muss, dass es damit bestimmt auch nichts mehr wird. Eigentlich ist er in vielen Dingen wie ein einzelgängerischer Wolf. Man gab ihm nicht ganz umsonst diesen Namen. Nicht nur aus dem Grunde, dass er einen Wolf seinen treuen Weggefährten nennt. Es beginnt schon bei seinem ungewöhnlichen Äußeren, das ihn irgendwie ausgrenzt. Er ist größer und kräftiger als die restlichen Rentierjäger. Diese sind zäh und leicht. Sie können über weite Strecken sehr ausdauernd und schnell laufen. Etwas, das Wolf überhaupt nicht liegt. Und vieles, was den Stamm betrifft, lässt ihn eigentümlich unberührt. Wenn es um tagtägliche Handgriffe geht oder um das Begehen von Festen. Wenn man über neue Wanderrouten berät oder was sonst zu tun sei bei den üblichen, tagtäglichen Problemen ohne besonderen Belang. Dinge solcher Art sind ihm gleich und er hält sich aus ihnen heraus. Doch man kann auf ihn in schwierigen Zeiten zählen. Wenn es darum geht, ums bloße Überleben zu kämpfen. Wenn jemand gebraucht wird, der führt. Wie ein Wolf, der sein Rudel anführt.
Wolf weiß nicht, warum dies so ist. Denn oft ist er unglücklich über sein Unvermögen, andere als Malo oder den Wolf richtig nahe an sich heran kommen zu lassen. Was genau er jedoch vermisst, kann er nicht

sagen.
Dumpf dringt der Ruf eines Käuzchens an sein Ohr. Er kommt ihm eigentümlich bekannt vor. Ganz bedächtig öffnet er die Augen. Auch wenn er mit dem Wald nicht sonderlich vertraut ist, ... aber jagen Käuzchen nicht des Nachts?
Abrupt richtet er sich auf und blickt aufmerksam um sich. Er begegnet Malos fragendem Blick, als er den Ruf des Käuzchens erneut vernimmt. Nun scheint es auch Malo aufzufallen, dass etwas nicht stimmt. Ihre Augen weiten sich und sie springen gleichzeitig auf.
Hektisch greifen sie zu den Speeren, während Wolf einen kurzen Warnpfiff zwischen den Zähnen hervor stößt. Er hat damit die plötzliche Aufmerksamkeit der restlichen fünfzehn Männer.
Doch es ist bereits zu spät. Wolf bleibt wie angewurzelt stehen, als direkt vor ihm fremde Gestalten mit rot bemalten Gesichtern auftauchen. Sie sehen furchterregend aus, haben das lange Haar zu unzähligen kleinen Zöpfen geflochten und mit Ocker ebenfalls rot gefärbt. Sie halten ihre Speere wurfbereit. Ganz unverkennbar sind sie auf Kampf aus. Und sie zählen wenigstens genau so viele Männer, wie die Reni. Falls es wirklich zu einem Kampf kommt, wird er für beide Seiten sehr blutig enden.
„Bleibt ruhig“, raunt Wolf. „Wir können uns nicht einen toten Mann leisten.“ Und die Reni SIND ruhig, stehen genau so angewurzelt, wie Wolf selbst. Die Fremden kommen näher. Ihren forschenden Blicken gilt insbesondere der erlegte Bär. So glaubt Wolf, dass auch sie Hunger leiden, wenngleich sie beunruhigend kräftig wirken. Es alarmiert ihn nur noch mehr.
Ein Riesenkerl baut sich vor ihnen auf und fuchtelt wild mit seinem Speer in ihre Richtung.
„Macht, dass ihr verschwindet. Das hier sind die Jagdgründe der Veni!“
Der Mann schleudert seinen Speer demonstrativ in den toten Bären. Er nimmt einen Bogen von seinem Rücken, legt blitzschnell einen Pfeil an die Sehne und zielt damit bedrohlich auf sie.
„Na los. Verschwindet!“
Wolf bemerkt, dass die Reni weichen.
„Es sind nach Rentier stinkende Feiglinge. Wie ich euch sagte“, hört Wolf den Fremden daraufhin höhnen. Dessen Männer verfallen in hämisches Lachen.
„Wartet“, grollt Wolf. „Wir können ihnen nicht den Bären überlassen.“
„Mit denen ist nicht zu spaßen“, hört er Malo neben sich eindringlich raunen und fühlt dessen Hand auf seiner Schulter, die ihn beharrlich

fort reißen will. „Ich glaube, die lachen uns bereits aus. Sieh sie dir an. Wir sind zu schwach, Wolf."
Doch Wolf sträubt sich. Solche Schmähungen kann er unmöglich auf sich sitzen lassen.
„Was ist los mit dir? Du mit deiner stoischen Ruhe! Wir erlegen eben etwas anderes", faucht Malo ihn nunmehr an.
„Hast du nicht gehört, was er sagte?"
„Nein! Er hat unverständliche Worte gefaselt", erwidert Malo entnervt. „Jetzt komm!"
Wolf spürt sich unsanft von ihm an seinem Rentierumhang gepackt. Malo zerrt ihn mit sich, so dass er den Fremden entgegen seiner Absicht den Rücken kehrt.
„Macht sie nieder, ehe sie ihren verdammten Stamm herholen. Lasst nur einen übrig, damit er berichten kann. ... Und einen als Blutopfer für Veni!"
Nun begreift auch Wolf, dass das blutrünstige Äußere der Fremden eben nicht nur rein äußerlich ist. Er nimmt die Beine in die Hand. „Lauft, was ihr könnt! Verstreut euch!"
Doch der knietiefe Schnee des Waldes erweist sich als sehr hinderlich. Wie verflucht Wolf nun diesen verdammten Wald und wünscht sich wieder auf die weite Ebene, wo der Schnee weggeweht wird und nur wenig tief oder zu dicken Eiskrusten verhärtet ist. Er schlägt einen Haken, nur weg von den Fremden und den Reni, damit sie keine geschlossene Angriffsfläche bieten. Doch er hört schwere Schritte in seinem Rücken, die zusehends näher kommen. Noch nie empfand er eine solche Schmach. Nicht nur, dass man ihnen die Beute abnimmt, auch wenn sie nicht schwer erkämpft war. Nun jagt man sie auch noch wie die Hasen. Zwar sind Hasen gute Läufer. Aber nur dann, wenn sie ausdauernd über weite Ebenen gejagt werden. Anders, als in diesem kräftezehrenden Wald. Als auch noch ein Pfeil knapp neben seinem Kopf an ihm vorbeischwirrt und ihm weiter die Fluchtrichtung weist, wendet sich Wolf einfach um und bleibt schwer keuchend stehen.
Er nimmt seinen Speer in Anschlag und erwartet den fremden Krieger mit einem grimmigen Lächeln. Wie ihm bereits dessen Pfeil verriet, handelt es sich um jenen großmäuligen Hünen, der sie so schmählich verhöhnte. Es verleiht Wolf die nötige Wut, um sich ihm entgegen zu stellen. Der Fremde bleibt in gebührendem Abstand vor Wolf stehen und legt erneut einen Pfeil an die Sehne seines Bogens. Doch als er ihn abschießt, weicht Wolf ihm einfach aus, indem er sich blitzschnell zur Seite biegt. Auf das verdutzte Gesicht seines Gegenübers reagiert er mit

einem herausfordernden Lachen. So schnell ist er nicht zu beeindrucken. Und überhaupt erscheint ihm der Fremde nun nicht mehr so groß und kräftig. Er zielt und schleudert ihm seinen Speer entgegen. Aber der Mann weicht diesem aus, indem nun ER sich zur Seite biegt. Wolf muss ein entsprechendes Gesicht machen, da nun der Fremde es ist, der ihm herausfordernd entgegen lacht. Doch das Lachen vergeht ihm, als ein lautes Knallen zu vernehmen ist, das von berstenden Baumwurzeln zeugt. Sie blicken sich überrascht um, lassen dabei den anderen jedoch möglichst nicht aus den Augen. Dann ist es wieder an Wolf, in höhnisches Lachen auszubrechen. Denn ein mächtiger Baum im Rücken seines Gegners beginnt, sich diesem bedrohlich entgegen zu neigen. In seinen Feind kommt nun Bewegung. Hastig versucht er, sich unter dem dröhnenden Lachen Wolfs aus der Reichweite des umstürzenden Baumes zu bringen, der mächtig viele Schneefladen auf ihn niedergehen lässt. Er hüpft dabei über umgestürzte Baumstämme, wälzt sich durch hüfthoch angewehten Schnee und sieht dabei so komisch aus, dass Wolf vor Lachen die Tränen kommen. Da bemerkt er, dass ihm der umstürzende Baum selber gefährlich nahe kommt. Ihm erstirbt das Lachen auf dem Gesicht. Als der Baumriese jedoch gegen einen benachbarten Baum stößt und an diesem hängen bleibt, atmet Wolf erleichtert auf. Sein Blick wandert wieder zum Fremden, der sich mit in die Seite gestemmten Händen aufgebaut hat und erwartungsvoll in Wolfs Richtung blickt.
Dann erwischt es Wolf völlig unerwartet und eiskalt.

Allmählich kommt Wolf wieder zu sich. Er ist völlig verwirrt, gewahrt sich liegend im Schnee. Ihm dröhnt der Kopf. Sein Blick ist wie vernebelt. Ein rot angemaltes Gesicht schwebt über ihm und nimmt langsam Form an. Es entblößt in einem lauthalsen Lachen zwei Reihen schneeweißer Zähne. Sein Lachen dröhnt Wolf schmerzhaft in den Ohren. Dann bemerkt er, dass ihn der Fremde aus dem Schnee heraus gräbt. Er blickt verwundert nach oben in die nun schneelose Krone des Baumes, der dem gefallenen Baumriesen noch immer als Stütze dient. Wolf spuckt zur lauthalsen Belustigung seines Retters eine Ladung Schnee aus und hustet.
Sein hilfloser Versuch, sich aufzurichten, scheitert kläglich und lässt ihn benommen wieder zurück sinken. Er sieht sich zwei himmelblauen Augen ausgeliefert, die belustigt auf ihn herab sehen. Eine prächtige Kette aus Bärenkrallen hängt vom Hals des Fremden auf dessen Brust herab. Wolf ist beeindruckt. Offenbar hatte ER die Bären nicht im

Winterschlaf getötet. Als Wolf eine lederne Schlinge spürt, die sich ihm schmerzhaft um ein Handgelenk zieht, keimt Wut in ihm auf. Noch nie hat ihn jemand gefesselt! Doch bevor die Wut richtig aufblühen kann, wälzt ihn der Fremde auf den Bauch und drückt ihm die Arme schmerzhaft auf den Rücken. Behände bindet er Wolfs Handgelenke zusammen. Dann zerrt er ihn nach hinten und auf die Knie. Er lässt Wolf nur wenig Zeit, richtig zu sich zu kommen, reißt ihn unsanft auf die Beine.

Stöhnend lässt es Wolf geschehen. Er hätte nicht geglaubt, dass einem eine Ladung Schnee den Gar aus machen könnte. Dann erst erblickt er einen dicken Ast zu seinen Füßen, an dem noch Blut klebt. Gefasst atmet er durch, versucht, einen klaren Kopf zu bekommen. Wie er diesen verdammten Wald doch hasst!

Der Fremde in seinem Rücken lacht noch einmal kurz auf und stößt ihn dann vorwärts.

Wolf taumelt, sieht jedoch keinen Grund, dieser groben Aufforderung nachzukommen. Er stemmt sich dagegen.

Dumpf hallen Stimmen weiter vor ihnen durch den Wald. Doch sie rufen nicht auf Reni, wie Wolf resigniert bemerkt. Ihm sinkt allmählich der Mut.

„He! Kommt hierher“, brüllt der Fremde in seinem Rücken, auf dass Wolf glaubt, ihm würde der Schädel zerspringen. Stöhnend schließt er die Augen.

Als er sie wieder öffnet, kämpfen sich weitere Rotgesichter durch den Schnee auf sie zu. Erneute, noch derbere Versuche seines Peinigers, ihn zum Vorwärtsgehen zu bewegen, vereitelt Wolf stoisch. Als seine Kumpane bei ihnen eintreffen, sendet er ihnen vernichtende Blicke zu.

„Das ist gut“, keucht einer von ihnen. „Alle anderen sind entkommen. Die können vielleicht laufen.“

„Ja. Wie die Hasen“, erwidert es in Wolfs Rücken herablassend.

Wolf jedoch fällt ein Stein vom Herzen, dass die anderen entkommen konnten. Verglichen mit ihnen war er noch nie ein guter Läufer. Er ist einfach zu schwer.

„Was hast du mit ihm vor, Asil?“

„Nun, endlich haben wir ein Blutopfer für Veni. Vielleicht wird es die Große Mutter besänftigen und sie wird diese Kälte wieder von uns nehmen.“ Asil in Wolfs Rücken kichert plötzlich. „Auch wenn ich es etwas bedaure. Es ist irgendwie schade um ihn. Er ist nicht wie einer von diesen Rentierfressern.“ Er reisst Wolf mühelos zu sich herum und mustert ihn eine Spur nachdenklicher.

Wolf hält seinem Blick stand. Sie stehen sich auf gleicher Augenhöhe gegenüber. Plötzlich versetzt ihm Asil einen Stoß in die Magengrube, dass er geplagt aufkeucht.
„Wirst du nun endlich gehen!“ Doch Wolfs feindselige Miene spricht andere Worte.
Asil wiegt den Kopf. „Also gut. Wie du willst.“ Er kommt hinter ihn und tritt ihm in die Kniekehlen, dass er zu Boden geht. Dann nimmt er ihm seinen Umhang ab. Wolf lässt es mit sich geschehen. Was könnte er schon gegen sie ausrichten? Er spürt, wie ihm Asil die Fesseln durchschneidet. Doch nur, um ihm sein Felloberteil über den Kopf zu ziehen, so dass Wolf nun mit bloßem Oberkörper vor ihm im Schnee kniet.
„He, seht euch an, wie kräftig der ist“, raunt Asil erstaunt. „Wie unterschiedlich die doch aussehen können.“ Er wirft einem anderen Veni Wolfs Kleider zu.
Wolf beginnt, zu frieren. Da weiß er plötzlich, was Asil vorhat.
„Na?“ Asil fesselt ihm wieder die Hände auf den Rücken. „Wirst du jetzt endlich losgehen?“
Das muss er Wolf, der bereits vor Kälte zittert, nicht zweimal fragen. Zerknirscht erhebt er sich und setzt sich vor Asil in Bewegung.
„Na also.“ In Asils Stimme schwingt Triumph.
Die Veni begleiten es mit Gelächter.

Wolf ist am Ende seiner Kräfte. Seitdem die Sonne im Mittag stand, laufen sie ohne Unterbrechung durch die tief verschneiten, hügeligen Wälder gen Süden. Dabei lassen sie ihn einen beträchtlichen Teil des erlegten Bären auf einer Rutsche hinter sich her ziehen. Die Veni selbst haben sich eigenartige Geflechte unter die Füße gebunden, mit deren Hilfe sie nur wenig im tiefen Schnee versinken. Sie bestehen aus einem zu einem ovalen Ring gebogenen Holz, der mit Leder bespannt wurde und auf dem der Fuß über einem Querholz sitzt.
Es dämmert bereits.
Wolf taumelt weiter, zwingt seine ganze Konzentration auf den nächsten Schritt. Wenn er zu lange stehen bleibt, droht ihn die Kälte zu überwältigen. Der Schweiß strömt ihm brennend in die Augen oder vom Oberkörper auf seinen weichen, ledernen Lendenschurz, an dessen Gürtel seine Beinlinge befestigt sind, um dort dann vor Kälte zu erstarren. Ihn quält ein unsäglicher Durst. Auch die Eiszapfen, die sich in seinem kältestarren Bart gebildet haben, können ihn nicht löschen. Doch gäbe er sich vor den Veni niemals die Blöße, aufzugeben. Er

weiß, dass sie hämisch nur darauf warten. Verbissen kämpft er sich weiter durch zumeist kniehohen Schnee.
Dann plötzlich lichtet sich der Wald und es treten helle, schroffe Felsen aus ihm hervor. Wolf erkennt in ihnen etliche Höhlen. Sie steuern die größte von ihnen an. Kinder kommen ihnen entgegen geeilt und begrüßen sie freudig. Dabei werfen sie Wolf neugierige Blicke zu.
Sie balancieren auf einem mächtigen umgestürzten Baumstamm über einen ansehnlichen Bach und machen wenig später direkt am Fuße der Felsen Halt.
Wolf lässt sich völlig ermattet auf alle Viere sinken. Er spürt, wie sie ihm die Rutsche wieder abnehmen, die an längeren Lederseilen um seine Taille festgezurrt war. Er führt eine Hand mit Schnee an seinen Mund und beisst davon ab. Erschöpft lässt er sich rücklings in den Schnee fallen und isst unablässig davon. Asil kommt neben ihn und wirft ihm auffordernd seine Kleider in den Schoß.
„Hier. Zieh dich an."
„Warum redest du ständig mit ihm? Er kann dich nicht verstehen, Asil."
Einer seiner Männer schlägt ihm herzlich gegen die Schulter.
Wolf blickt weg. Nun erst kommt ihm in den Sinn, dass er sie eigentlich nicht verstehen dürfte. Doch er hat kaum Zeit, weiter darüber nachzugrübeln, da Asil bereits wieder über ihm steht und ihn mit leichten Tritten zum Aufstehen bewegen will. Wolf nimmt all seine Kraft zusammen und tut ihm schwankend den Gefallen. Er kommt auf die Knie und verhält so, da sich alles in seinem Kopf dreht. Bedächtig nimmt er einige Hände voll Schnee und reibt sich damit den Oberkörper ab. Der Schweiß würde ihn sonst frieren lassen. Dann greift er zu seinen Fellen und kleidet sich wieder an. Eine wohlige Wärme umgibt ihn bald darauf. Schließlich stemmt er sich auf die Beine hoch.
Asil hatte ihn gewähren lassen, stößt ihn nun jedoch ungeduldig an den Felsen heran. Er macht eine unwirsche Geste zur Höhle hinauf. Wolf erkennt Trittlöcher im Felsgestein, die zur Höhle hinauf führen. Er setzt seine Füße ganz bedächtig hinein, denn er fürchtet, sich nicht mehr allzu lange auf seine Beine verlassen zu können. Als er oben den Höhleneingang erreicht, gewahrt er, dass dieser durch ein Flechtwerk aus Ästen, die mit Lehm beworfen wurden, verengt ist. Nur eine schmale Öffnung, die mit einem Fell verhängt wurde, gewährt Einlass.
Asil kommt neben ihn und fesselt ihm wieder die Hände auf den Rücken. Dann schlägt er das Fell vom Eingang zurück und bedeutet ihm mit einem Nicken, einzutreten. Wolf überwindet sich dazu. Ihn empfängt eine warme Dunkelheit. Nur allmählich gewöhnen sich seine

Augen an die Finsternis. Asil zieht ihn weiter ins Höhleninnere hinein. Das Flackern eines Feuers erhellt plötzlich die Wände. Sie stehen in einem überraschend geräumigen Höhlengewölbe. Ein großes Feuer brennt in dessen Mitte. Der Qualm zieht durch die Höhle nach hinten ab. Um das Feuer herum sitzen unzählige Menschen und blicken ihnen erwartungsvoll entgegen. Sie lassen Wolf dieselbe Neugier zukommen, wie vorhin schon die Kinder. Man erhebt sich gar und betastet ihn staunend.

Wolf ist es völlig gleich. Er will nur noch auf ein weiches Fell sinken und schlafen.

Asil scheint ähnliche Gedanken zu hegen. Denn er zieht ihn endlich in einen dunklen Winkel, der ganz und gar mit weichen Schlaffellen bedeckt ist.

„Leg‘ dich hin."

Wolf gehorcht ihm dieses Mal bereitwillig und sofort. Asil jedoch geht zurück zum Feuer. Wolf hört noch, wie er beginnt, von der fröhlichen Begebenheit seiner Gefangennahme zu erzählen, als er auch schon in einen unruhigen Schlaf gleitet.

Er erwacht wieder vom betörenden Duft nach geröstetem Bärenfleisch. Ihm knurrt hörbar der Magen. Er richtet sich etwas hoch und lehnt sich gegen die felsige Höhlenwand. Zwei kleine Mädchen, die in seiner Nähe auf den Fellen hocken und an immensen Keulen mit fettem Bärenfleisch nagen, betrachten ihn wieder neugierig. Kichernd kommen sie näher an ihn heran und halten ihm lockend das Fleisch vor die Nase. Er glaubt nicht, dass sie ihn abbeißen lassen wollen. Doch sein Hunger stellt sein Selbstwertgefühl in den Schatten und er lässt es auf einen Versuch ankommen. Zu seiner Überraschung lassen sie ihn tatsächlich gewähren. Kichernd halten sich die Kinder die kleinen Hände vor die fettigen Münder und lassen ihn immer wieder abbeißen. Dabei treffen sie nicht ausschließlich seinen Mund, so dass er nach Kurzem überall auf seinem Gesicht Bärenfett spürt. Er denkt sich, dass er in der Tat einen komischen Anblick abgeben muss und grinst zurück. Sehr zum Vergnügen der Kinder. Doch viel zu schnell verdrücken sie sich in einen anderen Teil der Höhle und lassen ihn mit weiterhin knurrendem Magen zurück.

Mit bedauerndem Seufzen lehnt er wieder den Kopf gegen die Felswand und lässt den Blick umherschweifen. Dabei versucht er, seinen brennenden Durst einfach zu ignorieren. Er bemerkt, dass niemand mehr mit rot angemaltem Gesicht umherläuft und fragt sich, ob er Asil oder einen der anderen Veni, die ihn gefangen nahmen,

wiedererkennen würde. Einige liegen bereits auf ihren Fellen. Meist zusammen mit einer Frau, wie Wolf nach deren Liebesgeräuschen urteilt. Ein älter wirkender Mann in seiner Nähe jedoch liegt offenbar auf dem Krankenlager. Eine Frau kümmert sich rührselig um ihn. Und Wolf glaubt, auch Asil in dessen Nähe zu erkennen.
Sein Blick fällt auf eine hübsche Frau, die wenig vor Wolf gedankenversunken neben einem schlafenden Mann kauert. Als sie seinen Blick bemerkt, wendet sie sich ihm zu und sieht ihn direkt an. Einen scheinbar ewig währenden Augenblick lang. Wolf weiß aus Erfahrung ganz genau, was ein solcher Blick bei einer Frau bedeutet und er fragt sich insgeheim, ob dies auch bei einer Veni-Frau zutrifft. Er gibt ihr mit seinen Blicken zu verstehen, dass er gewillt ist.
Zu seiner Überraschung setzt sie ein wissendes, schelmisches Lächeln auf. Sie angelt nach einem Stück gerösteten Bärenfleisch und begibt sich zu ihm. Ganz langsam führt sie das Fleisch an seine Lippen, entzieht es ihm jedoch wieder, als er abbeißen will.
„Ich gebe es dir, wenn DU mir etwas gibst." Auf seine grübelnde Miene hin tippt sie sich an die Stirn. „Ich vergaß, dass du mich nicht verstehst." Bedeutungsvoll lässt sie ihre schönen, hellbraunen Augen noch größer erscheinen und deutet mit dem Finger auf ihre Brust. Sogleich setzt sie ihm wieder demonstrativ das Fleisch an die Lippen, bevor sie es ihm erneut entzieht. Dann tippt sie ihm gegen die Brust und packt ihn ganz unvermutet am Schritt, so dass er ächzend zusammenfährt.
Sie kommentiert es mit einem belustigten Kichern. Dann betrachtet sie ihn gespannt.
Wolf willigt mit einem Nicken ein.
Ein Lächeln macht sich daraufhin auf ihrem Gesicht breit und sie setzt ihm wieder das Fleisch an den Mund. Dieses Mal zieht sie es jedoch nicht mehr zurück. Begierig beisst er ab, schlingt mit einem dankbaren Stöhnen die Bissen herunter. Geduldig füttert sie ihn, bis er alles aufgezehrt hat. Dann gibt sie ihm aus einem Birkenrindengefäß Wasser zu trinken. Er leert es beinahe in einem Zuge aus.
„Nun zu deinem Teil der Abmachung", flüstert sie und setzt das leere Gefäß nunmehr achtlos irgendwo ab. Bedächtig streift sie sich ihr Oberteil über den Kopf und betrachtet ihn erwartungsvoll.
Sein Blick wandert von ihren schönen Brüsten wieder zurück in ihr nicht minder schönes Gesicht und er beglückwünscht sich im Stillen. Wie bedauert er es, sie nicht berühren zu können. Als sie beginnt, sich an ihm zu bedienen, lehnt er sich zurück und versucht, sich zu

entspannen. Er muss feststellen, dass ihre Hände überaus geschickt sind. Sie bereiten ihm ungeahnte Wonnen. Er kann sich kaum noch zurückhalten. Scheinbar spürt sie es und setzt sich endlich auf ihn. Was dann folgt, hat er so noch nie erlebt. Und er ist sicher alles andere als ein Neuling auf diesem Gebiet. Sie scheint ihn in- und auswendig zu kennen, reizt ihn immer wieder aufs Neue und versteht es, ihn hinzuhalten. Es raubt ihm beinahe den Verstand.

Dann endlich lässt sie zu, dass er völlig in ihr aufgeht, doch nicht, ohne sich ihm selbst völlig hinzugeben. Er windet sich unter ihr und hört sich keuchen. Sein Herz in seiner Brust rast, als würde es herausspringen wollen. Verzückt lauscht er ihrem mühsam unterdrückten Stöhnen.

Ihre Bewegungen klingen langsam ab. Sie hält dann auf ihm inne und blickt lächelnd auf ihn herab.

„Danke", flüstert sie ganz nahe und küsst ihn auf die bärtige Wange. Dann kommt sie von ihm herunter und legt sich neben ihn. Ihre Beine hält sie dabei zu seiner Verwunderung fest umschlungen, um nichts von seinem Samen zu verlieren.

Sein Blick wandert zu dem schlafenden Mann auf ihrem Lager. Der scheint jedoch längst nicht mehr zu schlafen, wirft sich vielmehr unstet von einer Seite auf die andere.

„Warum tust du ihm das an? Bist du unzufrieden mit ihm?"

Ihre Miene wird plötzlich traurig. Ein Seufzer entringt sich ihrer Brust.

„Nein. Aber er kann mir keine Kinder ..." Sie unterbricht sich jäh und jappst nach Luft. Blitzartig fährt sie hoch und starrt ihn mit aufgerissenen Augen an.

„Du sprichst meine Sprache", haucht sie fassungslos.

Wolf zuckt gleichgültig die Schultern. „Ich glaube, sie ähnelt der meinen nur sehr."

Doch sie schüttelt beharrlich den Kopf. „Nein, nein, du sprichst sie, als wäre es deine Muttersprache." Plötzlich furcht sie sich aufgewühlt durchs lange, hellbraune Haar.

Er fürchtet einen lauthalsen Gefühlsausbruch von ihr und will dem zuvorkommen. Denn da wäre noch eine Kleinigkeit, die sie erledigen sollte. „He, komm her", raunt er ihr zu und bedenkt sie mit eindringlichen Blicken.

Verwirrt kommt sie wieder an seine Seite.

Er räuspert sich. „Äh, könntest du ihn wieder dort hinbringen, woher du ihn nahmst?" Auf ihre verständnislose Miene hin deutet er mit dem Kopf vieldeutig an sich herab.

Sie kommt seiner Bitte zerstreut nach. „Wer bist du", haucht sie und

zieht ihm noch sein Felloberteil über seinem Lendenschurz zurecht, bevor sie wieder damit beginnt, sich die Haare zu raufen.
Wolf ist es nun jedoch gleich. Nun kann sie ihren sicher anstehenden Gefühlsausbruch bekommen.
Aber sie hält inne, zwingt sich scheinbar zur Ruhe. Gefasst starrt sie auf ihn herab. Ohne, dass er es abwenden könnte beginnt sie dann, ihm den rechten Beinling aufzureißen.
„He“, wendet er protestierend ein, kann sie jedoch nicht daran hindern, ihm die Kleidung immer weiter das Bein herauf zu zerfetzen.
Als sie in Höhe seines Oberschenkels auf sein Muttermal stößt, entringt sich ihr ein entsetzter Aufschrei.
Forschend blickt sie ihm ins Gesicht, scheint jedoch nicht zu finden, wonach sie sucht.
„Breka?“ Sie schüttelt ungläubig den Kopf.
Doch der Klang dieses eigentümlichen Namens hatte tief in Wolf etwas bewegt. Er kennt diesen Namen! Bestürzt versucht er, sich zu erinnern, woher. Tiefe, starke Gefühle sind mit diesem Namen verbunden. Sie regen sich nun in ihm, wurden geweckt, wühlen ihn zutiefst auf. Doch plötzlich verursachen sie ihm Übelkeit, wenn er versucht, sie weiter zu ergründen. Er ist sich nicht sicher, ob er ihnen auf den Grund gehen sollte. Etwas warnt ihn davor. Verwundert bemerkt er, dass er Angst hat.
Als er ihre prüfenden Blicke spürt, versucht er, sich zu fassen.
Sie berührt ihn zaghaft an der Schulter. „Erinnerst du dich denn nicht mehr?“
Er begegnet ihrer einfühlsamen und zugleich tief bewegten Miene.
„Ich bin’s, Edil.“ Sie führt eine zittrige Hand an den Mund. Ihr Blick ist verschwommen, eine Träne kullert ihr die Wange herab. Dann versucht sie es mit einem Lächeln. Schniefend wischt sie sich übers Gesicht. Ihr Lächeln bleibt.
Sie rührt ihn zutiefst. Und er weiß nicht einmal, weshalb. Er will es auch dabei bewenden lassen. Dennoch hat er noch nie zuvor solch tiefe Gefühle in sich gespürt. Seine Verfassung ist ihm absolut fremd. ... Beinahe lächerlich! Niemand außer er selbst soll Macht über seine Gefühle haben. Endlich bringt er es fertig, seine Miene vor ihr zu verschließen.
„Breka?“
Er erwidert ihre fragenden Blicke mit verächtlichem Schnauben und wendet sich von ihr ab. Durchatmend lehnt er sich wieder gegen die kalte Höhlenwand und schließt die Augen. Er ist plötzlich todmüde. Da

bemerkt er, dass jemand seine Fesseln durchtrennt.
Es ist Edil. Sie hat sich vor ihm aufgebaut, blickt erwartungsvoll auf ihn herab und scheint wieder ganz gefasst zu sein. „Auch wenn DU es nicht wahrhaben willst. Ich bin sicher, du bist Breka." Sie reckt das Kinn beinahe trotzig.
Wolf verdreht die Augen. Er reibt sich über die wundgescheuerten Handgelenke und rappelt sich hoch. Spöttisch blickt er daraufhin auf Edil herab.
Sie stemmt die Hände in die schlanke Taille und bedenkt ihn nun mit ärgerlichen, verständnislosen Blicken. „Deine Sprache hast du wohl auch wieder verloren, was?"
Wolf atmet angespannt durch und betrachtet sie mit gemischten Gefühlen.
Es stimmt Edil wieder eine Spur nachdenklicher. Sie wiegt den Kopf. „Also gut. Es ist nicht an uns, dies zu ergründen. Überlassen wir es Veni. Der kannst du nichts vormachen!"
Wolf runzelt grübelnd die Stirn. Da bemerkt er, dass sich bereits etliche Veni für Edil und ihn zu interessieren scheinen. Immer mehr von ihnen kommen aus dunklen Winkeln hervor und versammeln sich neugierig um sie herum.
Plötzlich ist Asil unter ihnen. Irritiert betrachtet er Wolfs ungefesselte Hände und macht ein ärgerliches Gesicht zu Edil.
„Was hast du dir dabei gedacht?"
Wolf jedoch kann den Blick nicht von Asils Gesicht abwenden. Ohne all den roten Ocker kommt es ihm nun erschreckend vertraut vor.
„Er wird uns nichts tun", erwidert Edil und versucht vergeblich, ihre Regung aus der Stimme heraus zu halten. „Ich glaube", sie atmet tief durch. „Ich glaube, er ist Breka."
Ein Raunen geht durch die Veni.
Asil mustert Wolf überrascht, macht dann jedoch eine spöttische Miene. „Wie kommst du denn darauf?"
„Er spricht Veni", wirft Edil ein. „Und hier:" Sie nähert sich Wolf und streicht die Fetzen von dem, was einmal sein rechter Beinling war, zur Seite, so dass alle sein Muttermal sehen können.
Wolf entzieht sich ihr ruppig. Doch in die Veni kommt nun geräuschvoll Bewegung. Man grapscht aufgeregt nach ihm, zieht ihn an den Haaren, untersucht seine Hände, seinen rechten Oberschenkel. Er lässt es ungeduldig über sich ergehen.
Asil taucht plötzlich wieder vor ihm auf und bahnt sich einen Weg zu ihm durch. Er blickt ihm zweifelnd ins Gesicht. Dann packt er ihn am

Fell seines Überwurfes und zerrt ihn weiter in den Lichtschein des Feuers.

„Kannst du mich verstehen“, brüllt er ihn an, um die anderen zu übertönen.

Doch Wolf starrt ihn nur reglos an.

„Hört doch auf“, ruft Asil in die Runde und bewirkt damit in seinem Clan tatsächlich so etwas wie eine allmähliche Beruhigung. Etwas über zwanzig Menschen stehen dann wortlos um das Feuer herum, Asil und Wolf in ihrer Mitte.

Asil lässt Wolf nicht aus den Augen. Er lacht plötzlich auf. „Du musst verrückt sein Edil! SO soll ich aussehen?“ Er erntet gutmütiges Gelächter.

Wolf kann den Blick nicht von ihm lösen. In der wieder aufkommenden Stille hört er den Ruf eines Wolfes. SEINES Wolfes, wie er genau weiß. Er würde ihn unter tausenden Wölfen heraushören. Und er nimmt seinen Ruf als ein Zeichen.

Asil hockt sich neben Wolf und streicht ihm nun ebenfalls die Lederfetzen vom Oberschenkel. Als er des Mals ansichtig wird vernimmt Wolf, wie er den Atem geräuschvoll einzieht.

Nur ganz allmählich richtet sich Asil wieder auf. Er wirkt eigentümlich bleich im Gesicht, richtet das Blau seiner Augen erneut durchdringend auf Wolf.

„Bist du blind?“ Edil taucht neben Asil auf, den abschätzenden Blick ebenfalls auf Wolf gerichtet. „Du musst ihn dir nur ohne diesen Bart vorstellen. … Sieh dir seine Augen an. Sie sind genauso blau, wie deine eigenen.“

Asil räuspert sich. „Das wäre ... .“ Es verschlägt ihm die Sprache.

Wolf atmet durch. Er will hier weg, dem Ruf seines Wolfes folgen. Es ist alles viel zu eng.

„Warum sagst du nichts mehr?“ Edil schlägt ihm auffordernd gegen die Brust.

Plötzlich spürt er eine zittrige Hand auf seiner Schulter, die ihn zum Herumdrehen bewegen will. Die Hand ist eindringlich und fordernd, so dass Wolf ihr nichts entgegen setzt. Fragender Miene wendet er sich ihr zu. Vor ihm steht der Alte, den er zuvor auf dem Krankenlager gesehen hatte. Wolf ist noch nie zuvor einem solch alten Menschen begegnet. Die ältesten Rentierjäger zählen nur selten um die fünfzig Winter. Doch der Veni vor ihm scheint noch betagter zu sein. Zwar ist er kräftig und beinahe so groß, wie Wolf, seine Haltung noch gerade und drückt eine gewisse Würde aus, doch die Haut des Alten ist welk und faltig, seine

Augen klein und getrübt. Seine Hände zittern ein wenig, sein langes Haar ist schlohweiß. Auch die Frau an seiner Seite, die ihn stützt, ist ungewöhnlich alt. Allerdings scheint sie sich bester Gesundheit zu erfreuen. Ihre faltige, braungebrannte Haut steht im Kontrast zu ihrem weißen Haar. Und ihre braunen Augen blicken noch klar und rege.

Die beiden Alten mustern Wolf überaus wach und aufmerksam. Und auch von ihnen muss er sich die Begutachtung seines Beines gefallen lassen.

Für Wolf ist es zu viel der Aufmerksamkeit. Er überlegt, wie er schnell von hier fortkommen könnte.

Das Fell wird vorm Eingang hochgeschlagen und spuckt einen weiteren, noch sehr jungen Veni aus. Er klopft sich den Schnee vom Umhang und kommt sicheren Schrittes auf die Feuerstelle zu. Ob der ungewöhnlichen Darstellung, die sich ihm bietet, blickt er fragend in die stille Runde. Dann reckt er die Brust und bringt einen blutverschmierten Pfeilschaft zum Vorschein. „Ich glaube, ich habe ihn endlich erwischt. Er muss krank gewesen sein, dass er sich so weit her wagte."

Wolf bemerkt, dass sein Wolf verstummt ist. Daraufhin ahnt er, wovon der Junge spricht. Ihm ist plötzlich, als würde sein Herzschlag aussetzen. Ungläubig starrt er auf den jungen Burschen.

Diesem entgeht das Entsetzen, das Wolf ins Gesicht geschrieben steht, nicht und er weicht unsicher ein paar Schritte zurück.

Wolf gewahrt sich auf einmal vor ihm. Barsch entreißt er dem Jungen den Pfeilschaft und überzeugt sich wortlos vom Blut und einem Büschel weißen Fells, das an ihm haftet. Ein entsetztes Raunen geht durch die Veni, als er ihn grob vor die Brust stößt. „Was hast du getan!"

„Es war nur ein kranker Wolf", beteuert der Junge aufgeregt.

„Er war nicht krank", erwidert Wolf ohnmächtig. Fuchtig wirft er dem Jungen seinen Pfeilschaft vor die Füße. Doch der Blick des Jungen weicht hilfesuchend auf jemanden in Wolfs Rücken ab. Als sich Wolf am Oberarm gepackt fühlt, macht er sich unwirsch frei und wendet sich mit einer abwehrend erhobenen Hand zu Asil um.

„Fass mich nicht an!" Noch nie fühlte er sich so vollständig aus seiner Ruhe gebracht, die im Normalfall zu seiner Wesensart gehört. Aufgelöst betrachtet er das ergriffene Gesicht des fremden Mannes, das ihn so sehr an das eigene erinnert. „Ich gehöre nicht mehr zu euch. Mein Name ist nicht Breka." Er atmet durch, in dem vergeblichen Versuch sich zur Ruhe zu zwingen. „Ich heiße Wolf." Nachdenklich

gewahrt er den verschwommenen Blick Asils. Der Veni kann seine Rührung nur schlecht verbergen.
„Und jetzt lass mich ziehen." Er lässt es nicht zu einem Einwand von Asil kommen. Abrupt wendet er sich von ihm ab, läuft zum Höhleneingang und schlüpft unter dem Fell hindurch nach draußen.
„Neeein!"
Dumpf dringt Asils Schrei an Wolfs Ohr. Er macht sich nicht die Mühe, die Trittlöcher im Felsen zu nehmen, sondern springt einfach vom Felsabsatz in die Dunkelheit. Er landet im weichen Schnee und rappelt sich hoch. Der Halbmond spendet genügend Licht, sich zurechtzufinden. Das Weiß des Schnees trägt ein Übriges dazu bei. Fieberhaft sucht Wolf nach einer Wolfsspur, hält nach einer blutigen Fährte Ausschau. Dabei ist er bemüht, eilends von der Höhle weg zu kommen. Er überlegt, dass der Junge bestimmt vom sicheren Felsabsatz aus auf den Wolf geschossen hat und überschlägt die Reichweite seines jungenhaft gezogenen Pfeiles. Er versucht, die Landschaft mit den Augen seines treuen Gefährten zu sehen. Vielleicht hat er am Bach getrunken. Als er über den riesigen Baumstamm geht, der quer über dem Bach liegt, kann er tatsächlich eine Wolfsspur am Ufer ausmachen. Er muss sich dort lange aufgehalten haben. Der umliegende Schnee ist von Wolfspfoten gezeichnet und heruntergetrampelt. Dann entdeckt er seine Blutspur. Zu seiner Bestürzung ist sie stark. Sie zeigt geradewegs auf den Wald vor ihm.
„Wolf."
Jemand ist direkt hinter ihm. Doch Wolf wendet sich nicht um. Er weiß, dass es Asil ist. Durchatmend macht er sich innerlich stark für das, was ihm bevorsteht. Dann läuft er weiter, immer der Blutspur im Schnee folgend. Schnelle, schwere Schritte folgen ihm. Wolf läuft daraufhin noch schneller. Denn er muss zu seinem Wolf. Doch Asil holt ihn ein und bringt ihn zu Fall. Fluchend will Wolf wieder vorwärts, aber Asil hält ihn hartnäckig fest und wälzt sich schwer auf ihn.
„Du kannst jetzt nicht gehen! Du bist doch gerade erst zurück!" Keuchend ringt Asil mit ihm. Wolf verpasst ihm einen deftigen Schlag in den Magen und kann sich von ihm befreien. Er nutzt die Gunst des Augenblickes und läuft weiter. Doch Asil ist anhänglich wie eine Klette. Als er ihn erneut umstößt, schreit Wolf wütend auf.
„Ich kann dich doch nicht einfach so gehen lassen!" Asil ringt ihn zu Boden. Wolf bemerkt zerknirscht, dass Asil stärker ist. Es ist ein ganz neues Gefühl. Den Reni war er körperlich weit überlegen. Doch nun liegt er mit schmerzhaft auf den Rücken gebogenen Armen unter dem

Veni, spuckt Schnee und ist keiner Regung mehr fähig. Zu seinem Ärger beginnt Asil auch noch, zu lachen. „Wie früher, Breka. Oder?" Er lässt ihn los und kommt von ihm herunter.
Wolf wälzt sich herum und bleibt atemlos liegen.
„Ich hab' dich vermisst, Bruder." Asils Stimme ist nun ganz ernst.
„Du hast ne komische Art, das zu zeigen."
Asil lässt ein befreites Lachen hören.
Wolf hat keine Kindheitserinnerungen an ihn. Der Clan der Veni scheint aus seinem Gedächtnis wie ausgelöscht. Er spürt, wie sich Asil neben ihn setzt.
„Wie könnte ich dich gehen lassen, Breka. Jetzt, wo ich weiß, dass du es wirklich bist."
Wolf atmet durch. „Du weißt NICHTS über mich. Du glaubst, mich zu kennen. Aber das sind nur Erinnerungen, die weit zurück liegen." Er richtet sich hoch. „Ich habe ein Leben bei den Reni."
Asil jedoch schüttelt den Kopf. „In deinen Adern fließt Veni-Blut. Sieh dich an. Du BIST ein Veni."
„Das sind nur Äußerlichkeiten. Ich habe Kinder unter den Reni. Mein Herz schlägt nur für diese Rentierfresser!" Doch im Tiefsten seines Inneren weiß er, dass das nicht wahr ist. Er fühlte sich noch nie mit den Reni verbunden und weiß nun auch, warum.
Es ist eine schmerzhafte Erfahrung. Fühlt er sich doch nun niemandem mehr zugehörig. Und selbst der Wolf hat ihn verlassen.
Asil lässt niedergeschlagen den Kopf hängen. „Aber ich will dich nicht noch einmal verlieren." Aufgewühlt blickt er ihn an.
Wolf weiß nicht, wie er mit Asils Gefühlen umgehen soll. Denn er selbst kann sie ihm nicht entgegen bringen. Er spürt, dass sie stark sein müssen. Es macht ihn plötzlich traurig. Denn ein Teil seines Lebens scheint ihm gestohlen worden zu sein. Er fühlt sich betrogen.
„Du scheinst alles vergessen zu haben, Wolf." Asil nimmt das Schweigen seines Bruders als Bestätigung. „Aber wie kann das nur sein? Ich kann mich doch auch erinnern. Und wir sind gleich alt. Es KANN nicht sein, dass du nichts mehr weißt."
„Vielleicht WILL ich mich nicht erinnern." Wolf erhebt sich.
Asil tut es ihm gleich und betrachtet nachdenklich das ausdruckslos gewordene Gesicht seines Bruders. Er nickt bedächtig. „Also gut. Dann bitte ich dich, eine Zeit lang hier zu bleiben. Vielleicht hilft es dir, zu deinen Wurzeln zurück zu finden."
Wolf kehrt sich durchatmend von ihm ab. Er stemmt die Hände in die Seiten, legt den Kopf in den Nacken und saugt die kalte Nachtluft mit

geschlossenen Augen in seine Lungen. Doch er kann keinen klaren Gedanken fassen. Die Reni brauchen ihn. Sie hungern. … Ein leises Winseln dringt an sein Ohr. Wolf reißt die Augen auf und lauscht.
„Er ist gleich da vorn. Ich kann ihn sehen“, murmelt Asil.
Wolf folgt seinem Blick. Unter den Bäumen des Waldrandes erkennt er einen großen, dunklen Schatten. Dann hält ihn nichts mehr. So schnell ihn seine Beine tragen, läuft er zu ihm. Völlig außer Atem kommt er bei dem verletzten Tier an. Als er neben ihm niederkniet, leckt ihm der Wolf winselnd die Hände ab. Der Pfeil steckt ihm in der Brust. Er hatte den Schaft abgebissen. Aus der Wunde sickert unablässig Blut. Wolf kann nicht sagen, wie schwer er verletzt ist. Doch allein schon der Blutverlust besorgt ihn.
„Du hast Recht. Ich weiß wirklich nichts von dir“, raunt Asil, während er den riesigen weißen Wolf zu seinen Füßen ehrfurchtsvoll mustert. Mit ungläubigem Kopfschütteln löst er sich von dem wundersamen Anblick und wendet sich einer Gruppe nahestehender Birken zu.
Wolf bemerkt, dass Asil in seinem Rücken damit beginnt, kleinere Äste von den nahen Birken abzubrechen. Er wirft sie neben Wolf in den Schnee und hat im Nu eine Rutsche aus ihnen gefertigt.
Gemeinsam hieven sie das mächtige Tier auf die Rutsche. Der Wolf hebt nur einmal schwach den Kopf, um auch Asil eine Hand zu lecken.
Wolf ist darüber mehr als erstaunt. Denn im Grunde ist es ein wilder Wolf, der außer ihm niemanden in seiner Nähe duldet. Ungläubig verfolgt er, wie Asil dem riesigen Tier lächelnd durchs dichte, weiße Fell krault. Es ist ein Zeichen, das ihm jedoch gar nicht passt.
„Vielleicht kann Veni ihm helfen“, grübelt Asil laut.
„Eure Heilerin?“
Asil nickt. Er kann den Blick nicht von dem beeindruckenden Tier lösen. Dann tut er es doch und richtet ihn erwartungsvoll auf Wolf. Er grinst. „Soll das heißen, du bleibst?“
Wolf atmet angespannt durch. Doch angesichts Asils heiterer Miene kommt er nicht umhin, belustigt über diesen zu schniefen. Er bemerkt, dass Asil oft zu lachen scheint und dass ihm seine Fröhlichkeit gut tut. Sie wirkt irgendwie ansteckend. Selbst jetzt, in diesem für Wolf schlimmen Augenblick. Er nickt lächelnd. „Also gut. Ich nehme dein Angebot an.“

Bei den Veni

Sie haben die Rutsche bis an den Felsabsatz heran geschleift.
„Er ist nicht an Menschen gewöhnt. Nur an mich. Wir können ihn nicht in die Höhle bringen."
Asil nickt verstehend. „Dann sollten wir ihn gleich zu Veni schaffen." Er ruckt mit dem Kopf auf eine kleine Höhle rechts neben der großen. „Ich kann nur hoffen, dass sie auch da ist."
Sie gehen am Fuße des Felsabsatzes immer weiter an diesem entlang. Wolf bemerkt, dass der Felsabsatz allmählich niedriger wird. Als er schließlich auf Hüfthöhe endet, wuchten sie die Rutsche mit dem Wolf obenauf den Absatz hinauf und gehen auf diesem wieder zurück in Richtung der Höhlen. Vor der kleinen Höhle machen sie Halt.
„Wir lassen ihn erst einmal hier. Komm." Asil deutet mit dem Kopf zur Höhle und setzt sich auf sie zu in Bewegung.
Wolf betrachtet seinen Wolf noch einmal besorgt. Dieser liegt einfach reglos da. Dann folgt er Asil hinterher.
Auch der Eingang zur kleinen Höhle wurde verengt. Asil schlägt das schwere Fell, mit dem das Eingangsloch abgedeckt wurde, zur Seite und tritt vor Wolf ein.
Die Glut der Feuerstelle glimmt noch. Sie beleuchtet den kleinen Raum nur spärlich und spendet kaum noch Wärme. Asli legt ein paar naheliegende Holzstücken auf. Eine Gestalt liegt reglos auf den ausgebreiteten Schlaffellen. Wolf erkennt nur wenig von ihr, auch, als die Flammen des Feuers höher zu schlagen beginnen. Ihr langes Haar scheint weiß zu sein. Asil kniet neben ihr nieder und betrachtet sie forschend. Dann erhebt er sich wieder und kommt zu Wolf zurück.
„Sie ist nicht da", bedeutet er ihm flüsternd.
Wolf blickt zu der Gestalt und runzelt verwirrt die Stirn. Asil packt ihn ungeduldig am Arm und geleitet ihn wieder zum Ausgang.
Sie treten hinaus vor die Höhle.
„Was meinst du damit, sie ist nicht da?"
„Wir dürfen sie nicht stören. Ihr Geist ist weit weg und könnte nicht mehr zurück zu seiner Hülle finden, wenn wir sie auf ihrer Reise unterbrechen."
Wolf nickt ahnungsvoll. Scheinbar haben die Veni eine sehr starke Heilerin. Es lässt ihn Hoffnung schöpfen. Die Heiler der Reni jedenfalls konnten ihren Geist nicht derart wandern lassen. Sie hatten neben dem Heilen ausschließlich die Aufgabe, mit der Großen Mutter zu reden.

Zumindest damals, in der warmen Zeit. Seit die Große Kälte über die Reni hereingebrochen ist, reden ihre Seher nur noch selten von der Großen Mutter. Sie bitten nun den mächtigen Sturmvater Ada um Schutz.

Asil wiegt den Kopf, während er den reglosen Wolf abwägend mustert. „Hier in der Kälte können wir ihn nicht lassen."

Wolf nickt.

„Und du meinst wirklich, wir können ihn nicht zu den anderen bringen?"

„Er wird sterben, wenn sie ihm nicht bald hilft", raunt Wolf. Er versucht, ganz ruhig zu bleiben, sich nicht anmerken zu lassen, wie aufgewühlt er im Innersten ist. „Wenn ihm überhaupt noch zu helfen ist." Er kniet neben der Rutsche nieder, fährt dem Wolf durchs lange, dichte Winterfell und schließt die Augen, versucht nicht, sich vorzustellen, dass er stirbt. „Du musst sie wecken, Asil." Seine Stimme ist nicht halb so fest, wie er beabsichtigte. Er lehnt die Stirn gegen den Wolfsschädel. „Wecke sie", fordert er nun nachdrücklicher. Er hört Asils hilfloses, aufgelöstes Seufzen. Es kann nicht sein, dass er stirbt, nur weil die Heilerin schläft! In ihm keimt Wut auf. „Na los. Wecke sie, verdammt." Plötzlich blendet ihn ein rotes Licht. Es kam aus dem Nichts. Und es schreit so laut in seinem Schädel, dass Wolf entsetzt hochfährt. Doch er kann nichts sehen, außer dem entsetzlich schreienden Licht. Es wirbelt und pulsiert wie vor Wut. Dann ist es weg. So schnell, wie es kam. Wolf gewahrt sich sitzend und schwer keuchend an die Felswand gepresst.

Asil starrt ihn mit entsetzt geweiteten Augen an. „Bei Veni", entfährt es ihm.

„Ja", ertönt eine herausfordernde Stimme.

Wolf erkennt eine helle Gestalt, die zum Ausgang der kleinen Höhle heraus tritt. Als sie sich aufrichtet, hält er den Atem an.

„Warum lässt du zu, dass ich gestört werde, Asil?!"

Asil tritt vor die anmutige, junge Frau. Er wirft Wolf, der noch immer zusammengesunken am Boden kauert, unsichere Blicke zu. „Veni, wir haben nichts getan, was dich hätte aufwecken können."

Doch Veni schiebt ihn beiseite, um freien Blick auf Wolf zu haben. Ihr Gesicht liegt im Mondlicht und lässt keinen Zweifel an ihrer Wut. Langsamen Schrittes kommt sie auf Wolf zu.

In Wolf kommt nun Bewegung. Hastig rappelt er sich hoch, hält ihrem Blick stand. Er hat keine Ahnung, wodurch er ihre Wut auf sich zog. DASS sie wütend auf ihn ist, daran zweifelt er nicht.

Veni verschränkt die Arme vor der Brust und mustert ihn. Den Wolf zu ihren Füßen bemerkt sie beiläufig mit einem kurzen Seitenblick, bevor sie sich wieder auf Wolf konzentriert. Sie zieht herausfordernd eine ihrer hellen, feingeschwungenen Brauen hoch.
„Da bist du nun also."
Wolf weiß nicht, was er denken soll. Er hört, wie sich Asil räuspert, sieht, wie er neben sie tritt.
„Sie waren genau da, wo du sie gesehen hast, Veni. Und er hier befand sich unter ihnen. Es ist Breka. Breka ist heimgekehrt, Veni." Asil kann seine Aufregung nur schlecht verbergen. Wolf denkt sich, dass seinem Bruder im Grunde jede Gefühlsregung anzumerken ist, er sich keine Mühe macht, diese je zu verbergen.
Veni macht ein überraschtes Gesicht. Sie lässt Wolf nicht aus den Augen. Dann atmet sie hörbar durch. „Also gut. Hast du mich SEINETWEGEN gestört?" Sie deutet mit dem Kopf auf den verletzten Wolf.
In Wolfs Kopf schwirren nur Fragen. „Hab' ich das?" Noch nie fühlte er sich durch eine Frau so verunsichert. Sie strotzt nur so vor Selbstbewusstsein. Und sie beeindruckt ihn. Ihre ganze stolze, hochgewachsene Erscheinung. Überdies sah er noch nie eine Frau mit solch schönem, eigentümlich hellen Haar. Er bemerkt, dass sie ihn erneut mit einer gehobenen Braue betrachtet.
„Willst du damit sagen, dass du mich nicht absichtlich gestört hast?"
Er wirft Asil hilfesuchende Blicke zu. Doch dieser hebt nur ebenso ratlos die Schultern.
Veni betrachtet ihn nunmehr nachdenklich. „Du bist kein Eingeweihter", stellt sie mehr für sich fest.
Wolf atmet angespannt durch. Ihre Worte sind nicht wirklich aufschlussreich für ihn. Und die Zeit drängt. Er fährt sich aufgelöst durch die Haare.
Es erinnert Veni offenbar wieder an den Grund seiner Besorgnis. Sie betrachtet den Wolf. Doch wieder nur kurz, und wendet sich dann dem Eingang ihrer Höhle zu. „Bringt ihn herein."
Sie nehmen die Rutsche wieder auf und schleusen sie zur Höhle herein.
„Hierhin", bedeutet ihnen Veni und weist auf eine Stelle nahe des Feuers.
Behutsam setzen sie die Rutsche dort ab.
Veni kommt vor Wolf. „Gib' mir etwas, das dir viel bedeutet. Du wirst es hernach aber nicht wiederbekommen."
Wolf runzelt grübelnd die Stirn. Ihm fällt nur das Amulett ein, das er

um den Hals trägt und niemals abnimmt. Sein Sohn, Eisfuchs, hatte es ihm einst geschenkt. Zu Eisfuchs hatte Wolf schon immer eine besondere Beziehung. Zwischen ihnen herrscht innigstes Einvernehmen. Etwas, das Wolf überzeugt, dass Eisfuchs wirklich von seinem Samen ist. Denn mit Sicherheit kann er dies nicht sagen. Hatten sich doch Wolf und Eisfuchs‘ Mutter nie sonderlich die Treue gehalten. Wolf streift sich das Lederband, an dem der durchbohrte Wolfszahn hängt, über den Kopf und reicht ihn Veni schweigend.
Sie nimmt es ihm mit einem Nicken ab. „Und nun geht.“ Auf Wolfs ablehnende Miene hin bedenkt sie ihn erneut mit einer herausfordernd gehobenen Braue.
Er ringt mit sich.
„Er ist bei mir in guten Händen“, redet sie nun beschwichtigend auf ihn ein. „Du würdest mich nur wieder stören.“ Sie wirft Asil einen durchdringenden Blick zu und wendet sich von ihnen ab.
Asil stößt Wolf daraufhin mit dem Ellenbogen auffordernd in die Seite. Als er noch immer nicht reagiert, zerrt er ihn kurzerhand ein Stück mit sich fort und stößt ihn vor sich her zur Höhlenöffnung hinaus.
Als ihn die kalte Nachtluft empfängt, atmet Wolf hörbar durch.
Asil schlägt ihm auf die Schulter. „Wenn ihn jemand wieder hinkriegt, dann Veni. Jetzt komm.“
Beim Gedanken an all die Menschen in der Höhle, die nur darauf warten, ihn wieder in Augenschein zu nehmen und mit Fragen in ihn einzudringen, sträubt sich etwas in Wolf. „Asil. Ich will jetzt allein sein. Ich muss über Vieles nachdenken.“
Asil nickt und verfällt in sein Grinsen. „Das kannst du. Sie werden es verstehen.“
Auf Wolfs zweifelnde Miene hin zerrt er ihn ungeduldig mit sich. „Vertrau mir.“ Nachdrücklich fördert er ihn durch den Eingang in die große Höhle hinein. Im Nu hat Wolf wieder die ungeteilte Aufmerksamkeit des ganzen Veni-Clans. Offenbar sind noch alle auf den Beinen. Man hat sie fiebernd erwartet und empfängt ihn aufgeregt. Wolf wirft Asil einen ärgerlichen und dann zunehmend hilfloseren Blick zu.
Asil hebt mit einem nur mäßig versteckten Grinsen einhaltgebietend die Hand. „Wollt ihr, dass er gleich wieder wegläuft?“
Zu Wolfs Erstaunen akzeptieren sie es. Zwar wirft man ihm verstohlene Blicke zu, lässt ihn jedoch zu seiner Erleichterung in Ruhe. Nur Edil und die beiden Alten bleiben vor ihm stehen.
Asil räuspert sich bedeutungsvoll. „Das hier ist deine Familie, Wolf.“

Er stellt sich neben die beiden Alten und streckt die Hand auffordernd nach Wolf aus.
Wolf nimmt sie zögerlich und lässt sich von ihm an die beiden heranführen.
„Das sind unsere Großeltern Urs und Alba."
Wolf schlägt das Herz bis zum Hals. Asil legt Wolfs Hand über das Herz des Alten. Dieser lächelt warmherzig. Er nimmt Wolfs Gesicht zwischen seine uralten, runzeligen Hände und lehnt seine Stirn gegen die seine. „Willkommen, Breka. Es verging kein Tag, an dem wir nicht an dich dachten. Du warst immer in unseren Herzen."
Seine liebevollen Worte rühren Wolf zutiefst. Auch Alba legt dann ihre Stirn an die seine.
„Die Große Mutter hat dich wieder zu uns geführt. Ich habe sie so oft darum gebeten. Schön, dass wir es noch erleben durften." Sie lächelt ihn mit noch beinahe all ihren Zähnen an. „Jetzt wird alles gut werden. Ich weiß es."
Wolf entgegnet nichts, denn er findet keine Worte. Er versucht es mit einem Lächeln.
Asil rückt Edil heran. Diese ist plötzlich hochrot im Gesicht.
„Unsere kleine Schwester Edil. Ich glaube, ihr habt schon Bekanntschaft gemacht."
„Ich bin nicht eure leibliche Schwester", wirft Edil hastig ein. „Der Fluss hat mich zu den Veni gebracht." Auf Asils erstaunte Miene, der beinahe sofort eine erkenntnisvolle folgt, verdreht sie genervt die Augen.
Belustigt mustert Asil Wolf, verkneift sich jedoch eine Bemerkung.
Alba streicht Wolf noch einmal lächelnd über eine bärtige Wange und stützt Urs dann wieder zu dessen Schlafstätte.
Edil atmet angespannt durch. Dann streckt sie die Arme nach Wolf aus und nimmt seine Hände. Sie bedeutet ihm mit einem herzlichen Lächeln, dass auch sie ihn willkommen heißt. Dann ist sie unter Asils vieldeutigem Grienen äußerst schnell darauf bedacht, zu ihrem Schlaffell zu gelangen.
„Du lässt wohl nichts anbrennen, was", raunt Asil. Sein belustigter Blick ruht auf Wolf, bevor er etwas ernsthafter wird. Lächelnd kommt er nahe an Wolf heran und nimmt sein Gesicht zwischen die Hände, um ebenfalls seine Stirn gegen die seines Bruders zu legen. „Willkommen. … Ich habe dich jeden verdammten Tag vermisst, Bruderherz."

Die Reni haben ihre runden Zelte aus Rentierfellen abgebaut und schleifen sie auf Rutschen hinter sich her. Sie sind unterwegs nach Süden. Vom Hunger gezeichnete Gesichter blicken mit groß wirkenden Augen sorgenvoll gen Himmel, auf eine dunkelgraue Wolke, die sich rasch nähert. Der Wind, welcher an ihrer Fellkleidung zerrt, wird ständig stärker und schneidet ihnen in die geröteten Gesichter. Kleine Kinder weinen. Und dann beginnt es, wie entfesselt zu schneien. Ein großer Schatten bricht plötzlich hinter ihnen hervor. Mit entsetzlichem Getöse fällt er die Reni an, zerstampft ihre Körper unter seinen vier mächtigen Beinen, die so dick wie Baumstämme sind. Mit seinen zwei gebogenen Hörnern fährt er immer wieder auf die verzweifelt schreienden Menschen herab, ergreift sie mit seinem starken Arm in der Mitte seines schrecklich hässlichen Gesichtes und wirft sie zu Boden, dass man das Brechen der Knochen vernimmt.
Wolf fährt ächzend hoch. Einen Moment lang weiß er nicht, wo er ist, fühlt nur die unglaubliche Stärke des Ungetümes aus seinem Traum. Dann entsinnt er sich wieder der noch fremden Umgebung. Die Veni schlafen noch. Niemand hat sein Erwachen bemerkt. Matt lehnt er sich gegen die kalte Felswand zurück und grübelt über seinen Traum nach. Aus Erfahrung weiß er, dass er ihn ernst nehmen sollte. Denn oft treffen Ereignisse aus seinen Träumen später auch ein. Es weckt in ihm wieder die Sorge um den Stamm, bei dem er aufwuchs und in dem er sein eigen Fleisch und Blut hinterließ.
Mit einem schwermütigen Seufzen erhebt er sich und geht nach draußen vor die Höhle. Zu seiner Überraschung brennt dort auf dem Felsabsatz ein Feuer. Eine Gestalt sitzt auf einem Baumstamm davor. Als sie aufblickt, erkennt er in ihr Veni. Sie hat sich dick in Felle eingemummt. Ihr schöner Anblick versetzt ihm einen Stich ins Herz. Ihre Anwesenheit verwirrt ihn, macht ihn unsicher wie einen kleinen dummen Jungen.
Sie lächelt und bedeutet ihm mit einem Nicken, sich neben sie auf den Stamm zu setzen.
Es lässt ihn zu seiner alten Sicherheit zurückfinden. Scheinbar ist sie nicht mehr wütend auf ihn. Er deutet ein Lächeln an. Dann geht er noch einmal zurück in die Höhle, legt seinen Umhang an und holt sich sein Schlaffell. Wieder bei Veni angekommen hüllt er sich ins Fell und nimmt neben ihr Platz.
Eine Weile sitzen sie nur schweigend nebeneinander und blicken ins Feuer. Es ist, als hätten sie schon immer so gesessen.
„Du wachst über die Veni“, fragt Wolf schließlich und bricht damit das

Schweigen.
Veni nickt. „Es sind unruhige Zeiten. Die Not macht die Wald-Clans zu Feinden."
Wolf stimmt ihr nachdenklich nickend zu. Er weiß, dass die Wald-Clans im Streit liegen. Die Reni hatten es beobachtet und sich dadurch in Sicherheit gewogen, hier im Wald Fuß fassen zu können. „Wie geht es dem Wolf?"
Veni zuckt die Schultern. „Gut. Die Große Mutter wollte ihn noch nicht zu sich nehmen. Der Pfeil saß nicht allzu tief. In ein paar Tagen ist er bestimmt wieder der Alte."
Wolf muss die Erleichterung ins Gesicht geschrieben stehen, denn Veni schnieft bei seinem Anblick vergnügt. Dann verfallen sie wieder ins Schweigen. Wolf überlegt, dass sie bereits innerhalb kurzer Zeit der zweite Mensch ist, der mit seinem Wolf offenbar gut auskommt.
Irgendwann räuspert sich Veni bedeutungsvoll. „Breka. Die Große Mutter hat dich nicht umsonst hierher zurückgeführt. Es ist ein Zeichen." Sie blickt ihn eindringlich an.
Wolf begegnet ihr mit einer skeptisch gehobenen Braue.
Veni atmet durch. „Ich weiß, du bist im Grunde noch nicht so weit." Sie beisst sich grübelnd auf die Unterlippe und wägt ab, ob sie weitersprechen soll. Dann fasst sie sich in einem Räuspern. „Du musst erst wieder zurück zu deiner Mitte finden."
Wolf verdreht kopfschüttelnd die Augen. Er weiß genau, wovon sie spricht. Doch alles in ihm sträubt sich davor, in seiner Vergangenheit herumzuwühlen.
Veni nickt verstehend. „Es ist schwieriger, als ich dachte." Sie seufzt, lässt ihn nicht aus den Augen. „Also gut. Dann lass es mich anders erklären. Es ist sehr wichtig, dass du lernst, deine Kräfte zu kontrollieren. Du wendest sie an, ohne es zu ahnen. Du machst dich dadurch angreifbar. Und du vergeudest sie."
Wolf betrachtet sie befremdet. „Ich weiß wirklich nicht, wovon du redest. Welche Kräfte?"
Nun ist es Veni, die mit den Augen rollt. „Du weißt ganz genau, was ich meine." Sie schlägt ihm unwirsch gegen die linke Brust, so dass er überrascht zusammenzuckt. „Hier weißt du es. Mit deinem Herzen. Oder leugnest du etwa, heute meine Wut erlebt zu haben?" Seine aufgerissenen Augen gereichen ihr zur Antwort. „Du hast mich deine Wut auf dieselbe Art spüren lassen, musst du wissen!" Auf seine ungläubige Miene hin nickt sie. „Ich habe dir nur geantwortet. Allerdings wusste ich da noch nicht, dass du mich unabsichtlich mit

deinem Geist gestört hast."
„Wie soll ich das gemacht haben?"
Auf ihrem Gesicht macht sich ein erleichtertes Lächeln breit. „Dir das zu verdeutlichen, dazu bin ich bereit."
Er schüttelt nur ungläubig den Kopf und blickt wieder ins Feuer.
„Du redest nicht viel, was?"
Wolf begegnet ihrer nachdenklichen Miene.
„Und du lässt dir nicht anmerken, wie es in dir aussieht." Sie stellt den Kopf abschätzend schräg. „Wie erstaunlich unähnlich ihr euch doch seid."
Er nickt in Gedanken, beobachtet dabei wieder das Spiel der Flammen. Vor dem Felsabsatz, der noch im Schutz des überstehenden Höhlengewölbes liegt, beginnt es zu schneien. Wolf überwindet sich. „Ich träume oft von Dingen, die dann wahr werden." Er äugt unsicher zu Veni. Zu seiner Überraschung hat sie ein wissendes Lächeln aufgesetzt und nickt zustimmend. Doch sie erwidert ihm nichts. Offenbar, um ihn nicht am Weiterreden zu hindern. „Ich sorge mich um die Reni. Es geht ihnen schlecht. Mir träumte von einer Bestie, die sie überfiel."
Sie betrachtet ihn plötzlich sehr aufmerksam. „Wie sah sie aus?"
Er atmet grübelnd durch. „Sie war riesig, ging auf vier baumstammdicken Beinen. Sie hatte einen langen Arm mitten im Gesicht ... "
„und zwei lange gebogene Zähne", ergänzt ihn Veni tonlos, während sie ins Feuer starrt. Sie nickt. „Die Kälte schickt uns so manchen Alptraum", raunt sie gedankenvoll, bevor sie den Blick wieder auf Wolf ruhen lässt. „Uns stehen sehr schwere Zeiten bevor, Breka. Die Kälte wird sich noch viele Menschenleben holen. Das habe ICH geträumt", murmelt sie tieftraurig. „Du bist wichtig sowohl für die Veni, als auch für die Reni. Auf welchem Wege, musst du selbst herausfinden." Sie fährt sich angespannt übers Gesicht und zieht dann ihr Fell fröstelnd enger um sich. „Du darfst nicht länger zögern, deine Kräfte sinnvoll zu gebrauchen. Es ist höchste Zeit."
„Warum? Es gibt andere, die viel mehr Übung darin haben. Deren Können weitaus größer ist", bedeutet er ihr.
Doch Veni schüttelt vehement den Kopf. „Du unterschätzt dich weit. Du darfst dich nur auf dich selbst verlassen." Sie atmet aufgewühlt durch. „Die anderen sind nicht ewig da", meint sie vieldeutig.
Er runzelt die Stirn. „Du hast dein Ende gesehen?" Ihr überraschter Blick und die Art, auf welche sie daraufhin besorgt ins Feuer starrt,

bestätigen ihn in seiner Vermutung. „Bist du sicher?“
Sie zuckt die Schultern. „Bisher trat immer alles genau so ein, wie ich es vorher in meinen Träumen sah.“
Es macht ihn betroffen. Und es macht ihm klar, dass er sich zu ihr hingezogen fühlt.
Sie schnieft plötzlich erheitert angesichts seiner bedrückten Miene. Als er jedoch ihr Lächeln nicht erwidert, wird auch sie ernst, blickt ihm nachdenklich ins Gesicht. „Im Grunde ist das für mich selbst weniger schlimm, als du jetzt denkst. Aber die Veni würde mein Verlust hart treffen. Denn sie sind nur stark, wenn sie eine starke Veni in ihrer Mitte haben.“
Er kann sich nur vorstellen, wie groß ihr Können sein muss. „Redest du mit allen Veni so offen?“ Insgeheim hofft er, dass dem nicht so sei. Denn er selbst spürt, dass sie in einem einmaligen Einvernehmen sind. Etwas, das er bisher mit nur wenigen Menschen, noch mit keiner Frau erlebt hatte.
Sie lässt ein schwermütiges Seufzen vernehmen. „Nur selten. Im Grunde fehlt ihnen das Verständnis für mich. Manchmal glaube ich, sie fürchten mich gar. Auch wenn ihnen meine Fähigkeiten sehr willkommen sind.“ Sie zuckt mit einem verlorenen Lächeln die Schultern. „Ist wohl das Los einer guten Seherin.“
Er bemerkt plötzlich, dass sie einsam ist. Wieder etwas, das sie verbindet.
Sie räuspert sich. „Ich rede nicht ohne Grund so offen mit dir. Ich werde dir keine Ruhe lassen, Breka. Denn genauso wenig wie ich, hast du eine Wahl. Du bist ein von der Großen Mutter Erwählter ...“, sie unterbricht sich jäh und starrt gebannt in die Dunkelheit jenseits des Felsabsatzes.
Da bemerkt auch Wolf, dass sich ihnen Schritte nähern, die von etlichen Menschen zeugen. Beunruhigt will er sich erheben, als ihm Veni einhaltgebietend die Hand an den Arm legt.
„Es sind Veni. Unsere besten Jäger.“

Wuchtige, über und über in Felle gemummte Gestalten, kommen schweigend nach und nach den Felsabsatz zu ihnen herauf. Dort legen sie ihre Waffen, ein paar erlegte Schneehühner und Hasen ab und schütteln sich den Schnee aus den Pelzen. Auffallend wortlos schieben sie sich die Fellkapuzen von den struppigen Schöpfen und ziehen sich ihre Fäustlinge aus. Sie wirken erschöpft, kommen zu ihnen und wärmen sich die Hände am Feuer. Ein beachtlicher Hüne baut sich

vor Wolf auf.
„Ihr gebt ein gutes Ziel für einen Mora-Pfeil ab. Man kann euch neben dem Feuer bis sonst wohin sehen."
„Ich habe euch kommen sehen. Und sonst niemanden", erwidert ihm Veni unbeeindruckt.
Der Mann brummt etwas in seinen braunen, struppigen Bart, der im Breich von Mund und Nase weiß vom froststarren Atem ist. Kleine Eiszapfen haben sich dort gebildet.
„Und ich weiß auch, warum du so ungewöhnlich schlechte Laune hast, Ulan", meint Veni weiterhin zu ihm, mit einem vielsagenden Blick auf ihre spärliche Beute.
Ulan schüttelt nur brummig seinen dunkelbraunen Lockenschopf, den erste graue Strähnen durchziehen. Besorgt seufzend hockt er sich neben Wolf ans Feuer und schlägt seinen Umhang etwas über die Schultern zurück, um mehr Bewegungsfreiheit zu haben. Es gibt den Blick auf sein Felloberteil frei, das mit Perlen aus Knochen reich bestickt ist. Wolf schließt auf den Anführer der Veni. Dieser blickt ihm abwesend ins Gesicht, wirkt jedoch plötzlich erstaunt. Er langt nach Wolfs Bart. Wolf weicht ihm argwöhnisch aus.
„Was ist DAS", fragt Ulan, bevor er in helles Lachen ausbricht. Er schlägt sich belustigt auf die Schenkel. Die anderen vier Männer kommen nicht umhin, ihm lachend zuzustimmen.
Zu Wolfs Verwirrung zieren deren Gesichter jedoch ebensolche prächtigen Bärte.
„Willst du ehrwürdiger aussehen, als du bist, mein Sohn?" Ulan schlägt ihm gegen die Schulter, dass Wolf zur Seite ruckt. Er lacht, dass er am ganzen Körper bebt. „Wie hast du das gemacht, Asil? Wir waren doch nur vier Tage weg!" Er wischt sich die Tränen aus den Augenwinkeln. Angesichts Wolfs todernster Miene beruhigt er sich allmählich. Kichernd äugt er zu den anderen herüber, die sich nun ebenfalls das Lachen verkneifen. Dann bemerkt er Venis herausfordernd gehobene Braue. Er runzelt die Stirn und blickt wieder zu Wolf, der stocksteif neben ihm sitzt. Das Lächeln verschwindet nun aus seinem Gesicht. Einen scheinbar ewig währenden Augenblick sieht er ihn an.
„Du bist nicht Asil", murmelt er plötzlich ernüchtert.
Wolf schluckt trocken. Ihm kommt kein Wort über die Lippen.
Ulan jappst nach Luft. „Breka", raunt er bewegt.
Wolf bemerkt, dass Ulan die Tränen in die Augen steigen. Der bärige Veni streckt zaghaft eine Hand nach ihm aus und legt sie ihm schwer auf den Kopf. Er zieht ihn an sich.

Wolf ist überrascht. Doch nur kurz. Denn er spürt plötzlich ein sicheres Gefühl in diesen starken Armen. Sie haben ihn früher beschützt. Und dann Ulans vertrauter Geruch … Er löst sich von Ulan und starrt ihm in die braunen, tränenverschleierten Augen.
Ulan wischt sich durchatmend über die Augen und legt für einen flüchtigen Moment den Kopf in den kraftvollen, sehnigen Nacken. Als er Wolf wieder ansieht, ist sein Blick plötzlich durchdringend. „Warum hast du dich weggestohlen, Breka. Was hast du zu verbergen?“ Er versucht, sich mit einem Durchatmen vergeblich zur Ruhe zu zwingen. „Was hast du ihr angetan?“
„Was?“ Wolf ist völlig verwirrt.
Ulan lässt ihn nicht aus den Augen. Veni steht plötzlich hinter ihm und legt ihm beschwichtigend eine Hand auf die Schulter. „Ulan! Er kann sich an nichts erinnern“, versucht sie, ihn zu beruhigen.
„Was“, fragt Ulan ungläubig und sein Blick wird plötzlich abweisend. Mit einem schroffen Ruck befreit er sich von Venis Hand. „Das würde ich an seiner Stelle auch behaupten“, erwidert er ungehalten. „Was hast du getan, Breka, dass Asil jahrelang kein Wort mehr über die Lippen kam? Was hat er gesehen?“ Er springt auf, blickt nun ganz außer sich auf Wolf herab. „Ich glaube, er wollte dich mit seinem Schweigen nur schützen!“
Wolf erhebt sich erschrocken. Er kann sich Ulans Wut nicht erklären, erkennt keinen Sinn in seinen Worten. Trotzig hält er seinem Blick auf gleicher Augenhöhe stand.
Ulan stößt plötzlich einen markerschütternden Schrei aus. „Sag etwas!“ Er schlägt Wolf barsch vor die Brust, so dass dieser zurücktaumelt.
Wolf ist wie vor den Kopf gestoßen. Ulans dunkle Augen sprühen nur so vor Zorn. Völlig unvermutet packt Ulan ihn an seinem Fellüberwurf und zerrt ihn schwungvoll Richtung Felsabsatz herüber. Unerbittlich stößt er ihn dann vor sich her, so dass Wolf dem Absatz taumelnd immer näher kommt.
„Ulan!“
„Halt dich da raus, Veni!“
Ohne dass er ihm etwas entgegensetzen könnte, wird Wolf von ihm den Absatz herunter gestoßen. Und bevor er sich aufrappeln kann, ist Ulan schon über ihm. Er packt ihn und zerrt ihn hoch. „Was hast du mit ihr gemacht“, zischt er, bevor er ihn wieder von sich stößt. Erneut schlägt er ihm gegen die Brust. „Was hast du mit ihr gemacht“, schreit er nun aus Leibeskräften.
Wolf wird nun ebenfalls wütend. „Was habe ich mit WEM gemacht?!“

Er duckt sich unter einem mächtigen Hieb hinweg, der seinem Kinn galt, und landet einen kraftvollen Treffer in Ulans Magengrube.
Ulan keucht auf. „Du willst es wirklich mit mir aufnehmen?“
In Wolf keimt so etwas wie Furcht auf. Doch nicht die Furcht vor Ulan. Eher die Angst vor etwas noch Ungreifbarem.
Ulan stößt ihn wieder und wieder vor sich her.
Wolf lässt es sich nun nicht länger gefallen und wirft sich ihm entgegen. Er rammt ihn so stark, dass sie beide zu Boden gehen. Wütend ringen sie miteinander. Doch Ulan gewinnt die Oberhand und ihm gelingt nun sein geplanter Schlag gegen Wolfs Kinn. „Was hast du mit deiner MUTTER gemacht!“
Wolf ist wie betäubt. Dunkle Schatten kriechen in seinem inneren Auge empor und wollen sich seiner bemächtigen. Mit einem wütenden Schrei zwingt er sie wieder herunter. Er wälzt sich auf Ulan, rammt ihm die Fäuste in den Körper, und spürt, wie auch ihn immer wieder harte Schläge treffen.
„Was hast du ihr angetan?!“
„Nichts“, entringt es sich ihm keuchend. Dann überkommen ihn die Bilder überdeutlich und ganz klar. Er kann sich ihrer nicht mehr erwehren. Leichtfüßig wie nur ein unbeschwertes Kind, läuft er mit bloßen Füßen durch den warmen Sand am Flussufer. Und dann sieht er sich blutverschmiert neben einer Frau stehen, die blutüberströmt am Boden liegt. Ihre Augen sind vom hellsten Blau. Er liebt diese Augen, die schlanken Hände, das herrliche dunkle Haar, liebt die ganze Gestalt dieser wunderschönen, warmherzigen Frau. Doch ihre Augen sind erstarrt, ihre Hände ganz kalt. Eine übermächtige Trauer überkommt sein Herz. Sie ist so stark, dass er daran verzweifelt.
Wolf gewahrt sich schluchzend im Schnee liegen. Ulan sitzt auf ihm. Doch er hat von ihm abgelassen, blickt nur ohnmächtig auf ihn herab. Wolf stößt ihn von sich herunter und versucht, sich zu fassen. Er wälzt sich auf den Bauch herum und drückt das Gesicht in die willkommene Kälte des Schnees. Als er eine schwere Hand auf seiner Schulter spürt, entzieht er sich dieser ruppig. Er kommt auf die Knie, wischt sich über das schneenasse Gesicht.
„Du warst es nicht“, hört er Ulan tonlos sagen.
Er schüttelt den Kopf und blickt ihn an. „Wie hätte ich ihr etwas antun können. Ich habe sie geliebt.“
Ulan sitzt neben ihm im Schnee und schüttelt den Kopf. „Du musst mir alles erzählen, was du weißt.“
„Ich weiß so gut wie nichts mehr. Ich fand sie tot am Flussufer.“ Ihm

entgleitet die Stimme und er spürt wieder die allmählich vertraute Übelkeit die Kehle hochsteigen.
„Und warum bist du weggelaufen?"
Wolf hebt abwehrend die Hände. Es reicht ihm. Er kann nicht mehr. Taumelnd erhebt er sich. Veni ist plötzlich an seiner Seite. Als er sich ihr zuwendet, bemerkt er, dass beinahe der ganze Clan auf dem Felsabsatz versammelt ist und in ihre Richtung sieht. Asil steht nur wenig von ihm entfernt im tiefen Schnee und blickt ihm aufgewühlt entgegen. Wolf verwünscht es. Denn es ist ihm unangenehm, dass sie ihn in solch einem schwachen Moment sehen.
Veni verstellt ihm den Blick auf Asil. Sie nickt ihm mit einem Lächeln aufmunternd zu. „Du bist auf dem richtigen Weg", bedeutet sie ihm flüsternd. „Ich werde dir helfen."
Noch ehe er etwas einwenden kann, kommt Ulan neben ihn und legt ihm mit einem traurigen Lächeln eine seiner Pranken ins Genick. Er zieht ihn an sich. „Verzeih mir, mein Sohn. Aber ich habe sie sehr geliebt. Ich MUSSTE das tun, um Gewissheit zu haben." Er seufzt gequält und löst sich von ihm, lässt jedoch die Hände auf seinen Schultern ruhen. „All die Jahre trug ich diese Last der Ungewissheit, ob DU es gewesen bist." Er streicht ihm lächelnd eine Strähne aus dem Gesicht. Es hat etwas derart fürsorglich Väterliches an sich, dass es in Wolf alte Erinnerungen weckt. Erinnerungen an ein Gefühl von Schutz und Geborgenheit, an Vertrautheit. Er weiß plötzlich, dass er diesen Mann einmal von ganzem Herzen geliebt hat.
„Vater", raunt er zutiefst bewegt.
Ulan zieht ihn wieder an sich und lehnt die Stirn gegen die seine.
„Mein verlorener Sohn", flüstert er. „Du kannst nicht ermessen, was es mir bedeutet, dass ich dich endlich wieder zurück habe."

Wolf kauert vor seinem Wolf und krault ihm durchs schneeweiße Fell. Das Tier legt sich auf den Rücken und streckt genüsslich alle Viere von sich. Wolf kann an seiner Brust unter dem dichten Fell eine dunkle Blutkruste ertasten, die noch von der Verletzung zeugt. Doch das Tier scheint nicht mehr beeinträchtigt zu sein. In den drei vergangenen Tagen hat es sich erstaunlich schnell erholt.
„Du kannst ihn wieder zu dir nehmen, Breka. Seine Wunde verheilt gut."
Wolf lächelt ihr erleichtert entgegen. „Du bist wirklich eine außergewöhnliche Heilerin."

Veni winkt ab. „Seine Verletzung war nur halb so schlimm."
Doch Wolf schüttelt beharrlich den Kopf, während er dem Wolf weiter durchs Fell krault. Er betrachtet sie nachdenklich. „Nenn mich nicht Breka. Ich heiße schon viel zu lange Wolf."
Veni bläst die Backen auf und stößt einen gedehnten Seufzer aus. Sie zeigt grinsend mit dem Finger auf ihn, dann auf den Wolf. „Wolf hier, Wolf da, du Wolf, er Wolf ... wie soll man da noch wissen, wer gemeint ist. Wie habt ihr das bei den Reni gemacht?"
Wolf muss über ihre Grimassen lachen. Dann zuckt er erheitert die Schultern. „Das war nie nötig. Er kam nie nah genug an die anderen heran."
Veni macht eine erstaunte Miene. Dann verzieht sich ihr Mund wieder zu seinem üblichen Lächeln. „Dann lass uns den WOLF Breka nennen!"
Wolf runzelt überrascht die Stirn.
„Hey Breka! Wohin bist du schon wieder verschwunden!"
Veni kichert. „Ich glaube, du hast hier keine Wahl. Finde dich damit ab, Breka."
Wolf muss ihr mit einem Nicken lächelnd Recht geben. „Von mir aus", murmelt er und erhebt sich. „Dann bin ich eben wieder Breka." Doch der Name fühlt sich für ihn fremd an.
Veni nickt mit einem zufriedenen Lächeln. „So sei es."
„Ich bin hier, Ulan!"
Der Fellvorhang wird zur Seite geschoben, so dass das Sonnenlicht blendend in die kleine Höhle Venis hereinflutet. Ulan verdunkelt dann den Eingang und macht Anstalten, sich zu ihnen hereinzuzwängen. Doch angesichts des Wolfes, der ihn mit seinen goldenen Augen und aufmerksam gespitzten Ohren anstarrt und zu knurren beginnt, hält er in seinen Bewegungen inne.
„Äh, komm du lieber heraus." Er zieht sich wieder vor den Eingang zurück.
Wolf folgt ihm hinterher und schirmt die Sonne mit der Hand ab, als er vor die Höhle tritt. Auf dem Felsabsatz haben sich eine handvoll Männer mit ihren Waffen zum Aufbruch bereit gemacht.
„Wir müssen auf die Jagd", erklärt Ulan ihm. „Das Bärenfleisch reicht nicht mehr lange aus."
Wolf nickt verstehend.
Ulan schlägt ihm herzhaft gegen den Rücken. „Ich hatte gehofft, dass du uns begleitest."
Bevor Wolf etwas erwidern kann, wird er vom tiefen Knurren seines

Wolfes abgelenkt. Er hatte nicht bemerkt, dass dieser ihm gefolgt ist. Mit gesträubtem Nackenfell und gebleckten Zähnen bedenkt der Wolf Ulan mit seinem gefährlichsten Knurren.
Ulan weicht instinktiv einen bedächtigen Schritt vor dem Tier zurück. Dabei stolpert er über einen Ast, der vom in der Nähe aufgehäuften Feuerholz heruntergefallen ist, und rudert mit den Armen haltsuchend durch die Luft. Doch es bewahrt ihn nicht vor einem deftigen Sturz auf sein Hinterteil. Polternd gehen mit ihm seine Waffen zu Boden, die er noch in der Rechten umklammert hält.
Wolf macht eine Bewegung mit der Hand und der Wolf stellt sein Knurren sofort ein. Aber er kann ihn nicht davon abhalten, auf Ulan zuzugehen. Das Tier bleibt vor diesem stehen und schnuppert scheu an dessen Pelzen, dann an seiner Hand. Als er beginnt, mit der Rute freudig zu wedeln, kann Wolf ein erleichtertes Grinsen nicht unterdrücken. Der Wolf geht dazu über, Ulan seine Gunst zu bezeugen, indem er diesem das Gesicht ableckt.
Damit ist es um die Männer in Ulans Rücken geschehen. Sie brechen in lauthalses Gelächter aus. Heiter nähern sie sich Ulan und wollen ihm spöttisch aufhelfen, als der Wolf sie anknurrt.
Sie springen hastig vor ihm zurück.
Ulan lässt es sich nicht nehmen und bedenkt sie mit einem herausfordernden Lachen. Er rappelt sich hoch und beäugt den Wolf misstrauisch. Er ist beeindruckend groß, reicht an der Schulter bis über Ulans Schritt.
Das Tier hat sich lammfromm neben Wolf gesetzt und betrachtet Ulan und die anderen mit aufmerksam gespitzten Ohren und wohl mindestens ebenso argwöhnisch.
„Soll der etwa mit", fragt Ulan, ohne den Blick von dem Tier abzuwenden.
Wolf zuckt die Schultern. „Wenn er es will."
Ulan überlegt. „Und will er es denn?"
Wolf lacht. „Er ist mein treuer Begleiter."
Ulan schüttelt sprachlos den Kopf. Die anderen Jäger haben sich ein Herz gefasst und kommen nun zaghaft neben ihn, den Wolf nicht aus den Augen lassend.
„Ich weiß nicht", beginnt ein schwarzhaariger Veni, dessen Bart Wolfs eigenem alle Ehre macht und den sie Tallidon rufen. Durch ein Missgeschick auf einer Elchjagd hat er nur noch ein Auge, das jedoch mit seiner Schwärze wach und sehr rege blickt. Seine leere Augenhöhle hat er sich mit einem Stück Leder verbunden und bringt diese nur zum

Vorschein, um die Kinder im Spaß zu erschrecken. Mit seinen etwa vierzig Wintern und ist er etwa so alt wie Ulan, der Bruder seiner Gefährtin Tisi. „Aber ich glaube“, überlegt Tallidon weiter, “ich zöge doch lieber eine treue BEGLEITERIN vor.“

Der Wolf stellt den Kopf überrascht schräg, als die Männer in ein heiteres Lachen verfallen.

„Beisst er uns denn nicht“, will Ulan wissen.

Wolf zuckt erneut die Schultern. „Er ist eigentlich nur mich gewöhnt.“

„Ach!“ Asil drängt sich hervor und beginnt, dem Wolf durchs Fell zu kraulen. „Du willst ihn nur nicht an jemand anderen herankommen lassen. Hier“, er lässt sich demonstrativ die Hände ablecken und durchdringt Wolf mit triumphierenden Blicken.

Wolf hingegen betrachtet ihn nachdenklich.

„Also gut. Dann kommt er eben mit“, entscheidet Ulan. „Hoffentlich vertreibt er uns nicht das Wild.“

„Welches Wild“, fragt Bower, Tallidons Ältester, herausfordernd und trifft damit offenbar einen wunden Punkt, da nun alle betreten schweigen. Bower, wie Tallidon ein geborener Mora, bedenkt es mit einem bitteren Grinsen, so dass seine Narbe, die ihm von der Wange bis zum Mundwinkel reicht, das Gesicht zu einer Grimasse verzieht. Sie stammt vom Stoßzahn eines Keilers und wie alle Veni trägt er seine Narbe mit Stolz.

Wolf nickt. „Wenn es hier Wild gibt, dann wird er es finden. Ihr wisst doch, wie Wölfe jagen?“ Ihm wird verwundertes Nicken zuteil.

„Sie jagen immer im Rudel. Und sie hetzen ihre Beute“, überlegt Wykat, ein weiterer von Tallidons vier Söhnen, laut.

„Ja, aber sie kriegen meist nur altes oder krankes Wild,“ wirft ein rothaariger Veni ein, dem eine breite Narbe gleich quer übers ganze Gesicht verläuft. Ein Bär hatte sie ihm einst gerissen, wie er nicht versäumte, Wolf zu erzählen. Doch er hatte ihn töten können. Man nennt ihn deswegen Bärriss. Er entstammt dem Clan der Konsai. Wie seine Schwester Silki, die Gefährtin Ulans.

Asil wiegt den Kopf. „Es sind Erlöser.“

Wolf stimmt ihm nickend zu. „Dann betrachtet euch jetzt als sein Rudel. Er ist dabei der Treiber und ihr seid die Erlöser.“

Wolfsjagd

Sie sind schon den halben Tag lang unterwegs und haben sich weit von der Wohnhöhle entfernt. Dabei folgen sie ausschließlich dem Gespür des Wolfes. So sind immer häufiger Spuren von Rehen, Elchen oder gar Auerochsen im frischen Schnee zu sehen. Die Veni nehmen es mit leise unterdrückter, freudiger Aufregung wahr. Die Spuren von Kleinwild behandeln sie mit Nichtachtung. Denn dieses soll heute nicht Ziel ihrer Pfeile und Speere sein.
Sie haben sich wieder die Geflechte an die Füße gebunden, um nicht zu tief im Schnee zu versinken. Für Wolf ist das Gehen auf diesen Schneeschuhen absolut ungewohnt. Doch allmählich kommt er immer besser mit ihnen zurecht. Er stolpert nur noch selten über seine eigenen Füße.
Der Wolf hat eine Fährte aufgenommen. Er schnüffelt aufgeregt im Schnee einer kleinen Lichtung umher. Wolf bedeutet den anderen, ruhig stehen zu bleiben und abzuwarten. Gespannt beobachten sie, wie der Wolf plötzlich den mächtigen Kopf hebt, Richtung Wald wittert und elegant losrennt. Der Schnee stiebt unter ihm auf und kurz darauf ist er ihren Blicken entschwunden.
Sie untersuchen das, was er noch von den Spuren übriggelassen hat und schließen auf eine Familie von Rehen.
„Sollen wir uns anpirschen“, fragt Ulan leise flüsternd. Doch Wolf legt einen Finger an den Mund und schüttelt den Kopf. Behände bindet er sein langes Haar im Nacken mit einem Lederband zusammen, damit es ihn bei der Jagd nicht stört, und nimmt demonstrativ den Bogen von seinem Rücken. Es ist Asils zweiter Bogen. Er hat ihn Wolf geschenkt. Die Männer tun es ihm gleich. Erwartungsvoll legen sie ihre Pfeile an die Sehnen ihrer Bögen und richten sie gespannt nach vorn aufs Dickicht.
Wolf nickt ihnen aufmunternd zu und blickt dann angespannt nach vorn ins verschneite Unterholz. Der Wind steht günstig. Er kommt schräg von vorn.
Plötzlich ist lautes Gekläff zu vernehmen. Es hallt im unbelaubten Wald nach, kommt direkt von vor ihnen. Als sie bebendes Stampfen vernehmen, das die Erde erzittern lässt, blicken sich die Männer verunsichert an. Sie reißen die Augen auf, schultern ihre Bögen und nehmen hektisch ihre Speere zur Hand. Dann harren sie dem, was da

unter wütendem Schnauben und brechenden Ästen auf sie zukommt.
„Ur“, hört Wolf Tallidon schreien. Und tatsächlich! Ein riesiger schwarzer Schatten mit ausladenden, geschwungenen Hörnern bahnt sich einen Weg zu ihnen. Er ist vielleicht noch drei Steinwürfe von ihnen entfernt und weicht plötzlich zur Seite hin aus. Er hat sie entdeckt.
„Schneidet ihm den Weg ab“, ruft Ulan. „Er will zur Lichtung!“
Wolf weiß aus Erfahrung, dass es das Wild angesichts einer Vielzahl von jagenden Menschen lieber mit dem Wolf aufnimmt. So rennt er nicht den anderen hinterher, die der Lichtung folgen, welche umbiegt und sich den Blicken entzieht. Vielmehr stürzt er los ins Dickicht, um dem Wolf beim Treiben zur Seite zu stehen.
Doch er hat nicht mit seinen hinderlichen Schneeschuhen gerechnet. Diese sind fürs dichte Unterholz absolut ungeeignet, verfangen sich ständig an kleinen Bäumchen und Ästen.
Fluchend schneidet sich Wolf mit einer Steinklinge von ihnen los. Er hört unverständliche Schreie im Wald hallen und wieder Äste unter schweren Tritten brechen. Unter vielen Tritten. Offenbar befinden sich nun auch die Veni im Wald. Eine gefährliche Situation, da man den Auerochsen nicht mehr heraushören kann.
Als er sich flüchtig umsieht, entdeckt er Asil, der wieder die Lichtung zu ihm zurück kommt und dabei angespannt ins Dickicht späht. Wolf wird damit klar, dass das Tier kehrt gemacht haben muss und sich gegen ihn gewandt hat. Wie er es voraussah. Er hört das Kläffen des Wolfes durch den Wald schallen und weiß, dass dieser versucht, den Auerochsen nicht aus dem noch ungeschlossenen Kreis nach hinten durch den Wald entfliehen zu lassen. Er verhält sich ruhig, da er die Beute nicht in die Enge treiben will. Der Ochse könnte dem Wolf sonst gefährlich zu Leibe rücken. Soll er ruhig kommen.
Da entdeckt er ihn. Der mächtige Bulle kommt geradewegs auf ihn zu getrabt. Er ist erhitzt, Dampfschwaden steigen von ihm auf. Wolf will ihn links an sich vorbeiziehen lassen, damit er ihm die Spitze seines Speeres hinters linke Schulterblatt ins Herz stoßen kann. Doch das Tier entdeckt ihn. Schnaubend verhält es für einen kurzen Moment und blickt unschlüssig in seine Richtung. Es ist ganz nahe. Wolf kann es sogar riechen. Dann prescht es los, um an Wolf vorbei auf die Lichtung zu gelangen. Wolf flucht insgeheim darüber, da er für einen wirkungsvollen Stoß denkbar ungünstig steht. So nimmt er damit vorlieb, ihm aus Leibeskräften entgegenzuschreien und wild mit den Armen zu fuchteln. Der Auerochse scheut daraufhin und schlägt kurz

mit den Hinterläufen aus. Doch er lässt sich nicht beirren, läuft an Wolf vorbei auf die Lichtung zu. Und somit zielsicher geradewegs in Asils Arme. Dieser ist völlig überrumpelt.

Wolf ist, als würde ihm das Herz stehen bleiben. Er nimmt den Speer und schleudert ihn dem Ochsen hinterher. Doch er trifft ihn nicht gefährlich. Immerhin reicht es, um das Tier zu verwirren. Mit dem Speer in seiner Seite bockt es gereizt und schlägt aus.

„Asil! Du musst ihn treffen“, schreit Wolf seinem Bruder entgegen.

Und Asil ist nicht untätig. Er läuft bereits dem Auerochsen entgegen, um an seine linke Seite zu kommen. Der Auerochse wendet sich Asil zu, steht plötzlich ganz still und fixiert ihn an. Er senkt das mächtige Haupt mit den jeweils einen Schritt langen Hörnern und kratzt mit einem Vorderfuß im Schnee.

Wolf reißt entsetzt die Augen auf. Er stürmt los, zieht sein Messer aus dessen lederner Scheide.

Asil versucht, wieder weg von der Stirnseite des Ochsen auf dessen Linke zu gelangen. Doch der Bulle verfolgt seine Bewegungen mit, lässt ihn wutschnaubend nicht aus den Augen. Dann hebt der Auerochse seinen Kopf und nickt Asil warnend zu, um ihn einen Atemzug später anzugreifen. Asil stemmt das Ende seines Speeres in den Schnee und zielt dem heranstürmenden Ochsen mit der Speerspitze gegen die Brust. Zu seinem Entsetzen jedoch senkt das Tier seinen wuchtigen gehörnten Kopf plötzlich ganz tief. Es will ihn aufspießen. Asil lässt seinen im Schnee feststeckenden Speer los und hechtet zur Seite. Dort, wo er noch eben saß, pflügt der Ochse mit seinen Hörnern stiebend durch den Schnee und zersplittert den Speer wie einen Grashalm. Laut schnaubend folgt er Asil mit gesenktem Kopf hinterher, kommt ihm zusehends näher. Asil kriecht wenig erfolgreich auf allen Vieren rückwärts vor dem wütenden Tier her und kann sich nur immer um Haaresbreite vor den spitzen, mächtigen Hörnern retten, die ständig wenig vor ihm hin und her pflügen.

„Lauf, Asil!“ Wolf hat es auf den warmen, dampfenden Rücken des Auerochsen geschafft. Er fühlt die immense Kraft des Tieres bei jeder seiner wütend ausgeführten Bewegungen. Als es ihn auf seinem Rücken spürt, schlägt es mit den Hinterbeinen aus und bockt. Zeit für Asil, sich endlich aufzurappeln.

Wolf umklammert den Hals des wütenden Ochsen mit beiden Armen, um nicht abgeworfen zu werden. Doch ihm ist klar, dass er dies auf Dauer nicht durchhalten wird. Jedes Mal, wenn sich der Bulle nach vorn fallen lässt, droht er mehr und mehr abzustürzen. So nutzt er den

Augenblick, als sich der Ochse erneut aufbäumt und lässt mit der Messerhand los. Und bevor er sich wieder wuchtig auf seine Vorderbeine herabfallen lässt, stößt Wolf dem Tier in schneller Folge die Steinklinge in den Hals und fetzt ihm die Schlagader auf, so dass das Blut nur so aus dieser herauspulsiert. Er hört, wie der Auerochse im Fallen brüllt und lässt los. Er kugelt sich zusammen und spürt, wie er weich im Schnee landet. Als er atemlos die Augen öffnet und sich verwirrt umblickt, bricht der Bulle neben ihm zusammen. Am ganzen Körper dampfend verdreht dieser die Augen. Aus der tiefen Wunde an seinem Hals sprudelt das warme Blut pulsierend aus ihm heraus und frißt große rote Löcher in das Weiß des Schnees. Einen Augenblick später bleibt das stolze Tier reglos im Schnee liegen und schnaubt seinen letzten Atemzug beinahe wütend aus.
Wolf stöhnt erleichtert auf und lässt sich rücklings wieder in den Schnee fallen, um zu Atem zu kommen.
Er spürt, wie sich jemand neben ihn fallen lässt. Es ist Asil, der auf allen Vieren ebenfalls schwer keucht. Ihre Blicke begegnen sich. Asil schüttelt stöhnend den Kopf. Dann verzieht sich sein Mund zu einem Grinsen. Wolf kann nicht anders, als ihm dieses zu erwidern. „Was für eine Jagd“, keucht er.
Asil lässt daraufhin ein vergnügtes Glucksen vernehmen.
Da bricht es auch aus Wolf hervor, zuerst kichernd und dann lauthals lachend.
Asil stimmt in sein Lachen ein. Es ist ein Lachen, das weh tut, da ihnen im Grunde noch die Luft dazu fehlt. Doch umso komischer hört es sich an und verleitet zum schmerzhaften Weiterlachen. Wolf versucht, nicht mehr an die verrückten Bilder ihrer Jagd zu denken da er sonst fürchten muss, nie wieder mit Lachen aufhören zu können. Auch weiß er, dass es respektlos gegenüber dem stolzen Auerochsen ist, der sein Leben geben musste, um sie ernähren zu können. Doch Wolf kann sich vor Lachen nicht halten. So hat er noch nie gelacht. Die anderen Veni sammeln sich einer nach dem anderen um sie herum und mustern sie verständnislos. Es bewirkt, dass sich Wolf und Asil ganz und gar nicht mehr beruhigen können. Sie winden sich lachend im Schnee, während sie sich ächzend und stöhnend die schmerzenden Bäuche halten.
Ulan stemmt die Arme in die Seiten und wirft ihnen befremdete Blicke zu. „Ihr solltet euch für eure Beute ein wenig mehr Respekt abringen!“
Asil wischt sich die Tränen aus den Augen und zeigt, bebend vor Lachen, auf Wolf. „Er ist auf ihm … geritten“, bringt er gepresst hervor.

Ulan atmet entnervt durch. „Er sieht aus, als hätte er in seinem Blut gebadet. Wenn ihr nicht wie Irre lachen würdet, könnte man sich bei seinem Anblick ernsthafte Sorgen machen."
„Ich sorge mich eher, WEIL sie wie Irre lachen", wirft Wykat trocken ein, bevor sich auch sein Gesicht zu einem breiten Grinsen verzieht. Wolf und Asil fühlen sich genötigt, sich langsam zu beruhigen. Sie reiben sich die vom Lachen schmerzenden Bäuche. Asil stößt einen langen, gedehnten Seufzer aus. „Bei Veni", raunt er mühsam, bevor er sich noch einem letzten Kichern hingibt und mit Wolf vergnügte Blicke tauscht. „Was für eine Jagd." Er zeigt mit dem Finger auf Wolf. „Und was kommt heraus, wenn dein Wolf Hasen jagt?"
Ulan schüttelt nur ohnmächtig den Kopf und rollt mit den Augen, bevor auch er in das erneute Gelächter einstößt, das sich nun ausnahmslos allen Kehlen entringt.

Müde gelangen sie im Zwielicht des abnehmenden Mondes an der Wohnhöhle an. Beim Anblick Venis, die sie wieder auf dem Felsabsatz neben einem Feuer erwartet, wird Wolf ganz warm ums Herz. Sie schleifen den zerlegten Auerochsen, den sie auf Rutschen verteilt haben, zum brusthohen Ende des Felsabsatzes und hieven die Rutschen dort hinauf. Als sie neben Veni am Feuer ankommen, lassen sie sich erschöpft bei ihr nieder. Sie hat Wasser in der Blase, die noch vom erlegten Bären stammt, über dem Feuer aufgekocht und getrocknete Kräuter hinein gegeben. Wortlos reichen sie die Blase herum und trinken davon, bis sie leer ist. Es belebt sie wieder etwas. Sie schneiden sich dünne Scheiben vom Auerochsen ab und legen das inzwischen kalt gewordene Fleisch auf die heißen Steine, die das Feuer begrenzen. Das Fleisch zischt und verströmt bereits nach Kurzem einen betörenden Duft. Während sie es verzehren, erzählen sie Veni von der Jagd. Bei Asils Ausführungen brechen sie wieder in heiteres Gelächter aus. Veni betrachtet Wolf schmunzelnd. Er erwidert ihr Lächeln, während er seinem Wolf durchs Fell krault. Das sattgefressene Tier hat sich neben ihm zusammengekringelt und schläft friedlich. Als man Wolf etwas vom gerösteten Fleisch anbietet, lehnt er ab. Er hatte bereits das noch warme Herz des Auerochsen gehabt. Etwas, das nur dem zusteht, der die Beute erlegte. Wolf bemerkt plötzlich, dass er sich noch nie wohler gefühlt hat. Sie haben ihn so schnell und selbstverständlich wieder unter sich aufgenommen, als wäre er nie weg gewesen. Dabei ist er in ihren Herzen. Und sie allmählich in seinem. Es ist ein völlig neues Gefühl für ihn.

Er wird gewahr, dass Veni ihn mit einem vieldeutigen Lächeln bedenkt. Manchmal glaubt er, sie könne seine Gedanken erraten. Es verwirrt ihn. Er atmet durch und erhebt sich. Bedächtig nimmt er die Tritte im Felsen zur Ebene des Baches herab. Als er bemerkt, dass ihm der Wolf entgegen seiner sonstigen Gewohnheit nicht folgt, lächelt er kopfschüttelnd in sich hinein. Denn scheinbar gefällt es dem Tier ebenfalls in der Gesellschaft der Veni. Am Bach wäscht er sich endlich vom Blut des Auerochsen rein. Er hatte es zuvor nur dürftig mit Schnee versucht.

„Mache ich dir Angst?"

Überrascht wendet er sich um. Veni steht vor ihm. Er erhebt sich bedächtig und blickt nachdenklich auf sie herab. „Manchmal", gibt er zu. Doch in seinem Herzen überwiegt nicht die Angst vor dieser Frau. Er fühlt sich ihr nahe, fühlt sich von ihr angezogen, dass er kaum noch widerstehen kann.

„Dann öffne dich."

Er weiß, was sie meint. Doch er fühlt sich noch nicht dazu in der Lage. NOCH nicht. Gleichfalls ist er sich darüber im Klaren, dass er sich damit den Weg zu Veni verstellt.

Sie nimmt seine Hand und berührt nachdenklich seine Fingerspitzen. „Was wäre, wenn du NICHT alle Zeit der Welt hättest?"

Er atmet angespannt durch. „Lass mir Zeit Veni. Ich kann noch nicht." Er nimmt ihre Hand und hält sie eindringlich fest. „Ich bin doch gerade mal vier Tage zurück."

Veni nickt. Sie begegnet ihm mit einem traurigen Lächeln. „Der Weg ist ganz einfach, wenn du dich erst einmal auf ihn begeben hast. Doch du musst es von dir aus tun."

Er streicht ihr eine Strähne hinters Ohr und lässt seine Hand an ihrer Wange ruhen. Sie hat ihre großen hellblauen Augen fragend auf ihn gerichtet.

„Worauf wartest du, Breka? Es wird auch in vielen Tagen nicht einfacher für dich werden. Mach endlich den ersten Schritt und sprich aus, was du vor vielen Jahren Schlimmes erlebt hast. Das wird dir den Weg frei machen." Sie tippt ihm gegen die linke Brust. „Es sitzt hier drinnen und zerfrisst dich langsam, wenn du nicht endlich etwas dagegen tust."

Er kann sich nur schwer davor bewahren, sie einfach auf den Mund zu küssen. „Ihr alle hier seid meine Heilung." Er schüttelt den Kopf. „Wenn ich es herauslasse, wird es mich zerstören."

„Nein." Sie nimmt seine Hand von ihrer Wange und entzieht sich ihm.

„Das wird es nicht. Ich werde dir helfen. Es ist Zeit, dass du es entfesselst. Wenn du es vor dir siehst, ist ihm die Kraft genommen und du bist frei.“
Wolf schüttelt wieder zweifelnd den Kopf.
„Vertraue mir.“ Sie atmet durch. „Du darfst es nicht länger vor dir her schieben. Es geht hier um noch viel mehr, Breka. Ich muss dich einweihen. Für den Fall, dass mir etwas zustößt. Du bist der Einzige, der als mein Nachfolger in Frage käme.“
Wolf betrachtet sie nachdenklich. „Du glaubst, dass es schon bald geschieht?“
Veni zuckt die Schultern. „Ich weiß nur, DASS es geschehen wird. Doch ich möchte nicht riskieren, dass die Veni ohne einen Mittler zur Großen Mutter, ohne geistige Führung sind. Und diese Einweihung dauert mitunter viele Jahre.“
Wolf fährt sich aufgewühlt durchs Haar. „Ich will aber nicht, dass du gehst!“
Veni lächelt mit einem verstehenden Nicken. Dann wird sie ernst. „Es gibt Dinge, die wir nicht ändern können.“
Wolf stößt die Luft laut vernehmbar aus. Er weiß, wie wichtig seine Entscheidung für Veni ist.
Veni atmet angesichts seiner Unentschlossenheit ungeduldig durch. „Du bist doch ein tapferer Mann. Asils Schilderungen vorhin beweisen es erneut. Was kann dich nur so schrecken, dass du ...“
Wolf legt ihr Einhalt gebietend den Zeigefinger über den Mund und wendet sich aufmerksam dem Felsabsatz zu. Der Wolf steht auf diesem und starrt knurrend in die Dunkelheit zu ihnen hinaus.
Wolf packt Veni alarmiert am Arm und stößt sie wortlos Richtung Höhle zurück. „Löscht das Feuer, Ulan!“ Er läuft rücklings zur Höhle und späht vergeblich ins Dunkel der Nacht hinaus. Am Felsen angekommen drängt er Veni den Absatz hinauf.
Die Männer haben das Feuer schnell mit Schnee gelöscht und zu ihren Waffen gegriffen.
„Asil, wirf mir deine Waffen herunter“, fordert Wolf mit gedämpfter Stimme.
Besagter greift sich noch einen Speer und einen Bogen und springt damit zu Wolf den Absatz herab.
„Was kann das sein?“
Wolf legt nur kopfschüttelnd einen Finger an die Lippen und lauscht angestrengt in die Nacht hinaus. Ihm ist, als würde er am Waldrand einen Schatten sehen, der sich etwas bewegt. Der Wolf schlägt wieder

an und scheint ihm Recht zu geben.
„Hast du das gesehen“, raunt Asil, während er in dieselbe Richtung blickt. „Könnte mir vorstellen, dass es Mora sind. Die haben uns schon lange nicht mehr besucht.“ Blitzschnell klettert er wieder den Absatz hinauf. Wolf späht erneut angestrengt zum Waldrand hinüber. Da faucht plötzlich etwas über ihn hinweg. Ein brennender Pfeil wurde von Asil zum Waldrand hin abgeschossen und beleuchtet nun die dortigen Birken, Weiden und Kiefern. Und auch eine Gestalt, die versucht, sich Hals über Kopf ins Dickicht zurückzuziehen.
Wolf ist für einen kurzen Moment unentschlossen, während Asil wieder zu ihm herunter springt und losrennt.
„Asil“, rufen Ulan und Wolf bestürzt wie aus einem Munde. Doch Asil stürmt haltlos weiter. „Es könnte eine Falle sein“, schreit Wolf ihm hinterher, wobei er ihm bereits nacheilt. Er versucht, mit ihm Schritt zu halten, hört, wie ihm die anderen in seinem Rücken folgen.
Der Wolf läuft elegant an ihm vorbei und hat Asil im Nu eingeholt. Er bewegt sich schneestiebend weiter zum Waldrand und taucht in den Schatten der Bäume ein. Nur wenig später tut es ihm Asil gleich, so dass Wolf flucht. Als er selbst den Waldrand erreicht, ist von beiden nichts mehr zu sehen. Ihre Spuren im Schnee verlöschen in der Dunkelheit des Waldes.
Ulan und die anderen erreichen ihn, bleiben keuchend bei ihm stehen und starren angespannt in den Wald hinein. Der Schnee verschluckt jegliches Geräusch von Asil.
„Was ist los mit ihm?“ Wolf schüttelt irritiert den Kopf über seinen Bruder.
„Wenn es um die Mora geht, sieht er rot“, meint Wykat.
Wolf schnaubt verächtlich. „Er verhält sich wie ein Irrer.“
Sie hören den Wolf kläffen. Dann ertönen fürchterliche Schreie.
„Das ist nicht Asil“, murmelt Ulan erleichtert.
Wolf schüttelt ungläubig den Kopf. Der Wolf würde nur treiben, auf einen Sicherheitsabstand vertrauen, aber einen fremden Menschen niemals angreifen. Zumindest nicht ohne triftigen Grund.
„Das kann doch nicht Asil sein!“ Wolf ist wie vor den Kopf gestoßen. Er beginnt, wieder loszulaufen. Auf die Schreie zu, die ihm eine Gänsehaut überlaufen lassen. Zweige peitschen ihm ins Gesicht, Schnee geht von den Bäumen auf ihn nieder. Er bemerkt kaum etwas davon. Dann verstummen die Schreie. Er bleibt atemlos stehen und lauscht. Als außer im Schnee knirschenden Schritten in seinem Rücken nichts zu hören ist, nimmt er zwei Finger zwischen die Lippen und

stößt einen Pfiff aus. „Asil, was tust du“, raunt er. Wykat taucht neben ihm auf und versucht, ihn am Arm zurückzuhalten.
„Lass ihn. Er ist eben ein Krieger. Wir sind im Krieg mit den Mora.“
„Nein!“ Wolf hat es fast herausgeschrien. „Was er tut, ist unrecht. Merkt ihr das nicht?“
„Die Mora haben schon viel schlimmere Dinge getan“, versucht Wykat, sich zu rechtfertigen.
„Und wo soll das enden?“ Wolf atmet durch, um sich zu fassen. „Ich erkenne meinen Bruder nicht mehr wieder!“
Wykat stöhnt ohnmächtig. Dann plötzlich nickt er. „Er ist nun einmal so, Breka.“
„Was?“ Wolf starrt ihn bestürzt an. „Seit wann?“
Wykat zuckt ratlos die Schultern. „Schon immer? Er ist dadurch unser bester Krieger.“
Wolf schnaubt fassungslos. „Na dann ist ja alles bestens“, gibt er bissig zurück. Er spürt, wie eine feuchte Nase seine Hand anstubst. Der Wolf steht erwartungsvoll vor ihm. Es macht ihm wieder deutlich, dass er sich eilen muss. Er stachelt das Tier mit leisen Pfiffen an. „Los“, fordert er ihn auf und klatscht in die Hände. „Bring mich zu ihm.“

Er folgt dem Wolf eine bewaldete Anhöhe hinauf. Das aufgeregte Tier läuft ungeduldig immer wieder zu Wolf zurück, um gleich darauf erneut loszustürmen. Wolf stützt sich atemlos gegen einen Baum und gönnt sich einen kurzen Augenblick, um zu Atem zu kommen. Da vernimmt er ganz in seiner Nähe Geräusche von einem Kampf. Er beisst die Zähne zusammen und nimmt das letzte Stück die Anhöhe hinauf. Als er sie endlich überwunden hat, erblickt er am Rande eines bewaldeten Plateaus schemenhaft eine Gestalt. Auch wenn es noch finsterer wäre, würde Wolf sofort Asil in ihr erkennen. Dieser sitzt im Schnee und schlägt immer wieder auf etwas ein. Nein, auf JEMANDEN, wie Wolf erkennt, als er weiter hastet. Er gelangt bei Asil an und zerrt ihn wütend von dem Mann herunter.
„Komm zu dir, Mann!“
Asil springt auf und starrt ihn im Halbdunkel an.
Ein Blick auf den am Boden liegenden Mann sagt Wolf, dass dieser übel zugerichtet und wenigstens bewusstlos ist. Wolf ist außer sich. Er wirft seine Waffen fuchtig in den Schnee. „Hat dir Vater nicht beigebracht, wie sich ein ehrenhafter Krieger verhält?!“
Asil schweigt. Es bringt Wolf nur noch mehr auf. „Er liegt längst am Boden und wehrt sich nicht mehr. Wie lange wolltest du ihn noch

zusammenschlagen?! Hast du keine Achtung vor ihm?"
Asil beginnt, zu lachen. Doch es ist nicht sein sonst fröhliches, ungezwungenes Lachen. Vielmehr klingt es verbittert.
„Er ist nur ein verdammter Mora, Bruder. Er ist die Achtung eines Venis nicht wert! Du hast nicht miterleben müssen, wie sie uns einst überfielen, ... Frauen und Kinder unseres Clans grausam abschlachteten. KEINER von ihnen soll sich jemals wieder in unsere Nähe wagen!"
Wolf weiß nicht, was er ihm erwidern soll, wie er ihm deutlich machen kann, dass es der falsche Weg ist. Da bemerkt er, dass der Wolf dem Mora winselnd das Gesicht ableckt. Auch wenn das Tier in letzter Zeit ungewöhnlich zutraulich Fremden gegenüber geworden ist, eine solch vertrauliche Geste lässt der Wolf nur wenigen angedeihen. Wolf zieht die Luft scharf ein als ihm klar wird, dass er den fremden Krieger kennen muss. Zögerlich geht er auf ihn zu und kniet sich neben ihn. Er streicht dem Wolf über den Kopf und drängt ihn von dem Mann weg, der reglos halb auf der Seite liegt. Er ist groß. Mit angehaltenem Atem dreht er ihn vorsichtig auf den Rücken herum. Doch sein Gesicht liegt im Dunkeln.
„Er hat kein Mitleid verdient, Breka. Er ist nur ein verdammter Mora."
Wolf schüttelt den Kopf. Ihm geht auf, warum er sein Gesicht nicht erkennt. Es liegt nicht im Dunkeln. Es IST dunkel. In Wolf kommt Bewegung. Er tastet über das Gesicht, sucht nach seinem Atem. „Verflucht!"
„Was ist?"
„Er ist kein verdammter Mora. Er ist nur ein verdammter Rentierfresser."
„Ein Reni?"
„Ja verflucht. Und wenn du ihn getötet hast, zermalme ich dir jeden Knochen im Leib!"

Wolf sitzt neben Veni und beobachtet müde, wie sie Malo untersucht. Er ist noch nicht wieder zu Bewusstsein gekommen. Und wenn er es nicht mehr tut, weiß Wolf nicht, ob er Asil nicht wirklich etwas antut. Er hat ihn furchtbar zugerichtet. Im Grunde ist Malo ebenso kräftig gebaut, wie Wolf selbst. Doch offenbar hat er Asil nicht viel entgegensetzen können.
„Er hat ihm fünf Rippen gebrochen. Und den Kiefer. Ein Pfeil steckt in seinem Bein." Veni setzt sich zurück und beobachtet Wolf besorgt. „Er hat Platzwunden am Kopf. Ich weiß nicht, wie schwer sein Kopf von

innen verletzt sein könnte."
Wolf ballt die Hände zu Fäusten zusammen und wendet sich wortlos von Veni ab. Er spürt ihre Hand auf seiner Schulter und atmet aufgelöst durch. „Wird er durchkommen?" Zögerlich dreht er sich wieder zu Veni herum. Deren Gesicht drückt Ratlosigkeit aus. Sie zuckt die Schultern.
„Ich kann nicht viel für ihn tun. Wir werden abwarten müssen."
Wolf nickt.
„Er ist dein Freund. Er ist dir gefolgt."
„Ja."
Veni nickt und betrachtet Malo neugierig. „Woher kommt er? Seine Haut ist so dunkel." Sie streicht Malo zaghaft übers Gesicht, betastet einen seiner unzähligen langen, verfilzten Zöpfe und lässt dann ihre Hände auf seinem Unterkiefer ruhen.
Es gibt Wolf einen schmerzhaften Stich ins Herz. Es verwundert ihn selbst. Doch es wäre ihm lieber, sie würde sich nicht derart für Malo interessieren. Weiß er doch um die Anziehung, die sein Freund für gewöhnlich auf Frauen ausübt.
„Er kommt aus einem großen Land weit im Süden."
„Jenseits des Meeres?"
Wolf nickt. Misstrauisch beobachtet er, wie Veni Malos Unterkiefer abtastet und dann an einer Stelle, die dick und blau unterlaufen ist, zusammenschiebt. Dann lässt sie ihre Rechte darüber ruhen und wendet sich wieder Wolf zu. Sie lächelt. „Versuche, zu schlafen. Ich will ihm noch schnell den Pfeil aus dem Bein ziehen, bevor er erwachen könnte."
„Ich gehe nicht fort. Sag' mir, wie ich dir helfen kann."
Sie hebt überrascht eine Braue. „Schlägst du jetzt also doch meine Richtung ein?"
Wolf versucht, über ihren gut gemeinten Witz zu lächeln.
„Also meinetwegen. Dann bleib'. Aber ich will, dass du dich ausruhst. Hier ... ." Sie deutet auf ein Schlaffell in der Nähe und beginnt dann, Malo den Beinling mit einer scharfen Steinklinge aufzuschlitzen.
Wolf legt sich bereitwillig auf das Fell und schließt die Augen. Doch obwohl er todmüde ist, findet er keinen Schlaf. Er wälzt sich unruhig hin und her. Schließlich legt er sich auf den Rücken und starrt gegen die Decke der Höhle. „Was, wenn Asil sie getötet hat?" Als ihm Veni nicht antwortet, sieht er aufgewühlt zu ihr herüber.
Sie hat den Pfeil aus Malos Bein entfernt und hält diesen blutverschmiert in einer Hand, während sie Wolf nachdenklich

betrachtet. „Nur, weil er die Mora von Herzen hasst?“
„Nimm ihn nicht auch noch in Schutz. Seht ihr nicht, dass er nicht normal reagiert?“
„Doch. Aber er liebt die Veni.“
„Nicht, wenn er sie für jemand anderen hält.“ Er stöhnt geplagt auf und fährt sich aufgewühlt übers Gesicht. „Ich sah mich blutüberströmt am Bachufer neben ihrer Leiche stehen. Aber wie kann ich mich selbst gesehen haben? Was, wenn es Asil war, den ich sah?“
Veni betrachtet ihn überrascht. „Hattest du etwas in der Hand?“
Wolf zuckt unsicher die Schultern. „Ich weiß es nicht mehr so genau.“
Veni betrachtet aufmerksam die steinerne Pfeilspitze in ihrer Hand auf deren Vollständigkeit. Dann legt sie den blutverschmierten Pfeil bedächtig zur Seite und presst eine Handvoll saubere, getrocknete Fasern irgendeines Krautes vor die nun stark blutende Wunde. „Das mit eurer Mutter geschah weit vor meiner Zeit, Breka. Jeder hier kennt diese Geschichte. Aber niemand weiß, was genau damals geschah. Man verliert nicht ein Wort darüber.“ Sie blickt flüchtig zu ihm herüber. „Komm, du kannst mir helfen.“
Wolf kommt ihrer Bitte schwermütig nach und kauert sich neben sie.
„Stell sein Bein auf.“
Wolf tut, wie ihm geheißen und hält Malos Bein fest, damit Veni es verbinden kann. Sie umwickelt die Kräuterauflage straff mit Lederstreifen und verknotet deren Enden fest miteinander. Dabei wirft sie ihm einen eindringlichen Blick zu. „Du kennst die wahre Geschichte, Breka. Doch die Antworten findest du nur in dir. Wenn du sie wissen willst, dann öffne dich endlich.“ Sie wendet sich wieder Malo zu und beginnt, ihm das Blut mit einem Streifen Leder, welches sie zuvor in einen mit Wasser gefüllten hölzernen Napf eintauchte, vom Körper zu waschen.
Wolf schüttelt aufgelöst den Kopf. „Ich kann nicht, Veni“, erwidert er leise. „Was, wenn es Asil war?“

Wolf sitzt in der großen Höhle und verzehrt appetitlos ein Stück geröstetes Fleisch vom Auerochsen. Alba hatte es ihm am Morgen fürsorglich aufgehoben. Nun steht die Sonne schon recht hoch und die meisten Veni haben die Höhle verlassen, um den Auerochsen weiter zu zerlegen.
Alba neben ihm lächelt ihm aufmunternd zu. Doch Wolf lässt das Fleisch sinken und atmet durch.
„Darf ich dich etwas fragen, Alba?“

Die alte Frau streicht sich das lange weiße Haar aus der Stirn. Behutsam deckt sie Urs, der neben ihr zusammengekauert eingeschlafen ist, zu und hebt die Schultern. „Nur zu. Ich habe nichts Besseres vor.“
Wolf deutet ein Lächeln an und stößt angespannt die Luft aus. „Der Tag, an dem meine Mutter starb.“ Er unterbricht sich kurz, um zu überlegen. Alba sieht ihn gespannt an.
„Hat irgendjemand gesehen, wie es geschah?“
Sie wiegt den Kopf. „Offenbar nur du und Asil“, erwidert sie. „Wir nehmen an, ihr habt mit angesehen, was ihr Schreckliches widerfuhr.“
Wolf wird es wieder übel. Er kämpft gegen dunkle Bilder an, die in ihm hochkriechen wollen und hasst sich selbst dafür. Für seine verfluchte Hasenfüßigkeit. Alba legt ihm ihre kühle, trockene Hand auf die Rechte und rückt sich ihm damit wieder ganz ins Bewusstsein.
„Du bist fortgelaufen. Und Asil haben wir neben ihrer blutüberströmten Leiche gefunden.“
„Habt ihr ihn nicht gefragt, was geschehen ist?“
Sie betrachtet ihn nun traurig. „Natürlich haben wir ihn gefragt“, entringt es sich ihr seufzend. „Doch er hat uns nicht geantwortet. Eine lange Zeit kam kein einziges Wort mehr über seine Lippen. Und als er dann nach vielen Wintern wieder anfing, zu reden, haben wir ihn nicht noch einmal danach gefragt. Wir waren so froh, dass er seine Stimme wiedergefunden hatte.“
Wolf atmet durch. „Und ihr glaubtet, er wollte mich mit seinem Schweigen schützen. Ihr habt gedacht, dass ich es war“, meint er tonlos. Zu seiner Überraschung stößt Alba ein verächtliches Lachen aus.
„Ich wusste immer, dass du es nicht warst. Nur, weil du fortgelaufen bist, warst du doch nicht gleich schuldig. Aber dein Vater MUSSTE einfach einen Schuldigen finden. Auch wenn er immer hoffte, dass du aus einem anderen Grunde weggelaufen bist. Aus Angst.“ Sie schüttelt ärgerlich den Kopf. „Du warst ja noch ein Kind. Gerade mal neun Winter hast du gezählt. Und natürlich hast du deine Mutter geliebt. Warum hättest du sie töten sollen?“
Wolf stöhnt geplagt. „Aber wer kann sie denn getötet haben? Hatte sie Feinde? Wie war sie?“
Alba schüttelt den Kopf. „Sie war der liebreizendste Mensch, den man sich vorstellen kann. Sie hatte keine Feinde“, meint sie und hebt ratlos die Schultern. „Wir wissen bis heute nicht, wer es tat. Wir haben keine Ahnung.“
Wolf nickt. Dann sitzen sie sich eine Weile einfach nur schweigend

gegenüber und gehen ihren Gedanken nach. Wolf fährt sich schließlich seufzend übers Gesicht. „Und wann hat Asil begonnen, wieder zu sprechen?“
Alba setzt ein Grinsen auf. „Als er seinen ersten Mora getötet hat“, verkündet sie mit großmütterlichem Stolz.
Wolf stößt einen verzweifelten Seufzer aus.
„Breka!“
Keril, der Reni-Junge, welcher einst auf seinen Wolf geschossen hatte, kommt aufgeregt hereingestürmt und steuert auf sie zu. Er ist Wolfs Halbbruder. Ulans Jüngster, den er zusammen mit seiner Gefährtin Silki hat.
„Breka. Veni schickt mich. Dein Reni-Freund wacht auf.“

Wolf kniet vor Malo und beobachtet erleichtert, wie dieser allmählich zu sich kommt. Veni sitzt an dessen Kopfende und hält sich absichtlich im Hintergrund.
Malo bewegt stöhnend den Kopf. Wolf legt ihm eine Hand auf die Schulter. „Malo. Wach auf.“
Malo öffnet seine schwarzen Augen und richtet sie auf Wolf. Er will sich ruckartig aufrichten, nimmt dann jedoch vor Schmerzen stöhnend damit Vorlieb, sich wieder auf seine Felle sinken zu lassen. Er schließt die Augen. „Wolf, du verdammter Scheißkerl“, raunt er zwischen zusammengebissenen Zähnen hindurch.
Wolf reißt entsetzt die Augen auf. „Nein. Du irrst dich. Ich war das nicht!“
Doch Malo lacht nur matt auf und blitzt ihn an.
Wolf atmet aufgewühlt durch. „Es war Asil, mein Bruder.“
Malo runzelt irritiert die Stirn und blickt Wolf forschend ins Gesicht. Doch Wolf hält seinem Blick stand. Malo atmet durch und schließt die Augen. „Ich mach ihn fertig, wenn ich es wieder kann.“
Wolf betrachtet ihn betrübt und nickt erkenntnisvoll. „Du hast dich nicht gewehrt.“
Malo lacht nur bitter. Dann fixiert er ihn. „Ich hab‘ gedacht, du hättest den Verstand verloren.“
Wolf stößt einen schwermütigen Seufzer aus. Denn Malos Worte treffen es gut, was er selbst von Asil dachte und woran sich hier offenbar kein Veni mehr stößt.
„Breka“, flüstert Veni. „Sag ihm, dass er nicht so viel reden soll.“
Wolf nickt ihr abwesend zu.
„Soll das heißen, dass du hier länger bleiben willst?“ Malo lässt ihn

nicht aus den Augen, beobachtet, wie sich Wolf verlegen die Nase reibt. „Oh verflucht“, entfährt es Malo im Angesicht dessen.
Wolf zuckt hilflos die Schultern. „Ich habe meine Familie wiedergefunden.“
„Ich hab‘ nicht gewusst, dass du sie suchtest“, kontert Malo herausfordernd.
„Breka“, drängt Veni. „Sein Kiefer ist gebrochen.“
Wolf wischt ihren Einwand mit einem Handschwenk fort. „Ich hab‘ nicht gewusst, dass ich überhaupt eine andere habe.“ Er setzt eine ärgerliche Miene auf. „Kannst du das nicht verstehen?“
Malo verdreht die Augen. „Nein, ehrlich gesagt. Das passt doch gar nicht zu dir. Seit wann ist dir das wichtig?“
„Jetzt reicht es mir aber, Breka!“ Veni steht vorwurfsvoll vor Wolf und hat die Arme in die Seiten gestemmt.
Malo starrt Veni überrascht an. Dann stößt er zwischen seinen Zähnen einen leisen Pfiff aus.
Wolf begegnet seinem nunmehr belustigten Blick.
„Jetzt kann ich verstehen, was dich hier hält. Warum sagst du das nicht gleich?“ Wolfs ernsthafte Miene lässt ihn verstummen.
Wolf betrachtet Veni. „Sie bedeutet mir sehr viel, Malo.“
Venis Kopf ruckt überrascht zu ihm herum. Sie zieht eine Braue nach oben. „Schön, das zu wissen, Wolf“, erwidert sie ihm auf stockendem Reni.
Wolf zieht bestürzt den Atem ein. Er schnellt hoch und kann den Blick nicht von Veni abwenden.
Veni drängt ihn beiseite und baut sich vor Malo auf. „Du bist ein schlechter Freund, wenn du nicht versuchst, ihm etwas mehr Verständnis entgegenzubringen“, maßregelt sie ihn ärgerlich auf Reni. Zwar mit eigenartiger Betonung der Worte, aber dennoch in der Sprache der Rentierjäger. Wolf greift sich verwirrt an die Stirn.
Malo setzt zu einem Einwand an, aber Veni schneidet ihm das Wort mit einer energischen Geste ab. „Dein Kiefer ist gebrochen. Und wenn er wieder verheilen soll, dann sagst du jetzt besser nichts mehr.“
Malo sendet Wolf hilfesuchende Blicke zu, doch dieser zuckt nur bleich die Schultern. Er fasst Veni ins Auge und überwindet sich zu einem zaghaften Räuspern. „Du sprichst Reni?“
Veni nickt.
„Woher … ?“ Im Grunde fürchtet er ihre Antwort. Nein, wenn er ehrlich ist, will er sie gar nicht wissen.
Veni fixiert ihn. „Wenn du dich mit der Großen Mutter verbindest, mit

der Kraft, die alles hervorbringt und die alles am Leben erhält und auch wieder zerstört, dann weißt du auch um alles. Es gibt keine Geheimnisse mehr. Sie ist das Gedächtnis der Natur, alles Lebendigen heutiger oder vergangener Zeiten."
Wolf taumelt und er muss sich an der Höhlenwand abstützen.
Veni bedenkt es mit einem bitteren Lächeln. „Ich werde immer unheimlich für dich bleiben, wenn du nicht endlich tust, worum ich dich gebeten habe. Es ist der Weg zu dir selbst. Und zu mir, Breka."

Wolf erwacht auf seinem Felllager. Die Veni schlafen noch größtenteils und so gönnt er sich noch etwas Ruhe. Nachdenklich starrt er gegen die Höhlenwand. Veni geht ihm nicht aus dem Kopf. Wie sehnt er sich nach ihr! Mit jeder Faser seines Körpers. Und mit seinem Herzen. Wenn er doch nur nicht so verdammt feige wäre! Versonnen betrachtet er Edil in seiner Nähe, die mit Bärriss eng umschlungen noch friedlich schläft. Er entdeckt Ulan, der ebenfalls eine Frau, Silki, im Arm hält. Allerdings schlafen sie nicht mehr, wie ihm ihr Flüstern verrät. Asil wälzt sich neben Wolf unruhig hin und her. Wolf fällt auf, dass er Asil noch nie mit einer Frau zusammen liegen sah. Asil stöhnt. Offenbar plagt ihn wieder ein Alptraum. Ächzend fährt er aus diesem mit einem Male hoch. Er blickt sich irritiert um und lässt sich dann aufatmend wieder auf seine Felle zurücksinken. Er begegnet Wolfs versonnenem Blick.
Wolf stützt sich auf, lässt ihn nicht aus den Augen. Dann legt er den Kopf durchatmend in den Nacken. Er sammelt sich, um auszusprechen, was längst überfällig ist. „Asil. Wir müssen reden." Nachdenklich bemerkt er Asils abweisende Miene. Er kann es ihm nur allzu gut nachempfinden. Hat er doch selbst eine verfluchte Angst davor. „Es MUSS sein, Asil."
Dieser nickt schließlich einverstanden. Er setzt sich auf und fährt sich übers Gesicht. Dann weist er mit dem Kopf Richtung Höhlenausgang. „Komm."

Breka

Asil führt ihn auf dessen bewaldeter Rückseite entlang auf den Höhlenfelsen hinauf. Als sie endlich auf ihm stehen, macht sich ihnen ein herrlicher Blick über die Baumwipfel frei. Der Bach schlängelt sich in der aufgehenden Morgensonne silbern glänzend an der tiefsten Stelle des kleinen Tales entlang. Sein Anblick erinnert Wolf wieder an den Tag, über den er nun mit Asil reden will. Er nimmt seinen Fellumhang ab und breitet ihn im Schnee aus. Dann macht er zu Asil eine einladende Geste.
Sie setzen sich und lassen den Blick über das Tal schweifen.
„Hast du eigentlich eine Frau“, beginnt Wolf.
Asil blickt ihn belustigt an. „DARÜBER willst du reden?“
Wolf muss grinsen.
„Und du“, fragt Asil zurück.
„Keine, bei der ich jede Nacht liege.“ Es erinnert ihn wieder an Veni, bei der er gern mit dieser Gewohnheit brechen würde.
Asil nickt. „Ja. Geht mir auch so.“
„Tatsächlich?“
Asil nickt erneut. „Sie langweilen mich. Ich finde keinen Spaß daran.“
Wolf wiegt den Kopf. „Das kann man bei mir nicht gerade sagen.“ Er beobachtet, wie Asil versonnen einen Schneeball formt. „Vielleicht haben wir einfach noch nicht die Richtige gefunden.“
Asil verkneift sich nur nachlässig ein Grinsen. Auf Wolfs fragenden Blick hin zieht er herausfordernd eine Braue hoch. „Zugegeben. An Veni hab‘ ich mich nicht rangetraut.“
Wolf seufzt. „Ich bin nicht sicher, ob ich mich selber traue.“
Sie lachen.
Asil hebt abwehrend die Hände. „Nichts gegen Veni. Sie ist verdammt schön. Aber ich könnte es nicht mit ihr aufnehmen.“ Er hat einen zweiten Schneeball geformt und legt ihn neben den ersten. „Der Clan ist einfach zu klein. Es gibt kaum eine Frau, in deren Adern nicht auch mein Blut fließt.“
Wolf hält den Atem an. „Auch in Venis?“
Asil lacht und mustert ihn belustigt. „Nein. Keine Angst. Sie kam mit ihrer Mutter von den Konsai.“
Wolf bläst erleichtert die Luft aus. Dann nickt er ahnungsvoll. „Ihr trefft euch nicht mehr mit den Clans des Waldstammes.“
„Nein. Mit den Mora und den weiter entfernten südlichen Waldclans

schon seit längerem nicht mehr. Und mit den anderen, seitdem diese Kälte über uns hereinbrach und uns alle um das bisschen Wild kämpfen lässt, das noch übrig geblieben ist. Die Veni, die Konsai und die Mora sind jetzt bittere Feinde."

„Aber unter ihnen leben auch frühere Veni, Asil. Hast du dich schon mal gefragt, ob es der richtige Weg ist, wie du ihnen begegnest?"

Asil nickt verstehend. „Es tut mir leid wegen deines Freundes, Breka. Es war ein Missverständnis."

„Nein. Es ist doch völlig egal, WEN du damit triffst. Es ist NIE recht!"

Asil stößt verächtlich die Luft aus. „Dann zeige mir einen besseren Weg, wie man sie im Griff hält. Man muss ihnen Angst machen, damit sie nicht wieder auf dumme Gedanken kommen. Wenn sie uns fürchten, bleiben sie uns fern." Angesichts Wolfs zweifelnder Miene macht er ein ärgerliches Gesicht. „Du kennst ihre Böswilligkeit nicht. Es ist kaum zwei Monde her, als sie uns eine Frau gestohlen haben. Ganz zu schweigen von früheren Überfällen, bei denen sie mordeten."

„Ich denke, sie hatten ihre Gründe. Sie rauben, weil auch ihnen die Frauen fehlen. Sie morden, weil auch sie hungern. Siehst du denn nicht, was euch als einziger Ausweg bleibt?"

Asil starrt ihn an. „Nein! Aber vielleicht weihst du mich Trottel ja noch in deine wertvollen Gedanken ein", erwidert er ärgerlich und beobachtet, wie Wolf seelenruhig den Kopf wiegt. Nicht zum ersten Male bemerkt er, dass sich sein Bruder durch nichts so schnell hochbringen lässt. Insgeheim bewundert er ihn darum.

„Die Reni leben in einem Stamm zusammen, der mehr Menschen als alle nördlichen Wald-Clans umfasst."

„Ha!" Asil betrachtet ihn spöttisch. „Das kannst du hier vergessen."

„Warum?"

„Es gibt nicht genug Wild! Es muss mindestens ein Clan gehen. Der schwächste Clan."

„Ehe das geschieht, habt ihr euch gegenseitig klein gemacht." Wolf stößt ihm anspornend seinen Ellenbogen in die Rippen, als Asil den Kopf zweifelnd schüttelt. „Ihr müsst euch zusammentun. Es gibt genug Wild, wenn ihr euch auf eine gemeinsame Jagd konzentriert und nicht darauf, wie ihr euch am besten umbringt."

„Wenn es genug Wild gäbe, wäre es nie so weit gekommen", wirft Asil ein.

„Es gibt WENIGER Wild, aber dennoch genug für alle", beharrt Wolf. „Ihr müsst euch nur bessere Taktiken einfallen lassen, es zu erlegen."

„Wir haben keinen Wolf."

„Dann zähmt welche!“
„Zähmen?“
„Ja. Schon als Welpen, wenn sie entwöhnt sind. Oder hast du noch nie einen Wurf verlassene Wolfsjunge gesehen?“
„Schon“, gibt Asil zu. „Aber wer kommt schon auf die Idee, sich welche mitzunehmen? Es werden mal wilde Raubtiere aus ihnen.“
„Nicht, wenn sie bei Menschen aufwachsen und an sie gewöhnt sind.“
Asil nickt ahnungsvoll. „SO hast du es also bei deinem Wolf gemacht.“
Wolf pflichtet ihm nickend bei. „Es gibt riesige Rentierherden weiter nördlich. Sie nehmen seit der Großen Kälte nur ganz andere Wege, ziehen viel weiter in den Süden. Wir sind ihnen schon oft gefolgt und haben bisher vergeblich versucht, ihren neuen Wanderweg zu finden.“
Asil lacht auf. „Wir sollen zu Rentierfressern werden?“
Wolf zuckt mit belustigter Miene die Schultern und beobachtet seinen Bruder gespannt.
Dieser stößt einen gedehnten Seufzer aus. „Naja, ab und zu jagen wir sie auf ihrem Weg durch die Wälder. Aber es sind nur kleine Gruppen.“
Er nickt. „Ulan überlegt schon länger, ob wir nicht den Schutz der Höhle in der warmen Jahreszeit aufgeben und wieder wie unsere Ahnen mit dem ganzen Clan dem Wild nachziehen, um genug zu beissen zu haben und Vorräte anzulegen. Denn seit es so wenig Wild gibt, müssen die Jäger weite Strecken zurücklegen, um erfolgreich zu sein.“ Er betrachtet Wolf abwägend. „Die Rentierjäger werden nicht erfreut sein, wenn wir Jagd auf ihre Hauptbeute machen.“
Wolf nickt nachdenklich.
„Das sollten wir nicht unter vier Augen besprechen. Wir müssen es Ulan als unserem Clanführer vortragen“, überlegt Asil.
„Wir?“ Wolf betrachtet ihn schmunzelnd. „Soll das heißen, dass ich dich überzeugt habe?“
Asil grinst breit. „Nein.“ Er fasst sich an den Schritt. „Aber ihn. Wie soll ich sonst endlich mal wieder zu einer Frau kommen?“
Sie lachen. Asil nimmt die zwei Schneebälle auf, hält sie gegeneinander und bedeckt sie mit Küssen, als wenn es sich um den Busen einer Frau handelte.
Wolf schüttelt grinsend den Kopf über ihn.
„Weißt du noch?“ Asil wirft einen der Schneebälle nach unten und betrachtet ihn herausfordernd. „Das war mal unser liebstes Spiel.“ Als er den zweiten Ball wirft, ertönt von weiter vor ihnen bereits Geschrei.
Doch Wolf kann sich nicht erinnern. Er seufzt. „Du hattest deine Sprache verloren und ich kann mich bis heute nicht mehr an mein Veni-

Leben erinnen."
Ihre Blicke treffen sich. Asil wird plötzlich auffallend schweigsam.
Wolf lässt ihn nicht aus den Augen. „Asil. Bitte erzähl mir, was damals passiert ist."
Asil schließt die Augen und schüttelt unmerklich den Kopf. „Verlang das nicht von mir Breka."
„Ich muss es aber wissen. Vielleicht hilft es mir, meine Erinnerung wiederzufinden."
„Du hast dich doch schon durch Ulan daran erinnert."
Wolf atmet angespannt durch. „Nur an sehr wenig." Er stützt die Arme auf den Knien seiner aufgestellten Beine ab und fährt sich nervös über die Stirn. „Ich hab' ne verdammte Angst davor, mich daran zu erinnern."
„Und ich, darüber zu reden."
„Ja. Trotzdem will ich mich erinnern. Ich muss es endlich wissen."
Asil schüttelt entschlossen den Kopf.
„Bitte, Asil. Hilf mir."
„Oh verflucht, Breka. Ich kann das nicht", flüstert Asil. „Bitte nicht." Er weicht seinem Blick aus.
„Ich weiß, du hast noch nie darüber geredet. Aber ...". Er atmet angespannt durch. „War ICH es?"
Asil betrachtet ihn überrascht. Dann stößt er verächtlich die Luft zwischen den Zähnen hervor. „Du hast ja keine Ahnung."
„Nein. Hab' ich nicht. Also könnte ich, ... könntest DU es nicht gewesen sein."
Asil lacht verbittert auf. „Der sie als Junge rücklings niedergestochen, vorher missbraucht und gedemütigt und bis aufs Blut gequält hat?"
Wolf schließt die Augen. Ihm wird schlecht und er versucht, die Übelkeit unter Kontrolle zu bekommen.
„Ihre Schreie werden mich mein ganzes Leben lang verfolgen", raunt Asil.
Wolf lässt sich auf das Fell zurücksinken.
„Sie war unsere Mutter, Breka. Sie war so schön und so liebevoll. Ich habe sie so verdammt geliebt", Asil bricht die Stimme.
Wolf kämpft nun nicht mehr gegen die Übelkeit an. Eine tiefe Traurigkeit hat ganz und gar von ihm Besitz ergriffen. Er spürt wieder den entsetzlichen Verlust in seinem Herzen. Erinnert sich an die Liebe, die er einmal zu seiner Mutter empfand. Als die ersten Schattenbilder wieder in ihm empor kriechen, gibt er ihnen freien Lauf.
Er ist BREKA und rennt wieder barfuss durch den warmen Sand am

Ufer des Flusses, welcher der Bach in der warmen Zeit einmal war. Lachend verfolgt er ein Stück Birkenrinde, das auf seiner Höhe im Wasser schnell flussabwärts treibt. Asil läuft vor ihm her, denn sein Holzstück ist schneller, als das von Wolf. Sie haben sich schon weit von der Höhle entfernt. Der Flusslauf ist verwildert, dicke Baumstämme liegen an seinem Ufer und wurden noch nicht zu Feuerholz gemacht. Sie müssen ständig über sie hinweg springen. Da stolpert Asil vor ihm über einen Baumstamm und schlägt der Länge nach in den Sand hin. Breka holt ihn ein und lässt sich lachend neben ihn fallen. Er ist froh, wieder etwas zu Atem zu kommen. Da hören sie Schreie, welche ihr Lachen verstummen lassen. Die Schreie sind entsetzlich und lassen ihnen das Blut in den Adern gefrieren, machen ihnen Angst. Sie kommen in schnellen Stößen und zeugen von höchster Not. Ihr Ursprung liegt auf ihrer Seite des Flusses. Zögerlich folgen sie ihnen. Dabei gehen sie in Deckung zwischen den dicken, angeschwemmten oder einfach nur umgestürzten Baumstämmen. Dann erblicken sie eine graue, furchteinflößende Gestalt, die brutal eine Frau vor sich über einen Baumstamm gezwungen hat und sie nimmt. Immer wieder schlägt er erbarmungslos auf sie ein, wenn sie sich wehren will. Sein Haar ist zu vielen dünnen Zöpfen geflochten und wurde, wie auch sein restlicher Körper, mit grauem Lehm gegen die Stechmücken eingeschmiert. Er trägt nur einen Schurz um die Lenden, den er nun hochgeschlagen hat. Sein Äußeres ist Breka absolut fremdartig. Der Mann dreht die schluchzende Frau auf den Bauch herum und biegt ihr die Arme nach hinten, um sie weiter zu missbrauchen. Die Frau sieht direkt zu ihnen herüber und reißt die Augen bei ihrem Anblick weit auf. Es ist ihre Mutter! Sie springen auf und rennen schreiend auf sie zu, um ihr zu helfen. Der Mann hält inne und fixiert sie. Breka läuft und läuft, kommt jedoch über die im Weg liegenden Stämme nur erschreckend langsam voran. Er muss hilflos mit ansehen, wie der Fremde sein Messer zieht und es seiner Mutter in den Rücken stößt. Immer wieder. Auch, als ihr Kopf schon längst reglos und schlaff zur Seite gerutscht ist. Dann sieht er ihnen mit seinen unheimlichen hellblauen Augen, die in seinem lehmgrauen Gesicht scharf hervorstechen, entgegen und zeigt in einem gespenstischen Lächeln zwei Reihen schneeweißer Zähne. Behände springt er auf den Baumstamm und balanciert auf diesem blitzschnell zum Fluss. Er hechtet ins Wasser und taucht unter. Als sich Breka nach seiner Mutter umdreht, liegt sie mit erstarrten Augen im Sand des Flusses. Asil hat sie vom Baumstamm herunter gezogen und steht blutverschmiert neben ihr.

Breka bemerkt, dass er noch immer schreit. Er springt auf den Baumstamm und dann von diesem in den Fluss hinein, um den Mann zu verfolgen. Um ihn zu töten ...

Breka findet sich keuchend auf seinem Fell wieder. Sein Bruder sitzt auf ihm und drückt ihm die Hände in den Schnee.
Breka nickt ihm zu. „Es ist gut. ... Es geht schon."
Asil kommt von ihm herunter. Sein Gesicht ist bleich. Er wischt sich über die Augen.
Breka empfindet eine ohnmächtige Wut. Sie ist übermächtig und er glaubt, dass sie ihn nie wieder loslassen wird. „Ich schwöre, ich werde ihn finden", raunt er und stemmt sich hoch.
Asil hingegen schüttelt nur matt den Kopf.
„Wer war er?"
„Ich weiß so viel, wie du", erwidert Asil Schultern zuckend. „Ich glaube, er war ein Mora." Er nimmt eine Hand voll Schnee und wischt sich damit das Gesicht ab.
Breka forscht in sich nach weiteren Erinnerungen an seine Kindheit. Doch es kommen keine mehr.
Asil lässt die Hände sinken, legt den Kopf tief durchatmend in den Nacken und schließt die Augen. „Ich frage mich, ob ich jemals normal mit einer Frau zusammen sein kann. Ich sehe sie immer vor mir über dem Baumstamm liegen, wenn eine Frau nackt mit mir das Lager teilt."
Breka atmet schwermütig durch. „Wir müssen ihn finden, Asil. Vielleicht hilft uns das, unseren Frieden mit ihrem Tod zu machen."
„Ich fand ihn bisher in jedem Mora", kommt Asils frostige Antwort.

Breka steht vor Venis Höhle und saugt die Morgenluft in seine Lungen. Sie kommt ihm ungewöhnlich milde vor und er glaubt, dass der Frühling bald beginnt. Auch die Vögel scheinen es zu spüren. Denn man kann sie nach dem langen Winter wieder piepsen oder gar singen hören.
Er schlägt das Fell vorm Eingang zurück und will Venis Höhle betreten. Doch ihm bietet sich dort ein Anblick, der ihn sofort kehrt machen lässt.
Er steht wieder vor Venis Höhle und fährt sich bestürzt durch die Haare. Veni saß neben Malo und hat sich für einen innigen, langen Kuss zu ihm herab gebeugt.
Breka stößt ungläubig die Luft aus. Sollte er sich so in ihr getäuscht haben? Aber er war sich doch ihrer Zuneigung ganz sicher! Hat er sie

an Malo verloren? Es versetzt ihm einen schmerzhaften Stich ins Herz. Und er bemerkt nun, wie wichtig sie ihm ist. Er wird wütend auf Malo. Denn schließlich ist er sein bester Freund! Und er hatte ihm deutlich gesagt, dass sie ihm viel bedeutet.
Er könnte sich ohrfeigen, dass er sich in solch trügerischer Sicherheit bei ihr wog. Er hätte ihr schon längst entgegenkommen sollen, hatte es selbstsicher immer wieder hinausgeschoben.
Eine solche Frau darf man nicht zu lange warten lassen!
Er macht wieder kehrt und schiebt das Fell vorm Eingang energisch zur Seite. Veni sitzt noch immer bei Malo. Sie blickt sich zum Eingang um und lächelt ihm zu. Dabei kaut sie an etwas.
Breka tritt ein und lässt das Fell wieder in den Eingang zurück gleiten. Er bleibt unsicher stehen.
Da beugt sich Veni erneut über Malo. Breka sieht fassungslos mit an, wie sich ihre Lippen berühren. Ziemlich LANGE berühren. Dann erst bemerkt er die kleine hölzerne Schüssel in ihren Händen. In ihr ist geröstetes Fleisch. Sie FÜTTERT ihn! Wie eine Mutter ihr kleines Kind füttert. Breka schließt flüchtig die Augen und atmet erleichtert auf. Er lehnt den Kopf gegen die Höhlenwand und straft sich mit einigen leichten Stößen gegen den kalten Fels.
„Breka?“ Veni sieht ihn fragend an. „Was machst du da?“
Breka winkt nur kopfschüttelnd ab und kommt näher an sie heran. „Ich wollte nach Malo sehen“, erwidert er auf Reni und erheischt einen Blick auf seinen Freund. Er muss sich ein Grinsen verkneifen, denn sicher wird es Malo mächtig grämen, dieser schönen Frau so hilflos ausgeliefert zu sein.
Malo verdreht die Augen. „Ich darf nichts sagen“, nuschelt er mit zusammengebissenen Zähnen.
Veni grinst. „Ja. Aber du könntest dir ein wenig die Beine vertreten.“ Sie erhebt sich.
Malo sieht sie mit großen Augen an.
„Könntest du ihm helfen, Breka?“
Gefragter reicht Malo die Hand. Dieser ergreift sie und lässt sich von Breka hochziehen. Er schwankt ein wenig, hält sich jedoch gut.
Veni nickt befriedigt. „Wenn du Schmerzen bekommst oder müde wirst ... “ Sie unterbricht sich auf Malos Grimassen hin, bei denen er eindringlich die Augen herausschraubt.
Breka stützt ihn zum Eingang hinüber. Malo legt ihm hinkend seinen Arm über die Schultern.
„Und denk dran. Nicht reden“, erinnert ihn Veni in ihrem Rücken noch,

was Malo mit einem mürrischen Brummen beantwortet.
Als sie wankend das Tageslicht erreichen, beginnt Malo, leise vor sich hin zu fluchen. „Verdammt, Wolf. Ich muss pinkeln! Was ist das für ein Absatz?“
Breka blickt sich aufmerksam um, kann jedoch niemanden entdecken. „Nun mach schon, Malo.“
Dieser lässt sich nicht zweimal bitten. „Oh verdammt. Was hätte ich nur gemacht, wenn du nicht gekommen wärst.“
„Wie hast du es denn bisher gemacht?“
Malo blickt ihn grimmig an. „Das willst du nicht wirklich wissen.“
„Nein.“ Breka muss über ihn grinsen.
„Oh ich schwöre, ich bringe ihn um!“
„Warum? Hast du denn nicht schon immer von einer wunderschönen Frau geträumt, die dich von hinten und von vorne bedient?“
Malo muss lachen und verzieht sogleich schmerzhaft das Gesicht. „Für wahr. Von hinten und von vorne ...“ Er seufzt. „Sie sieht umwerfend aus. Doch sie ist unerbittlich“, klagt er. „Und ich bin ihr hilflos ausgeliefert. Ich kann sie nicht mal mit meinen Waffen umstimmen, weil du sie für dich allein haben willst!“
Breka weiß genau, was er mit seinen Waffen meint. Er bemerkt, dass sein Freund wirklich schlecht aufgelegt ist.
Malo blickt sich suchend um. „Wie komme ich zum Bach runter?“
Breka bläst die Luft aus. „Das wird noch nichts, Malo.“
„Was?“ Malo verdreht entnervt die Augen. „Also schön. Ich werde ihn STÜCKWEISE umbringen!“
Breka ruckt mit dem Kopf Richtung Asil, der gedankenversunken mit dem Wolf an seiner Seite den Felsabsatz entlang auf sie zugeschlendert kommt. „Da kannst du dich gleich an den Richtigen wenden.“
Malo erstarrt angesichts Asils.
Asil stößt beinahe mit ihnen zusammen, bevor er sie bemerkt. Er bleibt verdutzt stehen und mustert Malo von Kopf bis Fuß. Der Wolf nähert sich Malo und leckt ihm eine Hand ab. Dann hebt er das Bein und versieht die Stelle, an der sich Malo erleichterte, ebenfalls mit einer gelblichen Marke. Malo bemerkt es gar nicht. Er kann den Blick nicht von Asil abwenden.
Asil räuspert sich. „Bitte sage ihm, dass es mir sehr leid tut, Breka.“
Breka übersetzt Malo Asils Worte. Doch dieser starrt Asil nur wortlos an. Dann schüttelt er ganz langsam den Kopf. „Das gibt es nicht ... “
„Was hat er gesagt“, will Asil wissen.
Malo zeigt mit dem Finger auf ihn und hebt zu sprechen an, bricht dann

jedoch ab und schüttelt wieder fassungslos den Kopf. „Er sieht aus wie du.“
„Ja. Das sagen alle.“
„Aber … . Warum hast du nie … “ Malo atmet durch.
„Das ist eine lange Geschichte, Malo.“
„Ich hab‘ gerade nichts vor“, grollt er und löst sich von Breka. Er humpelt auf Asil zu und bleibt ganz nahe vor ihm stehen, stützt herausfordernd die Hände in die Seiten. Dann bricht er es jedoch kopfschüttelnd ab und wendet sich mit ohnmächtigem Seufzen zu Breka um. „Ich kann ihn nicht umbringen. Er sieht aus wie du. … Ich kann ihm nicht mal mehr böse sein, verflucht!“

Breka und Asil sitzen auf weichen Fellen bei der Feuerstelle der Wohnhöhle und schlagen neue Klingen aus ehedem rundlichen Feuersteinknollen. Es sollen Pfeilspitzen für Breka werden. Ihr kleiner Bruder Keril und dessen Freund Babuk haben sich zu ihnen gesellt und sind ihnen erstaunlich geschickt dabei behilflich. Alba legt Äste ins Feuer, damit die Flammen hoch aufschlagen und ihnen gute Sicht bieten. Doch wohl auch, um ihre alten Knochen zu wärmen. Denn vor der Höhle bäumt sich der Winter noch einmal in einem kräftigen Schneeschauer auf.
Als Ulan die Höhle betritt, lassen Asil und Breka ihre Schlegel aus Hirschgeweih sinken und werfen sich bedeutungsvolle Blicke zu.
„Vater, setz dich doch“, lädt Asil ihn ein.
Ulan zieht eine Braue nach oben und nickt. Er entledigt sich seines Umhanges und schüttelt den Schnee ein wenig von diesem ab, bevor er ihn neben der Feuerstelle ablegt und darauf Platz nimmt. Sein Blick wandert zu den bereits abgeschlagenen Klingen, die fein säuberlich auf einem Stück Leder bereit liegen. Er nimmt eine von ihnen, die schon in die Form einer Pfeilspitze gebracht wurde, in die Hände und betrachtet sie verwundert, während er zu einem stabförmigen Geweihstück greift.
„Ihr macht Reni-Pfeile?“
„Nein“, lacht Asil. „Nur Breka. Er kann es wohl nicht lassen.“
„Ich finde sie besser“, verteidigt sich Breka. Die Pfeilspitzen der Rentierjäger verjüngen sich an ihrem Ende zu einem Stiel, der dann ins Holz des Pfeilschaftes eingepasst wird.
„Sie brechen viel zu schnell ab“, meint Asil und hält seine Pfeilspitze prüfend ins Licht des Feuers. „Und sie sind viel schwerer herzustellen.“
Breka runzelt die Stirn. „Vielleicht. Aber dafür brauche ich nur EINE Klinge.“ Ihm erscheint es sehr umständlich, dass die Waldclans

Pfeilspitzen fertigen, die aus jeweils zwei Klingen bestehen, welche sich gegenüber sitzen, indem sie in zwei längliche Kerben in den Schaft geklebt werden.
Ulan hat sich Brekas Klinge zugewendet. „Also?“ Ohne aufzublicken drückt er mit geübten, raschen Griffen winzige Splitter aus den Rändern der Pfeilspitze ab, um sie zu zähneln. „Was habt ihr auf dem Herzen?“
„Wir wollen mit dir über Mutters Tod reden“, eröffnet ihm Asil schonungslos.
Ulan sieht überrascht zu ihm auf und lässt dann den Blick zu Breka wandern, der ihn ebenso fest anblickt, wie sein Bruder. Er nickt nachdenklich. „Das ist gut. Endlich.“

Brekas und Asils Geheimnis

Sie sitzen um das Feuer in Venis Höhle herum und schweigen. Alba fließen leise Tränen der Trauer über die Wangen. Sie wollte unbedingt mit anhören, was Asil und Breka ihrem Sohn zu sagen haben. Sie haben bei ihren Schilderungen nichts ausgelassen. Und dass ihre Mutter geschändet wurde, war damals offenbar niemandem an der blutüberströmten Leiche aufgefallen. Die Veni sind außer sich.
Ulan hat das Gesicht hinter seinen aufgestützten Händen verborgen. Asil stochert gedankenversunken mit einem Ast in der Glut des Feuers herum.
Auch Edil sitzt bei ihnen. Denn die Mutter von Breka und Asil war ihr wie eine eigene Mutter gewesen. Sie wischt sich die Tränen weg und atmet laut vernehmbar durch. „Jetzt kann ich euch verstehen“, sagt sie mit belegter Stimme, bevor wieder neue Tränen aus ihr hervorbrechen.
Ulan pflichtet ihr wortlos nickend bei. Er lässt die Hände sinken und betrachtet seine beiden Söhne tieftraurig.
Breka wirft Asil einen betretenen Blick zu. Dann räuspert er sich bedeutungsvoll. „Ich will, dass er dafür blutet.“
„Es wird euch nicht versöhnlicher stimmen“, wendet Veni wie auf Kommando scharf ein. Sie wollten sie dabei haben. Doch sie hat sich bisher dezent im Hintergrund gehalten. Nun erhebt sie sich jedoch und tritt in den Schein des Feuers. Sie bedenkt Breka und Asil mit trauriger Anteilnahme.
Breka rückt etwas zur Seite und sie nimmt neben ihm Platz.

„Mag sein", erwidert er. „Aber ich will, dass er dafür büßt."
Veni schüttelt den Kopf. „Überlass das der Großen Mutter. Sie wird es ihm vergelten. Sie ist unendlich viel gerechter, als du es dir vorstellen kannst."
Breka schüttelt zweifelnd den Kopf. „Damit kann ich nichts anfangen, Veni. Ich will sehen, dass er bestraft wird. Will hören, dass er es bereut. Ich will, dass er es mit seinem Leben bezahlt."
„Veni hat Recht, Breka."
Breka wendet sich überrascht Asil zu. „Was?"
Asil nickt bedächtig. „Es zerstört dich." Er beginnt wieder, mit dem Ast in seiner Hand nachdenklich die noch unverbrannten Enden verkohlter Äste weiter ins Feuer hinein zu schieben. „Glaube mir. Ich weiß, wovon ich rede."
„Nein", erwidert ihm Breka fest. „Ich werde ihn finden."
„Ich gebe dir Recht, Breka", meint nun Ulan. „Zumindest mein verletztes Herz. Mein Verstand ist bei Asil und Veni. Aber ich will endlich Rache für Isja. Das bin ich ihr schuldig."
„Du bist ihr nichts schuldig, mein Sohn." Alba hat ihm besänftigend eine ihrer runzeligen Hände auf die Schulter gelegt. „Es ist nichts gewonnen, wenn ihr euer Leben in einem Kampf mit den Tautee lasst."
Asil und Breka horchen auf.
Ulan stöhnt gequält auf. „Du weißt, was ich meine, Mutter." Er schüttelt zutiefst aufgewühlt den Kopf. „Ich wollte es nur die ganze Zeit über nicht wahrhaben, gab sogar Breka die Schuld!"
Alba hebt abwehrend die Hände. „Sie ist damals freiwillig mit dir gegangen und hat gewusst, worauf sie sich einlässt."
Breka und Asil tauschen aufgelöste Blicke.
„Ihr wisst, wer er war!" Breka will aufspringen, doch Veni hält ihn am Arm zurück. So nimmt er damit Vorlieb, seinen Vater mit fragenden Blicken zu durchbohren.
„Vater, jetzt erzähl schon", fordert nun auch Asil ungeduldig.
Ulan fällt dies jedoch augenscheinlich schwer. Er fährt sich aufgelöst übers Gesicht. Dann willigt er nickend ein. „Euren Beschreibungen nach muss er ein Tautee gewesen sein. Ein Clan des südlichen Waldstammes, kurz vor dem Großen Gebirge." Er atmet durch, um sich zu sammeln. „Der Clan eurer Mutter."
Breka und Asil wechseln verwunderte Blicke.
„In meiner Jugend war ich viel unterwegs. Bis hin zum südlichen Meer. Ich habe euch oft davon erzählt." Angesichts Brekas ahnungsloser Miene winkt er ab. „Ich machte Bekanntschaft mit vielen Stämmen. Sie

nahmen mich stets freundlich auf. Es waren friedliche Zeiten. Damals, vor der Großen Kälte. Auf meinem Rückweg lernte ich bei den Tautee Isja kennen. Wir waren vom ersten Augenblick an unsterblich ineinander verliebt." Ulan lächelt bei diesem Gedanken. „Sie war jemand ganz Besonderes." Er begegnet den versonnenen Blicken seiner Söhne und wird wieder ernst. „Aber sie hatte schon einen Gefährten. Abras."
Breka schließt in ahnungsvollem Entsetzen die Augen. „Du hast sie entführt."
„Ja", entringt es sich Ulan in einem schwermütigen Seufzen. „Und offenbar hatte er sie nach vielen Wintern wieder gefunden."

Die Veni sitzen in ihrer Höhle beisammen und kauen lustlos auf gedörrtem Lachs herum. Das Fleisch des Auerochsen ist längst aufgezehrt und nun müssen sie von ihren Vorräten essen. Denn die Schneefälle in den letzten Tagen hatten sie an einer Jagd gehindert. Der Winter wollte einfach nicht weichen. Nun hat es jedoch aufgeklart. Vor der Höhle funkeln die Sterne von einem dunklen Nachthimmel herab. Morgen wollen sie auf die Jagd.
Wykat räkelt und streckt sich auf seinem Schlaffell. „Nehmen wir den Wolf wieder mit?"
Breka nickt ihm lächelnd zu.
„Darf ich euch morgen begleiten?" Keril hat seine dunklen Augen erwartungsvoll auf seinen Vater Ulan gerichtet. Er ist ein ernsthafter Bursche, der mit seinem Freund Babuk, dem Sohn von Ulans Schwester Tisi und deren Gefährten Tallidon, in allem wetteifert. Abwesend streicht er dem Wolf zu seinen Füßen durchs Fell. Das Tier hat es dem Jungen nicht weiter nachgetragen, von ihm angeschossen worden zu sein.
Ulan schüttelt den Kopf. „Du bist noch zu jung, Keril."
Dieser blickt betreten zu Boden. „Ich zähle schon zehn Winter", wiederspricht er trotzig.
Die Veni-Jäger lachen. Keril wird daraufhin hochrot im Gesicht.
Asil wuschelt ihm gutmütig durch den langen, braunen Schopf. „Warte noch drei Winter. Bis dir Haare an den Beinen gewachsen sind."
Keril entzieht sich ihm ruppig und begibt sich beleidigt auf sein Schlaffell. Babuk neben ihm stößt ihm aufmunternd gegen die Schulter. Die Männer werfen sich belustigte Blicke zu. Denn es erinnert sie an ihre eigenen verzweifelten Versuche, an ihrer ersten Jagd teilnehmen zu dürfen.

Das Feuer ist bis auf die Glut heruntergebrannt, die Höhle hüllt sich in Dunkelheit.
Nach und nach verteilen sie sich auf ihre Schlafplätze. Einige liegen noch mit ihren Gefährtinnen zusammen, wie deutlich an ihrem Keuchen und Stöhnen zu vernehmen ist. Breka denkt an Veni. Wie gern wäre er jetzt bei ihr und würde sie in die Arme schließen. Er versucht, sie sich nackt vorzustellen und schließt müde die Augen. Er will von ihr träumen, entspannt sich. Seit er denken kann ist er in der Lage, seine Gedanken im Traum zu konzentrieren, sie zu lenken. ... Und dann sieht er sie.
Veni steht vor ihm und schenkt ihm ein offenes Lächeln. Wie sie es so oft tut. Doch er steht unschlüssig vor ihr. Wie immer. Da öffnet Veni die Arme für ihn. Sie ist mit einem Male ganz und gar nackt.
Breka schlägt das Herz höher. Er beginnt, ihr entgegen zu gehen. Doch je mehr er sich ihr nähern will, umso schneller entfernt sie sich von ihm. Plötzlich beginnt sie, sich zu verwandeln. Sie wird riesig groß, ihr Körper beugt sich vornüber und wird plump und zottig. Ihr schönes Gesicht verzerrt sich zu einem Schrei, ein langer Arm beginnt, ihr aus der Stirn hervor zu wachsen. Aus ihrem Mund schieben sich zwei gebogene Stoßzähne heraus. Das Untier hebt den Kopf und stösst einen ohrenbetäubenden Lärm aus. Es verbreitet pure Angst.
Breka fährt keuchend hoch. Er ist schweißgebadet. Nun weiß er, wie Venis Ende aussieht. Sie hat es ihn sehen lassen. Die Bestie wird sie töten. So, wie sie schon viele Reni zermalmt hat. Unverzüglich schlägt er seine Felldecke zurück und erhebt sich, wankt aus der Höhle heraus unter einen sternklaren Himmel. Er zögert nur kurz. Durchatmend schlägt er das Fell vorm Eingang zu Venis Höhle zurück und tritt ein.
Malo neben der Glut des Feuers schläft tief und fest. Doch Veni sitzt mit angezogenen Beinen auf ihrer Schlafstätte, hat den Kopf auf ihren Knien abgelegt und wiegt sich sanft vor und zurück. Sie kommt Breka plötzlich ungewohnt zerbrechlich vor, beinahe verloren. Da blickt sie zu ihm auf. Er bemerkt, dass ihre Wangen tränenfeucht sind.
Breka kommt vor sie. Er atmet aufgelöst durch und kniet sich neben Veni, zieht sie zaghaft an sich. Sie hat ihn nicht umsonst ihre Angst spüren lassen. Er ist sich nun sicher, ihr ganzes Vertrauen zu haben.
„Nun weißt du es“, flüstert sie. „Ich bin nicht sehr tapfer, was?“
Breka löst sich von ihr, nimmt ihr Gesicht zwischen die Hände und wischt ihr mit den Daumen die Tränen ab. Er blickt sie eindringlich an. „Ich werde nicht zulassen, dass es dich tötet.“
Sie setzt zu einer Erwiderung an, doch er verschließt ihren Mund mit

einem Kuss. Als Veni ihn erwidert, ist es um ihn geschehen. Sanft drängt er sie zurück, legt sich neben sie, ohne von ihr zu lassen. Er zieht sie eng an sich, fährt ihr unter ihrem Felloberteil über die warme, weiche Haut ihres Rückens.
Veni löst sich atemlos von ihm.
„Veni“, flüstert er ebenso atemlos. „Ich bin Dein.“
„Breka“, sie streicht ihm versonnen eine Strähne aus der Stirn hinters Ohr. „Ich bin ebenso Dein.“
„Dann liebe mich, sonst verliere ich noch den Verstand!“
Sie lächelt, sieht ein wenig betreten auf ihre Hände, deren eine dann verlegen an seinem Felloberteil zupft. „Du musst mir zeigen, wie ich das machen soll.“
Ihm schlägt das Herz höher. „Du bist unberührt“, raunt er fassungslos. Ein solches Geschenk hat ihm bisher noch keine Frau gemacht. Er stützt sich hoch und beugt sich über sie. Veni empfängt ihn mit einer innigen Umarmung, erwidert seine leidenschaftlichen Küsse, dass ihm schwindlig wird. Genüsslich beginnt er, sie zu entkleiden. Dabei begrüßt er jeden neuen Teil ihres Körpers mit Küssen und erforscht ihn streichelnd mit seinen Händen. Er kann sich nicht an ihr satt sehen. Ihr Körper ist makellos und wunderschön. Sie ist zierlicher, als es ihn ihre dicke Fellkleidung erwarten ließ. Er sieht sie nun in einem ganz anderen Licht, weiß, dass sie nicht so stark ist, wie sie immer erscheint. Er schätzt, dass sie gerade einmal 16 bis 19 Winter zählt.
Neugierig tastet Veni an ihm herab und streichelt ihn zaghaft unter seinem Lendenschurz, so dass er aufstöhnt. Es ermuntert sie und nun beginnt auch sie, ihn zu entkleiden. Dabei mustert sie ihn, lässt sich nichts an ihm entgehen.
Breka lässt sie gewähren, auch wenn es ihm unendlich schwer fällt, still zu halten.
Veni streichelt über seinen muskulösen Bauch. Sie löst seinen Gürtel, der seinen Schurz und die Beinlinge hält, und streift ihm all dies vom Körper, so dass er nackt vor ihr liegt. Sie streicht über seine kräftigen Arme und begegnet seinem Blick. „Du bist stark“, meint sie mit einem scheuen Lächeln.
Er deutet ein Schmunzeln an, legt die Hand in ihren Nacken und zieht sie zu sich herab. Er küsst ihre vollen Lippen, spürt wohllüstig, wie ihre Hand wieder zwischen seine Beine wandert.
„Ich wusste nicht, dass sich Männer überall so hart anfühlen.“
Breka muss lachen. „Und du bist ganz weich“, flüstert er, während er ihr sanft über die Brüste fährt. Er streichelt sie, lässt ihr Zeit. Malo hatte

ihm einmal erklärt, dass man bei einer unberührten Frau einfühlsam vorgehen muss, will man ein Feuer in ihr wecken, an dem man sich nie genug erfreuen kann. Er legt eine Hand auf ihr weiches Gesäß und zieht sie eng an sich, reibt seinen Körper an ihrem, um sie zu reizen. Und Venis Zurückhaltung schmilzt immer mehr. Stöhnend erwidert sie seine ausgehungerten Küsse. Zielsicher findet er den kleinen Knoten zwischen ihren Beinen und reibt ihn. Veni hält überrascht still. Doch nicht lange, und sie beginnt, leise zu stöhnen und sich durch die Haare zu fahren. Breka wälzt sich mit ihr herum, dass sie unter ihm liegt, und nimmt seine Hand von ihrem Gesäß. Er küsst sie, reibt noch immer ihren empfindlichen Punkt. Dann endlich ist sie so weit. Als sie beginnt, sich stöhnend und zuckend unter ihm zu krümmen, nimmt er sie. Er ist ganz sanft, spürt ihren Widerstand und durchdringt ihn mit einem kurzen Stoß. Veni legt ihm die Hände aufs Gesäß und stimmt ungeduldig einen schnelleren Takt an. Er kommt ihrer Aufforderung nur allzu gerne nach, blickt ihr verzückt ins gerötete Gesicht. Veni verdreht die Augen und keucht. Sie klemmt ihn zwischen ihre Beine und gibt sich ihm ganz hin. Breka kann kaum noch an sich halten. Er will sie hören und macht schneller. Als sie in mühsam unterdrücktes, gedehntes Stöhnen verfällt und ihm die Finger in den Rücken krallt, erlaubt er sich endlich, sich gehen zu lassen.

Breka erwacht eng an Veni geschmiegt. Er genießt es. Als er die Augen öffnet, begegnet er Malos Grinsen. Er hebt fragend eine Braue.
Malo stützt sich auf seinem Lager hoch und betrachtet ihn nun spöttisch.
Breka runzelt argwöhnisch die Stirn. Sein Freund setzt sich umständlich hin und bedeutet ihm etwas mit Handzeichen in der Sprache der Jäger. Dabei sticht er sich mit einem eingebildeten Messer ins Herz und verdreht die Augen.
Breka muss über seine Grimassen lachen.
Malo wird etwas ernsthafter. „Du hast dein Herz an sie verloren“, spricht er nun doch laut aus.
Breka legt eindringlich einen Finger an den Mund.
„Was ist?“
„Das ist nichts für ihre Ohren.“
„Das ist wahr“, erwidert Malo, bevor er Veni vor ihm mit einem flüchtigen Blick streift und sich das Grinsen mit einer Hand aus dem Gesicht wischt.

Veni regt sich. Sie wendet sich zu Breka herum und schließt ihn lächelnd in die Arme.
Breka gibt ihr einen Kuss. „Und überhaupt: seit wann darfst du eigentlich wieder reden?!“ Er lässt Veni nicht aus den Augen. „Veni“, flüstert er. „Willst du meine Gefährtin werden?“ Sie antwortet ihm mit ihrem wunderschönen, offenen Lächeln. Es erleichtert ihn unendlich und nimmt die Spannung von ihm.
„Ja, Breka“, murmelt Veni, während sie ihn küsst. „Nichts und niemanden ersehnt mein Herz so sehr, wie dich.“

Kleine Laus

Gemächlichen Schrittes tritt Breka in die Fußspuren von Asil, um seine Kräfte etwas zu sparen. Zwar ist der Schnee nicht mehr sehr tief und man versinkt nur noch bis knapp zu den Waden in ihm, dennoch ist dies auf längerem Wege kräftezehrend. So wechseln sich beide in der Führung immer mal wieder ab. Malo hält sich damit noch zurück. Er ist noch nicht ganz wieder der Alte. Dennoch konnten sie ihn nicht davon abhalten, mit ihnen auf Jagd zu gehen. Schließlich haben sie sich für den heutigen Tag nur Kleinwild vorgenommen. Zumindest, wenn sich der Wolf daran hält. Auf der Suche nach einer Spur läuft ihnen dieser soeben voraus schnüffelnd durch den Schnee. Wie gewöhnlich auf Wolfsart, indem auch er die Hinterpfoten in die Spur der Vorderpfoten setzt, um Kräfte zu sparen. Die Sonne steht schon recht hoch und wirft ihnen ihre Strahlen blendend entgegen. Sie lässt den Schnee ganz weich und matschig werden. Er hat die Felle, die sie sich mit trockenem Gras gefüllt um die Füße gewickelt haben, schon längst durchnässt. Und er nimmt die Schneefladen, die von den umstehenden Bäumen fallen, dumpf auf. Die Kräfte des Winters ringen zwar noch immer mit denen des Frühlings, doch sie haben den Kampf um die Vorherrschaft bereits verloren und schwinden nun zusehends. Das Erwachen der wärmeren Zeit belebt die Menschen. Die Sorge um ausreichend Nahrung ist nicht mehr all gegenwärtig und schmilzt mit dem Schnee in den Herzen der Veni.
Breka denkt oft an Eisfuchs und daran, wie es wohl den Reni ergeht. Auch Malo ist mit dem Herzen oft bei ihnen, was er ihm immer wieder deutlich macht. Breka spürt die Unruhe seines Freundes. Zwar könnte

er die Veni ohne schlechten Gewissens verlassen. Denn es geht dem Clan sehr gut. Niemand muss hungern. Im Gegensatz zu den Rentierjägern, wie er aus seinen Träumen immer wieder erfährt. Doch Breka fühlt sich bei den Veni zu Hause. Und er hat sein Herz in der Tat an Veni verloren. Er genießt jeden Augenblick, den er mit ihr hat, ist glücklich wie noch nie zuvor in seinem Leben. Und er weiß, dass sie ihn braucht. Die Gefahr durch jenes unbegreifbare Ungetüm aus seinen Träumen lässt sich nie ganz aus seinen Gedanken verdrängen. Die Angst um Veni schnürt ihm den Atem ab, wenn er ihr freien Lauf lässt und macht ihm deutlich, wie viel er für sie empfindet. Er will sie nicht verlieren. Doch in seinem Herzen herrscht nicht ausschließlich die Liebe zu Veni. In ihm keimt und reift seit dem Beginn des Frühlings immer stärker das Verlangen nach Rache. Er will den Tautee eines grässlichen Todes sterben lassen, sollte er nach all den Jahren noch am Leben sein. Er erhofft dadurch für sich und Asil, endlich Ruhe zu finden.

Der Wolf weiter vor ihnen steht plötzlich still und hält die Nase schnüffelnd in die Luft. Er hat Witterung aufgenommen.

Sie verhalten ihre Schritte und beobachten das Tier erwartungsvoll. Doch dem Wolf sträubt sich plötzlich das Rückenfell. Er beginnt, mit hochgezogenen Lefzen und nach vorn gerichtetem Blick, unheilverkündend zu knurren.

Breka tauscht mit Asil und Malo alarmierte Blicke, als auch schon der erste Pfeil nur knapp an Malo vorbeizischt. Nun kommt Bewegung in sie. Gebeugter Haltung suchen sie eiligst Deckung hinter den umstehenden Bäumen. Gleichzeitig greifen sie zu ihren Waffen.

Doch es ist niemand zu entdecken, dem sie einen Pfeil entgegensenden könnten. Da bemerkt Breka, dass vom Wolf jede Spur fehlt.

„Es sind Mora“, grollt Asil und hält ihnen den Pfeil entgegen, der Malo nur knapp verfehlte.

Da hören sie das aufgeregte Bellen des Wolfes. Es klingt nicht weit entfernt. Und es wird von einer eigentümlich hohen Stimme begleitet, die in höchster Not schreit.

„Scheint nur einer zu sein“, überlegt Malo laut auf Veni. Zwar spricht er die für ihn fremde Sprache noch stockend und mit eigenartiger Betonung, aber dennoch bereits erstaunlich gut. Er hat Übung im Erlernen fremder Sprachen. Breka überlegt, dass er nun mit seiner eigenen Muttersprache bestimmt vier oder fünf Sprachen spricht.

Die Männer treten gemächlich aus ihren Deckungen hervor. Sie haben keinen Grund zur Eile. Der Wolf wird den Mora für sie in Schach

halten.
„Wie feige, uns so aus dem Hinterhalt anzugreifen“, bemerkt Malo weiter.
Asil bedenkt es mit einem grimmigen Lachen. „Sie scheinen das mit der Muttermilch aufzusaugen. Die Mora sind feiger als eine durchgedrehte Pferdeherde bei Gewitter.“
Schweigend folgen sie der Stimme des Mora. Dabei schlägt diese in resigniertes Schluchzen um und Breka denkt, dass dies in der Tat unrühmlich feige klingt.
Schließlich gelangen sie auf eine kleine Lichtung und gewahren den Wolf vor sich, der knurrend über dem am Boden liegenden Mora steht und diesen an der Kehle gepackt hält.
Das jammernde Gewinsel des Mora ist unerträglich, so dass Breka dem Wolf mit einer Geste zu verstehen gibt, von ihm abzulassen.
Das Tier gehorcht offenbar nur zu gern und wendet sich beinahe gelangweilt von ihnen ab. Asil tritt breitbeinig an den noch immer im Schnee liegenden Mann heran und verschränkt die Arme mit spöttischer Miene vor der Brust.
Das schwarze, verfilzte Haar des noch sehr jungen Mora wurde offenbar lange nicht mehr gekämmt und hängt ihm wirr ins Gesicht. Dieses drückt pures Entsetzen aus. Breka glaubt beinahe, dass der Junge Asil von irgendwoher kennt. Und schneller, als es einer von ihnen erwartet hätte, kommt Bewegung in den Mora. Er schwingt das Bein. Geradewegs, und unrühmlicher als unrühmlich, in Asils Schritt. Mit einem überraschten, unbeherrschten Aufschrei geht dieser vor dem Mora auf die Knie und hält sich keuchend den Schritt. Malo hingegen verfällt in herzliches, schadenfrohes Gelächter. Er packt den Jungen an dessen zottigem Fellumhang und will ihn hochzerren, als ihm ebenfalls dessen Aufmerksamkeit in Form einer scharfen Steinklinge zuteil wird, die ihm blitzschnell in den Oberschenkel gerammt wird. Malo verbeißt sich den Schmerz. Doch um seine gute Laune ist es nun geschehen. Wütend hält er den Jungen am Schlafittchen und schüttelt ihn durch. Doch dieser ist nicht geneigt, sich das gefallen zu lassen und er schlägt wild um sich. Dabei gelingt ihm ein empfindlicher Treffer gegen Malos Nase.
Dieser schreit fuchtig auf und wirft den Mora wie ein glühendes Stück Kohle von sich.
Angesichts seiner beiden Freunde, gestandener und überaus kräftig gebauter Krieger, die sich so unverhofft an einer unscheinbaren, verzweifelt kämpfenden kleinen Ratte blutige Nasen holen, kann Breka

nicht länger an sich halten. Er bricht in schallendes Gelächter aus.
Asil rappelt sich mühsam hoch und blitzt ihn böse an. Malo hingegen müht sich mit bluttriefender Nase und schmerzverzerrtem Gesicht, die Steinklinge aus seinem Bein zu ziehen.
Der Junge indes starrt Breka mit schreckgeweiteten Augen an und lässt den Blick dann immer wieder zwischen Asil und ihm hin und her wandern. Dabei weicht er unmerklich zurück und versucht, sich aus dem Staube zu machen. Zielstrebig wendet er sich um und rennt los, Richtung Waldrand.
„Feige scheint er mir aber nicht zu sein, Asil“, bringt Breka vor Lachen bebend hervor.
„Warum lässt du ihn entkommen?“ Asil ist fassungslos.
Breka schüttelt stöhnend den Kopf und wischt sich die Tränen aus den Augen. „Ich finde, er hat sich seine Freiheit verdient.“
Asil jedoch ist ganz anderer Meinung und legt einen Pfeil an die Sehne seines Bogens. „So einfach kommt der mir nicht davon.“ Zielsicher trifft er einen Baum nur wenig vor dem fliehenden Mora. Dieser wirft sich daraufhin Deckung suchend in den Schnee.
Angesichts Asils schmerzverzerrter Miene und seines eigentümlich steifbeinigen Ganges, mit dem er sich zu dem Jungen herüber begibt, kann sich Breka eines schadenfrohen Grinsens nicht erwehren.
Malo bedenkt ihn mit mürrischem Brummen.
Asil nimmt sich nun vor dem Mora mit respektvollem Abstand in Acht und drückt ihm auffordernd die Speerspitze in die Seite. Der Junge erhebt sich daraufhin mit erhobenen Händen und lässt sich widerstandslos von Asil zurück zu Breka und Malo dirigieren.
„Was willst du mit ihm, Asil?“ Breka schüttelt grinsend den Kopf über seinen nachtragenden Bruder und mustert den um mindestens einen Kopf kleineren, schmächtigen Burschen. Seine schwarzen Augen funkeln wild und zeugen von einem unbezwingbaren Willen.
„Ich will ihn als Blutopfer für Veni“, entgegnet Asil ungerührt, während er dem Mora derb beide Arme auf den Rücken biegt, um ihn an den Handgelenken zu fesseln.
„Na, dann wirst du bestimmt noch eine Menge Freude an ihm haben“, zieht Breka ihn glucksend auf.
Asil überhört es und beugt sich ein wenig herab, damit er seinen Gefangenen besser fesseln kann. Blitzschnell rammt der Junge seinen Kopf nach hinten in Asils Gesicht und kann sich losreißen.
Asil stößt einen wütenden Schrei aus und lässt seine Pranke auf den Mora niedersausen, dass dieser umfällt.

„Bei Veni. DU bringst mich nicht aus der Fassung“, schreit er den Jungen an, der den Kopf daraufhin einzieht und sich im Schnee zusammenkauert. Er hält sich den Bauch, auf den er gestürzt ist. Asil hatte gut zugelangt.
Dieser windet ihm ein Lederband um die Handgelenke und zerrt ihn derb auf die Füße. Dabei vermeidet er jeden Blickkontakt mit seinem Bruder und Malo. Doch deren mühsame Versuche, sich das Lachen irgendwie zu verkneifen, kann er nicht überhören.
Denn selbst Malo ist angesichts Asils allmählich zuschwellenden rechten Auges um seine Fassung bemüht.
„Diese dreckige kleine Laus entkommt mir nicht mehr“, knurrt Asil und stößt den Mora derb an, damit er sich in Bewegung setzt.
Der Junge leistet ihm nun keinen Widerstand mehr. Er geht ihm seltsam gekrümmt voraus.
Breka tauscht mit Malo grinsende Blicke und verdreht die Augen. Sie überfliegen den Ort ihres kurzen Aufenthaltes noch einmal flüchtig, um nichts liegen zu lassen, nehmen ihre Waffen auf und folgen den beiden.
Nicht lange, und Asils junger Gefangener sorgt erneut für Abwechslung, indem er immer langsamer geht und schließlich stehen bleibt. Stöhnend hält er sich den Bauch und krümmt sich vor Schmerzen. Offenbar hat diese zarte Gestalt mehr abbekommen, als es ihnen anfangs erschien.
Asil jedoch stößt ihn unbarmherzig vorwärts. Aber der Mora setzt ihm nichts mehr entgegen und fällt einfach um.
„Was ist JETZT wieder“, faucht Asil ungeduldig.
Da bemerkt Breka feine Blutstropfen im Schnee, die bis zu dem Jungen heranführen. Er drängt Asil zur Seite, kniet neben dem wimmernden Mora nieder und arbeitet sich unter dessen dicken Fellkleidern zu seinem Bauch vor. Als er diesen berührt, stößt er zu seiner Überraschung auf eine harte Wölbung. Breka jappst erschrocken nach Luft und starrt diesem jammernden Fellbündel nun aufmerksam ins Gesicht.
„Was ist los“, fragt Malo ungeduldig.
Breka lacht kurz nervös auf und schüttelt dann ungläubig den Kopf. „Ich glaube, deine kleine Laus ist schwanger, Asil.“
„Was?“ Asil drängt Breka zur Seite und streckt die Hand aus, um über den Bauch zu fühlen, als ihm diese unsanft weggeschlagen wird.
„Nicht anfassen“, faucht das Mora-Mädchen und Breka fragt sich, wie sie es nur derart verkennen konnten.
Asil wirkt bestürzt.

Malo lacht ungläubig auf.
„NICHT anfassen", fährt sie Asil erneut an, als er wieder versucht, sich ihr zu nähern, und schlägt ihm auf die Finger. Tritt gar nach ihm.
Asil hebt abwehrend die Hände. „Schon gut." Doch er lässt sie nicht aus den Augen. Als sie wieder zu wimmern anfängt, reibt er sich aufgelöst über die Stirn und wirft Breka einen bestürzten Blick zu.
Breka atmet angespannt durch. Auch wenn er nicht viel von Geburten versteht, da dies ausschließlich Frauensache ist, so weiß er doch, dass ihnen etwas Derartiges bevorsteht. Und nicht mit bester Aussicht auf Erfolg. Asils Fausthieb hat die Geburt ausgelöst. Offenbar viel zu früh, nach dem nur relativ geringen Umfang ihres Bauches zu schließen. Als Breka sich ihr wieder zu nähern versucht, schlägt sie auch nach ihm und faucht ihn an wie eine Wildkatze.
Asil nimmt plötzlich ihre Hände und hält sie ganz ruhig, blickt ihr eindringlich in die schwarzen Augen. „Es tut mir leid, du kleine verdreckte Laus", raunt er. „Ich wollte das nicht." Als sie sich losreißt, um seinem Gesicht eine ihrer Fäuste angedeihen zu lassen, fängt er diese unbeirrt ab. „Beruhige dich. Wir tun dir nichts. Immerhin warst DU es, die auf uns geschossen hat."
Es scheint sie etwas zur Besinnung kommen zu lassen. Doch hat sie keine Zeit, weiter darüber nachzudenken, da sie bereits die nächste Wehe aufschreien lässt.
„Hier", murmelt Malo. Er hat seinen Fellumhang abgenommen und im Schnee ausgebreitet. Als sie sie ergreifen und auf den Umhang hinüberbetten, wehrt sie sich nicht mehr.

Breka und Malo hocken nebeneinander auf Brekas Umhang im Schnee, matt gegen einen Baumstamm gelehnt. Vor Langeweile haben sie ihre Essensvorräte beinahe aufgezehrt. Die Sonne steht schon tief, doch die Geburt will einfach nicht vorangehen. Mittlerweile haben sie sich an die Schreie der Mora-Frau gewöhnt. Diese sind nun auch nicht mehr so laut wie anfangs, da sie sehr erschöpft ist. Breka kann sich nicht vorstellen, dass es noch ein gutes Ende mit ihr nimmt. Geschweige denn, mit dem Kind. Insgeheim tut ihm Asil wirklich leid. Dieser nimmt die ganze Schuld reuevoll auf sich, weicht der Frau nicht von der Seite.
Plötzlich lässt sie ein hohes Stimmchen, das zaghaft zu schreien beginnt, aufhorchen.
Breka und Malo tauschen erleichterte Blicke und rappeln sich hoch. Sie nähern sich Asil, der den Säugling soeben umständlich ins weiche Fell

seines Umhanges wickelt, bis nur noch ein fein geschnittenes Gesichtchen aus diesem hervor lugt. Es wirkt sehr zerbrechlich. Doch es scheint dem Neuling gut zu gehen. Er hatte Asil noch mit einem kräftigen Strahl aufs Bein gepinkelt.
Asil wendet sich mit dem Bündel aufmerksam der Mora-Frau zu. Diese liegt erschöpft auf dem Rücken und wickelt sich fröstelnd in Malos blutbesudelten Umhang. Sie hat viel Blut verloren und ist auffallend bleich im Gesicht.
Asil berührt sie an der schweißnassen Stirn. „Du hast einem kleinen Jungen das Leben geschenkt."
Doch die Frau schüttelt nur unmerklich den Kopf.
„Hier." Asil reicht ihr ihren Sohn, aber sie schiebt ihn beiseite, ohne ihn eines Blickes zu würdigen.
„Ich kann nicht", haucht sie weinerlich. „Ich wünschte, du hättest ihn getötet."
Die Männer tauschen bestürzte Blicke. Asil steht wie vor den Kopf geschlagen mit dem Kleinen auf dem Arm vor ihnen.
Vor Ratlosigkeit bringen sie keinen Ton heraus.
„Wir sollten aufbrechen", unterbricht Malo das Schweigen schließlich und streckt die Arme auffordernd nach dem Bündel aus. „Gib schon her. Sie muss sich erst einmal erholen."
Asil kommt seiner Aufforderung zerstreut nach. Und als wenn es nichts Selbstverständlicheres gäbe, wendet er sich wieder der jungen Mutter zu, wickelt sie straff in Malos Umhang und nimmt sie hoch. „Wo sind deine Leute", fragt er sie. Doch sie schüttelt nur den Kopf und verbirgt das Gesicht schluchzend an seiner Brust.
„Ich glaube, sie haben sie verstoßen", kommentiert es Breka.
Asil nickt nachdenklich und atmet schwermütig durch. „Also los", murmelt er und setzt sich vor ihnen in Bewegung.

Sie schaffen es nicht mehr vor Einbruch der Dunkelheit zurück zu den Veni. An einem Felsen machen sie Halt und blicken sich auf der Suche nach einem Unterschlupf aufmerksam um.
„Hier", meint Malo und bricht lange Äste von einer Fichte ab. Er lehnt sie gegen die Felswand. „Lasst uns einen Unterschlupf bauen."
Asil jedoch schüttelt den Kopf. „Wir könnten kein Feuer darin entzünden. Das Kind würde die Nacht nicht überleben." Er legt die eingeschlafene Mora in den Schnee.
„Ich bin nicht sicher, ob es dies selbst an einem Feuer schafft", erwidert Malo zweifelnd. Denn der Säugling ist ungewöhnlich zart. Und seine

Mutter scheint nicht einmal gewillt, ihn auch nur anzusehen.
Breka hat mit dem Säugling im Arm einen Felsvorsprung gefunden, unter den sie sich legen können und ruft die beiden heran. Sie platzieren eine große Steinplatte unter den Vorsprung und polstern in deren Nähe den Untergrund mit Malos Fichtenästen aus. Mit ein paar schnellen Handgriffen entzündet Asil ein Feuer auf der Platte, indem er mit Feuerstein und Pyrit Funken auf ein aufgefasertes, uringetränktes und im Nachhinein getrocknetes Stück Zunderschwamm schlägt und diese kräftig anbläst. Der Schwamm geht sofort qualmend in Flammen auf und Asil legt Borke sowie dünne Zweige darüber. In wenigen Augenblicken hat er ein kleines, munteres Feuer entzündet. Breka und Malo nähren es noch mit ein paar umherliegenden dürren, größeren Ästen und legen sich dann so nahe wie möglich in dessen Wärme. Dabei nutzen sie Brekas Fellumhang als gemeinsame Schlafdecke. Den größten Anteil bekommt der friedlich schlafende Säugling jedoch von dieser ab, den sie zwischen sich gelegt haben. Ihnen ist klar, dass sie in der Nacht kaum ein Auge zumachen werden. Denn es ist bitter kalt geworden. Und sie dürfen das Feuer nicht ausgehen lassen.
Asil indes klaubt noch ein wenig Feuerholz zusammen, bevor sie in der aufkommenden Dunkelheit nichts mehr sehen. Dann nimmt er die im Schnee schlafende Mora behutsam wieder auf die Arme und fördert sie nahe ans Feuer heran. Dort legt er sie sachte auf der aus Fichtenreisig bestehenden Unterlage ab. Für einen flüchtigen Moment klammert sie sich an ihm fest. Schnell jedoch lässt sie ihn los und kauert sich zusammen. Er beobachtet sie nachdenklich. In ihren schwarzen Augen spiegelt sich der Tanz der Flammen ihres Feuers wider.
„Wie heißt du“, fragt er sie und beobachtet, wie sie fröstelnd den Umhang noch fester um sich herum zieht.
„Kleine Laus“, erwidert sie spitz.
Asil muss über ihren Starrsinn grinsen. „Also gut“, entgegnet er herausfordernd. Seelenruhig geht er dazu über, in seiner ledernen Umhängetasche nach etwas Essbarem zu kramen und bringt Dörrfisch zum Vorschein. Außerdem einige kleine verschrumpelte Äpfel und eine Hand voll Hagebutten, die er wohlweislich auf dem Rückweg einem kleinen Vogelnest entnommen hatte. Mehr schlecht als recht allerdings, da er die Hände wegen dem Mora-Mädchen ja kaum frei bekam.
Er fläzt sich nun vor ihr zurecht und beginnt, genüsslich vom Dörrfisch abzubeißen. Dabei kann er es sich nicht verkneifen, laut zu schmatzen. Mit Genugtuung bemerkt er, wie sich die freche Mora aufsetzt und ihn nicht aus den Augen lässt. Aber er will, dass sie ihn fragt und isst

unbekümmert unter ihren begehrenden Blicken weiter. Als seine Vorräte jedoch mehr und mehr schrumpfen begreift er, dass ihr Stolz groß ist und sie sich lieber die Zunge abbeißen würde, als ihn zu bitten.
„Kleine Laus hat sicher keinen Hunger“, versucht er, es ihr leichter zu machen.
„Doch“, platzt es unverzüglich aus ihr heraus. „Aber Kleine Laus muss warten, bis du satt bist.“
Es lässt ihm den Bissen im Munde stecken bleiben. Offenbar haben die Mora ganz andere Sitten, als die Veni, erwarten von ihren Frauen Unterwürfigkeit. Asil hüstelt verlegen und setzt sich etwas beschämt auf. „Hier.“ Er legt ihr die restlichen Essvorräte in den Schoß. „Du musst wieder zu Kräften kommen, Kleine Laus.“
Sie ist überrascht. Nachdenklich nimmt sie den Dörrfisch in ihre schlanken, zierlichen Hände und beißt davon ab. „Die Mora fürchten dich sehr. Doch du bist ein guter Mensch.“
Unter der Felldecke am Feuer vor ihnen erklingt belustigtes Schnauben. Asil lehnt sich seufzend zurück gegen die Felswand. „Verrate es ihnen nicht, sonst habe ich noch mehr wie dich am Hals.“
Kleine Laus deutet ein Lächeln an. Doch dieses erstirbt, als das hohe Wimmern ihres Kindes ertönt.
Es ist Asil nicht entgangen. Dennoch rappelt er sich hoch und wühlt den Säugling unter der Felldecke hervor. Als er sich mit ihm im Arm wieder Kleiner Laus nähert, weicht diese vor ihm zurück. Er betrachtet sie daraufhin eindringlich. „Du wirst ihn jetzt anlegen“, versucht er, ihr zu gebieten.
„Niemals“, flüstert sie mit Grabesstimme und funkelt ihn an.
Asil schüttelt unverständlich den Kopf. „Warum?“
Kleiner Laus verschwimmt der Blick und sie sieht weg.
„Sein Vater hat dir weh getan“, schlussfolgert Asil und nimmt ihr Schweigen als Bestätigung.
„Auch wenn dir von seinem Vater Leid zugefügt wurde, er ist ein Geschenk der Großen Mutter.“
„Ich hasse ihn“, kreischt Kleine Laus unbeherrscht. „Nimm ihn fort von mir!“
„Nein“, fährt er sie an und nähert sich ihr unerbittlich. Er packt sie unsanft im Genick und drückt ihr das Gesicht auf ihr Kind. „Sieh ihn dir an! Hier.“
Sie schluchzt und schließt einfach die Augen.
Asil atmet aufgewühlt durch und lässt von ihr ab. Das wimmernde Kind legt er neben sie. „Dann wirst du zusehen müssen, wie er erfriert.“ Er

tauscht mit Breka und Malo, die sich unter ihrer spärlichen Decke etwas hochgerichtet haben, um sie zu beobachten, hilflose Blicke. Der Wolf hat sich zu ihren Füßen zusammengekringelt und äugt ebenfalls zu ihnen herüber.
„Er kann nichts dafür", versucht Asil, nun etwas milder auf Kleine Laus einzureden. „Sieh ihn dir doch wenigstens einmal an." Er betrachtet das hilflos zappelnde Bündel und streicht durch den schwarzen Flaum auf seinem Kopf. „Er ist auch aus deinem Fleisch und Blut."
Doch es bewirkt nichts bei ihr. Sie legt sich ihm abgewandt hin und zieht sich die Decke über den Kopf.
„Wie du willst", murmelt Asil. „Dann soll es so sein."
Er wirft dem Kind noch einmal einen traurigen Blick zu und kauert sich dann so nahe wie möglich am Feuer zusammen. Nicht lange, und der Säugling verliert die Kraft zum Wimmern.
Asil spürt, wie der Wolf über ihn hinweg steigt, um sich dem Bündel zu nähern. Er weiß, was er vorhat und es lässt ihm das Blut in den Adern gefrieren. Nicht umsonst nennen sie ihn den Erlöser. Entsetzt wendet er sich herum. Aber Kleine Laus ist dem Tier bereits zuvor gekommen. Ängstlich beäugt sie den Wolf und zieht ihr Kind langsam zu sich herüber.
Ihr Blick gleitet zu Asil, der ihr daraufhin aufmunternd zunickt. Er packt den Wolf am Fell und zerrt ihn wieder zurück auf seinen Platz. Dann legt er sich erneut am Feuer zurecht und schließt müde die Augen. Seine Mundwinkel verziehen sich zu einem Lächeln.
Breka schüttelt grinsend den Kopf über ihn und legt sich wieder zurück auf sein frostiges Lager. Er kauert sich, an Malos warmen Körper geschmiegt, eng zusammen und versucht, die kalten Füße unter seinen Wolf zu stecken, um auch etwas von dessen Wärme abzubekommen. Doch dieser lässt nur ein verächtliches Grollen vernehmen und wendet sich beleidigt von ihm ab. Für heute wird er mit knurrendem Magen einschlafen müssen.

„Und eure Frauen dürfen auch auf die Jagd gehen?" Kleine Laus hat ihre großen schwarzen Augen aufmerksam auf Ulan gerichtet. Dieser hält die filigrane Klinge, welche seine geschickten Hände aus der plumpen Feuersteinknolle gefertigt haben, prüfend gegen den Schein des Feuers. Er zuckt die Schultern. „Warum nicht?", und legt die Klinge behutsam neben ihrem Zwilling auf einem Stück Leder ab. Es sind Pfeilspitzen, die nur darauf warten, gemeinsam geschäftet zu werden. Dann greift er erneut zur Feuersteinknolle, um zwei weitere

Klingen für einen nächsten Pfeil aus dieser zu schlagen. Er blickt Kleine Laus an und grinst. „Nur sind sie meist weniger erfolgreich, als wir richtigen Burschen."
Die Männer, die ebenfalls mit ihnen am Feuer sitzen und ihre eigenen Waffen ausbessern, stimmen ihm lachend zu.
„Außerdem fallen ihnen irgendwann andere Aufgaben zu", setzt ihr Ulan weiter auseinander und wirft einen vielsagenden Blick auf den Säugling an ihrer Brust.
Kleine Laus jedoch lächelt ihn selig an, bevor sie ihre Aufmerksamkeit wieder ihrem Sohn widmet. Sie verzieht unter Edils Handgriffen, mit denen den Läusen auf ihrem Kopf zu Leibe gerückt werden, schmerzhaft das Gesicht.
Edil setzt den Kamm ab. „Wie konntest du so ganz allein zwei Winter lang überleben?"
„Ich hab' gejagt", antwortet Kleine Laus, als wenn es nichts Normaleres auf der Welt gäbe.
Ulan zieht daraufhin eine Braue hoch und mustert sie aufmerksam.
„Ich kann mir schon vorstellen, warum sie dich weggejagt haben", wirft Asil ein und reibt sich demonstrativ über sein herrlich blau verfärbtes rechtes Auge.
„Weil ich …", sie beißt sich auf die Unterlippe und bricht ab.
„Weil du ihnen vielleicht stets und ständig zu frech kamst", ergänzt Asil fragend.
Kleine Laus spitzt den Mund. „Das finde ich nicht."
Malo und Breka lachen daraufhin aus vollem Halse und bewirken damit, dass sich ihr Gesicht verfinstert. Sie hält Asils spöttischem Blick stand. „Ihr wisst NICHTS über die Mora. Sie behandeln ihre Frauen wie Dreck." Sie atmet aufgewühlt durch. „Aber ich habe mir das nicht gefallen lassen."
„Kann ich mir vorstellen", bemerkt Asil trocken.
Doch Ulan legt ihm Einhalt gebietend die Hand auf die Schulter. „Du bist sehr tapfer, Kleine Laus. Wir können uns hier kaum vorstellen, was du durchgemacht hast." Er bedenkt seine Söhne mit eindringlichen Blicken. „Menschen, die der Ungerechtigkeit trotz all ihrer Ängste die Stirn bieten, sind nicht genug zu bewundern."
„Ja", pflichtet ihm Veni bei. „Die Große Mutter hat uns alle gleich erschaffen und niemand sollte sich über den anderen stellen."
Sie schweigen in stummer Übereinstimmung. Nur das Rupfen von Edils Kamm und das Geprassel des Feuers sind zu vernehmen.
„Und wie ist nun dein richtiger Name", will Edil wissen.

„Ich heiße Milandra."
Edil nickt anerkennend. „Ein sehr schöner Name." Sie versucht erfolglos, Milandra das widerspenstige Haar glatt nach unten zu streichen. Zwar ist es nun nicht mehr verfitzt, steht jedoch beinahe nach allen Seiten von ihrem Kopf ab.
Asil grinst. „Ich finde, Kleine Laus passt viel besser."

Breka zieht den Duft von Venis Haar tief ein und schließt genüsslich die Augen. Er schmiegt sich an sie und zieht sie eng an sich heran. Veni räkelt sich und wendet sich zu ihm herum. Sie bedenkt ihn mit ihrem bezaubernd reinen, offenen Lächeln.
Breka seufzt und streicht ihr eine Haarsträhne hinters Ohr. „Ich bin sehr glücklich, dass du bei mir bist."
„Ich weiß", erwidert sie herausfordernd.
Breka zieht eine Braue hoch. „Gibt es eigentlich etwas, das du NICHT weißt?"
Sie grinst. „Nein."
Er ist nicht sicher, ob sie es ernsthaft meint, nimmt jedoch damit Vorlieb, nicht weiter nachzubohren. Da kommt ihm ein Gedanke. „Dann sage mir doch, was du von Kleiner Laus hältst." Denn er hat das untrügliche Gefühl, dass Asil dieser zugetan ist. Auch wenn es sein Bruder vehement abstreitet.
Veni ist nachdenklich geworden. „Ich habe vor vielen Monden von ihr geträumt. Sah sie zu uns kommen."
Breka ist überrascht.
„Sie wird einmal sehr wichtig für die Veni sein", fährt sie fort.
„Reden wir von derselben Kleinen Laus?"
Veni wendet ihm den Rücken zu und nimmt seine Hände in die ihren. „Milandra wird euch alle noch sehr überraschen." Sie gähnt müde.
Breka hat keinen Schimmer, wovon sie spricht.
„Nichts geschieht einfach nur so, Liebster", flüstert sie, als wenn sie ihm gleich ein Geheimnis anvertraute. „Wir selber haben es uns vor unserer Geburt mit der Großen Mutter ausgemacht, was wir im nächsten Leben erreichen wollen, damit wir uns weiter entwickeln und unseren Geist reifen lassen. So suchen wir uns auch aus, wem wir begegnen wollen, in welche Familie wir hineingeboren werden."
Breka versucht, ihre Worte mit sich in Einklang zu bringen. Er weiß, dass sie wahr sein müssen, denn mittlerweile hat er begriffen, wie weise Veni ist. Sie verbindet sich oft mit der Großen Mutter, dieser obersten Kraft, die alles in der ihnen bekannten Welt erschaffen hat und somit

allwissend ist.
„Warum hat sich meine Mutter dann ein solch schlimmes Schicksal gewählt?“ Er hält gespannt den Atem an.
Veni wendet sich ihm wieder zu und streicht ihm mit einem traurigen, anteilnehmenden Lächeln über die Wange. „Dieses Schicksal erscheint dir nur schlimm. Sie hat Schmerzen erleiden müssen, aber das fällt nicht ins Gewicht. Sie hat euch verlassen, aber das ist nur vorübergehend. Denn in einem beinahe unendlichen Kreislauf von Tod und Wiedergeburt begegnen wir uns immer wieder.“
Ihre Worte kommen Breka bekannt vor. Denn auch die Weisen der Reni hatten den Stamm mit diesem Glauben an die Wiedergeburt stets und ständig beeinflusst.
„Was deine Mutter getan hat, dient einem großen Ziel“, fährt Veni fort. „Mehreren Zielen. Aber selbst ich bin nicht in der Lage, diese gänzlich zu durchschauen. Denn alles ist miteinander verbunden und ständig im Wandel begriffen. Je nachdem, was wir tun, wie unsere Entscheidungen ausfallen. Dennoch gibt es ein übergeordnetes Ziel, das wir uns selbst gesetzt haben. Wie ich schon sagte.“ Sie winkt ab. „Ich darf dir nicht mehr sagen. Denn es betrifft dich ganz direkt und ich darf dich nicht beeinflussen.“
Er bedenkt sie mit einem nachsichtigen Lächeln. „Und warum tust du es dann trotzdem?“
Sie runzelt grübelnd die Stirn.
Breka stützt sich daraufhin etwas hoch und zieht sie zurechtweisend an der Nase. „Die Große Mutter würde mir sicher mehr Zeit lassen, meine geistigen Begabungen weiter zu entwickeln.“
Veni zieht die Brauen hoch. „Du bist bereits voll entwickelt. Du musst nur wieder aufstehen und deinen ersten Schritt tun. Und ich will, dass du damit nicht so lange zögerst, bis niemand mehr da ist, der dir alles erklären kann, was du dann siehst. Dann wären die Veni schutzlos.“
Er betrachtet sie nachdenklich und legt sich wieder neben sie. Ihm schwirrt der Kopf.
„Du bist dann auch meine Bestimmung“, raunt er. Zu seiner Überraschung kichert Veni darüber.
„Und ich glaubte schon, du erkennst das nie.“ Dann wird sie wieder ernsthafter. „Es IST so.“ Sie betrachtet ihn abwägend und richtet den Blick daraufhin ins Leere. „Wir sind beide Teil ein und derselben Seele. Unser ganzes bisheriges Leben lang haben wir uns vermisst und gesucht.“ Ein Lächeln huscht über ihr Gesicht und sie schenkt es ihm. „Und nun haben wir uns wieder gefunden.“

Es ist früh am Morgen. Asil tritt aus der Wohnhöhle der Veni heraus auf den Felsabsatz und betrachtet die im abziehenden Nebel liegende Landschaft. Er wendet das Gesicht der noch niedrig stehenden Sonne zu und genießt ihre Strahlen mit geschlossenen Augen. Die Kraft ihrer Wärme ist in den letzten Tagen immens gewachsen. Bis auf ein paar kümmerliche Reste hat sie den Schnee aufgezehrt und ließ den Bach stark anschwellen. Sein Rauschen ruft Asil wieder ins Gedächtnis, was er eigentlich vorhatte. Geschwind klettert er den Felsabsatz herunter und geht bachabwärts am Ufer entlang, um zu sehen, ob sich bereits erste Wildvögel von dem Strom anlocken ließen. Der Gedanke an Gänse- oder Entenfleisch, das mit Heizsteinen in einer Erdgrube so weich gegart wird, dass es auf der Zunge zergeht, lässt Asil das Wasser im Munde zusammenlaufen. Da entdeckt er Edil und ein paar andere junge Frauen, die ihm schwatzend mit ihrem gesammelten Schwemmholz entgegen kommen. Asil erwidert ihre heiteren Grußworte nur knapp, als sie an ihm vorbeigehen. Er ist verärgert. Denn er wird nun etwas weiter gehen müssen, da sie etwaige Wildvögel mit ihrem Gegacker sehr wahrscheinlich verscheucht haben. Ein wenig erstaunt ob ihrer guten Laune blickt er ihnen nach und bemerkt, dass sie sich immer wieder grinsend nach ihm umdrehen. Verächtlich zieht er den Mund schief. Er denkt, dass er viel früher hätte aufstehen sollen, um ihnen nicht zu begegnen, wechselt seinen Bogen in die andere Hand und setzt seinen Weg fort. Da gewahrt er plötzlich eine nackte Gestalt vor sich am Ufer, welche sich auf einem flachen Stein stehend fröstelnd in die ersten Sonnenstrahlen gestellt hat, um sich trocknen zu lassen. Ein Stoß Schwemmholz liegt neben ihr. Sie ist vielleicht einen Steinwurf von ihm entfernt. Und auch wenn er ihr Gesicht, das sie genießerisch der Sonne zugewendet hat, nicht erkennen kann, so weiß Asil doch genau, dass es Milandras rabenschwarzes Haar ist, welches ihr nass bis zum schön anzusehenden Gesäß fällt. Es schimmert bläulich in der Sonne. Sie beginnt, es sich auszuwringen und wendet sich ganz langsam um. Asil stockt beim Anblick ihres schönen Körpers der Atem. Doch sie hat ihn entdeckt und reißt ihre Hände nach oben über ihre Brüste. Wortlos starrt sie ihn an, wagt keine Regung. Da begreift Asil, dass sie Angst vor ihm hat. Ihm fällt wieder ein, dass sie geschändet wurde. Er blickt ihr in die ausdrucksvollen schwarzen Augen, die ihn scheu mustern, und deutet ein Lächeln an. Dann wendet er sich abrupt von ihr ab, um seinen Weg entlang des Baches fortzusetzen. Als er sich noch einmal kurz nach ihr umsieht, blickt sie ihm mit unveränderter Haltung nach. Doch zu seiner Überraschung mit einem Lächeln.

Die Männer des Veni-Clans sitzen stumm um das Feuer herum und starren Breka überrascht an. Asil bedeutet ihm seine Meinung mit einem ohnmächtigen Kopfschütteln und fährt sich aufgelöst durch die langen Haare.
Breka atmet aufgewühlt durch und hält ihren Blicken stand.
„Weiß Veni denn schon von deinem Entschluss", will Ulan von ihm wissen und kann seine Missbilligung nur schlecht aus seiner Stimme heraushalten.
Breka räuspert sich umständlich. „Ihr wisst schon lange, dass ich das vorhabe."
Veni betritt die Höhle, als wenn sie sie gerufen hätten, und nähert sich ihnen gedankenversunken mit ihrer stolzen Haltung. Dann gewahrt sie die angespannte Stimmung und verhält überrascht ihre Schritte, um sie dann etwas langsamer wieder fortzusetzen. Sie bleibt direkt neben Breka stehen und richtet den Blick erwartungsvoll auf Ulan, den Anführer des Clans.
Dieser macht eine unwirsche Geste auf Breka zu. „Er will Abras einen Besuch abstatten!"
Veni blickt Breka mit einer herausfordernd hochgezogenen Braue an.
Breka erhebt sich und gibt ihr mit bedauernden, aber entschlossenen Blicken zu verstehen, dass er unbeirrt bleibt.
Veni nickt stumm und streckt ihm plötzlich beide Hände entgegen.
Breka nimmt sie überrascht.
„Ich verstehe deinen Wunsch. Aber es ist nicht nötig, sich auf den Weg zu den Tautee zu machen. Nicht für dich." Sie nickt den Veni knapp zu und zieht Breka auffordernd an den Händen, bevor sie diese wieder los lässt und sich zurück zum Höhlenausgang wendet.
Er wechselt mit den Männern ratlose Blicke und folgt ihr hinterher.

Brekas Reise

„Das ist nicht unsere erste gemeinsame Reise.“ Veni setzt sich auf ihre weichen Schlaffelle und bedeutet Breka, neben ihr Platz zu nehmen.
Breka kommt ihrer Aufforderung nur zögerlich nach. „Ich will die Reise aber WIRKLICH tun, Veni. Nicht nur mit dem Geist.“
Sie lässt ihm ein spöttisches Lächeln zuteil werden. „Wenn du mit dem Geist reist, dann passiert dies auch WIRKLICH.“ Auf seine skeptische Miene hin winkt sie einfach ab. „Du wirst schon sehen.“
„Aber mit dem Geist kann ich ihm seine Tat doch nicht vergelten!“
Veni fixiert ihn. „Ich hatte dir doch erklärt, dass nichts umsonst geschieht, Breka. Überlass es der Großen Mutter, ihn zu bestrafen.“
Doch Breka schüttelt energisch den Kopf. „Ich fürchte, das reicht mir nicht“, und will sich erheben.
Veni jedoch hält ihn am Arm zurück. „Es WIRD dir reichen, glaube mir“, flüstert sie beinahe und hat damit seine Aufmerksamkeit. „Auch wenn es manchmal scheinbar ewig währt, aber die Große Mutter lässt immer Gerechtigkeit walten. Es steht dir nicht zu, über ihn zu richten. Das darf nur sie.“
Breka atmet angespannt aus. „Und bei ihm hat sie dies?“
Veni nickt. „Ich war kürzlich dort. Aber wir müssen vorsichtig sein. Ihn schützt ein sehr mächtiger Weiser.“ Sie betrachtet ihn abwägend. „Es könnte sein, dass er uns bemerkt und dir Angst einflößt. Aber fürchte dich nicht. Er wird dir nichts tun, wenn er dich erst einmal erkannt hat.“
Breka grübelt. „Wieso? Wer ist er denn?“
Veni nickt. „Das zu erkennen wird deine erste Aufgabe sein.“ Sie nimmt seine Hand. „Halte dich einfach an mich. Ich schütze dich und werde dafür sorgen, dass du auch wieder hierher zurückfindest, wo dein Körper ruht.“
Breka betrachtet sie zweifelnd, willigt dann jedoch nickend ein. Er möchte sich hinlegen, doch ihm wird schwindlig. Ein Punkt mitten auf seiner Stirn beginnt, wie Feuer zu brennen. Er greift sich an die Stirn und blickt beunruhigt zu Veni.
Diese hat die Augen geschlossen. „Mutter, bitte schütze uns und führe uns zu Abras bei den Tautee.“
Breka verschwimmt der Blick etwas. Er spürt, wie Veni ihren Griff um seine Hand ein wenig lockert und findet sich plötzlich in einem eigenartigen, niedrigen Raum wieder. Doch sein Blick ist noch immer

nicht so scharf, wie gewohnt. Da bemerkt er, dass Dampfschwaden den Raum erfüllen. Sie gehen von glühenden Steinen aus, neben denen ein Birkenrindengefäß mit Wasser steht. Ihm geht auf, dass sie in einem Schwitzzelt sind. Er erkennt den Rücken einer Gestalt, die sich über einen auf weichen Fellen liegenden älteren Mann gebeugt hat. Dieser hält die Augen geschlossen. Sein Gesicht verzieht sich plötzlich wie vor Schmerz. Dann bricht ein spitzer Schrei aus ihm hervor und überzeugt Breka, dass er in der Tat Schmerzen leidet. Unmenschliche Schmerzen, nach der Länge des gellenden Schreis zu urteilen. Er endet in einem Wimmern. „Mach ein Ende, Undred. ... Bitte." Der Mann streicht sich über das verschwitzte Gesicht und öffnet die Augen. Deren unverkennbares Blau versetzt Breka einen Stich ins Herz. Der Kranke vor ihm ist Abras.

Doch ganz unvermutet wirbelt die über Abras gebeugte Gestalt zu ihm herum. Es ist ein alter Mann mit überaus wachen, veilchenblauen Augen. Sie kommen Breka seltsam bekannt vor. Doch blicken diese wie suchend ins Leere, scheinen ihn nicht zu erkennen. Er hat ein Messer in der Hand, dessen Klinge blutverschmiert ist. Breka bemerkt einen immer heller werdenden Punkt kurz oberhalb der Mitte zwischen den beiden Augen des Alten. Es erinnert ihn an die brennende Stelle auf seiner eigenen Stirn. Der helle Punkt des Alten ist daumennagelgroß geworden und hat sich nun scheinbar auf Breka gerichtet.

„Wer bist du", fragt der Alte abweisend und düster.

Doch Breka weiß in seinem Herzen, dass er gut ist. Er spürt plötzlich, wie seine Brust ganz warm wird. Und dann weiß er mit einem Male, woher er diese Veilchenaugen kennt. Es sind Asils Augen, die Augen seiner Mutter, die seines GROSSVATERS.

Diese weiten sich plötzlich und der Alte lässt das Messer fallen. In Brekas Gedächtnis erscheint Asil, als er noch ein kleiner Junge war. Und dann erlebt er wieder, was mit seiner Mutter am Ufer des Flusses geschah. Es wühlt ihn zutiefst auf.

„Neeein!" Der Alte sinkt stöhnend vor ihm auf die Knie, als hätte er einen Schlag auf den Kopf bekommen. Er kniet auf allen Vieren und ist völlig außer sich. Es dauert eine Weile, bis er sich zu fassen scheint. Er lehnt sich zurück auf die Knie und atmet durch. Breka bemerkt, dass er tränenfeuchte Wangen hat. Er ist sicher, dass der Alte in seinem Gedächtnis gelesen und Anteil an seinem Leid, am Leid seiner Tochter genommen hat.

Das Lichtauge des alten Mannes hat sich wieder auf Breka gerichtet. Und Breka spürt auf einmal den Schmerz des Alten, als wäre es sein

eigener. Aber er fühlt auch Freude über sein Erscheinen. Und Neugier. Dann wieder Trauer. Diese wandelt sich plötzlich in Hass.
Der alte Mann erhebt sich ganz langsam und wendet sich bedächtig Abras zu. Dieser liegt völlig nackt mit geschlossenen Augen vor ihm. Breka erkennt entsetzliche Geschwüre, die seinen Körper überziehen. Einige sind so groß wie der Kopf eines Kindes und haben sich geöffnet, um ihren faulig stinkenden Inhalt über seinen Körper zu ergießen. Abras öffnet wieder die Augen und richtet sie flehentlich auf den Heiler. „Bitte, Undred", haucht er.
Doch Undred blickt finster auf ihn herab. „Nein."
Breka spürt Venis härter werdenden Griff.
„Nein, warte", versucht er noch, ihr Einhalt zu gebieten. Doch er findet sich bereits in ihrer Höhle wieder und ist gerade bemüht, sich hinzulegen.

Breka lässt sich rücklings auf Venis Schlaffell sinken. Er schließt die Augen und lässt das, was er soeben erlebt hat, noch einmal an seinem inneren Auge vorüberziehen. Wie wünschte er, Undred besser kennen zu lernen! Wie wünscht er sich wieder zurück zu ihm. Denn er fühlt sich mit ihm verbunden, fühlt sich auf eine Art von ihm angezogen, die er nicht beschreiben kann. Er öffnet die Augen und stutzt. Denn er ist wieder von Nebelschwaden umgeben, findet sich erneut in Undreds Schwitzhütte. Doch dieses Mal ohne Veni, ohne ihre schützende Hand. Panik ergreift Besitz von ihm. Da sieht er sich Undred gegenüber. Offenbar ist seit seinem Verschwinden kaum Zeit vergangen. Abras in Undreds Rücken fährt sich schluchzend übers Gesicht.
Undred lächelt Breka an. „Einverstanden?"
Breka atmet auf und erwidert sein Lächeln. „Einverstanden."
Undred nickt ihm anerkennend zu. „Du weißt ja nun, wo du mich findest. Du bist immer willkommen. Ich biete dir meinen Schutz."
Breka nickt verstehend und schenkt ihm die ganze Wärme seines Herzens. Dann nehmen sie mit einem Lächeln voneinander Abschied. Breka denkt an Veni, spürt das Brennen auf seiner Stirn und schließt die Augen. Aus einem innersten Gefühl heraus weiß er, dass es ihn wieder zu ihr führen wird. Als er die Augen vorsichtig blinzelnd erneut öffnet, sieht er sich dem wunderschönen, aufgebrachten Gesicht Venis ausgeliefert.

„Ich verstehe nicht, warum du dich so aufregst.“ Breka schüttelt verständnislos den Kopf über seine Gefährtin. Er hat sie noch nie so außer sich erlebt. Und dabei findet er, dass er seine Sache doch gut gemacht hat.
Veni sitzt ihm gegenüber und versucht angesichts seiner unschuldigen Miene, sich zu fassen. Sie atmet durch und fixiert ihn eindringlich. „Du warst ohne meinen Schutz. Hast dich einfach von ihm anlocken lassen.“
Breka runzelt grübelnd die Stirn. „Nein. Ich wollte wieder zurück zu ihm. Und dann WAR ich wieder dort.“
Veni schnaubt verächtlich, wird dann jedoch nachdenklich.
„Er bot mir seinen Schutz an“, wirft Breka noch hastig ein, um sie milder zu stimmen. Doch sie fährt wieder aufgebracht hoch.
„Du kennst ihn doch gar nicht. Du darfst dich nur mit jemandem verbinden, dem du von ganzem Herzen vertraust.“
„Das TUE ich.“
„Nach so kurzer Zeit?“
Breka ergreift ihre Hand und zieht sie versöhnlich zu sich heran. Er tippt sie gegen die linke Brust. „HIER weiß ich, dass ich ihm vertrauen kann. Wie du es mir beigebracht hast. Du weißt doch, wer er ist.“ Breka ist ganz ruhig und beobachtet Veni abwartend. Diese blitzt ihn nachtragend an. Er muss plötzlich grinsen. Veni bemerkt es und schüttelt schnaubend den Kopf über ihn.
„Du kommst mir vor wie eine Mutter, deren Kind die ersten Schritte macht“, erklärt er sich.
Veni verdreht die Augen, kommt jedoch nicht umhin, dann ebenfalls ein Grinsen anzudeuten. Sie atmet laut vernehmbar durch und nimmt seine Hände. „Zugegeben. Ich habe keine Erfahrung darin, einen von der Mutter Auserwählten in ihre Geheimnisse einzuweihen.“ Sie streicht über eine seiner Handflächen. „Und dass ich dich so sehr liebe, macht es nicht gerade einfacher.“
Brekas Herz schlägt bei ihren Worten höher.
Sie betrachtet ihn wieder eindringlich. „Diese Welt, in die du heute eingetaucht bist, ist ebenso räuberisch gestaltet wie jene Welt, die dir seit deiner Geburt bekannt ist. Du musst immer auf der Hut sein.“
Breka zuckt die Schultern. „Ich bin Jäger und Krieger in der alten Welt.“
„Ja. In ihr kommst du ausgezeichnet zurecht. Doch das nützt dir in der geistigen Welt gar nichts. Du bist in dieser wieder wie ein unerfahrenes, schutzloses Kind. Ein sehr wagehalsiges Kind, wie ich erfahren musste. Wenngleich auch ein begabtes.“

„Dann zeige mir, wie ich auch in dieser Welt zum Krieger werde, MUTTER.“
Sie schnaubt erheitert.
„Das wolltest du doch, oder?“
Veni nickt seufzend. „Nicht ganz. Ich werde versuchen, dich an diese friedliche Urkraft heranzuführen, die wir die Große Mutter nennen. Doch ich hoffe, du entscheidest dich für die gewaltlose, für die gute Seite und setzt deine Mittel nur zu deiner Verteidigung ein. So, wie du es bereits in der alten Welt tust.“ Sie atmet durch und betrachtet ihn abwägend. „Ich selbst bin von Beginn an den sanften, den weiblichen Weg gegangen. Habe mich mit jenen verbunden, die ebenso vorgehen und stehe unter dem direkten Schutz der Großen Mutter. Doch nicht jeder ist dazu geboren. Es muss auch eine kämpferische, eine männliche Seite geben.“ Sie lässt seine Hand wieder los. „Dass dir Undred seinen Schutz anbot ist nur zu gut. Denn du kannst nicht genug davon bekommen. Und er ist zudem ein sehr mächtiger Verbündeter.“
Breka ergreift wieder ihre Hand und zieht Veni zu sich.
„Du und Undred“, fährt Veni fort, „ihr seid euch sehr ähnlich. Dass du dich also zu ihm hingezogen fühlst, sollte mich eigentlich nicht überraschen.“
„Hingezogen“, murmelt Breka versonnen, „ … nur zu dir, Veni.“ Er zieht sie unter ihrem amüsierten Blick auf seinen Schoß.“
Veni legt ihm eine Hand gegen die Wange. „Doch es zeigt mir, dass die männliche Kraft in dir zu überwiegen scheint.“
„Ja, … sehr“, raunt Breka ihr zu und presst sie eng an sich, damit sie es auch spürt.
Sie kichert. „Aber von dieser verstehe ich nicht allzu viel. Vielleicht bittest du also auch Undred, dich zu unterweisen“, murmelt sie und nähert sich seinem Mund. „Es würde deine Ausbildung perfekt machen und dir zu einem Gleichgewicht der Kräfte verhelfen.“ Sie küsst ihn. „Etwas Besseres … könnte dir nicht passieren.“
Breka stöhnt wohlig unter ihren Küssen. „Veni“, flüstert er. Im Grunde weiß er nicht wirklich, was da auf ihn zukommt. „Ich hoffe, dass ich deine Erwartungen erfüllen kann, strenge Gefährtin.“
Veni lacht herausfordernd auf und löst sich von ihm, um ihm ein spöttisches Grinsen angedeihen zu lassen. „MEINE Erwartungen?“ Sie tätschelt sie ihm die Schulter. „Du selbst hast dir dieses hohe Ziel gesteckt, Liebster. Denn nicht umsonst wähltest du dir deine Familie so schlau aus.“
Breka macht ein nachdenkliches Gesicht. Doch sie lässt ihm keine Zeit,

weiter darüber nachzusinnen, da sie ihn wieder auf ihren Mund zieht und ihn verlangend küsst.

Die Jäger des Veni-Clans sitzen in der Abenddämmerung auf dem Felsabsatz und bessern im Schein des Feuers ihre Waffen aus. Den ganzen Tag haben sie bereits mit dieser Arbeit zugebracht. Denn morgen darf nichts schief gehen, auf ihrer Jagd. Sie hatten heute am Morgen eine Herde Pferde auf einer nahen Waldlichtung entdeckt und wollen diese morgen bejagen, bevor sie das frische Frühlingsgras abgeweidet hat und weiterzieht.
Ulan kommt an Breka heran und drückt ihm die Schulter mit der Hand. „Es freut mich, dass dich Veni überzeugen konnte, zu bleiben."
Breka nickt verstehend, hält sich jedoch mit einer Erklärung zurück. Veni und er hatten sich ausgemacht, noch etwas zu warten, bis sie Ulan eröffnen wollen, dass Breka in die Geheimnisse der Großen Mutter eingeweiht werden soll. Vorerst weiß bis auf Veni niemand von seinen Fähigkeiten.
Ulan nimmt wieder neben Asil Platz. Immer wieder äugen die Männer zu Milandra herüber, die mit ihren zierlichen Händen überaus geschickt Mora-Pfeile aus schlanken Kiefernzweigen herzustellen weiß. Sie arbeitet dabei so schnell und präzise, dass Asil schon nach Kurzem Selbstzweifel plagten. An nur einem Tage hat sie es vollbracht, einen ansehnlichen Bogen mit einem ausreichenden Satz Pfeile zu fertigen. Zugegeben, die meisten ihrer Pfeile besaßen nur feuergehärtete Spitzen. Doch die drei Pfeilspitzen aus Flintstein hätte selbst Ulan nicht schneller und besser fertigen können. Und dabei musste sie noch ihren Säugling betreuen.
Malo tritt hinter sie und blickt ihr über die Schulter. „Wenn du so gut jagst, wie du Pfeile herzustellen weißt, dann können wir uns morgen ja bequem zurücklehnen." Er erntet das Gelächter der Veni-Jäger.
„Was willst du morgen eigentlich mit deinem Sohn machen", fragt Asil sie. Es passt ihm gar nicht, dass sie sich so zwischen die Männer drängt. Ihr wird viel zu viel Aufmerksamkeit von ihnen geschenkt. Doch seiner Meinung nach sollten sie diese besser auf ihre bevorstehende Jagd richten.
Milandra betrachtet ihn nachdenklich. „Edil nimmt ihn mir ab."
Asil verkneift sich die Frage, wie Edil ihn stillen soll. Sie werden sich schon etwas dabei gedacht haben. Edil wird ihr den Kleinen wohl immer abnehmen, wenn sie es will. Denn sie hätte selbst nur zu gern ein Kind. Doch wenn sie bei ihrem Gefährten Bärriss bleibt, wird wohl

nie etwas daraus werden. Bärriss jedenfalls ist bekannt dafür, keine Kinder zeugen zu können. Aufgrund dieses Unvermögens haben ihn schon viele Gefährtinnen verlassen. Etwas, das Asil aus schmerzlicher Erfahrung kennt. Missmutig beobachtet er Malo, der mit anerkennenden Worten Milandras Bogen prüft.
„Wann machen wir uns zu den Rentiergründen auf", will Milandra wissen und hat plötzlich die absolute Aufmerksamkeit ausnahmslos aller.
Breka räuspert sich. „Du weißt, wie sie ziehen?" Er wagt kaum, es zu glauben.
Milandra setzt in der erwartungsvollen Stille ein schelmisches Grinsen auf. „Ja. Seitdem ich allein bin. Man braucht sie nur an der Furt zu erwarten, die sie im Weiten Tal gewöhnlich queren, und kann dann so viele von ihnen abschießen, wie man Pfeile hat."
Die Männer springen auf und reden alle zugleich auf sie ein.
Ulan lässt seine tragende Stimme erklingen und zwingt sie zur Ruhe. Dann tritt er selber an Milandra heran, die erschrocken aufgesprungen war, und legt ihr beide Hände auf die schmalen Schultern. „Weiß sonst noch jemand davon?"
Milandra schüttelt den Kopf, so dass die Männer wieder aufgeregt zu reden beginnen.
„Wann kommen sie", versucht Ulan, sie zu übertönen.
„Im Frühling, wenn sie von der Ebene in die saftigen Wälder der Berge ziehen, um dort verstreut ihre Jungen zur Welt zu bringen. Und im Herbst, wenn sie sich wieder in der Ebene versammeln, um dort im weniger tiefen Schnee des Winters nach Nahrung zu kratzen. Es wäre also an der Zeit, aufzubrechen", antwortet ihm Milandra ruhig.
Ulan starrt sie nur wortlos an. Ihm kommt vor Überraschung kein weiteres Wort über die Lippen. Er bemerkt, dass die Venijäger ruhiger geworden sind, um ihm ihre gespannte Aufmerksamkeit zu widmen. Asil kommt neben ihn und blickt ihn erwartungsvoll an.
Ulan atmet angespannt durch. „Diese Gelegenheit dürfen wir uns nicht entgehen lassen."
„Nein", meint Asil. „Wir sollten an unsere Wintervorräte denken. Es wäre so viel leichter, sie innerhalb kurzer Zeit mit Rentieren abzudecken."
„Ja", mischt sich auch Tallidon ein. „Und zur Sicherheit auch Vorräte für die wärmere Jahreszeit. Denn wer weiß, ob wir hier überhaupt noch so viel jagen können, dass wir satt werden."
„Also gut", schließt Ulan. „Dann geben wir den Schutz der Höhle eine

Zeit lang auf und ziehen der Weiten Ebene entgegen. Wir werden Rentiere jagen!“
Die Männer johlen auf.
Ulan begegnet Wolfs nachdenklichen Blicken. „Auch wenn es bedeutet, dass wir uns die Rentierjäger damit zu Feinden machen“, raunt Ulan.

Aufbruch zu den Rentierherden

Breka sucht Veni. Der Clan hat sich bereits zum Aufbruch bereit gemacht. Doch von seiner Seherin fehlt jede Spur.
„Sie ist oben auf dem Felsen“, erklärt ihm Asil.
Breka schüttelt unverständlich den Kopf und macht sich in der Morgendämmerung auf den Weg zu ihr.
Als er den Gipfel des Felsens erklommen hat, in dem die Höhle des Veni-Clans ruht, sieht er Veni ganz still auf diesem stehen und in die aufgehende Sonne blicken. Sie hat sich mit dem Rücken an eine Birke gelehnt, dem einzigen Baum, der auf dem kargen Felsen des Gipfels wächst.
„Was machst du“, fragt er sie neugierig, während er neben sie kommt.
„Ah“, begrüßt ihn Veni, ohne den Blick von der Sonne abzuwenden. „Du kommst gerade richtig. Sieh, wo die Sonne aufgeht und merke dir die Stelle.“
Breka versteht nicht. „Warum?“ Doch Veni antwortet ihm nicht und so tut er einfach, was sie ihm geheißen hat. Das rote Rund der Sonne erglüht am Horizont und schickt ihnen seine ersten Strahlen entgegen. Es schiebt sich immer weiter nach oben. „Sie geht genau über der Felsenzacke auf, die wie ein Buckel aussieht“; stellt er mit Blick auf die Felsen am gegenüberliegenden Flussufer fest.
„Ja“, erwidert Veni. „Doch nur, wenn du wie jetzt genau hier an der Birke stehst.
Breka gibt ihr nickend Recht. Die Sonne gewinnt an Größe. Seine Augen beginnen, von ihrem gleißenden Licht zu tränen.
Veni wendet sich ihm lächelnd zu. „Nun wissen wir, wann wir nächstes Jahr wieder zu den Rentierherden aufbrechen müssen.“
„Was?“ Breka ist verwirrt.
Sie weist mit dem Arm auf die Sonne. „Genau dann, wenn sie im

Frühling auf ihrer immer gleichen Wanderung wieder hier über dem buckelförmigen Felsen steht."
Breka begreift. „Du kennst ihre Bahn?"
„Ja. Weil ich sie jeden Tag beobachte. Hier vom Höhlenfelsen aus. Ich habe mir alle für uns wichtigen Zeiten anhand ihrer Bahn gemerkt."
Breka wiegt anerkennend den Kopf. „Das ist sehr schlau. Die Reniseher tun das nicht."
„Nein. Die Reni ziehen ja auch ständig umher, um bei den Rentieren zu bleiben."
„Und man kann den Sonnenlauf nur immer vom selben Ort aus prüfen", schließt Breka. Er kann Venis Weisheit nicht hoch genug achten.

Fast der gesamte Veni-Clan hat sich nach Norden zu den riesigen Rentierherden aufgemacht. Sie haben nur Urs und Alba zurück gelassen. Denn die beiden Alten würden die Strecke, die vor ihnen liegt, nie überwinden können. Zwar haben sie den beiden ausreichend Nahrung da gelassen, doch weiß niemand, ob man sie bei ihrer Rückkehr noch lebend antreffen wird. Die Gefahr des Alters oder durch wilde Raubtiere ist groß. Besonders Asil ist der Abschied von ihnen nicht leicht gefallen.
Sie folgen dem Lauf des Baches, kommen jedoch nur langsam voran. Denn ihr Hab und Gut, insbesondere jenes, welches sie zur Rentierjagd und zur Verarbeitung des Fleisches benötigen werden, aber auch ihre Schlaffelle, in die sie ihre kleinen Kinder gewickelt haben, ziehen sie auf Rutschen hinter sich her. Ihnen bleibt nebenbei genügend Zeit, Jagd auf Hasen, Biber, Hirsche, Elche oder Hühner zu machen, von denen es in der unbewohnten Gegend nur so wimmelt. Sie sind wieder unterwegs wie ihre Ahnen. Machen an kleinen Raststellen Halt, um dann im Herbst zurück zu ihrem Basislager, der Venihöhle, zu gehen und dort zu überwintern.
Breka hat sich seinen Bart abgeschnitten. Daraufhin brachten es die Veni nicht mehr fertig, ihn von Asil zu unterscheiden. Selbst Malo war nicht dazu in der Lage. Es ergab eine Menge lustiger Vorkommnisse, deren Asil und er jedoch allmählich überdrüssig wurden.
Breka lässt sich nun deshalb das lange Haar von Edil zu etlichen schmalen Zöpfen flechten.
Dabei sitzt er auf einem umgestürzten Baumstamm und lässt den Blick über die Veni schweifen, die müde unter einem Felsvorsprung auf ihren Schlaffellen fläzen. Sein Blick fällt auf Milandra. Sie hatte den Clan bisher sehr gut angeführt. Auch die Schlafstätten, die sie auswählte,

waren bis jetzt tadellos. Stets gut geschützt vor dem Wetter und immer mit ausreichend Wasser in der Nähe. Und sie scheint nie müde zu werden, besitzt eine bewundernswerte Kraft und Ausdauer, die man nie bei ihrer schmalen Erscheinung vermuten würde. Die noch ungebundenen Krieger der Veni und insbesondere Malo drücken sich immer in ihrer Nähe herum, verwickeln sie in Gespräche. Breka weiß genau, welches Ziel sie damit verfolgen. Und er kann sie nur zu gut verstehen. Denn Milandra hat sich zu einer Schönheit gemausert, seit sie gekämmt und gewaschen ist. Obendrein kann sie Kinder gebären, wie sie bereits bewiesen hat. Und dass sie eine ausgezeichnete Jägerin ist, verschafft ihr zusätzlichen Anreiz. Daher kann Breka nicht begreifen, warum sich Asil derart bei ihr zurückhält. Denn er ist sicher, dass er sie gern hat.
„Pass auf, dass du sie nicht mit deinen Blicken verschlingst“, zieht Edil ihn in seinem Rücken auf.
Doch Breka schüttelt nur unmerklich den Kopf und beobachtet Asil, der düsterer Miene an Malo und Milandra vorübergeht, die sich angeregt miteinander unterhalten. Zu seiner Verwunderung wirft Milandra seinem Bruder einen verstohlenen Blick nach.
„Kannst du mir sagen, was mit Asil los ist?“ Er spürt, wie Edil in ihren Bewegungen innehält.
„Du meinst, warum er sie nicht genauso umschmeichelt, wie das restliche Mannsvolk?“
Breka zuckt die Schultern und nickt. Er hört, wie Edil die Luft ausbläst.
„Weißt du“, sie macht eine Denkpause und ihre Hände nehmen wieder ihre Arbeit auf seinem Kopf auf. „Asil ist ein guter Mensch, ein guter Freund. Aber er ist ein sehr schlechter Liebhaber.“
Breka stutzt überrascht. Irritiert wendet er sich zu ihr herum.
Edil zuckt die Schultern. „Er verliert schnell das Interesse an einer Frau, wenn er sie erst einmal hatte.“ Auf Brekas grübelnde Miene hin atmet sie entnervt aus. Sie streckt ihm den Zeigefinger vor die Nase und knickt ihn dann plötzlich vieldeutig nach unten ab. Dabei ist sie ganz ernsthaft. „Glaube mir. Mich hätte sonst nichts und niemand von seiner Seite weggebracht.“
Es ruft Breka wieder das Gespräch mit Asil ins Gedächtnis, in welchem dieser ihm von seinem Unvermögen erzählt hatte, mit einer Frau normal zusammensein zu können. Nur klang damals alles viel harmloser.
Er seufzt sorgenvoll. „Glaube mir, er macht das nicht absichtlich.“
Edil schnaubt verächtlich. „Ich weiß, dass er kein schlechter Kerl ist.

Aber offenbar war ihm bisher Jede langweilig."
Er hört die Verbitterung in ihrer Stimme und schüttelt daraufhin den Kopf. „Ihm vergeht nur die Lust an einem Frauenkörper, weil er immer Isja vor sich sieht, wie er sie vom Baumstamm herunterzieht."
Edil ist überrascht. Sie hat damit aufgehört, sein Haar zu flechten. Als er sich fragend zu ihr umsieht, wendet sie sich schnell von ihm ab, damit ihm ihr Gesicht verborgen bleibt, und entfernt sich.
Breka atmet schwermütig durch. Dann betastet er seine Zöpfe und findet, dass es reichen müsste, sie beide endlich wieder unterscheiden zu können.
Sein Blick fällt auf Asil, der sich ein wenig abseits zum Schlafen hingelegt hat. Er erhebt sich und lenkt seine Schritte auf seinen Bruder zu. Doch da bemerkt er Milandra, die sich ihm ebenfalls nähert, und wendet sich diskret von ihnen ab.

Milandra bleibt vor Asil stehen. Er hat die Augen geschlossen.
„Schläfst du?"
Asil öffnet die Augen und betrachtet sie nachdenklich. „Was willst du", fragt er sie wenig herzlich.
Doch Milandra lässt sich nicht beirren. „Darf ich mich zu dir setzen?"
Asil zuckt gleichgültig die Schultern und nickt.
Milandra nimmt daraufhin mit einem Lächeln neben ihm Platz. Sie holt ihren Sohn aus dem Trageleder, das sie sich umgewunden hat, und hält ihm diesen unter die Nase. „Ich möchte, dass du einen Namen für ihn wählst."
Asil hebt überrascht die Brauen und setzt sich hoch. „Warum ICH?"
Milandra wiegt den Kopf. „Du hast ihm auf diese Welt geholfen. Und du halfst mir, einen Weg zu ihm zu finden." Sie drückt ihm auf sein Zögern hin den Kleinen einfach gegen die Brust.
Asil nimmt ihn nachdenklich entgegen. Der Säugling hat sich gut gemacht. Milandras Milch scheint sehr nahrhaft zu sein, er hat dicke Pausbacken bekommen und sieht nun nicht mehr so zerbrechlich aus. Er blickt Asil aus seinen dunklen Augen wach entgegen. „Ich glaube, der Wolf hat dich am stärksten davon überzeugt, es mit ihm zu versuchen." Sein Blick gleitet wieder zu Milandra, die ihre großen schwarzen Augen auf ihm ruhen lässt. Beinahe verliert er sich in ihnen. Asil reißt sich mit einem Räuspern von ihnen los und legt ihr das Kind zurück in die Arme. „Was hältst du von WOLF"?
Milandra lässt ihn mit einem seligen Lächeln verstehen, dass sie einverstanden ist.

Asil wartet, dass sie wieder geht, doch sie macht keine diesbezüglichen Anstalten. So legt er sich wieder hin.
Milandra küsst dem kleinen Wolf die Stirn, lässt Asil dabei jedoch nicht aus den Augen. Sie schenkt ihm ein Lächeln und legt sich neben ihm auf die Seite. Wolf nimmt sie vor sich und beide blicken Asil an.
Diesem schlägt das Herz bis zum Hals, denn ihre Handlung ist unmissverständlich. Sie will eindeutig mit ihm die Schlafstätte teilen.
Wie von selbst wandert seine Hand an ihre Wange und legt sich auf diese.
Sie schmiegt sich dagegen und legt ihre eigene Hand über seine, um ihm einen zaghaften Kuss darauf zu geben.
„Es ist aber nicht leicht mit mir“, versucht er, ihr zu erklären.
Milandra grinst. „Mit mir auch nicht.“
Asil jedoch schüttelt beharrlich den Kopf, so dass Milandra die Brauen fragend hoch zieht.
„Ich kann dir nicht geben, was eine Frau von einem Mann erwartet.“ Er will ehrlich zu ihr sein, um sich und ihr viel zu ersparen. Wie bedauert er sein verdammtes Unvermögen. Er glaubt nicht, dass sie nun noch ein Interesse an ihm hat und fürchtet sich vor ihrer Reaktion.
„Was meinst du? Du kannst mir keine Liebe schenken?“
„Meine Liebe schon“, beginnt er stockend. Er atmet angespannt durch.
„Aber keine Wonnen.“ Abwartend betrachtet er ihr Gesicht.
Milandra weicht seinem Blick aus und presst die Lippen aufeinander.
Als sie wieder zu ihm sieht, bemerkt er ihren verschwommenen Blick.
Sie ringt sich ein trauriges Lächeln ab und er glaubt, dass er sie verloren hat.
„Dann bist du wie für mich geschaffen, Asil.“

Brekas Mundwinkel verziehen sich angesichts seines Bruders, der Milandra in den Arm nimmt, zu einem erleichterten Lächeln. Doch scheint er der Einzige zu sein, der sich für Asil freut. Malo zieht verächtlich den Mund schief und legt sich schlafen. Und auch einige andere Veni, die sich Hoffnungen auf Milandra gemacht hatten, ziehen sich brummend enttäuscht zurück.
Veni nimmt auf Brekas Schlaffell Platz und schmiegt sich an ihn. Breka drückt ihr einen Kuss auf die Nasenspitze und deutet mit dem Kopf grinsend Richtung Asil.
Veni deutet ein Lächeln an, ohne seinem Blick gefolgt zu sein, und sieht dann versonnen in die Glut des beinahe heruntergebrannten Feuers vor ihnen.

„Ich hoffe, es geht gut“, murmelt Breka.
Veni nickt. „Sie sind sich sehr ähnlich“, raunt sie, so dass Breka Veni verwundert mustert.
„Das kann ich nur hoffen“, brummt Ulan, der soeben neben ihnen am Feuer Platz nimmt. „Ansonsten bin ich gezwungen, einmal DIR die Führung des Clans zu übertragen, Breka. Ich will nämlich, dass MEINE Linie die Führer hervorbringt und nicht die meiner Schwester.“
Veni und Breka tauschen überraschte Blicke. Zwar denkt Breka, dass er sich für ein Leben bei den Veni entschlossen hat, doch er würde Asil niemals die Rolle des Anführers streitig machen wollen. Dazu ist ihm seine Freundschaft viel zu wichtig.
Veni löst sich von Breka und setzt sich gerade hin. „Es ist an der Zeit, dir etwas mitzuteilen, Ulan.“ Sie streift Breka mit einem unergründlichen Blick, bevor sie diesen dann auf Ulan ruhen lässt. „Breka ist nicht zum Anführer des Clans geboren. Er ist ein Auserwählter.“
„Was?“ Ulan ist wie vor den Kopf gestoßen. Ungläubig forscht er abwechselnd in Brekas und dann wieder in Venis Gesicht, stößt jedoch auf Einigkeit bei ihnen. „Das kann doch nicht ...“, er schweigt plötzlich und wird nachdenklich. „Undred“, murmelt er.
„Ja“, pflichtet ihm Veni bei. Sie betrachtet Breka belustigt. „Und noch andere aus der Familie haben ihn angelockt“, bedeutet sie ihm, ganz zu Ulans augenscheinlichem Unverständnis. „Er wird einmal der geistige Führer der Veni sein. Asil hingegen ist der geborene Anführer des Clans, Ulan. Das weißt du so gut wie ich. Die Veni werden einmal zwei mächtige Führer besitzen. Zwei Brüder, die sich von Herzen lieben und dem anderen niemals seine Macht streitig machen werden.“ Veni lehnt sich ruckartig zurück und bringt damit zum Ausdruck, dass sie gesprochen hat.
Ulan schweigt, um über ihre Worte nachzudenken. „Das wäre sehr gut“, pflichtet er ihr bei. Seine Stirn furcht sich jedoch wieder. „Aber wir haben doch DICH, Veni.“ Ulan ist sichtlich irritiert.
„Es ist immer gut, wenn ein Clan ZWEI Eingeweihte besitzt. Das verdoppelt seinen Schutz. Und im Ernstfall kann einer die Aufgaben des anderen übernehmen. Denke an die Konsai. Sie halten es genauso.“
Breka überlegt, dass die Reni gar DREI Seher haben. Aber es gab oft Spannungen zwischen ihnen.
„Ich werde ihn lehren und einweihen“, fährt Veni fort.
Ulan atmet hörbar durch. „Das sind ja ganz unerwartete Neuigkeiten.“ Er mustert Breka kopfschüttelnd. „Du sorgst gern für Überraschungen,

mein Sohn."
Breka zuckt mit unschuldiger Miene die Schultern.
„Ist er denn gut?"
Veni zögert kurz mit einer Antwort. „Ja." Doch es scheint Undred noch nicht zufrieden zu stellen.
„Wir ergänzen uns perfekt. Er hat eine ganz andere Macht, als ich. So verschieden und doch so eins, wie Mann und Frau."
Ulan macht eine ahnungsvolle Miene. Doch er lässt ihr eine verwirrte folgen. „DU wirst ihn lehren?"
Veni nickt, scheint damit jedoch nicht für mehr Klarheit bei ihm zu sorgen.
„Wenn sich seine Macht jedoch von deiner so sehr unterscheidet, ... wer lehrt ihn dann die andere Macht?"
„Undred, Vater." Denn sein Großvater hatte es ihm kürzlich zu Brekas großer Freude zugesagt. Er jappst überrascht auf, als ihm Veni unsanft den Ellenbogen zwischen die Rippen stößt.
Ulan jedoch schnappt bereits nach Luft. „Du willst also DOCH zu den Tautee!"
Veni seufzt resigniert und wirft Breka giftige Blicke zu. „Nein. Das muss er nicht, Ulan."
Dieser starrt sie beide abwechselnd an und versucht ganz augenscheinlich vergebens, Ordnung in seine Gedanken zu bringen. Er schüttelt perplex den Kopf. „Warum hab ich auch gefragt." Dann hebt er die Hände wie zur Abwehr. „Bitte erzählt mir nicht noch mehr, ja? Ich will nicht mehr wissen, als ich muss."
Veni nickt bestätigend und sendet Breka eindringliche Blicke. „Das ist deine erste Lektion."
„Aber ich glaube euch jetzt, dass er dazu taugt." Ulan lächelt Breka ein wenig unsicher zu. Dann schlägt er sich hörbar auf seine ledernen Beinlinge und erhebt sich. „Ich bin todmüde."
Damit stiehlt er sich davon.
Veni und Breka starren ins Feuer.
„Was hättest du getan, wenn er nicht eingelenkt hätte", fragt er sie gespannt.
Veni zieht die Brauen hoch. „Mein Wort gilt vor dem seinen, musst du wissen."
Breka macht große Augen. Er wiegt anerkennend den Kopf.
Veni lehnt sich daraufhin zurück und stützt sich auf ihren nach hinten gestellten Armen ab. „Hier geht es nicht darum, wer die meiste Macht ausüben darf, Breka. Das wissen Ulan und ich zum Glück sehr gut und

nehmen uns beide zum Wohle des Clans zurück. Sonst wären wir schlechte Führer.“ Sie betrachtet ihn durchdringend. „Merke dir gut, es geht einzig um das Wohl des Clans. Ulan ist der Führer in der hiesigen Welt, weil er das am besten kann. Ihm ist jedoch nur diese hiesige Welt bekannt. Ich hingegen bin eine von der Großen Mutter Auserwählte, wurde in ihre Geheimnisse eingeweiht. So kenne ich beide Seiten und vermittle zwischen ihnen. Deswegen bin ich die geistige Führerin des Clans. Hier:“, sie holt einen kleinen Zweig vom Brennholzstapel in ihrer Nähe und nimmt Brekas Hand, „strecke den Zeigefinger aus, Breka.“

Er tut, wie ihm geheißen und betrachtet neugierig, wie sie den Zweig über seinen Zeigefinger legt, so dass er auf diesem zu schweben scheint.

„Beide Seiten müssen im Gleichgewicht zueinander stehen. Wenn eine von ihnen zu mächtig wird“, sie verschiebt den Zweig auf seinem Finger, so dass nun dessen eines Ende länger ist als das andere, „dann gerät alles aus den Fugen.“ Sie lässt den Zweig los und dieser neigt sich zu stark zu seinem längeren Ende hin, so dass er von seinem Finger herunterfällt.

„Mir ist ein übergeordneter Einblick in die Dinge möglich, weil ich Zugang zur Großen Mutter habe, zu der Macht also, die alles in einer unendlichen Liebe erschaffen hat und beherrscht und die mir mitteilt, was in ihrer Absicht liegt. Nur deshalb steht mein Wort über dem Ulans.“

Breka bekommt ein Gefühl dafür, was sie ihm sagen will.

„Und noch einmal“, fährt Veni in unerbittlichem Tempo fort. „Erzähle ihnen nie zu viel. Sie verstehen die andere Welt nicht und bekommen nur Angst. Es endet damit, dass du dich ausgrenzt,“ sie fixiert ihn, „und damit ihr Vertrauen verlierst. Egal, wie erfolgreich du sie auch schützt. Wie du sie heilst oder ihnen verrätst, wo sie Wild oder andere Clans finden.“ Sie atmet durch. „Aus diesem Grunde ist Ulan auch nicht sehr erfreut über deine Gabe. Er fürchtet, dich wieder zu verlieren.“

Breka nickt verstehend. Er überlegt, wie verloren Veni manchmal wirkt, selbst wenn sie unter den Veni am Feuer sitzt. Dann wird er stutzig. „Du WUSSTEST, wo die Rentierherden zu finden sind?“

Veni nickt. „Aber ich habe erkannt, dass es besser wäre, mich zurückzuhalten. Ich habe Milandra den Vortritt gelassen. Und nicht ohne Erfolg, wie du schon sehen kannst.“ Sie ruckt mit dem Kopf vieldeutig in Richtung Asils Schlafstelle herüber.

Breka schüttelt fassungslos den Kopf. Nun bekommt er eine vage

Ahnung davon, was Veni alles leistet. Und ihn beschleichen arge Zweifel, ob er all dem gewachsen ist. Er bemerkt, dass Veni ihn beobachtet. Sie lächelt plötzlich sanft.
„Wenn du erst im Einklang mit der Großen Mutter bist, wirst du alles besser verstehen. Du weißt dann immer, was du tun musst."
„Und wann wird das geschehen?"
„Wenn ich dich für reif genug befinde, eingeweiht zu werden."

Das Weite Tal

Milandra hat sie entlang des Baches, der sich allmählich zu einem ansehnlichen Fluss entwickelte, durch die Tiefen der Wälder bis hin zum Weiten Tal geführt. Dieses trägt seinen Namen nicht umsonst. Denn es ist dort, wo es in die Ebene mündet, so weit, dass man in der diesigen Luft des Morgens von seiner einen Talflanke aus kaum noch die gegenüberliegende Flanke erkennen kann. Der Wald, welcher es bedeckt, ist weitaus spärlicher als jener, den die Veni seit Tagen durchzogen haben und der mit frühlingsgrünen, saftigen Blättern und Gräsern und mit seiner Kühle nicht nur Rentiere vom Offenland der Weiten Ebene herlockt. So sieht man immer wieder kleinere Pferdeherden, die gemächlich durch das Tal ziehen. Der Fluss glänzt als silbernes Band in der Morgensonne und schlängelt sich am Talboden entlang gen Norden, der Ebene entgegen. Er beschreibt dabei weite Bögen. Und da, wo sich das Tal dann verengt, um in die hügeligen Wälder überzugehen, lässt eine solche Flussschleife nur noch wenig Platz, um an den steilen Talwänden entlang in den schützenden Wald zu gelangen. Und an genau dieser Engstelle werden die Veni die Rentiere erwarten.

Die Veni-Jäger und Milandra stehen über der Engstelle oberhalb des Talhanges und beraten, wie sie bei der Rentierjagd am besten vorgehen wollen. Denn die Veni haben bei der Bejagung von großen Rentierherden noch keine Erfahrung gemacht. Bisher bejagten sie nur die kleineren Rentiergruppen, in die sich die Herden aufspalten, wenn sie den Wald erreicht haben.
„Die Herde wird so groß sein, dass das Tal von ihnen braun erscheint", versucht Milandra, sie einzustimmen, stößt dabei jedoch auf ungläubige

Mienen.
„Sie hat Recht“, pflichtet ihr Malo bei. Rentierherden sind riesig.“
„Was ist, wenn sie uns überrennen“, fragt Wykat.
„Sie laufen ganz gemächlich“, erwidert ihm Milandra. „Man schießt einfach ein paar von ihnen ab, und die anderen bemerken es meist nicht einmal.“
Ulan wiegt den Kopf. „Wir wollen aber nicht nur ein PAAR erlegen. Sie werden es ganz sicher mitbekommen und scheuen.“ Er nickt in Gedanken. „Zurück nach hinten ausbrechen können sie nicht so schnell, wenn die Herde so groß ist.“
„Wir bauen uns einen Schutz, damit sie uns nicht über den Haufen rennen“, überlegt Asil laut. „Und wir lassen erst einmal viele von ihnen passieren, damit sie auch nach vorn so richtig schön in der Klemme stecken.“
„Hm“, brummt Ulan unentschlossen. „Wie haben das die Reni gemacht?“
Breka zuckt die Schultern. „Wir kannten ihre Routen und sind ihnen voraus gegangen. Dann haben wir einfach auf sie gewartet. Und wenn sie an uns vorbeizogen, schossen wir so viele ab, wie wir brauchten.“
„Ohne Schutz“, will Asil wissen.
Breka nickt. „Allerdings hatten sie immer eine Fluchtmöglichkeit. Auf der Ebene gibt es keine Talwände. Man kann sie höchstens an der Furt eines Flusses abpassen.“
„Was wollen wir tun, wenn sie in den Fluss ausweichen“, bemerkt Bärriss.
„Wir sollten dann versuchen, sie noch VORHER zu erlegen“, erwidert ihm Malo. „Nichts stiehlt ein frisch erlegtes Tier so schnell, wie der Fluss.“
Die Männer nicken beipflichtend.
„Also gut“, schließt Ulan. „Wir machen es auf Asils Art.“

Die Veni haben in den vergangenen paar Tagen unablässig gearbeitet. Sie hatten sich insbesondere noch eine Vielzahl an Pfeilen zugelegt. Und sie errichteten eine gegen alle Wetter geschützte, große Unterkunft unter dem riesigen Stamm einer umgestürzten Fichte. Oben, auf der bewaldeten Hochfläche über dem Weiten Tal. Denn diese gehört noch zu den Jagdgründen der Waldclans.
Nun, da die Arbeit getan ist, dösen sie direkt oberhalb der Talwand faul in der Frühlingssonne und warten auf das Eintreffen der Rentierherden. Dabei müssen sie sich nicht sorgen, dieses zu verpassen. Denn Keril

und Babuk halten ohne Unterlass aufgeregt nach den ersten Herden Ausschau.
Asil steht beim Abhang der Talwand und wuschelt seinem Halbbruder Keril grinsend durchs Haar. „Aber du bleibst hier oben, verstanden?!“
Keril lacht ihm frech entgegen. „Ich werde die Pfeile zählen, mit denen du nicht triffst.“
Asil versetzt ihm eine freundliche Kopfnuss und schüttelt schmunzelnd den Kopf über ihn.
Er blickt nach unten zur Engstelle. Die Talwand wird dort nun von einer Barriere flankiert, die aus den miteinander verknüpften Rutschen der Veni besteht. Sie haben diese noch mit armdicken Ästen verstärkt. Hinter dieser Schutzwand versteckt sollte es ihnen ein Leichtes sein, unbehelligt auf die Rentiere schießen zu können. Sicherheitshalber haben sie den Tieren auch noch einen möglichen Fluchtweg durch ein nahes kleineres Seitental mit solch einer Barriere abgeschnitten. Die Tiere sind nun gezwungen, die Engstelle zu passieren.
Asil bemerkt, wie jemand an seine Seite tritt. Es ist Milandra. Die Frau, die ihm scheinbar keinen Atemzug mehr aus dem Kopf geht. Sie hält ihm ein ärmelloses Fellоberteil gegen die Brust und überprüft abschätzend seinen Sitz.
„Jetzt sollte es aber passen“, meint sie erleichtert und lächelt ihm entgegen. „Hier.“
Asil zieht sich sein viel zu warm gewordenes Winterfell über den Kopf. Als er es ihr geben will, bemerkt er ihre Blicke auf seinem Körper und lässt sie nicht mehr aus den Augen.
Milandra steigt daraufhin die Schamesröte ins Gesicht. Unsicher nimmt sie ihm sein altes Oberteil ab.
Er kann sich nur schwer zurückhalten, sie nicht einfach für einen Kuss an sich zu ziehen. Aber er ist unsicher, ob sie es wollte. Sie ist sehr scheu, und er weiß, warum. Deshalb will er nichts überstürzen. „Milandra?“
Sie betrachtet ihn fragend.
„Willst du es lieber behalten?“
Sie blickt überrascht auf sein neues Oberteil, das sie noch immer in der Hand hält, und muss lachen. „Vielleicht“, erwidert sie frech und versteckt es zu seiner Verblüffung hinter ihrem Rücken.
Asil kommt dicht vor sie. „Du solltest viel öfter lachen.“ Er schenkt ihr einen Kuss, berührt mit seinen Lippen ihren weichen Mund. Milandra erwidert es wie prüfend. Asil glaubt, dass sie zum ersten Mal küsst. Er spürt jedoch ihre Neugier und dass sie nicht abgeneigt ist und kostet

den Kuss länger aus. Mit aller Macht löst er sich von ihr. Milandra schlägt die Augen auf und richtet deren tiefes Schwarz auf ihn. Sie hebt eine Hand und betastet seinen Mund. Es kitzelt Asil. Er presst die Lippen aufeinander, während er eine Hand an ihr herabwandern lässt. Blitzschnell greift er hinter sie und entwendet ihr sein neues Kleidungsstück.

Kichernd lässt ihn Milandra gewähren. Sie beobachtet, wie er sich das Felloberteil, ein einfaches Wolfsfell, in welches sie ein Loch zum Durchschlüpfen seines Kopfes geschnitten hat, überzieht. „Es ist noch zu kalt für die Nacht“, meint sie und windet ihm ein ledernes Band an der Taille über das Fell. „Ich will dir noch ein langärmeliges Oberteil aus Leder nähen, das du darunter tragen kannst. Aber dafür brauche ich Rentierfelle.“

„Die sollst du kriegen.“ Er zieht sie an sich, bemerkt jedoch, dass sie etwas bedrückt. Sie hat die langen schwarzen Wimpern niedergeschlagen und weicht seinem Blick aus. Asil richtet ihr Gesicht mit seinem Zeigefinger an ihrem Kinn zu sich hoch. „Was ist?“

Milandra atmet durch. „Weißt du, ich würde sie gern selbst erlegen.“

Asil versteht plötzlich. Er nickt. „Ich will dir nicht die Jagd verbieten, Milandra.“ Er muss über ihre selige Miene grinsen, wird dann jedoch wieder ernsthaft. „Aber ich will auch nicht, dass du dich in zu große Gefahr begibst. Ich kann da nur deinen Verstand anrufen.“

Sie runzelt die Stirn und beäugt ihn misstrauisch.

„Du bist nicht mehr nur für dich selbst verantwortlich“, setzt er ihr eindringlich auseinander und kann damit eine nachdenkliche Miene bei ihr bewirken. „Alles, was du aus der Ferne mit dem Bogen erlegen kannst, ja?“

Milandra nickt. „Gut.“

„Asil!“ Keril steht plötzlich neben ihnen und zerrt Asil am Arm. „Das musst du dir ansehen. Pferde! Eine große Herde!“

Asil schmunzelt Milandra an und verdreht die Augen. Er lässt sich von Keril wieder zurück an den Abhang ziehen. Als er eine ansehnliche Pferdeherde unten im Tal erblickt, die sich grasend der Engstelle nähert, stößt er einen anerkennenden, leisen Pfiff aus. Doch Milandra, die neben ihn gekommen ist, klatscht erfreut in die Hände. Er glaubt noch, dass das Jagdfieber von ihr Besitz ergriffen hat, als sie beginnt, hastig den schmalen, gewundenen Pfad, der sich mittlerweile durch die Tätigkeiten der Veni gebildet hat, talabwärts zu laufen.

„Ich muss euch jemanden vorstellen“, ruft sie noch laut zu Asil und Keril hoch.

„Jetzt können wir die Herde vergessen“, kommentiert es Keril enttäuscht. „Du hast dir wirklich eine verrückte Frau genommen, Asil.“
Asil kann sich nicht vorstellen, was sie vorhat und verfolgt ihr Tun ebenso unverständlich, wie sein kleiner Bruder. Trotzdem gibt er ihm zerstreut einen zurechtweisenden Klaps über den Kopf. Als Milandra vom Weg abweicht, um geräuschvoll durch einen Schuttkegel abzukürzen, beginnt er jedoch ebenfalls, an ihr zu zweifeln. Sie springt aufgeregt auf den Talboden. Die Pferde haben sie natürlich längst bemerkt und die Köpfe aufmerksam in ihre Richtung gehoben.
„Sie hat nicht mal einen Bogen dabei“, meint Keril verächtlich, während er sich den Kopf reibt.
Asil glaubt nun nicht mehr, dass Milandra die Pferde bejagen will. „Was bei Veni hast du vor“, murmelt er in sich hinein und beobachtet erstaunt, wie Milandra pfeifend auf die Tiere zugeht.
„Müssten sie nicht vor ihr davonlaufen“, meint Babuk verwundert. Er hat sich zu ihnen gesellt und beobachtet wie sie das Geschehen.
Doch statt ihm zu antworten, schüttelt Asil nur ungläubig den Kopf. Eine gepunktete Stute hat sich mit ihrem Fohlen aus der Herde gelöst und auf den Weg zu Milandra begeben. Die Herde hingegen ist wieder teilnahmslos dazu übergegangen, zu grasen. Gebannt verfolgt Asil, wie seine Gefährtin das Pferd freudig mit einer Umarmung begrüßt. „Ich glaube, ich seh´ nicht recht“, ertönt es in seinem Rücken. Er weiß, dass es Ulans Stimme ist, die gerade um Fassung ringt. Doch er wendet sich nicht herum, da ihn das Bild Milandras, die dem Pferd soeben einen Kuss zwischen die Nüstern drückt, einfach zu sehr fesselt. Milandra begrüßt auch das kleine Fohlen, das jedoch unter ihren Streicheleien zurückscheut. Sie dreht sich zu ihnen herum und winkt ihnen fröhlich zu.
„Ist das Milandra“, will Edil, die auf einmal neben ihm steht, wissen. Sie hat Wolf auf dem Arm.
„Ja, Milandra“, ruft Keril und winkt dieser begeistert zurück. Asil bemerkt, dass sich noch weitere Veni zu ihnen gesellt haben und die erstaunten Blicke ins Tal richten. Ein plötzliches Raunen von ihnen lässt Asil wieder nach unten sehen und den Atem anhalten. Milandra hat sich in die Mähne der Stute gekrallt und schwingt sich leichthändig auf deren Rücken. Sie winkt ihnen wieder zu. Das Pferd unter ihr indes hat begonnen, langsam zurück zur Herde zu trotten. Milandra jedoch zieht es an der Mähne in eine andere Richtung und schlägt ihm auffordernd immer wieder die bloßen Fersen in die Flanken. Die Stute kommt schließlich ihrer Aufforderung gutmütig nach und wendet sich

in die gewünschte Richtung. Unter Milandras unnachgiebigen Fersen läuft die Stute plötzlich schneller. Immer schneller in Richtung des offenen Tales. Vorbei an der Herde, die absolut teilnahmslos ist. Ihr kleines Fohlen versucht dabei, ihr nicht von der Seite zu weichen, kann ihr jedoch schon bald nicht länger folgen und bleibt kläglich wiehernd stehen. Aufgeregt rennt es abwechselnd zurück zur Herde, und dann wieder in Richtung seiner Mutter. Milandra lenkt die Stute in einem weiten Bogen wieder zurück zu ihm und kommt dabei der Herde sehr nahe. Die Tiere scheuen vor ihr zurück und grasen dann in gebührendem Abstand weiter. Nur das Fohlen kommt auf seinen langen Beinen staksig herbei. Die Stute bleibt mit bebenden Flanken vor ihm stehen. Sie wartet, bis Milandra von ihr heruntergeglitten ist und stupst dann ihr Fohlen mit der Nase an.
„Man muss nur erst einmal auf die Idee kommen, ein Pferd nicht essen zu wollen“, raunt Ulan und streicht sich nachdenklich den Bart.
Milandra krault dem Tier noch einmal durch die dunkle Mähne. Dann wendet sie sich von ihm ab und schlägt wieder die Richtung zu den Veni ein.
„Ja“, kommentiert es Asil. „Doch wie könnte man es sich zu Nutze machen?“
„Einen Wolf kann man besser gebrauchen“, meint Wykat und blickt Keril und seinem kleinen Bruder Babuk nach, die aufgeregt den Abhang hinunter laufen, um Milandra lauthals zu begrüßen. Die Pferde sind plötzlich wachsam geworden. Mit nervösem Schnauben blicken sie ängstlich zu ihnen herüber. Als die beiden in das Geröllfeld am Fuße der Talwand gelangen und das Klirren bergab hüpfender Steine erschallt, wenden sich die Tiere abrupt von ihnen ab und preschen los, sich Hals über Kopf in Sicherheit zu bringen.
Asil kann sogar aus der Ferne erkennen, wie Keril und Babuk enttäuscht die Köpfe hängen lassen. Die Jungen geleiten Milandra wieder den Abhang hinauf. „Sie hat es gezähmt.“ Er wendet sich den anderen zu und begegnet Brekas Blick.
„Ja, das hat sie“, stimmt Breka ihm zu. „Und ein Pferd könnten wir gut gebrauchen, um es eine schwere Rutsche mit erlegten Rentieren ziehen zu lassen.“
Asil macht eine erhellte Miene. Dann schlägt er Breka grinsend gegen die Schulter. „Und ich glaubte, dass DU das wieder übernehmen wolltest. Ziehst du volle Rutschen nicht für dein Leben gern?“
Die Veni kommentieren Brekas säuerliche Miene mit belustigtem Lachen.

„Hast du denn keine Angst, wenn du hoch oben auf einem Pferd durch die Gegend jagst?“
Asil schmiegt sich noch enger an Milandras Rückseite und zieht sie an sich.
Milandra blickt in den klaren Sternenhimmel empor und schüttelt den Kopf. „Ich vertraue ihr. Sie würde mich niemals abwerfen.“
Asil wühlt sich durch ihre Haarpracht zu ihrem Gesicht durch und küsst sie auf die Wange. „Könntest du dir vorstellen, es mit auf den Rückweg zu nehmen?“
„Was?“ Milandra wendet sich zu ihm um. „Warum sollte ich so etwas tun?“
Asil zuckt die Schultern. „Es könnte eine schwere Rutsche für uns ziehen. Oder man könnte auf ihm jagen ...“
„NEIN“, unterbricht ihn Milandra eindringlich. „Sie soll mir nicht dienen. Sie soll FREI sein.“
Asil ist nicht ganz ihrer Meinung, schiebt das jedoch vorerst beiseite und widmet sich ihrem Mund. Milandra erwidert seine verlangenden Küsse verhalten. Doch nicht lange, und er steckt sie mit seiner Begierde an. Asil wird daraufhin mutiger und lässt die Hände auf ihren Oberkörper wandern. Behutsam entdeckt er ihn. Milandra lässt ihn gewähren. Doch als sich Asil noch enger an sie schmiegt und sie seine Steife spürt, erwidert sie seine Küsse nicht mehr. Sie macht sich stocksteif. Asil weiß nicht, was er noch tun könnte, sie zu ermutigen. Er wagt nicht, etwas zu überstürzen. Schwer atmend lässt er von ihr ab und wälzt sich ratlos auf seine Schlafstelle zurück. Er spürt, wie Milandra wieder an seine Seite kommt und sich an ihn schmiegt.
„Verzeih mir“, haucht sie.
Asil zieht sie an sich. „Erzähle mir von deinen bösen Geistern, Milandra.“ Auf ihr Zögern hin atmet er durch. „Bitte. Ich muss es wissen.“ Er streicht über ihr Gesicht und spürt Tränen auf ihren Wangen. Versonnen küsst er sie ihr weg. „Es wird dir besser gehen, wenn du es mir erzählst. Glaube mir.“ Denn es erging ihm damals ebenso, als er Breka erzählte, was er zuvor noch niemandem anvertraut hatte. Er fand wieder ein Stück zu sich selbst zurück, fühlt sich nun nicht mehr gezwungen, es jedem Mora heimzuzahlen. Nein, er hatte gar erfahren müssen, dass er diesem Clan jahrelang Unrecht getan hatte.
„Er heißt ...“, Milandra atmet durch, um sich Mut zu machen“, ich kann nicht, Asil. ... Bitte nicht.“ Sie setzt sich plötzlich hoch, wischt sich schniefend über eine Wange. „Und überhaupt. Warum hast du mich belogen?“

Asil lässt sich nicht von ihr hochbringen. Er merkt, dass sie nur einen Vorwand sucht. Doch weiß er auch, dass er ihr eine Antwort schuldig ist. „Ich habe dich nicht belogen, Milandra. Sobald ich nur lange genug mit einer Frau das Lager teile, sie in und auswendig kenne, kommen meine eigenen bösen Geister wieder zum Durchbruch."
„Die da wären?"
Asil stöhnt. Damit hatte er nicht gerechnet. Doch sie verlangt nur von ihm, was er selbst von ihr erwartet. „Also gut." Er bläst die Luft aus, um sich zu sammeln. „Breka und ich waren noch Kinder, als wir hilflos mit ansehen mussten, wie unsere Mutter geschändet und dann getötet wurde. Und nach all den Jahren kommen diese Bilder immer wieder in mir hoch, wenn ich bei einer Frau liege. Nur kann ich sie anfangs noch gut beiseite schieben, wenn alles so unvertraut und aufregend ist. Doch irgendwann holen sie mich wieder ein. Unerbittlich." Er bemerkt, wie sie leise weint. Sie stößt ihm vorwurfsvoll gegen die Brust, so dass er ihre Hand nimmt.
„Wie heißt er, Milandra", versucht er, es ihr zu erleichtern.
„Mora", gibt diese schniefend zurück.
Asil zieht überrascht die Luft ein. „Mora?" Er kennt den geistigen Führer der Mora nur zu gut. Kennt ihn als einen angsteinflößenden, unbeherrschten Menschen. Mitfühlend streicht er Milandra übers Haar.
„Wenn du wüsstest, wie ich ihn hasse", murmelt sie mit feindlicher Stimme. „Er wollte mich besitzen. Aber ich will frei sein." Sie blickt ihn aus verweinten Augen eindringlich an. „Frei wie die Stute unten im Tal, verstehst du?"
Asil nickt und beobachtet, wie sie sich aufgewühlt durchs volle Haar streicht. Die Lockenflut fällt ihr wunderschön bis zur Taille herab, umschmeichelt ihr schönes Gesicht.
„Er hat mir weh getan", flüstert sie und schüttelt den Kopf, „hat mich im Stich gelassen. Mich nicht beschützt vor …", sie bricht ab.
„Vor?", hakt Asil nach. Doch sie schüttelt nur abwehrend den Kopf.
„Ich habe solch eine Angst vor ihm. Ich bin vor ihm davongerannt, Asil. Ich habe meinen Clan wegen ihm verlassen."
Asil atmet angespannt durch.
„Er hat mich behandelt, als wäre ich ein gefühlloser Haufen Dreck", schluchzt Milandra aufgewühlt.
„Dann ist er der dümmste und herzloseste Mensch auf Erden. Du bist die bezauberndste Frau, die ich kenne." Er legt sich ihr zugewandt auf die Seite und stützt den Kopf auf seinem angewinkelten Arm ab. „Die Mutigste von allen. Die Geschickteste." Er grinst. „Und die

Einfallsreichste, wenn es um ihre eigene Verteidigung geht."
Milandra kann sich eines belustigten Schniefens nicht erwehren. Lächelnd legt sie ihm eine Hand gegen die Wange. „Wo warst du nur die ganze Zeit, Asil?" Sie gibt ihm einen langen, innigen Kuss. Dann lehnt sie ihre Stirn gegen die seine. „Auch, wenn du es mir nicht glauben wirst, weil ich dich nicht richtig lieben kann. Aber ich liebe dich von ganzem Herzen."

„Vielleicht sollten wir doch lieber Jagd auf die Pferde machen", bemerkt Ulan zu Breka und Veni. Sie stehen am Rande des Abhanges und halten wie schon seit Tagen vergeblich nach den Rentierherden Ausschau.
Veni atmet durch. „Also gut, Ulan. Ich weiß, was du sagen willst." Sie lässt ihren Blick nachdenklich auf Breka ruhen. „Lass uns Ausschau nach ihnen halten."

Es ist Nacht geworden. Der Vollmond scheint hell und lässt alle Dinge einen langen Schatten werfen. Veni sitzt am Feuer. Sie hält eine mit einem Wolfsfell bespannte Trommel in den Händen und schlägt sie immer wieder an. Breka neben ihr versucht, sich zu entspannen. Der ganze Veni-Clan hat sich um sie herum versammelt und einen monotonen Singsang zum Klang der Trommel angeschlagen. Sie tun dies nur für Breka, damit er seinen Geist wandern lassen kann. Denn Veni kann dies auch ohne fremde Hilfe. Und sie wollte, dass er es dieses Mal ganz ohne sie schafft.
„Entspanne dich, Breka", raunt sie ihm zu. „Höre den Klang der Trommel und lass dich von ihm in deinem Innersten berühren. Stell ihn dir als den Herzschlag deiner Mutter vor. Dann als ihren Herzschlag, den du hörtest, als du noch in ihrem Leib wohntest. Als den Herzschlag, den du noch vor dem ihren gehört hast. Den Herzschlag der Großen Mutter ..."
Breka ist plötzlich sehr groß. Er wächst immer weiter, wird riesig, so dass er auf alles wie ein Vogel herabsehen kann. Und er kann sich noch größer machen. Er ist unendlich leicht und dehnt seinen Geist über das Weite Tal aus. Er kann die Pferde erkennen, lässt sich jedoch nicht von ihnen aufhalten. Er sieht seinen Wolf, den er schon seit Tagen vermisst, bei einer Wölfin liegen und fliegt weiter, in die Weite der Großen Ebene hinaus. Dort trifft er beinahe sofort auf die Rentierherden. Ihre Geweihe wirken wie dichte Wälder. Doch er lässt sich auch von ihnen nicht aufhalten, ergibt sich dem Sog, der ihn führt. Und dann endlich

erblickt er die Reni. Sie liegen erschöpft vom langen Marsch auf ihren Fellen und schlafen. Alle Alten, die Jäger, die Frauen und Kinder. Und auch die drei Weisen, wie üblich in größtmöglicher Entfernung zueinander. Nur einer ist wach und blickt direkt zu Breka empor. „Wo bist du so lange gewesen“, will Eisfuchs von ihm wissen. Breka spürt seinen Vorwurf, fühlt seine Verzweiflung. Er kann erkennen, wie schmal und mager Eisfuchs geworden ist und sagt ihm, dass er zu ihm kommen will. Da fühlt er einen erneuten Sog. Einen sehr mächtigen. Er scheint ihn durch und durch zu wirbeln, so dass Breka die Orientierung verliert. Plötzlich weiß er, dass er in Gefahr ist und er versucht, sich diesem unerbittlichen Sog zu entziehen. Doch es ist bereits zu spät. Denn er spürt, dass ihm die Kräfte schwinden. Er denkt an Undred, findet sich mit einem Male auf weichem Waldboden liegend vor. Eine große Gestalt beugt sich über ihn und er begreift, dass SIE es ist, die ihn schwächt. Der Mann streicht sich mit einer Hand, welcher der Zeigefinger fehlt, eine dunkle Strähne hinters Ohr und entblößt in einem hämischen Lachen zwei Reihen weiß blitzender Zähne. Breka liegt da wie versteinert und spürt, wie er schwächer und schwächer wird. Es ist ihm nicht mehr möglich, sich von diesem Ort, von diesem angsteinflößenden Fremden, zu lösen. Dieser lässt sein Gelächter mit einem Male verklingen und blickt spöttisch auf Breka herab.
„Danke“, meint er herausfordernd und lässt von ihm ab. Er kehrt ihm den Rücken zu und geht davon.
Breka schließt erschöpft die Augen. Noch nie zuvor fühlte er sich so wehrlos ausgeliefert, so klein und so DUMM.

Völlig erschöpft kommt Breka wieder zu sich. Er friert unsäglich und versucht, sich zusammenzukauern. Als ihm jemand prüfend die Stirn befühlt, öffnet er träge die Augen. Es ist Veni, die ihn mit unergründlichem Blick mustert.
Sie legt noch ein Holzstück auf die Glut des nahen Feuers, so dass Funken von ihm in die Nacht aufsteigen. Fürsorglich breitet sie dann ein weiteres Schlaffell über ihm aus. „Wie konnte ich nur annehmen, dass du auf mich hören würdest“.
Veni ist wütend auf ihn, aber das ist ihm im Moment gleich. Erstaunt hört er, wie ihm vor Kälte schlotternd die Zähne aufeinanderschlagen. Und er ist unendlich müde.
„Ist er in Ordnung?“ Asil hat sich neben Breka gehockt und mustert ihn besorgt.
„Ja. Er wird sich schnell wieder erholen. Aber er braucht jetzt Ruhe“,

bedeutet Veni ihm. Asil versteht und entfernt sich wieder von ihnen, um sich zu den anderen zu begeben, die ihm schon in ihrer Behausung unter der mächtigen Fichte erwartungsvoll entgegenblicken.
„Hier. Trink das.“ Veni setzt ihm vorsichtig ein dampfendes Birkenrindengefäß an die Lippen.
Breka schmeckt eine Brühe, in welche Kräuter gegeben wurden. Als ihm der Sud angenehm warm die Kehle herab läuft, stöhnt er dankbar auf und trinkt noch mehr davon.
„Tut gut, was? Damit wirst du wieder etwas zu Kräften kommen.“
„Was ist passiert“, bringt er mühsam zwischen seinen klappernden Zähnen hervor.
Veni nickt ernsthaft. „Das, wovor ich dich immer gewarnt habe.“ Sie seufzt. „Du musst es mir verzeihen, Liebster. Aber ich habe dich absichtlich ins offene Messer rennen lassen. Anders wirst du es nicht lernen.“ Auf Brekas verständnisloses Kopfschütteln hin verdreht sie die Augen. „Jemand hat die günstige Gelegenheit genutzt und sich von deiner Kraft genommen, was er brauchte. Mehr noch sogar, wenn ich dich so sehe.“
„Aber warum?“
„Oh. Man kann nie genug davon haben und manche finden es einfacher, sie sich von jemandem, der unerfahren und achtlos genug ist, schnell zu nehmen, als sie sich mühsam selbst anzueignen.“
Breka nickt sparsam. „Verstehe.“
Veni beugt sich zu ihm herunter und fixiert ihn. „Die Welt ist räuberisch gestaltet. Der Stärkere oder auch der Klügere gewinnt. Folge niemals unbekannten Kräften. Allzu oft meinen sie es nicht gut mit dir und verfolgen sehr eigennützige Zwecke. Verbinde dich nur mit jemandem, den du kennst und der dein Vertrauen hat.“
Breka stöhnt. Das alles hat er schon einmal von ihr gehört. „Warum passiert immer mir so etwas?“
„Weil du zu überstürzt handelst, um deine Neugier zu befriedigen. Dabei kennst du keine Angst, die dir im Wege stehen könnte. Bis heute!“
„Dann soll ich dir jetzt dankbar sein?“
Veni grinst ihn wortlos an. „Und du bist sehr schnell. Du bist gut, Breka. Doch das sind vergeudete Talente, wenn du sie nicht richtig einzusetzen weißt. An oberster Stelle steht deine Sicherheit. Nur unter Einwahrung dieser solltest du versuchen, deine Ziele zu erreichen. Und solange du noch nicht eingeweiht bist, musst du dich unter meinen Schutz stellen. Oder den von Undred.“

Breka nickt. Es wird ihm eine Lehre sein. „Wie hast du mich gefunden?“
„Du hast dich meinem Schutz entzogen. Schneller, als ich es je für möglich gehalten hätte, hast du deinen Geist ausgedehnt und auf Wanderschaft geschickt. Ich konnte mich nicht mehr mit dir verbinden. Konnte dir nicht mal mehr deine Aufgabe mitteilen. Aber du hast Undred um Hilfe gebeten.“
Breka nickt ahnungsvoll. Er hatte nur einmal kurz an Undred gedacht. „Dann kannst du mir also nicht sagen, wer der Fremde war, der es auf mich abgesehen hatte.“
Veni schüttelt bedauernd den Kopf. „Hast du wenigstens etwas in Erfahrung bringen können?“
Breka zuckt die Schultern. „Ich habe die Rentierherden gesehen. Sie sind kurz vorm Weiten Tal. Und ich sah die Reni.“
Veni nickt bestätigend. „Fiel dir etwas bei ihnen auf?“ Sie betrachtet ihn gespannt.
Breka runzelt grübelnd die Stirn.
„Hast du dich mit ihren drei geistigen Führern verbunden?“
Breka schüttelt den Kopf. „Die haben geschlafen.“
„Ja. Denn sie sind weder Auserwählte, geschweige denn eingeweiht. Sie geben sich lediglich dafür aus, haben nur Macht im Sinn. Der Stamm der Reni steht deshalb im Ungleichgewicht mit den Mächten der zwei Seiten. Er steht viel zu sehr unter dem Einfluss der hiesigen Welt, hat keinen Schutz mehr durch die geistigen Mächte. Nur deswegen muss er nun leiden, bis er wieder seinen Weg auch zur anderen Seite findet und sein Gleichgewicht wiedererlangen kann.“
Brekas noch träge arbeitender Geist weigert sich beinahe, ihren Worten Glauben zu schenken. „Du sagst, sie sind keine Auserwählten?“
Veni nickt. „Ihnen ist nur daran gelegen, sich in der Macht zu sonnen, die ein Eingeweihter beim ihrem Stamm genießt. Sie wollen bestimmen und glauben dabei auch noch, im Sinne der Großen Mutter zu handeln. Oder ihres Wettervaters, wie sie sie nun nennen.“
Breka kann kaum fassen, was Veni ihm da eröffnet. „Sie haben sich von der Mutter entfernt und glauben an Ada, den Herrn der Wetter“, raunt er und weigert sich dennoch, Veni Recht zu geben.
„Ganz egal, wie sie die Mutter nennen. Sie stehen nicht in Verbindung mit ihr. Es ist ein menschengemachter Glaube, ein Irrglaube, den sie somit verbreiten.“ Brekas ungläubige Miene lässt sie ungeduldig die Luft ausblasen. „Wenn sie Auserwählte wären, müssten sie dann nicht wenigstens die Rentierherden ziehen sehen? Und sie würden nicht

andauernd im Streit miteinander liegen, wären sie in der Tat Eingeweihte. Denn der Wille der Großen Mutter ist unmissverständlich. Vorausgesetzt, man ist in der Lage, ihn zu erkennen."
„Aber wie sollen die Reni ohne geistige Führung je wieder einen Weg zur geistigen Seite finden?" Breka ist außer sich. Wut über die drei Seher der Reni kommt in ihm hoch.
Doch Veni lächelt. „Die Reni HABEN einen Auserwählten. Nur ist es eben keiner von denen, die vorgeben, es zu sein."
Breka weiß plötzlich, wen sie meint. Nur Eisfuchs hatte sich mit ihm verbinden können. „Er war mir schon immer sehr nahe", murmelt er.
„Ja. Nicht umsonst", meint sie vieldeutig und grinst, als Breka eine hilflose Geste macht. Sie räuspert sich, denn sie will es nun genau wissen. „Ich nehme an, ihr besitzt nicht von ungefähr so auffallend ähnliche Fähigkeiten?"
Breka muss grinsen. Er nickt.
Veni betrachtet ihn schmunzelnd. Dann wird sie wieder ernsthafter. „Ich kann dir nur zu solch einem Sohn gratulieren, Breka. Er ist sehr vielversprechend. Und im Anbetracht der Not, die die Reni leiden, werde ich ihn so schnell wie möglich einweihen."
„Aber ist er nicht viel zu jung? Er zählt erst vierzehn Winter."
„Er IST jung. Aber ich selbst war nicht älter, als ich zur geistigen Führerin der Veni wurde. Und er ist sehr weit, für sein Alter. Er hat Schlimmes erlitten, den Verlust seines Sohnes erfahren. Das macht erwachsen."
Breka krampft sich das Herz bei ihren Worten zusammen. Er starrt sie fassungslos an. „Was sagst du da?" Er versucht, sich etwas hoch zu richten, sinkt jedoch kraftlos wieder auf seinem Lager zurück. Der Verlust von Kleiner Falke, seines kleinen Enkelsohnes, trifft ihn völlig unerwartet. „Er braucht mich, Veni."
„Er ist stark. Und er kann noch viele Söhne haben."
Breka bemerkt plötzlich ihre Anspannung. Er wird stutzig. „Geht es dir womöglich nur darum, dass ich nicht zu ihnen zurückkehre?"
Veni zieht eine Braue hoch. „WOHIN zurückkehrst? Wohin gehen denn die Reni? Zurück in die eisig gewordenen Weiten der Ebene? Du scheinst ihre Probleme vergessen zuhaben."
Breka nickt ernüchtert. „Ich war zu lange nur mit mir selbst beschäftigt."
„Ja. Es war sehr wichtig für dich, zurück zu deinem Clan, zurück zu dir selbst zu finden." Sie kommt ganz nahe an ihn heran. „Wir brauchen dich hier, Breka. Die Reni werden nicht zurückgehen. Das können sie

nicht. Die Kälte zwingt sie hierher. Es sind immer noch sehr viele Rentierjäger. Sie können uns gefährlich werden. Insbesondere mit ihren irrsinnigen Führern.“ Sie lehnt sich ein wenig zurück, lässt ihn nicht aus den Augen. „Du musst einen Weg finden, wie die beiden Stämme friedlich nebeneinander fortbestehen können. Das kannst nur du. Denn nur du kennst beide Seiten. Nur DU hast ihr ganzes Vertrauen.“

Asil und Malo haben sich zu Breka gesetzt und leisten ihm ein wenig Gesellschaft, um ihn zu unterhalten. Zwar hat er sich schon wieder gut erholt, ist jedoch noch nicht ganz wiederhergestellt. Alles scheint ihn anzustrengen. Sogar, wenn er nur pinkeln geht. Allmählich nervt ihn sein Zustand gewaltig und er muss sich zusammennehmen, seine schlechte Laune nicht an anderen auszulassen. Er weiß, dass er sich selbst die Schuld an seiner Lage zu geben hat. Veni gibt ihm dies bei jeder Gelegenheit zu spüren und kostet seine Not schadenfroh aus. Das gibt ihm beinahe den Rest. Er schwört sich, Rache an dem Fremden zu nehmen. Irgendwann, wenn er Gelegenheit dazu findet.
Missmutig wendet er sich Malo und Asil zu, um Anteil an deren Gespräch zu nehmen und seine trüben Gedanken wegzuschieben. Die beiden haben nicht danach gefragt, was ihm zugestoßen ist. Wie jeder von den Veni. Und auch so nehmen sie es schweigend hin, dass er die Fähigkeiten eines Auserwählten besitzt. Breka merkt bereits das Befremden in ihren Augen und hat Angst, sich zu weit von ihnen zu entfernen. Denn er will nicht ohne ihre Freundschaft sein.
Milandra geht an ihnen vorüber und lächelt Asil zu.
Dieser erwidert ihr Lächeln. Als er Malos Blicke bemerkt, mit welchen dieser Milandra beinahe auszuziehen scheint, versetzt er ihm einen zurechtweisenden Tritt gegen das Schienbein.
Malo verkneift sich sein Grinsen nur schlecht.
„Ist es mit ihr anders, als mit den anderen“, will Breka von Asil wissen.
Dieser bemerkt seine versteckte Frage und streift Malo mit kurzem Blick, bevor er diesen zu Milandra herüberwandern lässt, die soeben Wolf von Edil entgegen nimmt.
„Ja. Bisher. Aber sie hat Schlimmes durchgemacht und lässt mich nicht an sich heran.“
Malo runzelt die Stirn und lässt sich zu einem gekünstelten Hüsteln verleiten. „Äh, du meinst ÜBERHAUPT nicht?“
Asil nickt gedankenversunken.
„Das gibt es nicht“, platzt Malo heraus.
Asil betrachtet ihn daraufhin irritiert.

„Ich meine, hast du es denn schon mit Allem versucht?“ Erwartungsvoll betrachtet er Asil, der sichtlich verwirrt scheint. „Ich meine von den grundlegenden Sachen wie ihrem empfindlichen Knoten oder dem weichen Punkt in ihrem Inneren mal abgesehen ...“
Asil lässt den Blick hilflos zu Breka herüberwandern, der ihn jedoch ebenso erwartungsvoll wie Malo betrachtet. „Knoten? Welcher Punkt? Wovon bei Veni redet er?“ Misstrauisch beäugt er Breka und Malo, die sich bedeutungsvoll angrinsen. Dann richten sie ihre amüsierten Blicke auf ihn.
„Ein Ahnungsloser“, kommt es von ihnen wie aus einem Munde. Malo schnalzt gespielt missfällig mit der Zunge. „Und das in deinem Alter!“
Asil atmet angespannt durch.

Edil stupst Milandra an und weist mit dem Kopf in Richtung Breka, Asil und Malo. „Ich würde zu gern wissen, was sie da aushecken.“
Milandra blickt fragend zu den drei Männern herüber. Malo hat einen Stock in der Hand und zeichnet etwas auf den Boden, um sich Asil deutlich zu machen. Breka redet dabei ebenfalls angeregt auf ihn ein. Asil scheint verwundert. Immer wieder schüttelt er sprachlos den Kopf und sieht dabei jedes Mal zu Milandra herüber.
„Das will ich jetzt auch wissen“, murmelt diese, neugierig geworden. Sie nimmt Wolf auf die Hüfte und geht zu den Dreien herüber. Doch kurz, bevor sie diese erreicht hat, bemerken sie ihr Nahen und verwischen geschwind ihr Gekritzel. Wie sie sich auch ihren Hals verrenkt, sie kann nichts mehr im Staub erkennen. Malo und Breka begegnen ihr mit triumphierendem Grinsen. Asil hingegen bekommt einen hochroten Kopf.
Milandra bedenkt die Drei daraufhin mit unverständlichem Kopfschütteln und wendet sich mit einem wegwerfenden Schwenk ihrer Hand von ihnen ab. „Männer“, kommentiert sie es ärgerlich und ignoriert deren heiteres Lachen.
Asil bläst erleichtert die Luft aus. „Das ging gerade noch mal gut.“
Breka schlägt ihm aufmunternd gegen die Schulter und zwinkert ihm verschwörerisch zu. Diese Art von Unterhaltung ist ganz nach seinem Geschmack!
„Die Rentiere kommen!“
Die Männer tauschen überraschte Blicke und springen auf.
Keril und Babuk kommen ihnen aufgeregt entgegen gelaufen. „Die Rentiere sind da!“

„Verflucht!“ Breka hält sich taumelnd an Asil fest. Er ist zu schnell aufgestanden und ihm ist schwindelig.
Asil schlägt ihm gegen die Schulter. „Du bleibst hier, verstanden?!“
Breka wirft ihm ärgerliche Blicke zu und nickt widerwillig. „Ja. Ich weiß!“ Er kommt sich vor, wie ein alter Mann.

Die Bestie aus der Kälte

Breka steht mit den Frauen und den Kindern oberhalb des Abhanges und verfolgt wie sie gespannt die Jagd auf die Rentiere. Die kleineren Kinder haben das Interesse verloren und sich zurückgezogen, um lauthals die Jagd an der Deckung ihres Unterschlupfes nachzuspielen.
Eine erste Herde hatte sich arglos auf den Weg durchs Tal gemacht. Sie ist nicht übermäßig groß, da hat Breka schon viel imposantere Ausmaße erlebt. Doch die Veni sind beeindruckt und jagen sie gnadenlos. Asil hatte sie geheißen, erst einmal abzuwarten und einen ganzen Schwung Tiere passieren zu lassen. Es war eine weise Entscheidung, wie sich nun herausstellt. Denn die Tiere haben sich selbst den Fluchtweg abgeschnitten und bieten, eingekeilt von ihren Artgenossen, leichte Ziele für die Pfeile der Veni-Jäger. Breka überschlägt im Geiste die Anzahl der reglos am Boden liegenden Tiere und kommt auf etwa dreißig. Es ist eine gute Jagd.
Keril und Babuk vor ihm treten ganz aufgeregt vom einen auf das andere Bein. Breka weiß genau, wie gern sie jetzt unten bei den Männern und Milandra wären. Er selbst hätte es ihnen erlaubt. Denn sie sind bereits erstaunlich sicher im Umgang mit dem Bogen. Bei den Reni wären sie mit ihren zehn bis zwölf Jahren schon längst Jäger. Die Reni allerdings haben auch unvergleichlich viel mehr Kinder. Der Veni-Clan hingegen muss seine paar Kinder hüten, wie seinen Augapfel. Und meist besteht seine Jagdbeute nicht aus harmlosen Rentieren.
Breka wird aus seinen Gedanken gerissen, als ein Reh nur einen Steinwurf von ihnen entfernt aus dem lichten Wald hervorbricht und mit bebenden Seiten vor dem Absatz stehen bleibt. Breka kann jede Einzelheit an ihm erkennen, das Winterfell hängt ihm in Fetzen vom Leib und lässt das kürzere Sommerfell darunter erscheinen.

Keril und Babuk sind auf das Reh aufmerksam geworden und nehmen mit langsamen Bewegungen ihre Bögen zur Hand. Doch das Tier bemerkt die Veni und schrickt nach vorn weg. Geradezu den Abhang hinunter. Es stürzt sich regelrecht hinab, direkt auf die Veni-Jäger zu und sendet diesen einen kleinen Schauer Geröll entgegen. Im letzten Moment weicht es vor ihnen aus, um dann im Getümmel der Rentiere unterzutauchen.

Breka erkennt, wie sich Asil hinter seiner Verschanzung aufrichtet und aufmerksam zu ihnen hoch sieht.

Keril wendet sich zu Breka um. „Warum hat es das getan?"

Breka zuckt die Schultern. „Es hatte Angst." Ihm fällt ein, dass es schon ängstlich war, BEVOR es auf die Veni traf. Da vernimmt er ein tiefes Schnauben hinter sich und bemerkt, dass Keril schreckensbleich auf etwas in seinem Rücken starrt.

Breka duckt sich ab und fährt herum. Gleichzeitig hat er sein scharfes Steinmesser aus dessen lederner Scheide an seinem Gürtel gezogen. Doch ihn lähmt, was er sieht.

„Was ist das", kreischt Keril angstvoll und reißt Breka damit aus seiner Starre.

„Ein Alptraum, den uns die Kälte schickt", ruft Breka und kann den Blick nicht von dem riesigen zotteligen Ungetüm abwenden, das nur zwei Steinwürfe entfernt im Begriff ist, ihre Behausung auf die Stoßzähne zu nehmen. Er hört, wie die Frauen aufkreischen und ihre Kinder rufen, die noch arglos und hörbar laut im Inneren des Unterschlupfes spielen.

„Keril, ruft die Jäger zurück!" Breka steckt das Messer weg, während er dem Untier entgegen läuft, und klaubt seinen Speer an der Feuerstelle auf. Ihm verschwimmt der Blick und er muss sich schwindelig auf seinem Speer abstützen, um nicht das Gleichgewicht zu verlieren. „Verdammt!" Er muss das Tier ablenken. Doch das Geschrei der Kinder, die es nun mitbekommen haben, bringt es erst richtig in Rage. „Hört auf zu schreien", brüllt er ihnen zu. „Lauft weg!" Sein Blick schärft sich wieder und er bemerkt, wie Tisi an ihm vorüber eilen will, um ihren Kindern beizustehen. Er streckt seinen Arm nach ihr aus und zerrt sie derb zurück. „Bleib! Ich lenke es erst ab. Wenn es euch zu nahe kommt, dann flieht den Abhang hinunter."

Tisi rauft sich die Haare.

Breka lässt sie stehen. Er nimmt all seinen Mut zusammen und geht auf das wütende Tier zu. Dieses hat den mächtigen Fichtenstamm zum Drehen gebracht und kullert ihn auf dessen quirlig abstehenden Ästen weiter, als wäre er ein Spielzeug. Es sind noch Kinder unter ihm, welche sich mit eingezogenen Köpfen zusammengekauert haben und sich vor Angst nicht mehr regen. Breka hält den Speer wurfbereit und sucht nach einer empfindlichen Stelle im Körper dieses unbeschreiblichen Geschöpfes. Er entdeckt einen abgebrochenen Speerschaft in dessen Seite und sammelt all seine Kraft. Mit einem wütenden Schrei holt er aus und kann seinen Speer bis zum Schaft in der Wunde des Tieres versenken. Dieses schreit ohrenbetäubend auf und wirbelt zu Breka herum. Es stürmt auf ihn los und hebt den langen Arm in der Mitte seines Kopfes, um diesen auf Breka niedersausen zu lassen. Doch Breka lässt es nicht dazu kommen. Er hechtet sich zur Seite und sucht hinter dem Stamm einer großen Pappel Zuflucht. Die Erde erbebt, als das Tier seinen riesigen Arm neben ihm niedersausen lässt. Es reißt mit seinen mächtigen Stoßzähnen die Erde auf, während es mit Getöse um den Stamm herum kommt und versucht, Breka mit seinem Arm zu ergreifen. Doch er kriecht auf allen Vieren vor ihm weg, immer in der Deckung des Stammes bleibend. Atemlos starrt Breka auf den wutschnaubenden Arm, der ihn mitleidlos um den Baum herum verfolgt. Er spürt, wie er gegen etwas Weiches, Warmes prallt und erstarrt. Denn es kann nichts anderes als die Rückseite des Tieres selbst sein. Sein Grollen durchdringt Breka bis in die Eingeweide. Er schnellt hoch und rennt los, nur weg von ihm. Doch das Brechen von starken Ästen oder Stämmen in seinem Rücken zeugen unmissverständlich davon, dass sein Fluchtversuch nicht unbemerkt blieb. Breka schreit auf vor Angst. Kopflos rennt er weiter, so schnell ihn seine Beine tragen können. Er kann keinen klaren Gedanken fassen, weiß nur, dass er völlig allein und so gut wie unbewaffnet eine Bestie herausgefordert hat! Und er spürt, dass ihn seine ohnehin spärlichen Kräfte allmählich verlassen. Er läuft im Zickzack um die Bäume herum, gewinnt jedoch nichts dabei, da sein kolossaler Verfolger einfach wutschnaubend durch die Bäume hindurch abkürzt und sie dabei umknickt, als wären es Grashalme. Schwer atmend sucht er erneut hinter einem mächtigen Baumstamm Schutz. Einem Fichtenstamm, dessen quirlig ansetzende Äste Breka geradezu einladen. Er reißt sich zusammen und beginnt, auf den Ästen am Stamm empor zu klettern. Kaum wagt er, nach unten auf seinen nahenden Feind zu sehen. Noch nie in seinem Leben hat er solch eine Angst vor einem Tier verspürt. Eine mächtige, zerstörerische Kraft geht von ihm aus, unter der sich Breka so bedeutend und wehrhaft wie eine Ameise vorkommt. Atemlos und völlig erschöpft hält er inne. Er klammert sich

am Stamm fest und blickt nach unten. Die Bestie trompetet herausfordernd zu ihm herauf. Doch sie kann ihn nicht mehr erreichen. Breka schließt die Augen und atmet auf. Da geht ein Vibrieren durch den Stamm. Ungläubig öffnet Breka die Augen und starrt wieder herab. Das Tier hat begonnen, mit seinen mächtigen Stoßzähnen den Stamm zu bearbeiten. Immer wieder wirft es sich gegen ihn und erreicht damit, dass der Stamm hörbar splittert und stärker und stärker erbebt.
Breka atmet resigniert durch. Die stoische, ausdauernde Art, auf welche das Tier den Stamm behandelt, lässt ihn darauf schließen, dass es Erfahrung im Umwerfen mächtiger Bäume hat und sicher ist, auch ans Ziel zu kommen. Und seine Wut verleiht ihm noch zusätzlich Kraft. Doch er fasst den Entschluss, so lange wie möglich auszuharren, um wieder zu Kräften zu kommen. Und vielleicht fällt ihm noch etwas ein .... Vielleicht lassen sich endlich auch die Veni blicken!
Plötzlich ist er zutiefst beunruhigt. Er muss an Veni denken. Und an ihre Vision. Und daran, dass er sie seit dem frühen Morgen nicht mehr gesehen hat. Er will versuchen, sich mit ihrem Geist zu verbinden. Da fällt ihm auf, dass der riesige Fleischberg unter ihm damit aufgehört hat, wütend auf den Stamm zu sein. Das Tier scheint ganz still zu stehen. Breka blickt sich misstrauisch um. Er spürt genau, dass etwas nicht stimmt. Und dann, zwischen den Stämmen zweier Birken hindurch, entdeckt er Veni.

Veni steht da wie betäubt. Sie ist nicht sicher, ob sie ihren Augen trauen kann. Alles erscheint ihr beinahe unwirklich. Die Bestie aus ihren Träumen! Das Tier ist noch furchterregender, als sie es in Erinnerung hat. Es ist wie aus dem Nichts aufgetaucht. Doch es steht ganz still und sieht direkt zu ihr herüber. Veni fühlt, dass sie sich nicht bewegen darf. Plötzlich ergreift Angst von ihr Besitz. Sie spürt seine uralte Kraft, spürt seine Wut und begreift, dass sie nur einen Atemzug von der Erfüllung ihres Schicksals entfernt ist. Das Tier hebt seinen mächtigen Arm und stößt einen solch ohrenbetäubenden Ton aus, dass es Veni bis ins Mark erschüttert. Dann schießt es los. Direkt auf sie zu. Veni steht wie versteinert. Sie fühlt, wie sie zur Seite weggerissen wird und erblickt verwundert Breka neben sich. Er schlägt ihr mit der flachen Hand ins Gesicht. „Lauf!“
Es lässt Veni zur Besinnung kommen.
Breka zerrt sie hinter sich her. „Lauf, lauf, lauf, lauf, lauf!“
Und Veni läuft. Die Bestie ist nur knapp hinter ihnen. Sie kann ihren Atem hören, kann sie riechen, hört, wie große Äste unter ihren

baumstammartigen Füßen zermalmt werden. Sie klammert sich an Brekas Hand. „Wohin, Breka?"
Breka blickt sich nach ihrem Verfolger um. „Schneller, Veni!"
„Wohin?!"
„Egal. Ich weiß nicht mehr, … wo wir sind", bringt er keuchend hervor.
„Wir müssen zum Abgrund!"
Breka zerrt sie hinter einen Baum. „Sehr guter Einfall!" Er zieht sie um den Baum herum wieder in die Richtung, aus der sie kamen. Sie rennen, wie die Hasen, haben die schwerfällige Bestie mit ihrem geschlagenen Haken ein wenig auf Abstand bringen können. „Aber wohin, Veni?!"
„Ja. Weiter! Die Richtung stimmt."
Sie können hören, wie sich ihnen das Ungetüm wieder nähert.
„Wie weit noch, Veni?"
„Ich weiß nicht", kommt es verzweifelt von ihr zurück.
Plötzlich sehen sie zwischen den Bäumen hindurch die Veni-Jäger, die in ihre Richtung spähen.
„Nicht zu ihnen", ruft Breka entsetzt und weicht zur Seite hin aus, um einen Bogen um die Veni zu machen. „Bleibt weg von uns, Asil!"
Breka fürchtet, nicht mehr lange durchzuhalten. Seine Beine geraten immer öfter ins Straucheln.
„Du darfst nicht hinfallen", ruft ihm Veni bestürzt zu. „Da vorne wird es hell, Breka. Wir sind gleich da!"
Und tatsächlich beginnt sich der Wald vor ihnen zu lichten.
Sie rennen, was ihre Kräfte noch hergeben, geradewegs auf den Abhang zu. Dicht gefolgt von etwas, das ihnen das Blut in den Adern gefrieren lässt.
Veni kann bereits das Tal erkennen. „Mutter, schütze uns!"
„Spring, Veni. Und dann roll dich weg!"
Ohne zu zögern stoßen sie sich in einem letzten Schritt von der Talkante ab und springen gemeinsam in die Tiefe.
Breka verliert Venis Hand. Er kann sein Herz schlagen hören. Gleichgewicht suchend rudert er mit den Armen durch die Luft und kommt dem mit Geröll übersäten Abhang immer näher. Als er unsanft mit den Füßen auf diesem landet, lehnt er sich zurück gegen den Hang, um nicht vorn über zu fallen, und rutscht ein ganzes Stück auf den losen Steinen talabwärts. Große Schwälle von Gesteinsschutt überholen ihn von weiter oben kommend und zeigen ihm, dass ihre List geglückt ist. Er weicht ihnen aus, indem er sich kopfüber zur Seite hechtet. Dabei rollt er sich zusammen und versucht, aus der Rutschbahn des

Ungetümes zu kommen, das sich ihm ohrenbetäubend nähert. Dann endlich verliert sich sein Schwung und er bleibt bäuchlings auf dem losen Gestein liegen.
Breka wälzt sich stöhnend auf den Rücken herum. Er blickt um sich und entdeckt das Untier ein Stück unterhalb von ihm im Gesteinsschutt der Talsohle kauern. Es versucht, hochzukommen und Breka richtet sich ein wenig auf, um es besser sehen zu können. Offenbar hat es sich mindestens ein Bein gebrochen. Es ist ihm nicht möglich, wieder aufzustehen. Breka sieht sich nach Veni um. Sie kauert schräg oberhalb von ihm am Hang und ringt nach Atem. Etwas Heißes rinnt Breka übers Gesicht. Als er es prüfend berührt, zieht er eine blutverschmierte Hand zurück. Sein Atem beruhigt sich allmählich. Bis auf eine Wunde an seiner Stirn scheint er nicht verletzt zu sein. Ihm fällt auf, dass im Tal kein einziges Rentier mehr zu sehen ist. Er hört, wie jemand kurz oberhalb von ihm durch den Gesteinsschutt schreitet. Es ist Veni, die sich zu ihm herab begibt. Bis auf ein paar Schrammen scheint sie unversehrt. Breka lehnt sich aufatmend gegen den Hang zurück. Er kann ihrer beider Glück kaum fassen. Veni kommt zu ihm und wirft sich ihm um den Hals.
„Wir haben es geschafft." Ihre Stimme ist weinerlich.
Er drückt sie fest an sich. „Ich hatte schon nicht mehr daran geglaubt."
„Du hast mir das Leben gerettet", füstert sie und löst sich wieder von ihm, um ihm ein tränenverschmiertes Lächeln zu schenken. Sie sieht arg mitgenommen aus.
Breka erwidert ihr Lächeln. „Es gibt Dinge, die man DOCH ändern kann", bedeutet er ihr. „Dein Einfall kam im letzten Augenblick", murmelt er ihr zu, während er sie küsst. Sie erwidert es verlangend. „Veni", murmelt er versonnen und genießt ihre Leidenschaftlichkeit. Doch sie werden jäh unterbrochen, als das Tier unter ihnen laut zu trompeten beginnt und vor Schmerzen brüllt. Es hat damit wieder ihre ungeteilte Aufmerksamkeit.
„Es ist noch nicht vorbei, Veni", raunt Breka.
Sie hören Schritte über sich, die Steine lostreten und an ihnen vorbeirollen lassen.
„Warum nur ist es so bösartig, Breka?"
„Es trägt eine alte Verletzung von einem Speer." Er sieht nach oben zu den sich nähernden Veni-Jägern.
„Dort, wo du deinen Speer hineinstachst?"
Er nickt und rappelt sich mühsam hoch. Die Veni kommen ihnen nun von der Seite her entgegen, um möglichst wenig Geröll auf sie

niedergehen zu lassen. Sie haben die Blicke ehrfurchtsvoll nach unten gerichtet. Ihre Gesichter sind konzentriert.
Asil mustert Breka von oben bis unten und schüttelt wortlos den Kopf. Er tauscht mit Malo, der kurz unterhalb von ihm steht, einen fassungslosen Blick, bevor er diesen wieder auf das sich lauthals windende Tier richtet. „Was bei Veni ist das?!"
„Eine Kreatur aus uralten Sagen", erwidert ihm Malo und blickt zu ihnen. „Sie nannten es Mamont. Das heißt Erdfresser." Er blickt wieder zu dem Tier und schüttelt ungläubig den Kopf. „Ich hab' nie dran geglaubt."
„Wir müssen es erlösen." Breka atmet angespannt durch. Er weiß, dass es ihnen noch immer sehr gefährlich werden kann.
„Es tobt", gibt Weykat zu bedenken. „Ihr wisst, ich bin ein furchtloser Jäger, aber wir sollten vorsichtig sein."
Sie vernehmen Stimmen und sehen zum Waldrand hinauf. Ulan löst sich aus der Gruppe des restlichen Clans und macht sich auf den Weg zu ihnen hinab.
„Wir sollten es zuerst blenden", überlegt Asil. „Aber selbst dann wird es noch hart werden, bis wir es soweit geschwächt haben, um ihm den Todesstoß versetzen zu können. Es liegt auf dem Bauch und hat alle empfindlichen Stellen bedeckt."
„Wir müssen es ausbluten lassen", wirft Bärriss ein.
Sie wenden sich Ulan zu, der sein Herannahen durch herabprasselndes Geröll ankündigt. Asil legt ihm mitfühlend die Hand auf die Schulter, als er endlich bei ihnen angelangt ist.
Ulan atmet hörbar durch. „Sie lebt noch." Er sucht den Blick Venis. „Jili ist schwer verletzt, Veni. Es sieht nicht gut aus." Er ringt um seine Fassung.
Veni nickt. Sie wendet sich an Breka. „Das Mamont verlangt noch mehr Opfer, um seine Wut zu befriedigen. Du musst es besänftigen, Breka."
„Was?!"
Veni nickt unnachgiebig. „Gib' ihm zu verstehen, dass es dir leid tut, was ihm angetan wurde. Sage ihm, dass es an der Zeit ist, sich wieder auf den Weg zur Mutter zu machen, die es liebt."
„Aber ..."
Veni wendet sich von ihm ab. „Verbinde dich mit ihm." Sie bleibt vor Ulan stehen. „Ihr dürft es erst töten, wenn es ruhig ist und seinen Tod angenommen hat."
Ulan nickt.

„Ich kann das nicht, Veni“, versucht Breka, ihr verständlich zu machen. Doch Veni scheint ihn nicht mehr zu hören. Zielstrebig kämpft sie sich durchs Geröll, das sie immer wieder nach unten abrutschen lässt, einen Weg zur Talkante hinauf. Er begegnet Ulans erwartungsvollem Blick.
„Ich bin sicher, dass du es kannst.“ Ulan ringt sich ein Lächeln für ihn ab und nickt ihm dann auffordernd zu.
Breka streicht sich aufgelöst durchs Haar und schüttelt zweifelnd den Kopf. Er hört das Brüllen des Mamonts und wendet sich diesem vorsichtig zu. „Ich habe mich noch nie mit einem Tier verbunden.“
„Nein?“ Asil schlägt ihm aufmunternd gegen den Rücken. „Dann versuch‘s doch heute gleich mit dem größten und mächtigsten von ihnen.“ Er muss über Brekas grimmige Miene lachen. „Bruder, ich habe noch nie erlebt, dass du etwas nicht kannst“, meint er grinsend. „Außer, mich im Ringen oder Laufen zu schlagen.“
Breka verdreht die Augen. Die Veni schmunzeln ihnen beiden entgegen.
„Selbst heute musstest du uns wieder mal beweisen, was so in dir steckt“, fährt Asil mit einem vielsagenden Schwenk des Kopfes in Richtung des Mamonts fort. „Schon gut“, er streckt die Hände gespielt abwehrend nach vorn. „Wir haben kapiert, was du von unseren albernen vierzig erlegten Rentieren hältst.“ Er sonnt sich im Gelächter der Männer. „Seht her Veni, so jagt man richtig!“
Breka kann nicht anders, als in ihr Gelächter einzustimmen.
Asil lässt seine vergnügte Miene in eine ernstere wechseln. Er nickt ihm zu. „Lass uns nun zu Ende bringen, was du begonnen hast.“
Die Männer schlagen zur Bestätigung ihre Speere und Bögen rhythmisch gegeneinander.
Breka versteht, dass Asil sie soeben meisterhaft auf die Jagd eingestimmt hat. Er könnte sich dafür keinen Besseren vorstellen. Denn er hat durch ihn neuen Mut geschöpft und fühlt sich nun tatsächlich in der Lage, es wieder mit dem Mamont aufzunehmen.

Breka hat sich so bequem wie möglich in den Gesteinsschutt nahe des Mamonts gesetzt. Es soll ihn sehen. Und das tut es auch. Immer wieder schlägt es mit seinem Arm in seine Richtung. Die Veni-Jäger haben ebenfalls außerhalb seiner Reichweite Aufstellung genommen und halten sich mit ihren Speeren bereit. Sie wirken neben dem riesigen Mamont beinahe lächerlich klein. Breka weiß, dass ihre Sicherheit nun in seiner Hand liegt. „Große Mutter, steh mir bei. Ich bitte dich um deinen Schutz für diese Männer hier und für mich. Bitte führe mich.“ Er dehnt seinen Geist aus und konzentriert ihn auf das Mamont. Breka spürt seine Lebenskraft und ist überwältigt. Er fühlt Wut, eine rasende Wut im Inneren des Mamonts, als wäre es seine eigene. Und Schmerzen. Sehr starke Schmerzen. Und da ist noch etwas. Es hält sich ein wenig versteckter, doch es ist Angst. Angst vor diesen Menschen mit ihren schmerzhaften Speeren. Breka versucht, sich mit dem Inneren des Tieres zu verbinden, damit er sich ihm verständlich machen kann. Das Mamont scheint es zu spüren, denn nun pocht seine Angst erst richtig hoch. Breka sagt ihm, dass er ihm nichts tun will. Sagt ihm, dass es ihm leid tut, es mit seinem Speer verletzt zu haben, doch dass er nur seine Sippe beschützen wollte. Er bedauert das Mamont, versucht, es wie ein kleines Kind zu trösten. Er weiß nicht, wieso, doch er hat das Gefühl, genau das Richtige zu tun und vertraut auf die Hilfe der Großen Mutter. Und er fühlt, dass die Angst und der Zorn des Tieres schwinden. Er sagt ihm, dass er ihm gerne helfen möchte. Und plötzlich ist er traurig. So traurig, dass es ihm beinahe das Herz zerreißt. Er versteht, dass es ganz allein ist. Es will zurück zu den anderen, wo es war, als es noch ganz klein war. Aber es weiß nicht, wo die anderen sind. Seine Schmerzen werden stärker und lassen es verzweifeln. Es beklagt sich bei ihm, so dass Breka seinem Blick kaum noch standhalten kann. Denn seine Augen klagen ihn an. Für das, was ihm von ihm, was ihm von den anderen Menschen angetan wurde. Breka lässt es spüren, dass er traurig ist. Er sagt ihm, dass er es wieder dahin bringen kann, wo es geliebt wird. Doch nicht in diesem kaputten Körper. Er merkt wieder seine Angst und verspricht ihm, dass sie es ganz schnell töten werden, damit es nichts spürt. Aber er kann die Angst des mächtigen Tieres nicht mindern und wird ratlos. Denn wie soll er ihm die Angst vor dem Tod nehmen, ohne ihm die Liebe der Großen Mutter zeigen zu können? Er ist noch nicht im Stande dazu, da er ja noch nicht eingeweiht wurde. Plötzlich hört er sich singen. Er legt all sein Gefühl in diesen Gesang und lässt es spüren, dass es keine Angst haben muss. Und er kann das Mamont tatsächlich beruhigen, spürt, wie seine Angst schwindet und tiefer Müdigkeit Platz macht. Es atmet ganz ruhig und gleichmäßig. *Leg‘ dich hin!* Und das Mamont legt sich auf die Seite. Es sieht ihn immerzu mit seinen vorwurfsvollen Augen an. Breka hält seinem Blick stand und singt immer weiter für ihn. Da spürt er einen sehr starken Schmerz in seinem Herzen, so stark, dass es ihm den Atem raubt. Er löst sich von dem Mamont und findet sich keuchend, auf der Seite liegend wieder. Malo hat dem Mamont seinen Speer in Herz gestoßen. Der riesige Körper liegt nun reglos da,

die Augen des Tieres sind erstarrt. Doch Breka glaubt, dass sie noch immer vorwurfsvoll auf ihm ruhen. Er löst sich von diesem Blick und richtet sich langsam wieder hoch, um schwankend auf die Beine zu kommen.
Niemand sagt auch nur ein Wort. Bedrückende Stille hat sich breit gemacht, so dass von weiter oberhalb die Schmerzenschreie eines Kindes an ihr Ohr dringen.
„Das war die traurigste Jagd, die ich je erlebt habe", meint Ulan leise.
Zu Brekas Verwunderung scheint sein Vater tief gerührt zu sein. Doch er kann unmöglich an dem Gedankenaustausch zwischen ihm und dem Mamont teilgenommen haben.
„Dass du dieses Lied noch kennst." Ulan schüttelt außer sich den Kopf. Auf Brekas irritierte Miene hin versucht er es mit einem Lächeln. „Vielleicht weißt du es nicht mehr, aber eure Mutter hat euch immer mit diesem Lied in den Schlaf gesungen."
Breka hält den Atem an.
Ulan schlägt ihm anerkennend gegen die Schulter. „Du machst Veni alle Ehre." Er wendet sich ab von ihnen und beginnt den beschwerlichen Aufstieg, um seiner kleinen Tochter beizustehen.
Breka wendet sich wieder zu den anderen um. Sie nicken ihm anerkennend zu. Bower schüttelt ungläubig den Kopf. „Du hast es wirklich in den Schlaf gesungen, Breka. Das ist wie in den alten Sagen, oder?"
Nur Asil hat ihm den Rücken gekehrt und fährt sich mit der Hand auf genau jene Art durch sein langes Haar, wie Breka selbst, wenn er außer sich ist.
„Was ist los mit euch?" Malo hat sich zwischen ihnen hindurchgedrängt und lässt seine Blicke fragend zwischen Breka und Asil hin und her wandern, um sie dann auf Breka ruhen zu lassen.
Breka spürt die Verwunderung, welche in ihnen liegt. Aber er liest auch Befremden in diesem vertrauten Gesicht und im etwas verlegenen Verhalten seines besten Freundes. Er versteht Malo, ohne dass dieser auch nur ein Wort sagen muss. Etwas, wozu auch Malo in der Lage ist und das sie schon immer verband.
Malo grinst plötzlich. „Wenn ich mir so vorstelle, wie du diese Gabe anwenden könntest ..."
Breka weiß, dass er die Anspannung zwischen ihnen lösen will und schmunzelt über seine anzügliche Bemerkung. Doch er weiß auch, dass er sich ein Stück von Malo entfernt hat. Diese Erkenntnis schmerzt ihn.
Malo klatscht in die Hände. „Worauf warten wir? Wir müssen es

zerlegen, oder wollt ihr, dass es sich die Wölfe und die Bären holen?“

Der Veni-Clan hat sich ins Tal begeben und damit begonnen, sowohl die erlegten Rentiere, als auch das etwas abseits davon gelegene Mamont zu zerlegen. Sie haben das kleinere Nebental, das sie vor den Rentieren verschlossen hatten, den Herden wieder zugänglich gemacht, um nicht von ihnen gestört zu werden. Denn Fleisch haben sie nun mehr, als sie sich je erträumt hatten.
Breka, Wykat, und Asil haben dem Mamont den riesigen Magen enfernt, diesen aufgeschlitzt und säuberlich ausgeleert, um ihn nun mit dem von den Knochen gelösten Fleisch des Tieres und viel Wasser zu befüllen. Dabei haben sie ihn bereits an einem Holzgestell über die Feuerstelle gehängt, denn dies könnten sie im Nachhinein nicht mehr bewältigen, da der volle Magen mindestens so schwer wie zwei ausgewachsene Veni-Jäger ist.
Tisi schleppt zum Befeuern die Knochen des Mamonts und Feuerholz heran. Letzteres hatten die Kinder in Unmengen den Hang herab geworfen. Zusammen mit Edil entfacht sie ein Feuer unter dem befüllten Magen. Es wird lange dauern, bis das Fleisch des Mamonts durchgegart ist. Denn der Magen ist beinahe randvoll. Und sie müssen Acht geben, dass das Wasser im Magen nicht verkocht. Sonst würde dieser anbrennen.
Um bald etwas Gares essen zu können, legen sie um das Feuer herum Steine, die sich binnen Kurzem so weit aufgeheizt haben werden, dass sie auf ihnen Fleischscheiben rösten können.
Breka nimmt von Silki Händeweise Wurzeln von Möhren, Kletten und Rohrkolben entgegen und fördert alles in den Magen des Mamonts, in dem das Fleisch bereits mit Lauch, Pilzen, Wacholderbeeren, Kiefernnadeln und auch Körnern von Süßgräsern dampfwarm ist. Beim Gedanken an dieses Festmahl läuft ihm schon jetzt das Wasser im Mund zusammen. Er sieht zu ihren Rutschen hinüber, die ihnen nun als Gestelle zur Trocknung unzähliger dünner Fleischstreifen dienen. Sie werden sie, wenn sie in ein paar Wochen steinhart geworden sind, zum größten Teil zu faserigem Pulver zermahlen, um Platz auf den Rutschen zu sparen. Vor allem die Kinder und die Alten mögen dieses Pulver am liebsten, wenn man es in den Sud zu gekochtem Wurzelgemüse und getrockneten Früchten gibt. Doch sie werden das Pulver auch zu Nimmit verarbeiten, dem Reiseproviant der Veni. Man muss nur Knochenmarksfett, das man aus fein zerstoßenen Knochen gewann, welche mit Wasser aufgekocht wurden, so dass man das oben

schwimmende Fett abschöpfen konnte, und Talg aus geschmolzenen Fleischresten mit dem Pulver zu einem zähen Brei verkneten. Dieser ist jahrelang haltbar, sättigt ungemein und wiegt dabei kaum etwas. Überdies schmeckt Nimmit köstlich, insbesondere, wenn man getrocknete Blau-, Preisel- oder Krähenbeeren hineinmischt.
Doch auch wenn sie sich in den nächsten Tagen und Wochen die Bäuche mit ihrer erlegten Beute stopfen werden und so viel wie möglich davon haltbar machen, sie haben ganz eindeutig mehr Fleisch erlegt, als sie essen können. Ein Großteil davon wird verderben. Aber wer hätte auch ahnen können, dass sie es mit einem Mamont zu tun bekommen ...
Das rasende Tier hatte Jili, Ulans kleine Tochter, in den Tod gerissen. Der Kleinen war einer der Fichtenäste ihrer Behausung tief in den Bauch gedrungen, als das Mamont den Stamm bewegt hatte. Jili hatte sich jämmerlich gequält, bis Veni sie dann doch erlöste. Es ist dem ganzen Clan sehr nahe gegangen. Insbesondere jedoch Ulan, der seine Kleinste sehr im Herzen getragen hatte. Nachdem Veni ihre Seele zur Großen Mutter begleitet hatte, begruben sie Jilis leblos gewordene Hülle oben auf dem Talabsatz. Reich geschmückt mit steinernen und knöchernen Perlenstickereien, wie es sich für die Tochter eines Clanführers geziemt. Nun sind Ulan und Silki von ihren Kindern nur noch Keril und dessen ältere Schwester Stisja geblieben. Stisja zählt bereits sechzehn Winter und hat sich Bower zum Gefährten gewählt, als Tallidons Ältestem einen geborenen Mora, der jedoch mit Tallidon schon seit vielen Wintern bei den Veni lebt. Sehr zum Glück von Stisja, die mit allen anderen jungen Veni-Männern blutsverwandt ist. Von ihm erwartet sie ihr erstes Kind. Dieses ist jedoch nur ein kleiner Trost für Ulan. Breka erlebt seinen Vater am Boden zerstört.

Die Veni haben sich eine Unterkunft sowohl aus dem riesigen, mit Hirn und Rauch gegerbten Fell des Mamonts, als auch aus Grassoden gefertigt, die ihnen als Dach auf einem Holzgestell dienen. Die Seitenwände des Gestelles sind über und über mit Rentierfellen bespannt, die trocknen, um sie später abzuschaben, zu gerben und zu Kleidung weiter verarbeiten zu können. Zur Not können sie gar ihre Rutschen mit dem Trockenfleisch vor Regen geschützt in ihr unterbringen, wenn sie diese senkrecht gegen die Wände lehnen. Im Tal direkt in Nähe des Baches zu hausen ist von Vorteil, um das Trinkwasser nicht mehr den Berg heraufschleppen zu müssen. Und die Veni hätten niemals ihre Beute den steilen Hang hinaufbringen können.

Überdies müssen sie diese gegen wilde Tiere verteidigen, die sich immer wieder scheu in ihre Nähe wagen. Insbesondere Bären und Wölfe statten ihnen dann und wann neugierig Besuche ab. Doch sie wahren stets einen ausreichenden Abstand zu den gefürchteten Menschen.
Außerdem bedeutet ihnen Brekas Wolf jedes Mal seinen Unmut und verbellt sie binnen Kurzem. Denn seitdem sie Beute gemacht haben, hat sich das schlaue Tier wieder an die Seite der Veni begeben.
Trotz allem lagern sie auf den Jagdgründen der Reni.

Breka lässt Edil geduldig dabei gewähren, ihm ein Oberteil aus weichem Leder für die nun wärmeren Tage anzupassen. Auch wenn Veni als seine Gefährtin im Grunde für seine Kleidung verantwortlich ist, Breka kann bei solch alltäglichen Problemen nicht auf sie zählen. Denn Veni ist in diesen Dingen absolut ungeübt. Sie hat andere Aufgaben, die ihr dafür kaum Zeit lassen.
Breka bemerkt, dass Edil auffällig bleich geworden ist. Denn frischer Bratenduft liegt in der Luft und kündigt ihnen das Morgenmahl an. Nicht zum ersten Male fällt ihm auf, dass Edil nur noch wenig essen kann.
„Du bist schwanger“, spricht er es mit gemischten Gefühlen aus. Edil blickt überrascht zu ihm auf. Dann huscht ein Lächeln über ihr Gesicht, das nur Schwangeren zu Eigen ist, wenn man sie auf ihr noch Ungeborenes anspricht. Breka atmet aufgewühlt durch. Denn er weiß nicht, ob Veni damit umgehen kann.
Edil bemerkt seine Verfassung und grinst. „Ich kann nicht sagen, von wem genau es sein könnte, Breka. Ich habe wirklich keine Gelegenheit ungenutzt gelassen.“
Breka muss über sie kopfschüttelnd grinsen. Dann wird er nachdenklich. Denn er fragt sich, warum Veni nicht auch schon längst ein Kind von ihm unterm Herzen trägt. Immerhin lassen auch sie beinahe keine Gelegenheit ungenutzt. Es ist ihnen einfach nicht möglich, voneinander abzulassen. Nie können sie genug vom anderen bekommen. Breka hofft, es möge so bleiben, bis sie alt und grau sind.

Breka hat Veni im Arm. Das Geräusch von prasselndem Regen lullt sie ein und sie versuchen, einzuschlafen. Doch die Liebesgeräusche von Asil und Milandra neben ihnen hindern sie daran. Nicht zum ersten Male sehnt sich Breka wieder zurück zur Höhle des Clans. Denn mittlerweile weiß er den Vorzug von Venis abgeschiedener Höhle zu schätzen. Auch wenn er sich für Asil freut, dass dieser dank ihrer guten Ratschläge ganz offenbar einen Weg zu Milandra gefunden hat. Und offensichtlich scheint es ihm mit ihr noch nicht langweilig geworden zu sein. Man könnte meinen, sie holen nun unermüdlich nach, was sie bisher verpasst haben. Allerdings mit dem Ergebnis, dass der Veni-Clan nun stets und ständig übernächtigt ist. Denn in der Beengtheit ihrer Unterkunft entgeht einem wohl oder übel nicht das kleinste Geräusch. Doch die Veni ertragen es mit Gelassenheit. Denn man weiß um die Wichtigkeit der Privatsphäre eines jeden Einzelnen.

Breka küsst Veni auf den Mund. Sie kichert, denn sie glaubt, Asil und Milandra hätten ihn wieder einmal angesteckt. Doch Breka hat etwas auf dem Herzen. „Veni. Warum wirst du nicht schwanger?“ Ihr Kichern verstummt. Stattdessen legt sie sich bäuchlings auf ihn und setzt das Kinn auf ihren verschränkten Armen ab.

„Ich habe das bisher mit einem Kräuterabsud verhindert“, gesteht sie ihm und vernimmt, wie er vor Überraschung die Luft einzieht. „Nicht, dass ich mit dir kein Kind wollte, Breka“, wirft sie schnell ein, „aber ..., na ja, du weißt schon. Da war diese Vision von dem Mamont.“ Veni atmet hörbar durch. „Ich dachte, die Mutter lässt mir nicht mehr genug Zeit.“

Breka streicht ihr eine blonde Strähne aus dem Gesicht hinters Ohr. „Da bist du ja nun schlauer“, bedeutet er ihr herausfordernd. Doch Veni scheint es gedankenversunken nicht gehört zu haben.

„Weißt du, ich glaube, die Geschichte mit dem Mamont ist noch nicht vorbei, Breka.“

Er runzelt die Stirn. „Du glaubst, es kommt NOCH eines?“

Veni kichert. „Nein. Aber ich denke, dass es einen tieferen Sinn hatte, dass mir davon träumte.“

„Es sollte eine Warnung gewesen sein“, erwidert Breka fester Überzeugung.

Doch Veni schüttelt den Kopf. „Das glaube ich nicht mehr.“ Sie seufzt. „Nun ja, wir werden uns wohl einfach gedulden müssen, bis uns klar wird, welche Rolle das Mamont spielt.“

Breka hüstelt gekünstelt, um sich ihr wieder in Erinnerung zu bringen. „Und nimmst du nun noch diesen Absud ein?“

Veni streicht ihm über seinen kurzen Bart. „Weißt du, ein Kind würde mich zu sehr an diese Welt binden. Doch ich muss als geistige Führerin in der geistigen Welt zu Hause sein.“

Er kann sie verstehen. „Dann zeige mir mehr von deinen Geheimnissen,

Veni. Zeige mir, wie ich werden kann, was du jetzt bist. Wir können uns doch die Führung teilen."
Veni lächelt, wird dann jedoch ernst. „Wünschst du dir wirklich so sehr ein Kind mit mir, Breka?"
„Ich wünsche mir eine handvoll Kinder mit dir, Veni. Und ich würde alles tun, damit es wahr wird."
„Dann werde ich dir zeigen, wie du zum Geistführer des Clans wirst. Wir sollten uns die Führung nur so lange teilen, bis du sicher geworden bist."
„Du willst darauf verzichten?" Breka ist erstaunt. Und unsicher, ob er ihr das Wasser reichen kann.
„Ja. Für dich."
„He", ertönt es schräg von vor ihnen. „Findet ihr nicht, dass wir das erst mal absprechen sollten?" Ulan hat sich ein wenig hoch gerichtet und sieht zu ihnen herüber.
„Keine Angst. Er wird einmal noch besser sein, als ich, Ulan. Er hat ganz andere Möglichkeiten."
„Ach ja?" Ulan wirkt ein wenig verunsichert. „Na gut", meint er herausfordernd. „Wie ihr wollt. Dann ernenne ich hiermit Asil zu meinem Nachfolger. Ab sofort." Er atmet durch. „Ich fühle mich langsam zu alt für diese Aufgabe", meint er düster.
„Was?" Asil neben Breka ist hörbar bemüht, dem Gespräch zu folgen. Doch noch trennt ihn ein gedehntes Stöhnen von einer Antwort. Der Moment scheint denkbar unpassend für ihn.
„Ach nein", fällt Ulan ein und er setzt sich mit wirrem Haar gewichtig auf. „Bevor ich dir diese schwere Aufgabe anvertraue, mein Sohn, verfüge ich noch, dass ab sofort in dieser Enge hier nicht mehr gevögelt wird. Man kriegt einfach kein Auge zu!"

Breka träumt von Eisfuchs. Er sagt ihm, dass sie ins Weite Tal kommen sollen. Eisfuchs lächelt ihm zu. Doch sein Bild verschwimmt und Breka spürt einen sehr starken Geist, der zu ihm durchdringen will. Seine Kraft kommt ihm bekannt vor. Dann sieht er ihn vor seinem inneren Auge und spürt, wie Angst in ihm empor kriecht. Denn es ist jener Mann, der ihm vor nicht allzu langer Zeit die Kraft stahl. Da bemerkt er, dass dieser ihm etwas zu sagen versucht. Breka vergisst seine Angst und bemüht sich, ihn zu verstehen. Ein starker Schmerz durchfährt ihn plötzlich, wie ein Blitz. Er hält an und ist so furchtbar, dass sich Breka von dem Mann löst. Mit einem Schrei wacht er auf und fährt hoch.

„Was ist jetzt wieder“, hört er Ulan brummen. Die Veni sehen ihm in der angebrochenen Morgendämmerung verschlafen entgegen. Veni neben ihm hat sich aufgesetzt und fährt sich aufgelöst über die Stirn. Offenbar träumte ihr dasselbe, wie ihm.
„Wer ist er“, fragt Breka sie und reibt sich die Schulter. Er hatte einen solchen Schmerz in ihr gefühlt, dass er froh ist, nur geträumt zu haben.
„Das war Mora“, erwidert Veni. „Er bittet uns verzweifelt um Hilfe.“
Nun haben sie die Aufmerksamkeit des gesamten Clans.
„Mora?“ Ulan ist alarmiert. „Es könnte eine Falle sein. Der würde lieber krepieren, als uns um etwas zu bitten.“
Doch Veni schüttelt den Kopf. „Es fühlte sich so an, als läge er im Sterben. Und mit ihm noch andere Mora.“
„Wo sind sie“, will Asil wissen und ruft ihnen damit in Erinnerung, dass ER nun der Anführer der Veni ist.
„Ganz in unserer Nähe“, erwidert ihm Veni und kratzt sich verlegen an der Stirn. „Vielleicht einen halben Tagesmarsch entfernt.“ Sie spürt Brekas durchdringenden Blick und ignoriert ihn einfach.
Asil hat begonnen, sich anzukleiden. Milandra neben ihm ist aschfahl im Gesicht geworden.
„Sagt ihm, er soll jemanden schicken, der uns hinführen kann.“
„Ich werde euch einfach begleiten“, schlägt Veni ihm vor. „Breka versteht sich nicht auf die Heilkunst. ER sollte hier bleiben.“
Asil streicht sich durch die Haare. „Und du bist sicher, dass er es ernst meint?“
„Ja. Und er möchte, dass Milandra zu ihm kommt.“
„Ich bin Schuld, dass er euch gefunden hat“, murmelt Milandra unglücklich. „Er findet mich immer wieder. Ich kann mich nirgends vor ihm verstecken.“
Veni legt ihr eine Hand gegen die Schulter. „Er ist ein Auserwählter, Milandra. Es ist keine Kunst, dass er das kann. Wir wissen stets, wo sich die anderen Stämme aufhalten. Es hat nichts mit dir zu tun.“
„Wir werden ihnen helfen.“ Asil nickt Wykat, Bower und Malo auffordernd zu. Die drei kleiden sich daraufhin an. „Keril, du kommst auch mit. Das wird unser Auftreten etwas entschärfen.“
Keril macht große Augen und springt hoch, um schnell in seine Kleider zu schlüpfen, bevor Ulan etwas einwendet.
„Nehmt mich mit“, meint Tallidon. „Ich bin noch mit ihnen vertraut.“
„Gut. Ulan, Breka, Bärriss und Jerat bleiben hier.“
„Asil, ich finde, du handelst überstürzt“, wendet Ulan ein. „Es hat nicht zufällig mit deinem schlechten Gewissen den Mora gegenüber zu tun?“

Asil lässt den Blick aufgewühlt auf seinem Vater ruhen. Er nickt. „Und ob. Es ist ein erster Schritt, Vater. Und es ist nur recht, dass WIR ihn tun."
Breka beobachtet, wie sich Veni neben ihm ankleidet. „Du hast die Mora nicht zufällig zu den Rentierherden gerufen?" Veni blickt ihn nicht sonderlich überrascht an. Doch beinahe verlegen. Sie antwortet ihm nur mit einem frechen Grinsen.

Das Zeichen des Mamonts

Die Veni haben sich zu den Mora aufgemacht. Der Wolf begleitet sie. Als Zeichen für ihre friedlichen Absichten haben sie Fleisch vom Mamont für die Mora dabei. Sie ziehen es abwechselnd auf einer Rutsche hinter sich her.
Veni führt sie an. Sie kennt den Weg, als wäre sie ihn schon ewig oft gegangen. Dabei hielt sie sich bisher immer an den Verlauf der Steilkante. Nun jedoch ist sie in den Wald eingebogen und verfolgt einen kaum sichtbaren Wildpfad. Sie wendet sich um. „Hier immer weiter, Bower", weist sie diesen an und wartet, bis Milandra zu ihr aufgeschlossen ist.
„Milandra." Sie fasst diese auffordernd bei der Schulter. Milandra kommt neben sie und die beiden warten ab, bis alle an ihnen vorübergezogen sind, um sich dann als Letzte einzureihen.
„Ich kann dir zeigen, wie du deinen Geist vor Mora verschließt. Dann ist es ihm nicht mehr möglich, sich mit dir zu verbinden. Er kann dich dann nicht mehr finden, wenn du es nicht willst."
Milandra vor ihr verhält ihre Schritte, wendet sich zu ihr um und fällt ihr so überraschend um den Hals, dass Veni beinahe das Gleichgewicht verliert. „Bitte Veni, zeige es mir gleich jetzt." Sie löst sich von ihr und wischt sich lächelnd über ein Auge.
Veni erwidert ihr Lächeln. Es passiert ihr nicht oft, dass man ihr so unvoreingenommen und angstlos begegnet.
Der Wolf streicht um sie herum und bellt sie auffordernd an. Er hütet sie wie sein Rudel und will, dass alle beieinander bleiben.
„Veni?" Asil hat sich zu ihnen umgewendet. „Nun kommt schon."
Sie setzen ihren Weg fort. Da dringt Kindergeschrei an ihre Ohren und kündigt sie an.

Wie von selbst wandert Asils Hand an seinen Bogen, doch er zwingt sie wieder zurück und atmet angespannt durch. Die Mora-Kinder laufen ihnen aufgeregt entgegen, wahren jedoch einen Sicherheitsabstand zu ihnen und nehmen damit Vorlieb, sie neugierig zu beäugen. Insbesondere Malo. Als sie jedoch den Wolf bemerken, beginnen sie wieder, aufgeregt durcheinander zu rufen. Sie rennen vor den Veni her und geleiten sie auf einen Platz, der von runden Zelten umstanden ist, in deren Mitte eine große Feuerstelle angelegt wurde. Diese ist jedoch kalt. Neben ihr liegt zur Bestürzung der Veni ein Toter, der nur nachlässig mit einem Fell bedeckt wurde. Sein Gesicht ist entsetzlich entstellt. Sonst ist kein erwachsener Mora zu sehen.
Die Kinder haben entdeckt, was die Veni auf ihrer Rutsche mitführen und beginnen, das Fleisch zur Feuerstelle zu tragen. Sie scheinen sehr hungrig zu sein.
„Asil!" Keril steht aufgeregt neben einem etwa gleichaltrigen Jungen, der zu Asils Verblüffung einen zierlichen grauen Wolf an einem Lederband neben den großen weißen Wolf der Veni gezerrt hat. Die Jungen lachen lauthals über die Tiere, die sich neugierig beschnuppern.
„Wie ist dein Name, junger Mora", will Asil von ihm wissen.
„Don", erwidert der Junge grinsend.
„Wo sind deine Eltern, Don?"
Gefragter weist mit dem Kopf in den Wald. „Sie begraben die Toten."
Die Veni tauschen alarmierte Blicke. „Sie sind alle im Wald", fragt ihn Veni.
Don schüttelt den Kopf und zeigt auf ein Zelt, das ein wenig abseits von den anderen steht. „Mora ist noch da. Er ist verletzt." Er weist noch auf zwei weitere Zelte. „Dort liegen Zithi, Jellidon und Kari."
„Tot", will Bower irritiert wissen.
„Verletzt", erwidert Don unbekümmert. „Ein riesiges Untier hat uns vor drei Tagen hier besucht."
„Besucht", wiederholt Malo tonlos und wechselt mit den Veni bestürzte Blicke.
„Ja. Es hat acht Jäger getötet und vier Mora schwer verletzt", erzählt ein älteres Mädchen traurig weiter. In ihren Augen stehen Tränen.
Wykat ist den Kindern dabei behilflich, ein Feuer zu entzünden.
„Ich gehe zu Mora", meint Veni. „Bitte begleite mich, Asil."
Asil nickt einverstanden und folgt ihr hinterher. „Das ist ein schrecklicher Verlust für sie. Die Mora dürften nun fast keine Jäger mehr haben."
„Grund genug, uns zu Hilfe zu rufen", erwidert Veni. „DAS ist also das

Zeichen des Mamonts."
Asil runzelt grübelnd die Stirn, da er Venis Worten nicht ganz folgen kann. Sie haben sich Moras Zelt genähert und können ein Stöhnen vernehmen, das aus ihm dumpf zu ihnen durchdringt.
Veni schlägt das Fell vorm Eingang zurück und tritt ein. Ihre Augen gewöhnen sich nur langsam ans Zwielicht im Inneren des Rundzeltes. Dann gewahrt sie eine große Gestalt direkt vor sich, die halbnackt auf ihren Schlaffellen liegt und sich vor Schmerzen windet.
„Mora", murmelt sie und hockt sich neben ihn. Mora ist offenbar nicht in der Lage, ihr zu antworten. Er ringt keuchend mit seinen Schmerzen.
„Asil, bitte mach mir irgendwie Licht."
Asil verschwindet wortlos. Doch er lässt den Eingang offen, indem er das Fell aufs Zelt zurückschlägt. Veni kann Mora im einfallenden Licht nun besser erkennen. Sein muskulöser Oberkörper ist grün und blau verfärbt. Die über und über aufgeschrammte Haut weist an etlichen Stellen tiefe Einrisse auf, die sogar bis ans Weiß der Rippen heranreichen. Vorsichtig betastet Veni seinen Brustkorb und stellt sechs gebrochene Rippen fest. Dann erst bemerkt sie, dass sein linker Arm unnatürlich von seinem Körper absteht und schlaff neben ihm liegt. Als sie ihn am Schultergelenk betastet, stöhnt Mora geplagt auf. Asil hat etliche Zeltbahnen zurückgeschlagen, so dass immer mehr Licht auf Mora einfällt. Vor Schmerzen ist dieser nass geschwitzt.
Asil kommt wieder neben Veni. Beim Anblick Moras geschundenen Körpers zieht er die Luft scharf ein. „Was ist mit seinem Arm?"
„Er ist ausgerenkt", erwidert Veni. „Er muss vor Schmerzen halb wahnsinnig sein. Und das schon drei Tage lang." Sie streicht sein langes dunkles Haar zur Seite und betastet Moras Brustmuskel. „Mora. Kannst du mich verstehen?"
Er nickt.
„Du weißt sicher, was dich gleich erwartet. Du musst trotzdem versuchen, dich zu entspannen. Hast du verstanden?"
Mora atmet ein paar Mal tief ein und aus. Veni betastet wieder seinen Brustmuskel und macht eine zufriedene Miene. Er ist weich geworden und entspannt. Dann setzt sie sich vor ihm zurecht und stemmt ihm ihren Fuß in die Achsel. Mora stöhnt zwischen zusammengebissenen Zähnen auf. Sie nimmt seine Hand. „Entspanne dich, Mora. Du darfst jetzt nicht dagegen ankämpfen. Sonst kann ich nichts richten." Doch sie sieht genau, wie sich sein beachtlicher Brustmuskel vor Anspannung gewölbt hat. „Willst du Milandra ewig warten lassen?" Plötzlich ist er wieder entspannt und Veni nutzt den kurzen Augenblick. Mit aller

Kraft zieht sie an seinem Arm. Mora schreit geplagt auf, doch Veni spürt, dass die beiden Knochen wieder zu einem intakten Gelenk ineinandergeglitten sind. Sie lässt von ihm ab.
Mora fährt sich stöhnend übers Gesicht. Dann lässt er die Hände kraftlos neben sich auf die Felle sinken. „Ich danke dir, Veni."
„Warum hast du mich nicht viel eher gerufen?"
Mora stößt verächtlich die Luft zwischen seinen Zähnen hervor. „Meine Schmerzen mussten erst meinen Stolz überwinden." Er wendet sich Asil zu. „Ich hatte mir einst geschworen, dich eigenhändig zu erwürgen, verdammter Dreckskerl."
Asil nickt verstehend. „Ich bin hier, Mora."
Dieser lacht gequält auf. „Versuche mich nicht, Asil." Er hat sich hochgerichtet, lässt sich jedoch stöhnend wieder auf seine Felle zurücksinken. „Ja, du bist gekommen."
„Es tut mir leid, Mora." Asil kratzt sich verlegen an der Nase.
Mora betrachtet ihn überrascht und wird nachdenklich. „Ja, offensichtlich", knurrt er.
Asil bläst die Luft aus. „Jetzt tu nicht so unschuldig. Ihr habt ebenfalls Veni auf dem Gewissen."
„Als Antwort", stöhnt Mora. Er versucht erneut, sich etwas hoch zu richten, und dieses Mal gelingt es ihm. Ausatmend lehnt er sich gegen einen Stützpfosten des Zeltes. „Dieses Morden muss endlich ein Ende nehmen."
„Ja. Da stimme ich dir ausnahmsweise zu."
„Als wer?"
„Als der neue Anführer der Veni", erwidert Asil.
Mora nickt befriedigt und schließt todmüde die Augen.
Veni kommt wieder an seine Seite. Sie hat eine Schale voll Wasser dabei und taucht einen Lederfetzen hinein. „Du weißt, dass du deinen Arm jetzt lange schonen musst?"
Mora nickt mit geschlossenen Augen und lässt Veni dabei gewähren, ihm die tiefen Wunden auf seinem Oberkörper auszuwaschen. „Diese Bestie. Sie ist für uns gefährlich. Die Stimmen der Menschen locken sie an. Sie muss getötet ...", er nickt weg, schreckt jedoch gleich wieder hoch.
„Leg' dich hin, Mora. Du hast drei Tage Schlaf nachzuholen.
Doch Mora schüttelt den Kopf. „Ich sammle nur Kraft, um endlich Milandra entgegen zu treten." Er nickt wieder ein und fängt sich sogleich erneut.
„Wir konnten das Mamont erlegen, Mora. Du kannst beruhigt sein. Und

nun leg‘ dich wenigstens hin, solange ich dir die Wunden auswasche.“ Mora betrachtet Veni und Asil erstaunt, während er Venis Vorschlag bereitwillig folgt. „Das ist ein Zeichen. Wer hat es getötet?“
Veni und Asil tauschen verwunderte Blicke. „Malo“, erwidert Asil.
„Malo“, murmelt Mora noch. Und beinahe gleich darauf ist er fest eingeschlafen.

Milandra steht vor Moras Rundzelt und atmet durch, um sich Mut zu machen. Sie hat Wolf vor sich im Trageleder. Er schläft und sie drückt ihn fest an sich. Wie sehr hat sie sich vor diesem Moment gefürchtet. Hilfesuchend blickt sie noch einmal zu Asil herüber. Dieser beobachtet untätig, wie sich Tallidon und dessen Bruder Budon in die Arme fallen. Er sieht zu ihr herüber und bemerkt ihr Zögern. Da nickt er ihr aufmunternd zu. Denn er hatte ihr zugesprochen, endlich mit Mora zu reden. Es drängt Asil zurück zu den Veni. Die Mora begegnen ihm kühl. Und er weiß genau, wieso. Er möchte ihnen seinen guten Willen bezeugen und zurück, um noch mehr Fleisch für die Mora zu holen. Denn sie hungern, da sie noch keine Zeit für die Jagd gefunden haben.
Sie fasst sich ein Herz und tritt ein. Mora liegt noch auf seiner Ruhestätte und schläft. Sie kommt nahe an ihn heran und mustert die tiefen Wunden auf seinem Oberkörper. Die Mora haben erzählt, dass er bis zuletzt versucht hatte, das Mamont vom Lager abzuhalten. Die meisten Mora waren somit vorgewarnt und konnten entweder fliehen, oder Mora zur Seite stehen. Diejenigen, welche letzteres versucht hatten, sind alle bis auf Mora getötet worden. Das Tier hatte noch ein paar Mora verletzt, doch Veni konnte sie gut versorgen und sie sind nun außer Gefahr.
Milandra findet nicht den Mut, ihn zu wecken und setzt sich einfach neben ihn auf seine Schlaffelle.
Mora regt sich. Er stöhnt und öffnet die Augen. Angesichts Milandras stemmt er sich hoch. Einen scheinbar endlos währenden Augenblick sehen sie sich an. Dann holt Milandra unvermutet aus und versetzt ihm eine Ohrfeige, dass ihm der Kopf zur Seite schnellt.
Mora atmet durch und wendet sich ihr wieder zu. Milandra stehen Tränen in den Augen. Er nickt. „Ich weiß, ich hab‘ es verdient. Auch wenn ich gehofft habe, dass unser Wiedersehen einmal ohne Gewalt abläuft.“
Milandra stößt vorwurfsvoll die Luft aus.
Mora blickt betreten zu Boden. „Bitte, kannst du mir verzeihen?“

„Niemals", erwidert sie mit Grabesstimme. „Du hast mich verfolgt und erniedrigt, als du mich gefunden hattest. Du hast mir absichtlich weh getan, hast mich mit Gewalt genommen", ihr bricht die Stimme. „Wie könnte ich dir jemals verzeihen, Mora?!"
„Ich habe es bisher jeden Tag zutiefst bereut", beteuert er leise. „Ich war völlig neben mir."
„Weil ich dich verlassen habe. Weil du das nicht dulden konntest. Weil du mich besitzen wolltest!"
Mora blickt sie an. „Ich konnte es nicht ertragen, Mila. Ich liebe dich so sehr, dass es schmerzt."
Milandra atmet durch. „Deine Liebe zerstört mich, Mora. Sie erstickt mich und macht mir Angst. Du lässt mir keine Luft, zu atmen."
„Ich weiß", erwidert Mora gequält.
Milandra stutzt. „Was?"
Mora nickt. „Ich hatte viel Zeit, über uns nachzudenken." Er reibt sich aufgelöst übers Gesicht und blickt sie wieder an. „Ich weiß jetzt, dass ich dir deine Freiheit lassen muss, um dich zu halten." Er atmet durch. „Es ist ganz einfach und es hat doch so lange gedauert, bis ich zu dieser Einsicht kam. Meine Liebe und mein verdammter Stolz standen mir im Wege." Er versucht, ihre Hand zu nehmen, doch sie entzieht sie ihm.
Milandra betrachtet ihn nachdenklich.
„Komm zurück, Mila." Er lässt sie nicht aus den Augen. „Ich brauche dich hier. Der Clan braucht dich. Ich muss ihn anführen, ihn gleichzeitig in der geistigen Welt führen. Alles zerrinnt mir wie Sand in den Händen. Ich bin an meinen Grenzen angelangt."
Zum ersten Mal lässt er sie wissen, dass er auch schwach sein kann. Es ist für Milandra eine ganz neue Erfahrung. Und es beunruhigt sie zutiefst, den Clan nicht mehr in sicheren Händen zu wissen. Bisher konnte sie sich da auf Mora verlassen. Denn trotz all seiner Fehler kann sich der Clan keinen besseren Führer wünschen.
Sie greift sich nervös an die Stirn. „Ich kann nicht zu dir zurück, Mora. Dazu ist zu viel geschehen."
Mora atmet verzweifelt durch. „Wir waren mal sehr glücklich miteinander. Hast du das alles schon vergessen?"
„Ja. Das waren wir. Solange ich dir immer klein beigab und mich für dich verbog, wie ein Baum im Sturm. Aber das kann ich nicht mehr, ohne daran zu zerbrechen."
„Mila, ich habe mich geändert. Ich habe eingesehen, dass ich dich zu sehr bedrängt habe." Er lacht gequält auf. „Ich habe verdammt Federn gelassen, seitdem du mich verlassen hast."

„DU hast mich schon viel eher verlassen, Mora!“ Ihr verschwimmt der Blick.
Mora betrachtet sie grübelnd. „Wie meinst du das? … Was genau wirfst du mir vor, Mila?“
Sie versucht, nach ihm zu schlagen, doch er fängt dieses Mal ihre Hand ab. „Hör auf damit, Mila!“ Er verdreht ihr die Hand, so dass sie sich nicht mehr rühren kann. „Bitte hör endlich auf damit“, flüstert er. „Du bist wie ER. Du bist schon gar nicht mehr in der Lage, über deine Probleme zu REDEN.“
Milandra ist wie erstarrt. „Nein“, erwidert sie unsicher.
Er lässt sie los und sieht aufgewühlt weg.
„Du umwickelst mich nicht mit deinem klaren Verstand, Mora. Drehe den Spieß bloß nicht herum!“ Ihr Blick fällt auf seine Hand, der ein Finger fehlt. Er fehlt ihretwegen und sie wird ganz still. Schniefend wischt sie sich die Tränen weg. „Du bist der Führer des Clans, seit ich denken kann. Du hättest die Macht gehabt, ihm Einhalt zu gebieten. Du hättest mich schützen müssen! Doch du hast NICHTS getan, Mora. Du hast es stillschweigend geduldet, dass er meine Mutter, meine Schwestern, dass er mich prügelte, wann immer er Lust dazu hatte.“
Mora betrachtet sie mitfühlend. „Ich war damals viel zu jung und zu unreif, ihm die Stirn zu bieten. Selbst ich hatte Angst vor ihm, Milandra. Er war gewalttätig.“ Angesichts Milandras tränennassen Gesichtes schüttelt er hilflos den Kopf. „DAS also wirfst du mir vor?“
Milandra starrt gegen die Zeltdecke und atmet tief durch.
„Aber ich habe ihn doch dann später genau deswegen entmachtet. Noch heute bin ich deswegen Anführer und geistiger Führer des Clans.“
„Er war nicht nur gewalttätig“, bedeutet sie ihm schniefend und begegnet scheu seinem fragenden Blick. Sie sieht weg und hört, wie er die Luft scharf einzieht. Dann spürt sie, wie er sich ihr nähert, um sie an sich zu ziehen und in seine Arme zu schließen. Und sie lässt ihn gewähren.
„Oh verflucht, Mila“, stöhnt er.
„Nun weißt du wenigstens, warum ich dich nie zu nahe an mich herankommen ließ.“ Sie versucht, sich zu fassen. „Im Grunde bin ich vor IHM davongelaufen, damit es endlich aufhört. Und vor dir, weil ich Angst vor deiner Liebe hatte. Angst, dass du mich einengst und genau so anfasst.“ Sie löst sich von ihm. „Und dann traf es genau so ein.“
Mora reibt sich mit einem geplagten Stöhnen übers Gesicht. Dann atmet er durch und lässt sie mit seinen Blicken wissen, dass es ihm leid tut. Er nickt. „Dein Vater ist nun tot, Mila.“

„Ja. Ich weiß. Mutter hat es mir vorhin erzählt. Und sie hat keine Träne vergossen."
Er nimmt ihre Hand. „Wir können das schaffen, Mila. Ich weiß es."
„Nein." Sie entzieht sich ihm erneut. „Ich habe einen Gefährten gefunden, mit dem ich es geschafft habe, Mora. Mit dem ich glücklich bin und mit dem ich sogar das Lager teile."
Mora forscht ungläubig in ihrer Miene. Doch diese ist fest und er blickt schnell zur Seite.
Milandra lässt ihm Zeit, ihre Worte zu verdauen.
„Wer ist er", fragt er sie mit belegter Stimme.
„Asil."
Sein Kopf schnellt zu ihr herum. „Das ist nicht dein Ernst!"
„Doch." Sie bemerkt, dass sein Blick noch verschwommen ist.
„Und vor IHM hast du keine Angst?"
„Ich liebe ihn von ganzem Herzen."
Mora stößt fassungslos die Luft aus. Dann nickt er und wischt sich über die Augen.
Es rührt etwas tief in Milandra.
„Dann sage mir, dass du mich nicht liebst, Mila, und ich werde es für immer akzeptieren."
„Ich ...", Milandra stockt. „Ich liebe ... ." Sie kämpft mit sich, bringt die Worte jedoch nicht über die Lippen und starrt ihn verwirrt an.
Mora beobachtet sie genau. Seine Augen sind gerötet und noch immer leicht verschwommen. Er will erneut ihre Hand nehmen, lässt es dann jedoch und nickt nur. „Das lässt mich hoffen, Mila."
Wolf vor ihr im Trageleder beginnt, zu wimmern. Zerstreut steckt Milandra ihm den kleinen Finger in den Mund, dass er erst einmal etwas zum Saugen hat.
Mora betrachtet den Kleinen nachdenklich.
„Es ist dein Sohn."
Er blickt sie an und nickt bedächtig. „Ich weiß. Doch ich wage noch nicht, mich über ihn zu freuen. Du wirst ihn mitnehmen, wenn du wieder weggehen solltest."
Milandra kämpft mit den Tränen. Er versucht, sie zu trösten, doch sie stößt ihn weg und erhebt sich von seinem Lager. „Ich will jetzt allein sein", murmelt sie und wendet sich von ihm ab. Als sie das Fell vom Eingangsloch zurückschiebt, prallt sie mit Veni zusammen, die soeben eintreten wollte.
Veni streicht ihr ob ihres verschwommenen Blickes aufmunternd über die Schulter.

Milandra ringt sich ein Lächeln ab.
„Die anderen sind schon gegangen, Milandra. Geh zu deiner Mutter. Sie möchte mit dir reden."
Milandra jedoch schüttelt den Kopf. „Ich will jetzt allein sein. Sucht nicht nach mir." Damit kehrt sie sich von Veni ab und geht geradewegs in den Wald hinein.
Veni sieht ihr nachdenklich hinterher. Als sich Milandra ihren Blicken entzogen hat, gibt sie sich einen Ruck und betritt Moras Zelt. Sie findet diesen genauso neben sich vor, wie eben noch Milandra.
Mora wischt sich übers Gesicht und atmet laut vernehmbar durch.
Veni nimmt ihm gegenüber Platz und richtet den Blick auf ihn. „Ich fürchte, du hältst das nicht mehr länger durch, Mora. Du musst dir etwas einfallen lassen. Suche dir jemanden, der die Mora anführen kann."
Mora nickt. „Ich weiß. Aber die Mora bestehen jetzt beinahe nur noch aus Kindern und Frauen. Die Männer sind noch viel zu jung. Die, welche in Frage gekommen wären, wurden durch das Mamont getötet." Er schüttelt den Kopf. „Und selbst, wenn dies nicht geschehen wäre, es gab Keinen, der sich wirklich geeignet hätte, den Clan anvertraut zu bekommen."
„Deine Ansprüche sind sehr hoch, Mora."
„Mag sein."
Sie schweigen. Kinderstimmen und das Bellen eines Wolfes dringen von draußen dumpf zu ihnen herein.
„Ich habe vom neuen Anführer der Mora geträumt."
Veni zieht überrascht die Brauen hoch.
„Aber ich konnte ihn nicht deutlich sehen."
Veni nickt. „Das ist ein gutes Zeichen."
Mora pflichtet ihr nickend bei. Er betrachtet sie nachdenklich. „Wie kommt es, dass den Veni immer Glück beschieden ist? Ihr konntet das Mamont erlegen, ohne Verluste erlitten zu haben. Ihr habt niemanden an den Hungertod verloren. Euer Clan wächst und gedeiht, während die Mora zerfallen."
„Das Mamont hat Ulans kleine Tochter gefordert, Mora. Aber du hast Recht."
„Verrate mir dein Geheimnis, Veni."
Sie lächelt. „Wir stehen unter dem direkten Schutz der Mutter, Mora. Und bei uns herrscht Gleichgewicht zwischen den hiesigen und den geistigen Kräften."
Mora denkt schweigend über ihre Worte nach.

Veni beobachtet ihn lächelnd.
Er räuspert sich. „Weihe mich ein, Veni.“
Sie nickt grinsend. „Gut. Wenn es dein Wunsch ist.“
Mora lächelt. „Deswegen bist du hier. Oder etwa nicht?“
„Ich hatte gehofft, dass du mich darum bitten würdest. Denn du bist nun reif für diese Kraft und fühlst, dass sie der einzig wahre Weg ist.“
Sie erhebt sich und kniet direkt vor ihm nieder.
Mora setzt sich nervös mit gekreuzten Beinen zurecht und atmet durch.
Veni lehnt ihre Stirn an die seine. „Schwöre, diese friedliche Kraft niemals zu missbrauchen. Schwöre, sie stets nach bestem Gewissen anzuwenden und niemandem ein Leid durch sie zufügen zu wollen.“
„Ich schwöre es dir.“
„Du stehst unter meinem Schutz, unter dem Schutz der Mutter. Öffne dein inneres Auge, Mora. Öffne dein Herz. Und mach dich bereit, die Kraft zu erfahren, die alles in Liebe erschafft, am Leben hält und wieder vernichtet. Sieh das Gedächtnis der Natur, alles Lebendigen vergangener und heutiger Tage.“
Mora öffnet sich.
„Große Mutter, bitte zeige dich.“
Mora keucht überrascht auf. Ein Licht hat Verbindung zu ihm aufgenommen, das alles in den Schatten stellt, ohne jedoch einen Schatten zu werfen. Es ist so vertraut. Es ist wunderschön und beginnt, ihn zu durchdringen, ihn mit unendlich viel Liebe zu erfüllen. Es tröstet ihn, so dass er spürt, dass alles gut wird. Es singt in den wundervollsten Tönen, so dass es ihn in seinem Innersten berührt. Mora bringt sich mit ihm in Einklang. Er ist Eins mit ihm und plötzlich liegt nichts mehr im Ungewissen. Alles beginnt, EINEN Sinn zu haben. Alles ist miteinander verbunden. Und er ist Teil des Einen. Alles Beunruhigende, alle Sorgen scheinen nicht mehr wichtig zu sein. Alle Fragen, die ihm durch den Kopf gehen, beantworten sich wie von selbst. Er spürt keine Schmerzen mehr, spürt nur noch eine alles beherrschende, friedvolle Kraft.
„Löse dich, Mora.“
Es fällt ihm unendlich schwer, sich dem Licht zu entziehen. Sich wieder vor ihm zu verschließen. Doch er tut es. Und fällt zurück in bedrückende Dunkelheit.
Veni kniet noch immer vor ihm und bedenkt seine Aufgelöstheit mit einem verständnisvollen Lächeln. „Du hast jetzt immer Zugang zu ihr, wenn du es willst. Es wird dich verändern, dich weise machen, dich ausgleichen und dir Kraft verleihen. Du wirst andere Schwerpunkte im

Leben setzen und mit allem anders umzugehen lernen. Nutze diese Kraft, um Antworten zu finden und dich leiten zu lassen. Nutze sie, um zu heilen. Vertraue ihr und stelle dich unter ihren Schutz. Und komme in den Kreis derer, die eingeweiht sind."
Mora nickt. Er ist zu keiner Antwort fähig.
Veni erhebt sich und lässt ihn allein. Als sie an den Feuerplatz der Mora herantritt, erkennt sie Keril, der mit Don noch immer bei den Wölfen sitzt. Und zu ihrem Erstaunen hat sich auch Malo nicht mit auf den Rückweg begeben. Er sitzt gedankenversunken beim Feuer und stochert mit einem Ast in der Glut herum.
Veni nimmt neben ihm Platz. „Was hält dich noch hier, Malo?"
„Hm?" Er blickt sie fragend an. Dann zuckt er die Schultern. „Was hält mich bei den Veni? Oder was bei den Reni? Bei den Tazii oder den ....
„Breka. Du vermisst ihn. ER hielt dich bisher, habe ich Recht?"
Malo widmet seine Aufmerksamkeit den schmalen Fleischstreifen, die auf den Steinen am Feuer braten und wendet einige von ihnen um. Er seufzt. „Er ist nicht mehr der Selbe." Er zeigt mit dem Finger eindringlich auf sie. „Du hast ihn zu einem anderen gemacht."
Veni schüttelt den Kopf. „Er ist noch immer derselbe Breka."
„Wolf", verbessert er sie nachdrücklich.
„Ist es nicht egal, welchen Namen man uns gegeben hat? Im Herzen ist er noch immer derselbe Mensch. Nur hat er jetzt zurück zu seinen Wurzeln gefunden und eine Seite an sich reifen lassen, die er vorher unterdrückte. Durch mich hat er sie erkannt."
Malo nickt nachdenklich.
„Und wovor läufst DU weg, Malo?"
Er blickt sie überrascht an.
„Ist es nicht so? Du bist einen weiten Weg gegangen, um weg von deinen Wurzeln zu kommen."
Malo grinst und muss ihr nickend beipflichten. „Das bleibt allein mein Geheimnis, Veni."
Veni spürt, dass sie gegen seinen Schutzschild nicht ankommt. „Frage dich, was deine Bestimmung ist, Malo. Dieser Frage muss sich jeder früher oder später stellen." Sie beantwortet seine grimmige Miene mit einem frechen Lächeln. „Ich liebe es, unbequem zu sein, weißt du."
Er stößt verächtlich die Luft zwischen seinen Zähnen hervor.
Doch Veni weiß, dass sie ihn zum Nachdenken angeregt hat. Und das genügt ihr. Er wird es ihr wohl nie verzeihen, ihm den besten Freund „gestohlen" zu haben. Den „Sinn" seines Lebens.
Malos Blick weicht von ihr auf etwas in ihrem Rücken ab. Als sie sich

halb umwendet, erkennt sie Mora, der sich ihnen gedankenversunken nähert.
„Weiber“, grollt Malo und hat damit Moras Aufmerksamkeit.
Mora setzt sich schwerfällig zu ihnen. Er greift sich eines der gebratenen Fleischstücke und beißt hungrig von diesem ab. Doch er stutzt ob des ungewohnten Geschmacks. „Was ist das?“
„Mamont“, erwidert ihm Malo und mustert die tiefen Wunden auf Moras beeindruckend muskulösem Oberkörper.
Mora wiegt den Kopf. „Erst macht es sich auf den weiten Weg vom eisigen Norden in den nicht weniger eisigen Süden, um zielstrebig Menschen zu töten. Und dann“, er beisst demonstrativ ab.
Malo entringt sich ein Lachen.
„Wo ist da der Sinn, Veni?“
Veni wiegt lächelnd den Kopf. „Du weißt, alles hat seinen Sinn, Mora.“
Er nickt. „Er lässt wohl noch auf sich warten.“ Sein Blick wandert zu Malo. „Und wer bist du?“
„Malo.“
Mora hält im Kauen inne. „Derjenige, welcher das Mamont getötet hat. Ein Mann aus dem heißen Süden, der sich auf den Weg nach Norden gemacht hat, um die Kräfte auszugleichen.“ Malo runzelt grübelnd die Stirn.
Mora hingegen starrt Veni an, als ihm die Bedeutung seiner Worte klar wird. Er greift sich nervös an die Stirn.
Veni muss über ihn lachen. „Wie ich sehe, leitet dich die Große Mutter bereits.“ Sie grinst. „Sei beruhigt. Ich tue oder sage auch oft Dinge, die sie mir eingibt zu tun oder zu sagen, und verstehe erst danach deren Sinn.“
Mora starrt Malo an. „Jetzt wird mir auch klar, warum ich sein Gesicht nicht ganz erkannte. Es ist dunkel.“
Malo verdreht die Augen. „Wovon redet ihr, verflucht? Wärt ihr bitte so gütig, mich in eure wertvollen Gedanken einzuweihen?“
Mora sieht fragend zu Veni und diese macht eine einladende Geste auf Malo zu.
„Ich kenne dich nicht, Malo. Aber ich habe von dir geträumt.“
Malo grinst. „Das passiert mir immer wieder. Aber mit Frauen, wenn du verstehst.“
Mora deutet ein Lächeln an. „Ich sah dich als den neuen Anführer der Mora.“ Er beobachtet ihn gespannt.
Malo erstirbt das Grinsen auf dem Gesicht. Er hebt abwehrend die Hände. „Oh nein. Das muss ein Alptraum gewesen sein.“

„Denk darüber in Ruhe nach, Malo“, redet Veni auf ihn ein.
Malo blickt sie grimmig an. „Du hast nicht zufällig von seinem Traum gewusst, eh?“
Veni verkneift sich nur nachlässig ein spöttisches Lächeln.
Zwei hübsche Frauen kommen verschlafen zu ihnen ans Feuer. Ihr auffallend langes Haar fällt ihnen in weiten Locken bis zur Taille. Ihre Bewegungen sind anmutig. Schweigend nehmen sie sich von dem Fleisch. Doch anstatt sich zu ihnen zu setzen, ziehen sie sich wieder in ihre Zelte zurück. Eine weitere, mindestens ebenso ansehnliche Frau, reicht Mora ein Birkenrindengefäß mit Wasser.
Mora nimmt es entgegen. „Jollina, hole unseren Gästen auch etwas Wasser.“
Jollina entfernt sich nach kurzem Zögern wieder von ihnen.
Mora seufzt. „Ihr dürft ihnen ihre mangelnde Gastfreundschaft nicht verübeln. Aber sie haben keine guten Erfahrungen mit den Veni gemacht.“
Jollina kommt mit zwei vollen Bechern Wasser zurück und anstatt sie Malo direkt in die Hand zu geben, stellt sie diese mit provokativem Blick neben ihm am Feuer ab. Dann setzt sie sich neben Mora und schmiegt sich vertraulich an ihn.
Malo reicht Veni eines der Gefäße und trinkt. „Eins muss man dir lassen, Mora. Die Frauen deines Clans sind ungewöhnlich schön.“
Mora lacht. „Ja, da hast du Recht. Aber es sind mehr Frauen, als noch gut sein kann. Du glaubst nicht, wie zänkisch sie sein können.“
„Und das erleichtert dir deine Entscheidung nicht, Malo?“ Veni beobachtet ihn herausfordernd über den Rand ihres Bechers hinweg.
Doch Malo macht ein zweifelndes Gesicht.
Mora seufzt. „Wir haben acht Männer an das Mamont verloren.“
Veni nickt. „Ihr solltet zu uns ins Weite Tal kommen. Bei uns gibt es sehr einsame Veni-Männer.“
Mora betrachtet sie nachdenklich. Jollina an seiner Seite hingegen stößt verächtlich die Luft aus und streicht sich energisch eine dunkle Haarsträhne aus dem Gesicht. „Es gibt keine anständige Mora-Frau, die einen verdammten Veni in die Arme schließen würde!“ Sie durchbohrt Veni und Malo geradezu mit ihren dunklen Augen, die förmlich Blitze sprühen. Dann wendet sie sich wieder Mora zu, dem sie bereits einen seiner Beinlinge von seinem Schurz abgelöst hatte und nun noch etwas nach unten zieht.
Mora kann sich gegenüber Veni ein Grinsen nicht verkneifen. Er zuckt machtlos die Schultern. Dann wird er ernsthafter. „Ich sah sehr viele

Rentierjäger kommen, Veni. Sie sind direkt auf dem Weg zu euch."
Veni nickt. „Wir müssen einen friedlichen Weg zu ihnen finden. Doch ihre Geistführer sind weder auserwählt, noch eingeweiht. Sie könnten uns gefährlich werden, weil sie nicht die Gesetze der Mutter kennen."
„Die Reni kommen", hakt Malo ungläubig nach.
„Ja", erwidert Mora. „Ich sah noch nie so viele Menschen auf einem Platz. Selbst damals nicht, als sich die Wald-Clans noch trafen." Er verzieht schmerzhaft das Gesicht, als Jollina eine Wunde an seinem Oberschenkel untersucht.
„Sie verheilt gut", flüstert Jollina ihm zu und lächelt, so dass zwei tiefe Grübchen auf ihren Wangen hervortreten.
Veni kommt interessiert näher, um sich die eigentümlich versorgte Wunde genauer anzusehen. Sie hält den Atem an, als sie begreift, dass sie vernäht wurde. „Du hast die Wunde einfach zugenäht, Jollina?"
Diese wendet sich ihr zu und nickt. „Sie war sehr tief und hat aufgeklafft. Man muss nur die Ränder wieder miteinander verbinden, wenn sie noch frisch sind."
Veni bemerkt noch mehr Narben an Mora, die auf dieselbe Art versorgt wurden und längst verheilt sind. Man kann noch gut die ehemaligen Nähte erkennen, die nun vernarbt sind.
„Ich sollte doch noch lernen, zu nähen", murmelt Veni.
„Die Seher der Reni sind zänkisch und liegen stets miteinander im Streit", bemerkt Malo, nicht jedoch, ohne Notiz von Jollinas großen dunklen Augen zu nehmen, die von langen, dichten Wimpern umrahmt werden. „Wenn ich so sehe, was ihr alles könnt", er schüttelt den Kopf und wendet sich Mora zu. „Die drei Weisen haben nicht halb so viel Macht, wie ihr."
„Unterschätze nicht den Einfluss, den sie auf die Reni haben", gibt Veni zu bedenken.
„Du kennst die Reni?" Mora lässt Malo nicht aus den Augen. Ohne hinzusehen knotet er wieder seinen Beinling an seinem Schurz fest.
„Ich habe viele Winter bei ihnen gelebt."
„Dann hast du ihr Vertrauen?"
Malo nickt. „Ich denke schon."
Mora hält Jollina davon ab, die Wunden an seinem Oberkörper zu untersuchen. „Jetzt nicht", gibt er ihr zu verstehen. Jollina wendet sich daraufhin von ihm ab und geht zu einem der Zelte. „Dann solltest du zwischen uns und ihnen vermitteln."
„Hm?" Malo sieht Jollina bewundernd nach.
„Malo?" Mora blickt fragend zu Veni.

Diese legt eine Hand über ihren Mund, um sich das Grinsen aus dem Gesicht zu wischen.
Malo weist mit dem Kinn Richtung Jollina. „Ist sie deine Gefährtin?"
Als ihm Mora nicht antwortet, wendet er sich ihm fragender Miene zu.
Mora hat sich einen Stock vom Feuerholz geangelt und stochert mit diesem nachdenklich in der Glut herum. Er schüttelt den Kopf.
„Nur manchmal", hakt Malo nach.
„Nein. Für mich gibt es nur Milandra."
„Mi...", Malo unterbricht sich überrascht. „Oh. Verstehe." Er räuspert sich. „Dann ist Jollina frei?"
Mora brummt mürrisch. „Sie ist meine Schwester. Und wenn du sie unglücklich machst, dann wirst du wünschen, nie geboren worden zu sein!"
Veni verdreht die Augen über die beiden. „Wir sollten uns vorerst gegen die Reni zusammentun." Sie betrachtet Mora erwartungsvoll.
Dieser wendet sich ihr zerstreut zu. Er nickt. „Ja."
„Dann packt zusammen und kommt zu uns ins Tal."
Mora wiegt den Kopf. „Erst, wenn ich mir unsere Verletzten angesehen habe."
„Ich habe sie natürlich längst versorgt, Mora. Zusammen mit Jollina. Wir könnten sie auf Rutschen fortbewegen."
Mora beobachtet die beiden Wölfe, die einträchtig nebeneinander liegen und dösen. „Es wird nicht leicht werden, Veni."
„Ich weiß."
Er fixiert sie. „Wirklich? Du bist in der geistigen Welt zu Hause und wir standen immer in Kontakt, Veni. Aber der Clan nicht. Für die Mora seid ihr ein grausamer, unbarmherziger Feind."
Veni zuckt hilflos die Schultern. „Wir haben um Jagdgründe gekämpft, Mora. Es ging ums Überleben."
Doch Mora schüttelt den Kopf. „Du weißt, dass das nicht die ganze Wahrheit ist. Oder seit wann zählen unnötige Grausamkeiten zum Kampf um Jagdgründe?"
„Unnötige Grausamkeiten", murmelt Malo. Als er Moras auf sich gerichtete Blicke bemerkt, macht er ein mürrisches Gesicht. „Mir ließ er auch schon seine Aufmerksamkeit angedeihen." Er schüttelt nachdenklich den Kopf. „Aber im Grunde seines Herzens ist er gut." Dennoch konnte er es Asil nie ganz vergessen. Es hinderte ihn daran, solch eine enge Frendschaft wie zu Breka zu ihm zu knüpfen.
Veni atmet duch. Sie wusste, dass sie einmal für Asils Feindseligkeiten zur Rechenschaft gezogen würden. Aber es war ihr nicht möglich

gewesen, ihn milder zu stimmen, wie sehr sie auch auf ihn einredete.
„Sie erwarten von mir, dass ich ihn wenigstens herausfordere, Veni.“
Veni erschaudert. Denn selbst Asil könnte Mora nicht viel entgegen setzen. TROTZ Moras Verletzung. Mora erfreut sich nicht umsonst als bester Krieger der Wald-Clans einer gewissen Berühmtheit. „Er ist unser Anführer, Mora.“ Sie stellt abschätzend den Kopf schräg. „Geht es dir darum, ihn dir wegen Milandra vom Halse zu schaffen?“
Mora zieht die Brauen hoch. Er grinst. „Ein verführerischer Gedanke. Ich müsste lügen, wenn ich ihn leugnete.“ Doch er schüttelt den Kopf. „Es würde mir endgültig den Weg zu Mila abschneiden.“
„So willst du ihm eins auf die Nase geben.“
„Nein. Ich fürchte, das würde nicht reichen, um sich mit den Toten abzufinden, die er auf dem Gewissen hat.“ Er streicht sich übers Kinn. „Ich werde ihn bis aufs Blut demütigen, Veni. Etwas anderes hat er nicht verdient. Und es ist das Mindeste, was mein Clan von mir erwartet. Sie werden sehen, dass er mit der Frau meines Herzens zusammen ist.“ Er macht eine hilflose Geste. „Sie werden an mir zweifeln, wenn ich es nicht tue. Die Mora lassen sich von niemandem ihre Würde nehmen.“
„Schwöre mir, ihn weder zu töten, noch ernsthaft zu verletzen“, fordert Veni eindringlich von ihm.
„Ja. Schon gut“, brummt Mora.
Veni beobachtet ihn aufmerksam. Doch sie weiß, dass er zu seinem Wort stehen wird. „Also gut“, beschließt sie, während sie abwägend den Kopf wiegt. „Die Wald-Clans werden endlich wieder zusammenkommen. Wir treffen uns im Weiten Tal. Und wie früher veranstalten wir einen Wettkampf unter den Stärksten von uns. Du wirst dann Gelegenheit zur Vergeltung haben, Mora.“
Mora betrachtet sie nachdenklich. „Du hast die Konsai gerufen.“
„Wer sind die Konsai“, fragt Malo.
„Der kleine Clan, in dem meine Wurzeln liegen“, erwidert ihm Veni.
„Klein“, hakt Malo interessiert nach.
„Sie zählen weniger als fünfzehn Menschen“, meint Veni nickend.
„Aber ich habe sie bisher noch nicht sehen können.“ Mora ist irritiert.
Veni hingegen grinst. „Wer sagt, dass sie gesehen werden wollen?“

Malo ist nun weit genug vom Lager der Mora entfernt, um sich ungesehen erleichtern zu können. Er zupft ein paar große Blätter von einem Haselstrauch und hockt sich hin. Was Mora ihm vorschlug, geht ihm nicht mehr aus dem Sinn. Denn allmählich fühlt er sich bei den

Veni verloren. Nicht, dass sie ihn nicht herzlich unter sich aufgenommen hätten. Doch er kann kaum ertragen, wie sich Wolf in Breka verwandelt hat. Denn Breka hat mit Malo nicht mehr viele Gemeinsamkeiten.
Das Brechen von Ästen reißt Malo aus seinen schwermütigen Gedanken. Er kann zwischen den Baumstämmen hindurch eine gebeugte Gestalt erkennen, die drei Steinwürfe von ihm entfernt den Boden abzusuchen scheint. Schnell macht er von seinen Haselblättern Gebrauch. Denn er hat keine Lust, von einer der Mora-Schönheiten in Hockstellung überrascht zu werden. Da ertönt von der Gestalt ein durchdringendes Brummen, das ihm klar macht, dass es sich bei ihr NICHT um eine Kräuter- oder Beeren-suchende Schönheit handelt. Er versucht, keine Geräusche zu machen und bleibt, wo er ist. Doch er ist ein guter Jäger und weiß, dass dem Bären die Marke, die er gesetzt hat und die ihm langsam selber in die Nase steigt, da er noch immer über ihr hockt, früher oder später auffallen wird. Insgeheim flucht er, keine Waffen mitgenommen zu haben. Das Tier kommt allmählich näher und stellt sich als ein Männchen von beeindruckender Größe heraus. Malo fällt auf, dass es auf einer Vorderpfote hinkt und ist alarmiert. Denn es wird nicht gut jagen können und bestimmt Hunger haben. Immer wieder unterbricht es nun das Beschnuppern des Waldbodens und richtet sich auf seinen Hinterbeinen hoch, um Witterung in Richtung des Lagers aufzunehmen. In genau jene Richtung also, in der Malo hockt. Der Bär ist vielleicht noch einen Steinwurf von ihm entfernt. Malo malt sich keine guten Chancen aus, noch länger unbemerkt zu bleiben. Fieberhaft sucht er die Umgebung nach einem hohen Baum ab. Dann greift er sich zwei stabil wirkende kurze Stöcke und rennt los. Er schlägt dabei die Stöcke gegeneinander. Denn er weiß, dass Bären laute Geräusche verabscheuen. Doch der in seinem Rücken scheint davon nichts zu wissen. Malo kann ihn ästebrechend hinter sich heranstürmen hören. Ihm bricht der Angstschweiß aus. Mit einem Schrei wirft er die beiden Stöcke hinter sich und ergreift den unteren Ast einer mächtigen Pappel. Er schwingt sich auf diesen und klettert weiter nach oben, um aus der Reichweite der Krallen des Bären zu kommen. Dieser ist bereits unter ihm angelangt und richtet sich zu seiner vollen, beängstigenden Größe auf. Malo kann seinen erhobenen Tatzen gerade so entkommen. Er bringt noch einen sicheren Abstand zwischen sich und das Tier, bevor er sich eine Verschnaufpause gönnt. Malo weiß genau, dass Bären ausgezeichnete Kletterer sind. Doch er hofft, seine Verletzung möge das Tier davon abhalten, ihm zu folgen. Er beobachtet es genau.

Sein Verfolger scheint nur neugierig zu sein und keinen besonderen Appetit auf Malo zu verspüren. Es beruhigt Malo. Denn er weiß, dass Bären im Grunde faul sind. Insbesondere dann, wenn sie keinen großen Hunger haben. Der Bär hat sich wieder auf alle Viere begeben und reibt sich nun genüsslich stöhnend an der Borke der Pappel.
„Ja, ich weiß. Du bist hier der Stärkere“, kommentiert es Malo. „Und nun verschwinde, du ...“
Er hört Stimmen. Ein paar Mora-Frauen haben seine Richtung eingeschlagen. Malo bleibt beinahe das Herz stehen beim Gedanken, der Bär könnte sie als ebenso appetitlich ansehen, wie er selbst. „Verschwindet“, ruft er ihnen zu. „Hier ist ein Bär.“ Er bricht einen Ast ab und schlägt diesen ohrenbetäubend gegen den Stamm der Pappel. Und es wirkt. Zumindest der Bär wendet sich brummend ab und trollt sich. Malo atmet erleichtert auf. Das Tier entfernt sich in Richtung des tieferen Waldes. Malo lehnt die Stirn matt gegen den Baumstamm. Da gewahrt er die Mora-Frauen direkt unter sich. Kichernd halten sie sich die Hände vor die Münder und sehen immer wieder zu ihm herauf. Offenbar haben sie seinen Warnruf nicht sonderlich ernst genommen. „Weiber“, brummt Malo ärgerlich in sich hinein. Da geht ihm auf, dass so genannte einen ziemlich großzügigen Blick auf ihn haben. Und diesen will er ihnen nicht länger zugestehen. Zumindest NOCH nicht. Er macht, dass er vom Baum herunter kommt. Als er bei ihnen anlangt, grinsen sie ihn frech an.
„Wir haben uns schon gefragt, ob du wirklich ÜBERALL so schwarz bist.“
Ihr Lachen klingt wie das Geschrei von Gänsen. Malo muss kopfschüttelnd über sie grinsen. Er entdeckt Jollina, die sich ein wenig abseits von ihnen hält und teilnahmslos tut. „Habt ihr nicht den Bären gesehen?“ Sogleich bereut er seine ungeschickte Wortwahl.
„Doch“, prusten die Mora los.
Malo gibt es auf, ihren Verstand anzusprechen. Er fragt sich, warum er diesen Versuch nicht schon längst aufgegeben hat. Frauen scheinen da, wo der Verstand sitzt, ein großes Loch zu haben. Jollina drängt sich zu ihm durch und forscht aufmerksam in seinem Gesicht. Doch er traut auch ihr nicht zu, seine Worte ernsthaft erfasst zu haben. Bisher erlebte er dies nur bei Milandra. Und bei Veni, wobei diese im Grunde versuchte, IHM ein ernsthaftes Wort zu entlocken. Da fällt ihm ein, dass er Veni ohnehin nicht mehr zu den Frauen zählen wollte.
Zu seiner Verblüffung hat Jollina Bärenhaar am Baumstamm entdeckt. Das Tier hat es dort hinterlassen, als es sich am Baum wetzte.

Jollina fixiert ihn mit ihren funkensprühenden Augen. „Offenbar bist du DOCH in der Lage, ein vernünftiges Wort zu uns zu sprechen."
Malo verschlägt es die Sprache. „Was", fragt er verwirrt.
Jollina verdreht die Augen. „Ich nehme es zurück", und lässt ihn stehen. „Kommt. Wir sollten zurückgehen. Es ist hier nicht ganz sicher", sie wendet sich noch einmal zu Malo um, „vor dem BÄREN", sagt sie herausfordernd und hat damit das Gelächter ihrer Freundinnen auf ihrer Seite.
Malo blickt ihr unangenehm berührt nach. Er hat das unbehagliche Gefühl, durchschaut worden zu sein.

Malos Entschluss

Malo, Keril und Veni sind den Mora dabei behilflich, das Lager abzubauen. Sie verladen die runden Zelte und alle möglichen Gebrauchsgegenstände auf die Rutschen. Dabei unterhält man sich und scherzt mit ihnen, als würden sie schon immer zu ihnen zählen, und nicht zum verhassten Clan der Veni.
Malo blickt irritiert zu Jollina herüber, die sich gerade ein kleines Kind auf ihrem Rücken ins Trageleder gebunden hat. Dann lenkt ihn das aufgeregte Bellen der Wölfe ab. Tallidon und Breka sind gekommen.
Brekas Wolf springt mit wedelndem Schwanz freudig an ihm empor. Breka streift sich den Riemen der Rutsche, die er hinter sich hergezogen hatte, über den Kopf und kniet sich hin, um das Tier gebührend in Empfang zu nehmen. Der Wolf leckt ihm das Gesicht ab.
Veni tritt vor ihn und stemmt gespielt herausfordernd die Arme in die Seiten. Breka erhebt sich grinsend und zieht sie an sich. Kritisch betrachtet Veni sein speichelfeuchtes Gesicht. Breka lacht über sie und gibt ihr einen leidenschaftlichen Kuss, so dass es Veni ganz warm ums Herz wird. „Du hast mich ganz schön warten lassen", murmelt er. Veni drückt ihn nur wortlos fest an sich. Brekas Blick weicht auf einen Bär von einem Mann ab, der ihn fassungslos anstarrt. Er kennt sein Gesicht, obwohl er es nun zum ersten Male wahrhaft vor sich sieht. Als Breka in die Runde blickt, fallen ihm außer einer handvoll meist sehr junger Mora-Männer, hübsch anzusehende, größtenteils ebenfalls junge Frauen auf. Und erstaunlich viele Kinder. Doch die Blicke, die ihm die Mora entgegenschicken, sind kühl. Er weiß, warum. Er entdeckt Malo

unter den Frauen und grinst ihm wissend zu. Malo hingegen zuckt mit unschuldiger Miene die Schultern und erwidert ihm sein Grinsen. Verwundert gewahrt Breka, dass die Mora im Aufbruch begriffen sind. Veni hat sich von ihm gelöst. „Breka?“
Er wendet sich ihr wieder zu und bemerkt, dass Mora zu ihnen getreten ist. Er hält seinen durchdringenden Blicken stand und mustert ihn ebenfalls sehr genau. Mora überragt ihn um etwa eine halbe Haupteslänge und ist somit größer als irgendwer, der Breka ins Gedächtnis kommt. Er scheint etwa in seinem Alter zu sein. Seine Augen sind dunkel und ausdrucksvoll, sie verraten einen starken Willen und einen wachen Geist. Eine kurze Narbe an seiner rechten Wange ist der einzige Makel in seinem sonst ebenmäßigen Gesicht. Sein Haar ist sehr dunkel, beinahe schwarz, und fällt ihm wellig bis auf den Rücken. Sein Körper ist beeindruckend muskulös, Breka würde ihm nur ungern in einem Kampf gegenübertreten. Moras bloßer Oberkörper ist verschrammt und trägt einige fürchterliche Wunden, die jedoch am Abheilen sind.
„Du bist nicht Asil“, raunt Mora erstaunt.
„Ich bin Asils Bruder. Die Veni nennen mich Breka, die Reni Wolf“, entgegnet er.
Moras Blick streift den Wolf, der ergeben zu Brekas Füßen sitzt. „Du hast bestimmt eine spannende Geschichte über dich zu erzählen, Breka.“ Er wendet sich nach Malo um. „Ihr gehört vermutlich zusammen.“
„Ja.“
Mora schüttelt aufgelöst den Kopf. Dann bläst er die Luft aus und reibt sich ein wenig verlegen über die Stirn. „Ich muss mich bei dir entschuldigen.“
„Allerdings“, platzt es aus Breka heraus. „Ich hatte eigentlich vor, dich das büßen zu lassen.“
Mora blickt ihn belustigt an. „Glaube mir, ich weiß genau, was du durchgemacht hast. Aber es war einfach zu verführerisch. Ich glaubte, Asil vor mir zu haben.“ Er muss über Brekas ärgerliche Miene lachen und schlägt ihm aufmunternd gegen die Schulter. „Ich hoffe, du hast daraus gelernt.“
Breka nickt brummend. Er ignoriert, dass Veni eine amüsierte Miene macht.
Mora greift ihm an die Stirn und dann an seine eigene. „Ich hoffe, einen Verbündeten in dir zu haben, Breka“, meint er nachdenklich und berührt ihn dann an der linken Brust, bevor er auch sich die Hand übers

Herz legt. „Ich hätte dich nicht gern zum Feind."
Breka muss über ihre ähnlichen Gedanken grinsen, behält sich jedoch eine Antwort vor. „Ich bin immer auf der Seite von Asil", bedeutet er ihm herausfordernd.
Mora nickt verstehend. Sein Blick weicht auf Tallidon und die volle Rutsche in Brekas Rücken ab. „Ich weiß eure Bemühungen zu schätzen und danke euch. Lasst uns essen, bevor wir aufbrechen."
„Aufbrechen", fragt Breka verwundert. „Wohin?"
Mora grinst. „Wir haben beschlossen, euch ein wenig Gesellschaft zu leisten."

Malo geht als Letzter in der langen Schlange, welche die Mora nun auf dem schmalen Waldpfad gebildet haben. Er geht direkt hinter Jollina her. Das Kind auf ihrem Rücken hat sich an sie geschmiegt und ist mit dem Daumen im Mund eingeschlafen. Doch Jollina führt noch ein Mädchen an der Hand. Malo schätzt, dass die Kleine etwa fünf Winter zählen müsste. Sie hat wie Jollina dunkles Haar, das ihr jedoch viel kürzer und in unzähligen Locken um den Kopf herum schwirrt und bei jedem ihrer Schritte auf und ab wippt. Immer wieder dreht sie sich zu Malo um und blickt ihn neugierig aus ihren dunklen Augen mit den langen Wimpern an.
Malo beginnt, ihr Grimassen zu schneiden. Er weiß, dass er gut darin ist. Bei den Reni-Kindern erfreute er sich dadurch großer Beliebtheit. Und es wirkt auch bei Jollinas Tochter. Die Kleine quietscht nun jedes Mal vergnügt, wenn sie sich zu ihm umwendet. Jollina dreht sich neugierig zu ihm herum, doch Malo tut unschuldig. Als sie wieder nach vorn blickt, zwinkert er der Kleinen verschwörerisch zu, bevor er ihr mit weit aufgerissenen, schielenden Augen zeigt, dass er mit der Zungenspitze bis zu seinem Kinn kommt.
Die Kleine bricht in Gelächter aus und versucht dann kichernd, es ihm gleich zu tun. Malo zollt ihr schmunzelnd Anerkennung. Wachsam blickt er über sie hinweg nach vorn und überfliegt den Mora-Clan. Zumindest den spärlichen Rest von ihm, da sie auf einem sich windenden Pfad gehen, der den vorderen Teil der Menschenschlange mit Mora an der Spitze vor den Blicken verbirgt. Irgend etwas beunruhigt Malo. Er fasst seinen Speer fester und beobachtet die beiden Wölfe, die sie vor die Rutsche mit dem restlichen Fleisch des Mamonts gespannt haben. Er wird wohl nicht auf die Instikte der Tiere vertrauen können, die laut hechelnd und speichel triefend ganz und gar mit Ziehen beschäftigt sind. Die Kleine vor ihm sieht sich herausfordernd

nach ihm um. Da bricht ganz unvermutet ein riesiger schwarzer Schatten neben ihr aus dem Gebüsch hervor. Malo reißt den Speer hoch, packt die Kleine und wirft sie einfach hinter sich. Dabei hält er mit seinem Speer den Bären in Schach. „Jollina, lauft!“ Er lässt den Bären nicht aus den Augen. Die Wölfe kläffen ihn aufgeregt an und zerren jeder in eine andere Richtung. Es führt dazu, dass die Rutsche umkippt. Der Bär richtet sich zu seiner vollen Größe auf und brüllt Malo aus Leibeskräften entgegen.
„Malo“, kreischt Jollina.
„Ihr sollt weglaufen“, herrscht er sie an, ohne sich zu ihr umzuwenden. „Schneide die Wölfe los!“
Der Bär tatzt nach seinem Speer und versucht, ihm diesen wegzuschlagen. Doch Malo hält ihn fest umklammert. Er stößt nach dem Bauch des Tieres, das daraufhin zur Seite hin ausweicht und wieder auf alle Viere kommt. Malo bemerkt, dass er hinkt und er erkennt ihn wieder. Aus dem Augenwinkel heraus sieht er, dass die Wölfe frei sind. Brekas Wolf kommt um den Bären herum und greift ihn von hinten an. Der Bär fährt zu ihm herum und ist endlich von Malo abgelenkt.
Malo weicht zurück und versucht, Jollina zu folgen, die den Waldpfad entlang hastet. Sie hat ihre Tochter auf den Arm genommen. Er überlässt dem Bären die Rutsche mit dem Fleisch des Mamonts, ohne zu zögern. Da hört er das Aufjaulen des Wolfes. Er hatte gehofft, dass sich das Tier in Sicherheit bringen würde. Doch der Bär hat es erwischt und verletzt. Der Wolf versucht, sich hinkend und taumelnd Richtung Malo zu retten. Ihn trennt jedoch die Rutsche von ihm. Malo läuft zurück, kommt um diese herum und zerrt den Wolf in die Deckung der Rutsche. Als er aufblickt, ist der Bär direkt vor ihm. Das Tier wischt mit seinen mächtigen Pranken protzig über den Waldboden, dass es nur so stiebt, und brüllt Malo Speichel triefend entgegen. Malo kann ihn riechen, spürt die Feuchte seines Atems auf seinem Gesicht und merkt, wie sich ihm scheinbar jedes Haar am Körper sträubt. Er hält dem Bären seinen Speer entgegen.
„Geh von der Rutsche weg, Malo“, hört er Mora brüllen.
Doch Malo bringt es nicht übers Herz, den treuen Wolf im Stich zu lassen. Er schnalzt ihm aufmunternd zu. „Los“, flüstert er. „Hoch mit dir.“ Er zerrt auffordernd an ihm.
Der Bär holt nach hinten Schwung und wirft sich Malo mit Gebrüll so weit entgegen, dass er nur noch knapp vor ihm zum Stehen kommt. Es bewiegt den Wolf, sich jaulend aufzuraffen und mit eingezogenem

Schwanz Richtung Mora zu torkeln, der abwartend weiter vorn auf dem Waldweg verharrt.
„Malo!“ Breka läuft ihm aufgeregt entgegen.
Malo weicht langsam vom Bären in ihre Richtung zurück. Seinen Speer immer auf ihn gerichtet. Doch das Tier ist durch die Anwesenheit von Breka und Mora nervös geworden. Es bleckt aggressiv die Zähne und greift Malo an.
Malo stößt ihm seinen Speer entgegen, doch der Bär entreißt ihm diesen mit einem einzigen Hieb seiner Pranke und kommt ihm nun so nahe, dass er ihn mit einem weiteren Hieb am Oberkörper streift und zu Fall bringt. Malo will sich aufrichten, doch der Bär ist schon über ihm und wirft sich derart auf ihn, dass er mit seinen Pranken zu beiden Seiten Malos stiebend aufkommt. Malo schließt die Augen und macht sich bereit, zu sterben. Er spürt die Nase des Bären schniefend gegen seinen Bauch stoßen.
„Haaaa!! Verschwinde! Haaaaa!!“
Malo blinzelt. Der Bär steht aufrecht auf seinen beiden Beinen direkt über ihm. Mora ist plötzlich an Malos Seite und hält das riesige Tier mit seinem Speer in Schach. „Breka!!“
Malo kommt auf die Beine, die ihm jedoch den Dienst versagen wollen. Er will weg vom Bären, stolpert aber und schlägt wieder hin.
„Breka! Er darf nicht laufen!!“
Malo spürt sich plötzlich unter den Armen gepackt. Breka zerrt ihn von Mora und dem Bären weg. „He! Was soll das? Lass mich laufen, verflucht!“ Er blickt an sich herab und wird überrascht gewahr, dass ihm die Gedärme aus dem Bauch heraus hängen. Er hat sich sogar mit seinen Füßen in ihnen verheddert. Mora ist mit einem Male vor ihm und packt im Laufen seine Beine samt dem Gedärm, um ihn hochzunehmen.
„Das muss ein Alptraum sein“, ruft Malo und schließt entsetzt die Augen.
„Kommt er? Kommt er!“
„Nein!“
„Dann schneller! Breka, mach schneller!“
„Er macht sich über die Rutsche her“, stößt Breka keuchend hervor.
Mora atmet durch. „Los, hinter der nächsten Biegung ist eine Rutsche.“
Malo spürt alsbald, wie sie ihn auf etwas Weiches legen und öffnet die Augen. Er findet sich auf einem Zelt wieder, das auf einer Rutsche liegt. Mora hat ihm den Rücken zugekehrt und geht vorsichtig ein Stück zurück in Richtung des Bären. Breka kniet plötzlich neben ihm.

Malo sieht ihn an. Sein Freund ist völlig außer sich.
„Malo", raunt Breka am Boden zerstört. Er lehnt seine Stirn gegen Malos.
„Mach ein Ende, Wolf." Malo ist ganz gefasst. „Wozu die ganze Mühe? Mach ein Ende!"
„Nein!" Breka beginnt, wie ein Kind zu heulen. „Das kann ich nicht!"
Malo packt ihn an seinem Fellüberwurf und zerrt ihn noch näher heran. „DOCH, du kannst. Du bist der Wolf, der Erlöser. Du machst das gefälligst mir zuliebe!"
Breka rauft sich die Haare.
„He, macht nicht solch einen Lärm! Sonst überlegt er es sich noch anders und gibt diesen herrlichen Düften nach Gedärm nach!" Mora hat sich Brekas Wolf wie einen Pelz um den Nacken über beide Schultern gelegt und hält ihn an dessen Vorder- und Hinterläufen fest. Er scheint kaum Mühe zu haben, das schwere Tier zu tragen. Der Wolf hat den Kopf wachsam erhoben und lässt es einfach mit sich geschehen.
Malo lässt Breka los und blickt Mora ärgerlich ins Gesicht. „Lass mich in Frieden gehen, Mora!"
Doch Mora kommt auf seiner anderen Seite auf ein Knie und krallt ihm eine seiner Pranken ins Haar. Er kommt mit dem Gesicht ganz nah an ihn heran. „Du hast die Wahl. Ich heile dich und du wirst Anführer der Mora, oder Breka muss dir sein Messer ins Herz stoßen!" Er lässt ihn wieder los, doch seine Augen haben ihn noch immer fest im Griff.
Malo jappst nach Luft. Doch es scheint Moras voller Ernst zu sein.
„Mora. Malo!" Jollina ist plötzlich bei ihnen und starrt entsetzt auf Malo herab.
„Also?" Mora blickt Malo mit einem selbstsicheren Grinsen ins Gesicht. Dann nickt er. „Also gut. Ich lasse dir etwas Bedenkzeit." Er erhebt sich. „Lass uns etwas mehr Abstand zum Bären gewinnen, Breka."
Malo schließt die Augen und atmet durch. Er spürt, wie sie die Rutsche anheben und beginnen, diese zu ziehen. „Du bist ein verdammter Scheißkerl, Mora!"
Doch dieser antwortet ihm nur mit einem herausfordernden Lachen. Malo hört dann bald das Weinen von Kindern und viele aufgeregte Stimmen. Doch er hält die Augen geschlossen. Er will niemanden sehen!
Veni eilt ihnen aufgelöst entgegen. „Was ist mit", ihr stockt der Atem, als sie Malos ansichtig wird.
„Tallidon, Budon." Mora setzt usammen mit Breka die Rutsche

vorsichtig ab und geht auf die anderen zu. Er fördert den Wolf auf eine nahestehende Rutsche.
Budon und Tallidon kommen vor ihn und spähen neugierig zu Malo in Moras Rücken herüber. Doch dieser fasst sie beide bei den Schultern und drängt sie wieder ein wenig zurück. „Ich vertraue euch die Mora an. Bringt sie zu den Veni ins Tal."
„Was hast du vor", will Budon von ihm wissen.
„Ich muss mich um Malo kümmern. Wir kommen nach." Er wendet sich zur Rutsche um. „Veni und Breka begleiten euch."
„Nein", erwidert Breka. „Ich lass ihn jetzt nicht allein!"
„Und ich will mit eigenen Augen sehen, wie du ihn wiederherzustellen gedenkst", murmelt Veni.
Malo öffnet die Augen. „Jetzt GEHT schon!!"

Mora hat sich wieder neben Malo gekniet. Malo schließt die Augen. Er kann den Anblick nicht länger ertragen, wie Mora ihm den Dreck des Waldes von den Gedärmen abspült.
„Du hast Glück gehabt", raunt Mora.
„Glück?" Malo öffnet die Augen. „Womit", fragt er spöttisch.
„Dass sie nicht verletzt wurden. Sonst könnte ich nichts mehr für dich tun."
„Ich kann noch nicht glauben, dass du das wirklich vermagst, Mora!"
Mora geht nicht darauf ein und arbeitet mit ruhiger Konzentriertheit weiter. „Wie lautet deine Antwort?"
Malo funkelt ihn an. „Du lässt mir ja keine Wahl!"
„Doch. Nur keine sehr hoffnungsvolle, falls du am Leben hängst." Er lehnt sich zurück. „Also?"
„Du wirst noch wünschen, mir das nie angeboten zu haben!"
„Nein. Das glaube ich nicht." Er reicht ihm die blutverschmierte Hand. „Schlag ein, Malo, und es ist beschlossene Sache."
Malo blickt ihm ins erwartungsvolle Gesicht. „Ach, was solls", murmelt er und schlägt ein.
Mora hält seine Hand fest und drückt sie. „So sei es. Willkommen bei den Mora, Malo."
Malo atmet angespannt durch.
Mora lässt ihn los und blickt Jollina an, die ihm gegenüber an Malos Seite Platz genommen hat. „Lenk ihn ein wenig ab."
Jollina nimmt Malos Hand und dreht ihm das Gesicht zu sich herüber. Sie lächelt ihn an, so dass er ihre bezaubernden Grübchen auf ihren Wangen sehen kann. Da keucht Malo schmerzgeplagt auf. Jollina

nimmt sein Gesicht zwischen die Hände und richtet es auf sich. „Es wird gleich vorbei sein. Willst du mir etwas über dich verraten, Malo?"
Malo lacht gequält auf. „Alles", brüllt er und würde am liebsten vor Schmerzen laut weiterschreien.
„Wer war sie?" Jollina beobachtet ihn gespannt.
„Was?" Er keucht und versucht angestrengt, ihr zu folgen.
„Die Frau deines Herzens. Die, welche dein Herz so hart gemacht hat."
Malo beisst die Zähne vor ihr zusammen. „Man merkt gleich, dass ihr verdammte Geschwister seid!" Er beginnt, vor Schmerz zu schwitzen. „Ihr nutzt meine beschissene Lage schamlos aus!!"
„Hast du ihren Namen vergessen?" Jollina ist ganz ruhig.
Malo stöhnt. „Djaila", stößt er zwischen zusammengebissenen Zähnen hervor.
„Djaila", widerholt Jollina. "Malo und Djaila."
Malo schnieft verächtlich. Wie lange ist es her, dass er diese beiden Namen in einem Zuge hörte. Aber sie fühlen sich in seinem Herzen nicht mehr gut, sondern falsch an. Sie passen nicht zusammen. Taten es vielleicht nie. Und sie schmerzen ihn auch nicht mehr. "Es ist nicht hart, Jollina." Seine Schmerzen ebben ab. „Es schlägt eher zu feurig."
„Aber nie lange genug für die Selbe."
„Woher willst du das wissen?"
„Ich habe dich beobachtet."
Malo atmet durch und löst sich aus ihrem Griff. „Du hast dir ja mächtig viele Gedanken um mich gemacht."
Jollina errötet. „Im Grunde verachtest du Frauen, Malo. Du lässt sie nicht mehr an dich heran. Keine darf dein Herz mehr berühren."
Malo muss sich eingestehen, dass sie Recht hat. „Du bist mir bereits gefährlich nahe, Jollina", gesteht er ihr raunend ein. Und es ist wahr. Er muss ständig an sie denken.
Sie zieht überrascht die Brauen hoch und blickt ihm forschend ins Gesicht.
Er streicht sich aufgelöst über die Stirn. „Ich bin ein Dummkopf, Jollina." Nie hätte er es für möglich gehalten, dass sie ihm echte Gefühle entgegenbringen würde. Doch er kann sie nun erkennen. In jedem Wort von ihr, in jedem Erröten. Er fragt sich, wo er nur seine Augen hatte. Und, ob er den Mut aufbringt, seine Chance zu ergreifen. Vorausgesetzt, dass er diesen Alptraum lebend übersteht. Er blickt zaghaft an sich herab und bereut es sogleich. Denn Mora ist gerade dabei, ihm aus seinem Mund etwas bröckelig-Flüssiges über seine in den Bauch zurückgestopften Gedärme zu versprühen. Dann betrachtet

Mora sein Werk kritisch. Doch er scheint zufrieden zu sein und greift zu einer Nadel aus der Gräte eines Fisches.
„Wie oft hast du das schon gemacht?“
„Hm?“ Mora blickt fragend auf. Er zuckt die Schultern. „Sieh dir die Mora an. Ich habe sie schon oft wieder zusammengeflickt.“ Er lacht. „Du wirst auch bald mein Zeichen tragen, Malo.“
„Hast du ihnen auch die Bäuche geflickt?“
„Nein.“ Mora hat eine dünne Sehne durch das Nadelöhr gefädelt und beginnt, ihm den Bauch zu vernähen.
Malo schüttelt ungläubig den Kopf. „Woher weißt du dann, was du machen musst?“
„Ich weiß es einfach.“ Er nimmt eine Steinklinge und schneidet die Sehne hinter dem Knoten durch. „Es ist nicht viel anders, als eine Fleischwunde zu vernähen.“
Malo blickt ihn zweifelnd an.
Mora seufzt daraufhin. „Wie soll ich es dir erklären? Du würdest es ja doch nicht verstehen.“
„Ich weiß gar nicht, ob ich es noch wissen will“, erwidert Malo und legt sich wieder zurück.
„Also gut ... Ich befrage die Ahnen, wenn ich unsicher bin, und sie sagen es mir. Und zusammen mit meinen eigenen Erfahrungen ergibt sich einfach, was ich tun muss.“
Malo nickt ahnungsvoll. „Und hast du sie jetzt auch gefragt?“
Mora stöhnt geplagt. „Was du alles wissen willst.“ Er flucht plötzlich und steckt sich seinen rechten Zeigefinger in den Mund. „Halt endlich die Klappe, Malo. Wie soll sich da einer konzentrieren!“
Jollina streckt ihm auffordernd die Hand entgegen und Mora überreicht ihr nur allzu bereitwillig die Nadel. Er sieht ihr dabei zu, wie sie Malo mit geübten Griffen vernäht. Jedes Mal, wenn sie einen Knoten gemacht hat, schneidet er mit seiner Klinge die Sehne durch.
„Ihr macht das immer zu Zweit“, stellt Malo fest.
Jollina grinst. „Man braucht dazu Geduld und feine Hände. Etwas, das Mora absolut nicht besitzt.“ Sie nickt Mora auffordernd zu und atmet auf, als er die Sehne zum letzten Male durchtrennt hat. „Geschafft.“
Malo stützt sich hoch und blickt an sich herab. Die Wunde ist blutverschmiert und verläuft ihm quer über den Bauch. Sie ist beinahe so lang wie sein Unterarm. Rechts und links von ihr haben ihm die Bärenkrallen ebenfalls die Haut aufgerissen, jedoch nicht so tief, dass sie die Bauchdecke durchstoßen hätten. Da bemerkt er plötzlich Moras Hand, die sich ihm auffordernd entgegengestreckt hat, und er ergreift

sie verwirrt. Er schreit überrascht auf, als Mora ihn einfach auf die Beine hochzieht, so dass er das Gefühl hat, ihm würde der Bauch wieder aufspringen. Er jappst nach Luft und hält sich den Bauch. „Kannst du mich nicht vorwarnen, verflucht nochmal!"
Mora hingegen lacht unbeschwert. „Wie lange willst du denn noch auf der Rutsche herumfläzen. Wir sollten endlich aus der Nähe des Bären kommen." Er nickt ihm schmunzelnd zu.
Malo strafft sich und bemerkt, dass die Schmerzen auf ein erträgliches Maß nachlassen. „Muss ich mich jetzt bei dir bedanken?"
Mora grinst ihn nur wortlos an, wobei er sich den Riemen der Rutsche umlegt.
„Hättest du mich wirklich krepieren lassen?"
Mora lacht herzhaft auf. „Natürlich nicht", erwidert er selbstsicher und setzt sich vor ihm in Bewegung. „Aber ich habe dein Wort."
„Jaja", brummt Malo. Jollina kommt neben ihn und beobachtet ihn abwartend. Er setzt vorsichtig einen Fuß vor und kommt zu dem Schluss, dass es gehen müsste. Aber den Bauch hält er sich vorsichtshalber trotzdem.
Mora hat sich nach ihnen umgewendet. „Nun kommt schon", meint er ungeduldig und geht weiter.
Malo reißt sich zusammen und versucht, ihm etwas schneller zu folgen. Und er vermag es tatsächlich. Er schüttelt ungläubig den Kopf, wenn er bedenkt, wie es ihm noch vor wenigen Augenblicken erging. Er kommt nicht umhin, Mora Respekt für sein Können zuzugestehen. Auch wenn er sich fragt, wie er sich als Anführer der Mora jemals gegen Moras starken Willen behaupten soll.

Der Rufer der Waldclans

„Wo ist Milandra?" Asil blickt abwechselnd von Malo zu Mora.
„Ich dachte, sie wäre bei dir", erwidert Mora wachsam und befreit sich vom Riemen seiner Rutsche.
Asil fährt sich aufgewühlt durchs Haar. Er wirft Mora noch einen ärgerlichen Blick zu und will sich von ihnen entfernen. Veni neben ihm hält ihn jedoch am Arm zurück. Fassungslos mustert sie Malos bloßen Bauch. „Du hast ihn zugenäht." Sie beobachtet Malos Gesicht, das

vielleicht etwas blass sein könnte, soweit man dies bei Malos dunkler Hautfarbe überhaupt sagen kann. „Und es geht ihm gut. Er läuft sogar."
„Veni?" Asil blickt ihr fragend ins Gesicht.
Veni wendet sich ihm zerstreut zu. Sie hebt die Brauen. „Milandra will allein sein. Sie bat darum, dass wir sie nicht suchen sollen."
Asil atmet angespannt durch. Er stützt die Hände in die Seiten und betrachtet Mora nachdenklich.
„Wenn sie sagt, dass sie allein sein will, dann will sie allein sein", meint Mora zu ihm.
„Ich weiß", erwidert Asil gereizt. „Mich beunruhigt nur, dass sie es überhaupt sein will."
Mora blickt ihn durchdringend an. Seine Mundwinkel verziehen sich plötzlich zu einem demonstrativen Lächeln und er wendet sich von ihm ab.
Malo bedeutet Asil mit einem anteilnehmenden Stirnrunzeln, dass er ganz bei ihm ist und schlägt ihm aufmunternd gegen die Schulter. „Du kannst nur abwarten."
Asil legt den Kopf ausatmend in den Nacken und sieht ihn dann aufgelöst an. „Das ist ja das Schlimme."
Die Mora schlugen ihre Zelte ein wenig entfernt von der Behausung der Veni auf. Doch die beiden Stämme haben sich einander bereits freundschaftlich genähert. Die Kinder haben es ihnen vorgemacht. Und man ist einfach zu neugierig aufeinander, um sich noch die alten Streitigkeiten nachzutragen.
Mora steht nachdenklich vor dem toten Mamont und befühlt ehrfurchtsvoll dessen beeindruckende Stoßzähne. „Wie konntet ihr es nur erlegen?"
Malo wechselt mit Breka belustigte Blicke. „Ach, das würdest du ohnehin nicht glauben", meint er herausfordernd.
Mora wendet sich ihm stirnrunzelnd zu. Dann erwidert er ihm sein Grinsen verstehend. „Ich bin mehr zu glauben bereit, als du denkst."
Malo deutet mit dem Kopf auf Breka. „Erst hat er es dazu gebracht, den Abhang hinunter zu springen. Und dann hat er es in den Schlaf gesungen, so dass ich es erlegen konnte."
Mora reißt die Augen auf und fixiert Breka. „Du bist ein Rufer!"
Breka runzelt irritiert die Stirn.
„Und du weißt es noch nicht einmal", raunt Mora fassungslos. Er kommt vor ihn und mustert ihn wieder von oben bis unten, wie bei ihrer ersten Begegnung. „Es ist unendlich lange her, dass die Waldclans einen Rufer hatten. Wir kennen seine Geschichte nur aus den alten

Erzählungen."
Breka blickt ihn um keinen Deut schlauer an.
„Du kannst dich mit Tieren verbinden."
Breka zuckt die Schultern. „Du nicht?"
Mora lacht auf. „Nein! Das ist kaum einem Auserwählten oder Eingeweihten gegeben. Ich habe zumindest noch keinen Rufer kennengelernt. Außer dir. Und ich bin in der Lage, meinen Geist wirklich sehr weit wandern zu lassen."
Breka spürt, wie jemand an seine Seite tritt. Es ist Veni. Sie lächelt bedeutungsvoll. „Du hast es gewusst", meint er.
Sie nickt. „Aber du solltest diese Gabe selbst an dir entdecken. Und nun weißt du auch, dass sie so selten ist, dass man in seinem Leben kaum die Möglichkeit hat, jemals einen Rufer kennenzulernen."
„Aber warum haltet ihr das für so wichtig?"
Veni und Mora werfen sich belustigte Blicke zu.
Mora räuspert sich. „Du kannst, wann immer du es willst, auf weite Strecken hin Beute direkt mit deinen Gedanken und mit deinem Gesang anlocken."
Breka und Malo tauschen einen überraschten Blick. Dann forscht Breka ungläubig in Venis Gesicht. Doch sie nickt ihm nur lächelnd zu.

Malo sitzt auf einem Stein und bläst über seine Schnitzarbeit, um die kleinen Späne aus dem Weiß des Mamontstoßzahnes von dem feinen Relief zu entfernen. Er betrachtet die kleine weiße Blüte kritisch. Doch sie ist perfekt. Sie sieht genau so aus, wie die Blüte der Weißen Silberblume, die im Sommer die Landschaft wie ein weißes Blütenmeer überzieht. Er hört das Poltern von Geröll und lässt seine Arbeit sinken, um über den Absatz hinab zu spähen. Breka nähert sich ihm. Malo überlegt, ob er die Blüte zurück in den kleinen ledernen Beutel stecken soll, der ihm an einem ledernen Band um den Hals hängt, lässt es jedoch bleiben. Er muss es Breka ja früher oder später ohnehin sagen.
Breka hat ihn erreicht und setzt sich neben ihm ins Gras. Er bemerkt die kleine Elfenbeinblüte in Malos Händen. „Das also hast du den halben Tag lang gemacht." Er nimmt sie ihm aus der Hand und betrachtet sie bewundernd. „Die ist dir wirklich gut gelungen. Sie sieht aus, wie echt."
„Findest du?"
Breka nickt und mustert ihn. „Du hast lange nicht mehr geschnitzt."
„Hm." Malo wiegt den Kopf. „Sie ist für Jollina", meint er bedächtig und lächelt auf Brekas überraschte Miene hin vieldeutig.

Breka reicht ihm die Blüte zurück. „Dann scheint sie dir viel zu bedeuten."
Malo seufzt. „Ich hoffe, sie weist mich nicht ab, Breka."
„Du willst sie fragen, ob sie deine Gefährtin werden will", fragt Breka ungläubig. Denn seit er Malo kennt, hatte sich dieser noch nie eine feste Gefährtin genommen.
Malo nickt.
Breka jappst nach Luft. Er weiß nicht, was er sagen soll. „Du bindest dein Herz an eine Frau. Ich erkenne dich nicht wieder", raunt er nachdenklich.
„Ja. Ich hab' kapiert, dass es unklug ist, etwas aufzuschieben, das einem wichtig ist. Man lebt schließlich nicht ewig."
„Gut." Breka räuspert sich. „Das ist gut, Malo!" Etwas ist anders an seinem Freund. Er wirkt ganz sicher und gefasst, weiß genau, was er will. Breka grinst und schlägt ihm herzlich gegen die Schulter. „Endlich hat es dich erwischt. Ich hab schon nicht mehr dran geglaubt."
Malo beobachtet ihn und weiß nicht, wie er beginnen soll.
„Das wird Mora aber grämen, wenn er sie an die Veni verliert", überlegt Breka hämisch.
Malo räuspert sich. „Ich werde mit ihr gehen, Breka."
„Was", lacht Breka und betrachtet ihn, als wenn er kaum auf einen solchen Scherz hereinfallen könnte.
Doch Malo ist ernst. „Selbst, wenn sie mich abweist. Ich gehöre bereits zu ihnen, Breka. Mora hat mich zum Anführer seines Clans gemacht." Nun ist es heraus und er ist froh.
Breka forscht in seinem Gesicht. Ihm erstirbt sein Grinsen. „Das kann nicht dein Ernst sein!"
Malo atmet aufgelöst durch. Wie hatte er sich vor diesem Moment gefürchtet. „Wir können doch nicht ein Leben lang zusammenhängen! Und wir werden uns ja auch wiedersehen, Breka." Er beobachtet, wie sich sein Freund in einer vertrauten Geste durchs Haar pflügt.
„Warum hast du das gemacht?" Er springt hoch. „Warum willst du unbedingt weg von mir?"
Malo hat einen kleinen Stein aufgelesen und wirft diesen gedankenversunken nach unten in den Abgrund. „Ich will endlich meinen eigenen Weg gehen." Er richtet seinen Blick fest auf Breka, der ihn ungläubig ansieht. „Du nimmst dir das ja auch für dich heraus."
„Aber ich gehe ihn nicht getrennt von dir", erwidert Breka vorwurfsvoll.
„Wirklich nicht?"

Breka betrachtet ihn nachdenklich. Dann lässt er die Hände machtlos sinken und nimmt wieder neben ihm Platz.
Sie sitzen so eine ganze Weile und schweigen.
„Vielleicht hast du ja Recht“, meint Breka dann.
„Es wird dazu führen, dass sich die Veni und die Mora nur noch freundschaftlich begegnen. Nicht mehr als verbitterte Feinde.“
Breka seufzt. „Ja. Solange wir am Leben sind, auf jeden Fall.“ Er legt einen Arm um Malo und zieht ihn an sich. „Du fehlst mir jetzt schon. Alles wird anders werden, ohne dich.“
Malo grinst ihn an und tätschelt ihm die Wange. „Du wirst drüber hinwegkommen.“
Breka rammt ihm die Stirn gegen die seine. „Ich bin immer für dich da, wenn irgendetwas ist, verstanden?“
„Was soll schon sein? Meinst du, ich brauche deine Weisheiten über die geheimsten Winkel einer Frau noch?“
Breka lacht, denn es war stets Malo, der ihn in die Geheimnisse der Frauen einweihte. Dann wird er ernsthafter. „Wenn sich Mora daneben benimmt, meine ich.“
Malo nickt. „Ich komme schon mit ihm klar.“ Und es ist wahr. Nur will er es Breka nicht sagen, dass ihn mit Mora bereits eine Freundschaft verbindet, die ihm verheißungsvoll erscheint. „Ich muss ihm nur noch ein wenig mehr Respekt einflößen.“
Breka nickt ahnungsvoll. Denn er weiß um die ungewöhnliche Kampfkunst seines Freundes. Etwas, das niemand ihm nachzumachen imstande ist, das man bei Malos Stamm bereits mit der Muttermilch einsaugt. Ihm entringt sich ein Kichern. „Darauf freue ich mich jetzt schon. Ich hoffe, du lässt mich daran teilhaben.“
Malo zwinkert ihm verschwörerisch zu.

Es ist bereits dunkle Nacht. Doch Milandra würde auch mit geschlossenen Augen zu Asil finden. Sie tastet sich zu ihm auf seinem Lager vor. Asil fährt erschrocken hoch.
„Scht.“ Milandra legt ihm einen Finger über den Mund.
„Milandra.“
Sie zieht ihn auffordernd an der Hand. Asil jedoch erstarrt. Sie vernimmt, wie er die Luft scharf einzieht und ihr kommen die Tränen.
„Bitte“, fleht sie.
Asil erhebt sich wie im Traum und lässt sich von ihr an der Hand aus der Behausung der Veni herausführen. Er weiß genau, was sie ihm gleich sagen wird. Denn sie hat sich nicht wie sonst einfach zu ihm

gelegt. Wie wünschte er, sie würde es wieder tun! Ihre Entschlossenheit zerreisst ihm das Herz.
Milandra zwinkert sich den verschwommenen Blick wieder frei und verhält ihre Schritte dann außer Hörweite der Veni. Sie wendet sich zu Asil herum und umarmt ihn. Er erwidert es wie gelähmt. „Ich liebe dich trotzdem, Asil. Das musst du mir glauben. Ich war noch nie so glücklich mit einem Mann."
„Ich kann das nicht verstehen, Milandra."
„Ich kann nicht von dir erwarten, dass du das verstehst. Oder dass du auf mich wartest." Sie atmet durch und versucht, sich zu fassen. „Aber ich muss es ein letztes Mal mit ihm versuchen. Du hast mich verändert, Asil. Und Mora hat sich verändert. Ich würde mich ein Leben lang fragen, ob es nicht falsch war, ihm keine letzte Chance gegeben zu haben."
„Wie viele Chancen hatte er denn schon", fragt er herausfordernd.
Milandra beisst sich auf die Unterlippe. „Wenn ich ehrlich bin, noch keine."
Asil wühlt sich durchs Haar. „Du sagtest, du HASST ihn!"
„Ich habe ihm verziehen, Asil."
Er versucht vergebens, sie zu verstehen. „Tu mir das nicht an." Resigniert lehnt er die Stirn auf ihren Kopf herab. „Du brichst mir das Herz, Milandra."
Sie kämpft wieder gegen ihre Tränen an. „Ich hoffe, du kannst es mir jemals verzeihen", sagt sie mit brechender Stimme. Dann stellt sie sich auf die Zehenspitzen und küsst ihn auf den Mund. Ehe er es vielleicht erwidern könnte, löst sie sich jedoch von ihm. „Hab‘ Dank für alles." Sie kann die Tränen nicht mehr zurückhalten. „Bitte hasse mich nicht dafür. Lass uns Freunde bleiben", bittet sie ihn weinerlich.
„Wie könnte ich dich jemals hassen", raunt er niedergeschmettert mit belegter Stimme. Milandra drückt ihn noch einmal ganz fest. Dann löst sie sich aus seinen Armen. Er widersteht dem Drang, sie einfach wieder an sich zu ziehen. Er wird sie nie mehr an sich ziehen!
Milandra atmet durch und fasst sich. Sie muss jetzt gehen. „Du kannst nichts dafür", gibt sie ihm vieldeutig zu verstehen. „Du kannst eine Frau kaum glücklicher machen, Asil."
„Ja. Du hast mich eben auch verändert", erwidert er niedergeschlagen.
„Bis morgen früh." Milandra kehrt sich von ihm ab. Sie blickt nicht zurück. Denn auch wenn es ihr das Herz zerreißt, sie weiß, dass es der richtige Weg für sie ist. Sie hatte lange darüber nachgedacht und sieht ihn nun ganz klar vor sich. Ihre Schritte finden wie von selbst zu Moras

Zelt. Stimmen dringen dumpf aus ihm bis zu ihr durch. Milandra sammelt sich und forscht noch einmal in sich. Sie hatte geglaubt, dass das zarte Band von Liebe, das sich zwischen ihr und Mora gebildet hatte, allmählich durch ihre Streitigkeiten und spätestens durch seine Untat unrettbar zerrissen worden wäre. Sie hatte nur noch Angst und Hass im Herzen, wenn sie an ihn dachte. Doch es ist nicht gerissen, wie sie deutlich spürte, als sie ihm das letze Mal begegnete. Und nun will sie es genau wissen. Will erfahren, wie viel sie noch mit ihm verbindet. Sie ist zu allem bereit. Endlich!

Milandra drückt Wolf fest an sich und beugt sich herab. Sie schiebt das Fell vom Eingang zurück und tritt ein. Moras Feuer ist noch nicht heruntergebrannt. Es wirft sein spärliches Licht flackernd an die Wände des Zeltes, das einst auch einmal Milandras Zuhause war.

Mora hat ihr den Rücken gekehrt und sie noch nicht bemerkt. Hingegen jedoch Jollina, die ihr wissend zulächelt. Die Kinder schlafen bereits friedlich auf ihrem Lager. Jollina kommt auf Milandra zu und umarmt sie flüchtig. Dann huscht sie in die Nacht hinaus und lässt sie mit Mora allein. Dieser hat sich fragend nach Jollina umgewendet und reißt überrascht die Augen auf, als er Milandra gewahrt. Er erhebt sich.

Milandra wischt sich durchatmend übers Gesicht. Sie räuspert sich. „Ich will, dass du mit mir schläfst."

„Was?" Mora ist völlig überrumpelt.

„Schlafe mit mir und vertreibe meine bösen Geister, Mora."

Er atmet angespannt durch. „Und wenn ..."

Sie hat ihm einen Finger über den Mund gelegt. Mit der freien Hand löst sie bereits den Knoten des Trageleders auf ihrem Rücken. Dann wendet sie sich ihrem Kind zu und nimmt es so vorsichtig wie möglich aus dem Leder heraus, damit es nicht erwacht. Sie bettet Wolf dann neben Jollinas Kindern unter die Schlaffelle und wendet sich wieder Mora zu, der sie nicht aus den Augen gelassen hat. Sie kommt vor ihn. Mora nähert sich vorsichtig ihrem Gesicht und küsst sie zaghaft. Als sie es erwidert, wird er mutiger und nimmt ihr Gesicht sachte zwischen die Hände. Seine Küsse werden verlangender. Milandra versucht, nicht mehr an Asil zu denken. Sie konzentriert sich ganz auf Mora und beginnt, seine Zuwendung zu genießen. Sie ist ganz ohne Angst. So, als hätte sie niemals Angst vor ihm empfunden, und wird neugierig auf ihn. „Ich liebe dich, Milandra", flüstert er ihr zu, so dass ihr ganz warm ums Herz wird. Sie fühlt seine warmen Hände über ihren Körper wandern. Er zieht sie eng an sich, so dass sie seine Steife spürt. Milandra sucht wieder seinen Mund und Mora empfängt sie leidenschaftlich. Sie gibt

sich seinen Küssen ganz hin, es wühlt sie zutiefst auf und macht, dass ihr ganz schwindelig wird. Er nimmt ihre Hand und legt sie auf seine linke Brust, damit sie sein Herz spüren kann. Es rast. Milandra entzieht sich ihm und sie blicken sich atemlos an. Sie ergreift seine Hand und legt sie sich ebenfalls auf die linke Brust. Sie hat das Gefühl, als würde ihr das Herz aus der Brust springen wollen. Mora deutet ein Lächeln an, wobei er ihr das Trageleder vom Körper streift und ihre Hände auffordernd gegen seinen Bauch drückt. Ihre Lippen finden sich erneut zu innigen, stürmischen Küssen. Milandra streichelt ihn und lässt sich von ihm ihren Fellüberwurf über den Kopf streifen. Mora wirft ihn achtlos beiseite. Er küsst ihren Hals und dann eilig weiter an ihr herab. Sie genießt es mit geschlossenen Augen, spürt, wie er mit seinen weichen Lippen und seinem kratzigen Stoppelbart bis zu ihrem Bauch herab wandert. Mora lässt sich vor ihr auf ein Knie herab und stößt seine Zungenspitze in ihren empfindlichen Bauchnabel, während er sie gänzlich entkleidet, so dass sie völlig nackt vor ihm steht. Er erhebt sich wieder und betrachtet sie bewundernd. Wohllüstig nähert sie sich ihm. Sie kann kaum erwarten, dass er sie wieder berührt und lässt es ihn wissen, indem sie seine Hand nimmt und diese an sich herab bis zu ihrer Mitte schiebt. Moras Blick ist wie verschleiert. Er eilt sich nun, sie unterzufassen, um sie wenige Augenblicke später auf den weichen Fellen seiner Schlafstätte abzusetzen. Sie krallt sich in sein Haar und zieht ihn an sich, um ihn ungestüm zu küssen. Mora drängt sie zurück, so dass sie unter ihm zu liegen kommt. Milandra löst fieberhaft seine Beinlinge von seinem Schurz und streift sie ihm mit ihren Füßen nach unten. Sie lässt die Hände auf sein nacktes Gesäß wandern und presst ihn eng an sich. Dann löst sie seinen Schurz. Mora streift ihn sich hastig vom Körper und beginnt, sich rhythmisch zwischen ihr zu bewegen, um sie zu reizen. Milandra wird es am ganzen Körper heiß. Sie küsst seinen Mund und erwidert seine Bewegungen. Dabei streicheln ihre Hände unablässig über seinen Körper. Er nähert sich ihrer Mitte mit seiner Steife immer mehr, lässt sie diese bei jeder seiner Bewegungen spüren, bis sie es kaum noch erwarten kann.
„Mora“, flüstert sie.
Er findet ihren Mund und küsst sie heftig. Dabei greift er ihr unters Gesäß und drückt sie eng an sich. Dann nimmt er sie unendlich behutsam, so dass sie gedehnt stöhnt. Sie presst sich gegen ihn und nimmt ihn ganz auf. Stöhnend bewegt sich Mora vorsichtig in ihr. Es raubt ihr beinahe den Verstand. Sie legt die Hände auf sein Gesäß und stimmt ungeduldig einen schnelleren Takt an. Sie will ihn fühlen. Mora

macht schneller. Sein Atem geht keuchend. Sie spürt seine Hände auf ihrem Busen, während sie unter ihm auf und ab ruckt. Dann legt sie den Kopf in den Nacken, windet sich stöhnend und glaubt, dass sich ihr in einem Krampf das Innerste ihres Bauches zu Äußerst kehrt. Sie empfängt ihren Höhepunkt mit einem unterdrückten, spitzen Schrei und krallt sich an ihm fest. Doch Mora selbst scheint noch nicht so weit zu sein. Er hat ihren empfindlichen Knoten gefunden und reibt ihn. Milandra rast das Herz bis zum Hals. Ihr zieht sich dann scheinbar alles zwischen ihren Beinen bis hoch zum Unterleib zusammen. Sie fährt sich ächzend und keuchend übers Gesicht und hört Mora gedehnt stöhnen. Er gibt sich ihr ganz hin. Sie spürt ihn in sich pulsieren, fühlte sich ihm noch nie verbundener. Er scheint sie in und auswendig zu kennen, genau zu wissen, was er tun muss, um ihr die größten Wonnen zu verschaffen, die sie je erlebt hat. Es stürzt sie plötzlich in eine solch tiefe Traurigkeit, dass sie nicht an sich halten kann und schluchzt. Doch es geht in Moras Stöhnen unter. Wenn sie bedenkt, welchen Weg sie gehen mussten, um endlich wie im Wirbelsturm zueinander zu finden ... Wenn sie überlegt, wie schön es mit ihm von Anfang an hätte sein können und was sie alles verpasst haben ... Sie ist traurig und glücklich zugleich. Milandra passt sich ihm an und lässt ihre Bewegungen allmählich abklingen. Dabei versucht sie, sich zu beruhigen, lauscht verzückt seinem schnell gehenden Atem. Sie spürt jede seiner Bewegungen, fühlt, wie sein Herz rast. Er legt sich vorsichtig auf sie und bemerkt ihre Traurigkeit.
„Mila“, flüstert er überrascht.
Milandra versucht es mit einem Lächeln. „Es ist nichts“, schnieft sie glücklich.
Mora lässt sie mit einem traurigen Lächeln wissen, dass er sie versteht. Er lehnt den Kopf an ihre Stirn und drückt sie an sich. Dann wälzt er sich aufatmend herum, dass sie auf ihm zu liegen kommt und schiebt sich einen Arm unter den Kopf, um sie versonnen zu betrachten. Sie bemerkt seinen kürzeren Finger, mit dem er ihr sanft über die Wange streicht und nimmt seine Hand, um ihre Finger mit seinen zu verschränken. Er ist auffallend schweigsam, so dass sie sich auf ihm hochstützt, um ihm forschend ins verschwitzt gerötetete Gesicht zu sehen. Er legt ihr daraufhin seine Pranke in den Nacken und zieht sie für einen langen Kuss an sich, so dass sich ihre Verbindung löst. Da krampfen sich ihr plötzlich in einem bereits vertrauten Gefühl die Brustwarzen zusammen, dass sie ganz steif werden. Milandra weiß, was gleich geschehen wird, was bisher immer geschah, kurz nachdem

sie mit Asil geschlafen hatte. Sie entzieht sich Mora schweren Herzens und setzt sich einfach auf seine Mitte, um sich die Hände vor ihre Brüste zu drücken.
Mora runzelt die Stirn und löst eine ihrer Hände neugierig wieder von ihrer Brust, so dass ihm die einschießende Milch nur so entgegen spritzt. Er richtet sich überrascht unter ihr hoch. Dann nähert er ihrer Milchbrust einfach seinen Mund und presst ihn auf sie.
Milandra muss über ihn lachen. Mora lässt daraufhin von ihrer Brust ab und zieht sie an sich.
Sie küsst ihm die Stirn. „Ich möchte gern deine Gefährtin werden", raunt sie und vernimmt, wie er durchatmet. Er schmiegt sich eng an sie, antwortet ihr jedoch nicht. So lässt sie ihren Busen vorsichtig los und nimmt seinen Kopf zwischen die Hände, um ihn von ihrem Bauch wegzuziehen. Sie will ihm in die Augen sehen. Doch Mora entzieht sich ihr und vergräbt das Gesicht wieder an ihrem Bauch. Sie fühlt dort ihre Haut feucht werden und weiß plötzlich, warum er nicht von ihr gesehen werden will.
„Mora", flüstert sie und lehnt ihren Kopf gegen den seinen. „Willst du es?"
Sie spürt, wie er nickt. Mit einem glücklichen Lächeln umschließt sie ihn mit ihren Armen und wartet ab, dass er sich fasst. Doch es dauert etwas, bis sie ihn schließlich durchatmen hört und er sich von ihr löst.
Mora wischt sich über die Augen und schenkt ihr ein verlegenes Lächeln. Milandra nimmt sein Gesicht zwischen die Hände und gibt ihm einen zärtlichen Kuss. „Warum hast du mir dein weiches Herz nicht schon viel früher gezeigt? Es hätte uns so viel erspart."
Mora betrachtet sie nachdenklich. „Weil du es nicht sehen wolltest, Mila. Du hattest Angst vor meinen Gefühlen, wenn ich dich erinnern darf."
Sie weiß, dass er Recht hat und gesteht es ihm wortlos nickend ein.
„Das eben war wunderschön mit dir, Mora."
Als er sich an die Geräusche erinnert, die sie gemacht hat, schwirrt ihm beinahe wieder der Kopf. Er grinst. „Ich hab' mir auch alle Mühe gegeben, damit du mir nicht den nächsten Finger abbeisst", zieht er sie auf.
Milandra wird rot.
Es entgeht Mora nicht. Er räuspert sich. „Ich hatte es verdient", gesteht er kleinlaut.
Sie setzt zu einer Antwort an, doch Wolf beginnt, zu wimmern und rückt sich ihnen ins Bewusstsein. Milandra will sich von Mora erheben,

aber er hält sie zurück.
„Lass mich ihn holen.“
Sie nickt einverstanden und rutscht von ihm herunter. Gespannt beobachtet sie, wie er sich erhebt und zu seinem Sohn herüber geht, der mit seinen erhobenen Fäustchen durch die Luft rudert und nun lautstark von sich hören macht.
Mora kniet sich neben ihn und holt ihn unter seinem Fell hervor.
Wolf verstummt. Er sieht ihn mit seinen großen dunklen Augen aufmerksam an.
Mora hält ihn unter den Ärmchen und blickt ihm staunend ins Gesicht.
Wolf beginnt, gurrende Geräusche zu machen und freut sich jauchzend mit seinem sonnigen Gemüt über Moras Aufmerksamkeit. Es entlockt Mora ein Lächeln, mit dem er zu Milandra herüber sieht. Sie erwidert es ihm stolz. Wolf lässt sein jauchzendes Gegurgel in kurz ausgestoßene Schreie übergehen, die er dann immer länger dehnt, um zu zeigen, dass er unzufrieden wird. Mora erhebt sich mit ihm und nimmt ihn fürsorglich auf den Arm. Milandra saugt den friedlichen Anblick der beiden in sich auf. Sie findet ihn wunderschön. Der kleine, hilflose Sohn in den kräftigen, schützenden Armen seines Vaters, der ihm gerührt die Stirn küsst.
Mora kommt zu ihr und gibt ihn ihr in den Arm. Wolf sieht ihre Brust und sperrt den Mund unter aufgeregtem Strampeln auf.
Milandra legt ihn lächelnd an.
„Er ist wundervoll“, raunt Mora und nimmt neben ihr Platz.
„Ja. Das ist er.“
„Welchen Namen hast du ihm gegeben?“
Milandra mustert Mora abwägend. „Asil gab ihm den Namen Wolf.“
„Asil?“
Milandra nickt. „Er half ihm auf die Welt. Half mir, einen Weg zu meinem Sohn zu finden. Deshalb wollte ich, dass er ihn benennt.“
Mora weicht ihrem Blick betreten aus. „Wolf“, sagt er dann. „Es ist ein guter Name.“
Milandra pflichtet ihm nickend bei, lässt ihn jedoch nicht aus den Augen. Er scheint mit sich zu ringen.
„Wenn du Asil so liebst, wie du sagtest, warum hast du dann MICH zum Gefährten gewählt?“
„Was glaubst du wohl“, fragt sie ihn herausfordernd.
Mora betrachtet sie forschend. „Du liebst uns beide?“
Milandra atmet angespannt durch. Sie deutet ein Nicken an.
„Aber ...“, er weiß nicht, was er sagen soll und schüttelt ungläubig den

Kopf.
„Aber ich habe DICH gewählt."
Mora lässt den Blick nachdenklich auf ihr ruhen. Da knurrt Milandra plötzlich hörbar der Magen. Mora kann sich denken, dass sie länger nichts mehr gegessen hat. Gedankenversunken erhebt er sich und greift zu einem Lederknäuel, das neben getrockneten Kräutern und anderen Dingen ans Zeltgestänge gehängt wurde. Er löst das Endstück eines hohlen Auerochsen-Hornes aus dem Leder heraus. „Erst vermagst du nicht, einem Einzigen dein Herz zu schenken, und nun ...." Er kommt neben sie und reicht ihr das Horn.
Milandra nimmt es zerstreut entgegen, während sie ihm aufgelöst ins Gesicht blickt, als er sich wieder neben sie setzt. Dann gewahrt sie, WAS er ihr da soeben in die Hand gedrückt hat und stöhnt dankbar auf. Hastig taucht sie den Zeigefinger in die weiche Masse aus Honig und gemahlenen Haselnüssen und stopft sie sich heißhungrig in den Mund.
Mora deutet ein verstehendes Lächeln an. Denn er weiß genau, wie sehr sie diese Nascherei liebt.
Milandra erwidert sein wissendes Lächeln.
„Ich hab' das vermisst", murmelt er.
Sie hebt eine Braue. „Wie ich vom Honig nasche?"
Er nickt. „Dich", und streicht ihr eine ihrer Lockensträhnen aus ihrem Gesicht. Dann lässt er seine Hand an ihrer Wange ruhen. „Ich hab' immer nur DICH geliebt, Mila. Solange ich denken kann."
Milandra weiß, dass es wahr ist. Schon immer war sie sich seiner Liebe gewiss. Sie war noch sehr jung, als sie versuchte, den Klauen ihres Vaters zu Mora hin zu entfliehen. Und Mora hatte sie mehr als bereitwillig in seinem Zelt aufgenommen. Er hat nie eine andere angesehen. Trotz dem sie ihm keine Wonnen schenken konnte. Doch er hatte sie zu sehr eingeengt, sie nicht mehr sie selbst sein lassen. Und es ist nicht leicht, gegen ihn anzukommen.
„Glaubst du mir etwa nicht?"
Sie lutscht abwägend ihren Finger sauber und taucht ihn erneut ins Horn. „Doch. Aber wie kommt es dann, dass du die Geheimnisse meines Körpers so vollkommen kennst? Es brauchte doch wenigstens Eine, damit du sie derart entdecken konntest." Zu ihrer Verwunderung verkneift er sich nur nachlässig ein Grinsen. Er nähert sich ihr schmunzelnd und gibt ihr einen Kuss auf die Nasenspitze, bevor er einfach ihren Honigfinger in den Mund nimmt und ablutscht. Mila lacht auf.
„Es gab schon die ein- oder andere vor dir", gesteht er ihr ein und setzt

sich zurück. „Aber mich verband mit ihnen nur der Körper. Du hingegen bist meine Seelenhälfte, Mila."
Sie glaubt zu wissen, was er meint. Auch sie fühlt, dass sie etwas verbindet, das sehr tief geht. Alles mit ihm ist äußerst intensiv. Sowohl ihre Auseinandersetzungen, als auch die Liebe, die sie unleugbar füreinander empfinden.
„Und außerdem hast du dir einen Eingeweihten zum Gefährten genommen. Kein Geheimnis der Natur ist länger sicher vor meinem Geist."
Milandra macht große Augen. „Du bist in die Geheimnisse der Mutter eingeweiht?"
Mora nickt. Sein Blick weicht amüsiert auf Wolf ab, der lautstark an ihrer Brust schmatzt.
„Das ist sehr gut, Mora."
Er hebt herausfordernd eine Braue und lässt ihr ein vieldeutiges Grinsen angedeihen.
Sie verdreht daraufhin die Augen. „Nicht nur DESWEGEN. Es ist gut für die Mora. Sie haben nun einen mächtigen Schutz. So, wie die Veni."
Mora mustert sie aufmerksam.
Sie beißt sich abwägend auf die Unterlippe. Denn ihr brennt etwas auf der Seele, seit ihrem letzten Gespräch. Etwas Wichtiges, das den Clan betrifft. „Du musst endlich einen Anführer für die Mora wählen. Du hast selbst gesagt, dass es deine Kräfte übersteigt, sie noch länger in beiden Welten zu führen. Das beunruhigt mich, Mora." Unsicher betrachtet sie ihn. Denn sie weiß, dass er es nicht schätzt, wenn sie sich in seine Angelegenheiten als Führer des Clans einmischt. Doch zu ihrem Erstaunen lächelt ihr Mora mit beipflichtendem Nicken zu.
„Wie ich sehe, liegt dir der Clan am Herzen. Das ist gut, Mila. Denn du bist jetzt meine Gefährtin. Ich will, dass du mir immer deine Meinung sagst."
„Bist du sicher?"
Er weiß, was sie meint. „Damals ging es dir immer um deinen Vater. Du hättest es mir sagen müssen, Mila. Ich hatte keine Ahnung, was er dir und deinen Schwestern antat."
Milandra atmet durch. Sie will nicht weiter über ihren Vater und die Dinge, welche ihr von ihm angetan wurden, reden. Es würde sie nur wieder aufwühlen.
„Ich habe einen Anführer für die Mora gewählt, Mila." Er hat damit wieder ihre ganze Aufmerksamkeit.

„Wen“, fragt sie gespannt und bemerkt, wie ein selbstsicheres Lächeln seinen Mund umspielt.
„Malo.“
Sie reißt die Augen auf. „Und hat er eingewilligt?“
Mora nickt.
Milandra lächelt ihm daraufhin mit anerkennendem Wiegen des Kopfes zu. „Sehr gut.“

Eisfuchs sieht in den Nachthimmel und bemerkt einen fallenden Stern, der vor seinen Augen zum Horizont hin rast und verlischt. Es erinnert ihn an die Geschichten, die Wolf ihm einst erzählte, als er ein kleiner Junge war. Er lächelt bitter. Denn er muss jeden Tag an Wolf denken, an den Vater, der ihn verlassen hat. Und an Kleiner Falke. Den Sohn, der ihn verlassen hat. Der Schmerz über seinen Verlust sitzt so tief in seinem Herzen, dass er ihn wohl bis ans Ende seiner Tage spüren wird. Er trieb einen Keil zwischen ihn und Rose, seiner Gefährtin. Sie gehen nun getrennte Wege.
Eisfuchs wickelt sich in sein Schlaffell, ohne den Blick vom Sternenhimmel zu lösen. Er denkt wieder an Wolf und seine Geschichten, schließt die Augen und wünscht sich vom gefallenen Stern, dass sein Vater noch am Leben sei. Auch wenn Eisfuchs weiß, dass dies immer unwahrscheinlicher wird. Denn Wolf ist nun schon seit etwa sechs Monden fort. Aber er träumt ab und zu von ihm. So, als stünde er vor ihm. Wolf hatte ihn gerufen, hatte gesagt, er solle zu ihm kommen. „Wie gern würde ich das tun“, murmelt Eisfuchs schläfrig. Doch es sind ja nur Träume. Wie sehnt er sich nach seinen starken Armen, in denen er so oft Trost fand. Wie sehnt er sich nach seinem Schutz, nach einem verstehenden, tröstenden Gespräch mit ihm. Wolf hatte ihm in seinen Träumen ein weites Tal gezeigt, in dem die Rentiere zusammenkommen. Und Eisfuchs hatte versucht, dieses Tal zu finden. Auch wenn es nur ein Traum war. Er hatte Rabenherz, dem mächtigsten ihrer drei geistigen Führer, von diesem Traum erzählt. Und dieser nahm ihn als einen rettenden Strohhalm ungewöhnlich ernst.
Eisfuchs rollt sich unter seinem wärmenden Fell zusammen und erwartet seinen Schlaf. Der Tag hatte ihm wieder einmal alles abverlangt. Denn seit Kurzem muss Eisfuchs die Reni auf ihrer Wanderung anführen. Rabenherz hatte ihn dies geheißen. Und auch, dass er seinen Traum verschweigen solle. Denn es war ja nur ein Traum, dem sie nun folgen. Es soll die Reni nicht verunsichern. Zum ersten Male hatte Eisfuchs erfahren müssen, wie planlos Rabenherz im

Grunde ist. Es beunruhigt ihn mehr, als er sagen kann und lastet schwer auf seinem Herzen. Er darf mit niemandem darüber reden. Die Reni nehmen es als normal hin, dass er sie mit seinen kaum einmal vierzehn Wintern anführt. Denn schließlich tat es sein Vater auch. Und man sieht ihm seine Jugend wohl kaum noch an, überlegt Eisfuchs. Die Sorgen haben ihn erwachsen gemacht. Überdies ist auch sein Körper gereift. Er hat eine dunkle Stimme bekommen, sein Kinn ist kratzig geworden und er ist immens gewachsen, seit sie wieder Wild zum Jagen haben. Wie Wolf überragt Eisfuchs die Männer seines Stammes mittlerweile um Haupteslänge.
Wenigstens müssen sie sich nicht mehr um ausreichend Nahrung sorgen. Doch die Zukunft des Clans liegt im Dunkeln. Die drei Weisen haben mit dem Rat der Ältesten beschlossen, dass sie nicht wieder zurück in die Weite Ebene, ihre Heimat, gehen werden. Denn es würde ihren sicheren Tod bedeuten.
Eisfuchs träumt von einer wunderschönen jungen Frau mit hellem Haar. Sie lächelt ihn warmherzig an. „Verzage nicht“, sagt sie plötzlich klar und deutlich. „Dies ist dein Weg. Du bist nun soweit. Dich bindet nur noch wenig an diese Welt. Ich werde dich jetzt in die Geheimnisse der Großen Mutter einweihen.“

Es ist früh am Morgen. Malo pfeift gut aufgelegt vor sich hin und betrachtet seinen neuen Steindolch nun bei Tageslicht. Er hatte die Klinge gestern Abend am Feuer der Veni fertiggestellt. Kritisch fährt er über die scharfe Schneide, die beinahe so lang wie seine Hand ist und vorn in einer Spitze endet. Sie ist ihm ausgezeichnet gelungen, ist ganz gerade und so scharf, dass man sich mit ihr gar den Bart schneiden kann. Er beschmiert die Klinge nun an ihrem Schaftende mit Birkenpech und steckt sie vorsichtig in ihr hölzernes Heft. Dann umwickelt er das Heft an der Verbindungsstelle der Klinge ganz straff mit feuchter Sehne und verknotet diese. Wenn sie trocknet, wird sie sich eng ans Heft pressen und die Verbindung unlösbar machen.
Er steckt den Dolch in dessen neue lederne Scheide an seinem Gürtel und erhebt sich von seinem Sitzplatz am Feuer. Die Veni sind längst auf den Beinen und schneiden sich Fleisch vom Mamont für das Morgenmahl ab. Der riesige Fleischberg ist schon zur Hälfte verbraucht, seit die Mora begannen, ihre Wintervorräte von ihm anzulegen, und gibt die weißen Knochen des riesigen Tieres frei. Es soll Malo nur recht sein. Denn mittlerweile hängt ihm das Fleisch zum Halse heraus. Er kann es einfach nicht mehr riechen, seit es überlagert

ist und einem seinen Duft bis ins Lager hinüber aufdrängt. Er will einmal sehen, was es bei Mora zu essen gibt und schlendert pfeifend ins Zeltlager hinüber. Als er an Moras Zelt kommt, schlagen ihm laute Stimmen entgegen. Etliche Zeltbahnen sind hochgeschlagen und Malo erkennt, dass sich Mora und Milandra wie zwei kämpfende Auerhähne gegenüberstehen.
„Das kannst du nicht machen, Mora!“ Milandra hat sich mit in die Seite gestemmten Armen vor Mora aufgebaut und blitzt ihn böse an.
Mora ist sichtlich um seine Selbstbeherrschung bemüht. „Du musst das nicht tun, Mila. Es ist nicht deine Aufgabe. Es ist gefährlich. Du hast die Verantwortung für ein Kind. Willst du Wolf ständig Jollina aufhalsen?“
„Ich nehme ihn gern“, mischt sich Jollina ruhig ein.
Mora bedenkt sie mit einem gereizten Blick. „Jetzt fall mir nicht auch noch in den Rücken!“
Jollina verdreht die Augen. „Macht das unter euch aus. Ich will damit nur sagen, dass ich Milandra Wolf gerne abnehme, wenn sie mit euch jagen gehen will.“
„Nur mit dem Bogen, Mora. Asil hat mir das auch erlaubt!“
Jollina wendet sich seufzend von ihnen ab und prallt am Zeltausgang beinahe mit Malo zusammen. Lächelnd lässt sie ihn wissen, dass sie sich über sein Kommen freut. Dann verdreht sie ob Moras und Milandras lauthalsem Meinungsaustausch wieder die Augen. „Wie habe ich ihre Streitereien vermisst!“
Malo lacht. Er nimmt ihre Hand.
Jollina lässt ihn gewähren und drückt seine Hand ganz fest.
„Komm“, raunt Malo.
Sie grinst. „Aber du hast bestimmt noch nichts gegessen.“
„Später“, erwidert er und zieht sie fort von Moras und Milandras lärmendem Gespräch.
Jollina folgt ihm lachend. „Malo. Was hast du vor?“
Er antwortet ihr mit einem geheimnisvollen Lächeln und zieht sie weiter, immer schneller. Viel zu lange hat er es aus Furcht vor ihrer Antwort schon hinausgezögert, was er nun endlich zu tun gedenkt. Denn heute fühlt er sich stark genug dazu. Es ist der richtige Augenblick. Malo führt sie zum Fluss. Sie sind allein. Der lichte Wald des Weiten Tales verbirgt sie ein wenig vor den Blicken der anderen. An einem großen Stein direkt am Flussufer bleibt er stehen und wendet sich wieder zu ihr um. Sie ist ganz ausser Atem. Malo streicht ihr durchs Haar und nähert sich ihrem Gesicht. Kurz vor ihrem Mund hält

er inne und geniesst den schnellen Schlag seines Herzens. Wie gut es tut, es endlich wieder zu fühlen!
Jollina ergreift einen seiner langen, verfilzten Zöpfe und zieht Malo daran ungeduldig an ihre Lippen.
Malo erwidert ihre forschenden Küsse. Sie sind sagenhaft süß. Und sehr verheißungsvoll. Bevor sie bewirken, dass er sich vergisst, löst er sich jedoch wieder sanft von ihr. „He“, flüstert er. „Was hältst du von „Malo und Jollina“?“
Sie betastet lächelnd seine vollen, weichen Lippen. „Malo und Jollina“, wiederholt sie genüsslich und küsst ihn wieder. „Schön“, flüstert sie zwischen ihren Küssen.
Malo fällt ein Stein vom Herzen, der wenigstens die Größe des Steines gleich neben ihm am Flussufer hat. Er hebt Jollina unversehens hoch, so dass sie überrascht auflacht, und setzt sie auf dem Stein ab. Dann findet er wieder ihren Mund. „Du machst mich glücklich, Jollina.“
„Malo“, haucht sie ihm ins Ohr. „Ich muss jeden Atemzug an dich denken, seit ich dich das erste Mal sah“, gesteht sie ihm flüsternd ein.
Er blickt sie überrascht an. Und dann ahnungsvoll. „Du hast wirklich viel über mich nachgedacht, was?“
Jollina erwidert sein Lächeln.
„Warte“, murmelt er und öffnet den kleinen Lederbeutel, den er um den Hals trägt. Beinahe hätte er ihn vergessen. Belustigt bemerkt er Jollinas Neugier. Er umschließt daraufhin den kleinen Anhänger mit dem ledernen Band, an dem er hängt, geheimnistuerisch mit der Faust. Dann ergreift er ihre Hand und zieht sie vor. „Du bist wie diese Blume, Jollina. Ich finde, sie ist die Schönste aller Blumen. Und ich habe wirklich schon viele gesehen.“ Er legt ihr den Anhänger in die Hand und schließt ihre Faust um ihn herum. „Ich träume davon, mit dir im Sommer in einem Meer von ihnen zu liegen.“
Jollina öffnet ihre Faust und zieht die Luft ein. „Malo.“ Sie schüttelt ungläubig den Kopf. „Sie ist wunderschön.“ Kaum vermag sie, den bewundernden Blick von dem kleinen Kunstwerk abzuwenden. Dann tut sie es doch und lächelt Malo glücklich an. Sie umarmt ihn. „Oh ich danke dir. Die Weiße Silberwurz ist meine Lieblingsblume, musst du wissen.“
„Wirklich?“
Jollina nickt und betrachtet sie wieder staunend. „Sie ist auch im Winter grün und erinnert an den warmen Sommer, meiner liebsten Zeit. Und wenn sie dann im Sommer blüht, habe ich es bisher noch nie versäumt, mich in ihr Blütenmeer zu legen.“

Malo nimmt ihr den Anhänger aus der Hand und legt ihn ihr an. „Dann hoffe ich, du nimmst mich mit."
Jollina umarmt ihn glücklich. „Es dauert nicht mehr lange, bis sie blühen." Da vernimmt sie Malos knurrenden Magen. Sie grinst. „Wusste ich's doch."
Er seufzt. „Ich hoffe, bei euch gibt's nicht Mamont."
„Nein", kichert sie. Schon seit ein paar Tagen lässt sich Malo immer mal wieder zu den Mahlzeiten bei ihnen blicken. „Dafür gibt es kollernde Auerhähne."
Malo lächelt über den trefflichen Vergleich. „Lass uns an einem eigenen Zelt arbeiten, Jollina. Ich werde unermüdlich jagen, um die Felle zu beschaffen. Dann gibt es endlich auch wieder mal was anderes als Mamont zu beissen."
Sie zwinkert ihm zu. „Ich fürchte, das ist nicht nötig. Ich besitze ein eigenes Zelt, Malo." Auf seine überraschte Miene hin nickt sie eine Spur ernsthafter. „Es gehörte mir und meinem Gefährten, dem Vater meiner Kinder."
„Ist er tot?"
Sie nickt wieder. „Er starb vor drei Wintern bei einer Wildschweinjagd. Er hatte nicht mal mehr die Zeit, seinen kleinen Sohn kennenzulernen."
Malo fährt ihr mitfühlend über die Wange.
Jollina küsst seine Hand. „Das ist lange her." Sie zieht ihn an seinem Fellüberwurf heran und küsst ihn auf den Mund.
Malo erwidert es und kostet sie voll aus. Er spürt, wie sie seine Hand nimmt und sie sich auffordernd unter ihr Felloberteil auf die nackte, warme Haut ihrer weichen Brüste schiebt. Malo liebkost sie und kann sich einfach nicht mehr von ihrem Mund lösen. Er erlaubt sich nun, sich gehen zu lassen, verliert sich in ihren Küssen, dass ihm der Kopf schwirrt. Sie rutscht vom Stein herunter und drängt ihn irgendwohin, wo er dann auf weichen, sonnenwarmen Sand sinkt. Er gewahrt sich direkt am Ufer hinter dem Stein, bevor er sich wieder Jollina zuwendet. Und nur noch ihr.

Machtgier

Eisfuchs steht vor Rabenherz und schüttelt unverständlich den Kopf. „Aber ich SAH die Wald-Clans. Sie sind uns friedlich gesonnen. Wir müssen nur in freundschaftlichen Absichten zu ihnen kommen. Sie erwarten uns bereits."

Rabenherz richtet seine kleinen, dunklen Augen auf ihn und verengt sie bedrohlich. „Seit wann „SIEHST" du?"

„Seit ich denken kann, wie ich nun weiß." Eisfuchs atmet ungeduldig durch. „Es ist keine Falle, Rabenherz. Ich weiß es." Erleichtert gewahrt er, dass Milan und Schwarze Feder, die beiden anderen Geistführer der Reni, nahen. Die drei hatten ihn hierher gebeten. In den Schatten eines Hügels beim Fluss, abseits der Reni. Plötzlich überkommt Eisfuchs ein ungutes Gefühl.

Milan und Schwarze Feder sind bei ihnen angelangt und mustern Eisfuchs, als sähen sie ihn zum ersten Mal.

„Er glaubt, seine Träume würden ihn sehend machen", begrüßt Rabenherz die beiden spöttisch.

„Es sind keine Träume. Wenn ich will, kann ich meinen Geist zu jeder Zeit auf Wanderung schicken. Auch, wenn ich wach bin."

„Seit wann", fragt Schwarze Feder herablassend. Doch Eisfuchs bemerkt seine Wachsamkeit. „Seit mich die weiße Seherin in die Geheimnisse der Großen Mutter einweihte. Seit vorletzter Nacht." Er bemerkt plötzlich, dass es hier nicht mehr um das Wohl des Stammes geht. Sie sind dabei abzuschätzen, wie mächtig er ist. Und er nimmt sich nun vor, ihnen keinen weiteren Einblick mehr in sein Können zu verschaffen. Nicht, dass er Angst vor ihnen hätte. Sie zählen schon weit mehr als vierzig Winter und sind alt. Doch er begreift, dass er bei ihnen nicht weiter kommt.

Die drei tauschen bedeutungsvolle Blicke. Zum ersten Male erlebt Eisfuchs sie einig. Er setzt nun seine ganze Hoffnung in den Ältestenrat. Jenen kleinen Kreis aller Reni-Männer, die mehr als dreißig Winter zählen. Eisfuchs räuspert sich. „Wir sollten den Rat der Ältesten einberufen." Als er die alarmierten Blicke der drei Seher gewahrt, wird ihm etwas unwohl in seiner Haut. Er hätte nicht allein herkommen dürfen. Warum wollten sie sich mit ihm so weit ab vom Clan treffen? Er denkt an die Große Mutter, an die Kraft, die alles in Liebe durchflutet und bittet sie um Schutz.

„Es tut mir leid, Eisfuchs", murmelt Rabenherz und nickt Milan in

Eisfuchs‘ Rücken unmerklich zu.
Eisfuchs schnellt zu Milan herum und kann gerade noch dessen gezückter Messerklinge ausweichen. Er eilt aus dem Kreise der drei heraus und bleibt in sicherem Abstand vor ihnen stehen. „Jetzt erkenne ich euch, ihr verdammten Lügner“, raunt er ihnen zu. „Ich werde nicht zulassen, dass ihr nur eure Macht im Sinn habt, und nicht das Wohl der Reni.“ Er lacht ob ihrer eingeschüchterten Blicke ungläubig auf. „Die Reni vertrauen drei nichtskönnenden Betrügern, die Angst vor Einem haben, der die Dinge sehen kann, wie sie sind.“
„Wir zweifeln nicht daran, dass du das kannst“, erwidert Rabenherz schmeichlerisch.
Eisfuchs lässt sie nicht aus den Augen.
„Aber wir können nicht zulassen, dass du den Stamm mit deiner Wahrheit verwirrst.“
„VERWIRREN? Ihr seid diejenigen, die den Stamm ins Dunkel führen. Und es ist euch gleich.“
„Wir haben nur die besten Absichten“, erwidert Milan.
Eisfuchs verstummt. Es scheint Milans Ernst zu sein. „Ihr wisst nicht, was ihr tut“, haucht er erkenntnisvoll. Er sammelt sich. „Ich verspreche euch, dass ich den Stamm in der geistigen Welt führen kann. Denn ich kann sie sehen und in sie eintauchen, kann sie beeinflussen und uns von ihr beeinflussen lassen. Ich kann an ihr teilhaben. Es ist ein Geschenk der Weißen Seherin, ein Geschenk an die Reni. Alles wird sich zum Guten wenden, wenn ihr mich den Stamm geistig führen lasst.“
„Du bist verrückt“, zischt Schwarze Feder und nimmt seinen Bogen zur Hand.
Eisfuchs weicht vor ihm zurück. „Warum willst du einen Verrückten töten, Schwarze Feder? Weil er DOCH nicht verrückt sein könnte und zu deiner Entmachtung beiträgt? Ihr habt eben KEINE guten Absichten. Was macht ihr euch hier vor?“
„Du bist eine Gefahr für den Stamm, weil du uns in Frage stellst und alle verwirrst. Chaos wird über die Reni hereinbrechen, wenn alles aus dem Gefüge gerät.“
„Das ist bereits geschehen. Öffne deine Augen, Milan. Ihr habt den Stamm an den Abgrund des Verderbens mit eurer Blindheit geführt. Ihr seid keine Seher. Der Stamm ist den höheren Mächten schutzlos ausgeliefert ...“ Eisfuchs zuckt zusammen und blickt ungläubig an sich herab. Ein Pfeil steckt ihm in der Brust. Er greift nach ihm.
Schwarze Feder lässt den Bogen wieder sinken. „Du WARST eine Gefahr, Eisfuchs.“ Die Drei kehren sich von ihm ab und gehen zurück

in Richtung des Lagers.
Eisfuchs geht vor Schmerzen stöhnend auf die Knie. Er krümmt sich zusammen und fällt auf die Seite. Der Pfeil in seiner Brust nickt im Takt seines Herzschlages. „Vater“, haucht er und schließt die Augen. So schnell er kann, dehnt er seinen Geist zu Wolf hin aus, ... und wird ohnmächtig.

Breka greift nach Mora, um Halt zu finden. Doch er geht auf die Knie.
Mora will ihm aufhelfen, greift jedoch irritiert ins Leere. Er reibt sich über die Stirn. „Wer war das?“
Milandra beäugt beide misstrauisch und wechselt Wolf auf ihre andere Seite. „Was lässt du dir jetzt wieder einfallen, um mich umzustimmen, Mora?“ Sie denkt nicht im Traum daran, sich von ihrem Vorhaben abbringen zu lassen. Sie will doch nur ein wenig Kleinwild jagen, um ihren eintönigen Speisen aus dem Fleisch des Mamonts ein wenig Abwechslung zu verschaffen. Wenn sie Mora jetzt klein beigibt, wird er sie nie jagen lassen, das weiß sie ganz sicher.“
Doch Mora schwenkt nur die Hand, dass sie ruhig sein soll.
„Eisfuchs“, raunt Breka aufgelöst.
„Eisfuchs“, fragt Mora irritiert.
„Er ist in Gefahr. Er braucht mich“, stammelt Breka.
Mora tauscht mit Milandra hilflose Blicke.
„Wo ist Veni“, will Breka wissen. Ihm ist, als würde er träumen.
„Veni ist nicht hier“, erwidert ihm Mora. „Wir können sie rufen“, schlägt er ihm vor.
„Nein. Wir müssen jetzt gleich zu Eisfuchs gehen.“ Breka kommt allmählich zu sich.
Mora fasst ihn nun eindringlich bei den Schultern. „Wer und wo ist Eisfuchs?“
„Er ist mein Sohn. Ein Reni. Es ist ihm etwas zugestoßen.“ In Breka kommt nun Bewegung. Er springt hoch. „Ich muss zu ihm.“ Er will sich von Mora abwenden, doch dieser legt ihm Einhalt gebietend die Hand auf die Schulter. „Warte. Ein Reni, sagst du?“
Breka nickt nervös.
„Dann kann er nicht weit sein.“ Mora zerrt Breka zurück in sein Zelt und deutet einladend auf ein Fell an seinem Feuer. „Wir suchen ihn erst einmal.“
Breka versteht und nimmt neben ihm Platz. Er dehnt seinen Geist aus, bis er auf die Reni stößt. Sie sind bereits am Weiten Tal angekommen

und lagern in der Nähe des Flusses. Doch er kann Eisfuchs nirgends entdecken.
„Er sieht aus, wie du?“
„Ich weiß nicht“, erwidert Breka unsicher.
„Er liegt hinter dem Hügel am Fluss, am Eingang zum Weiten Tal.“
Breka sieht den Hügel und schickt seinen Geist zu ihm. Und dann sieht er Eisfuchs leblos mit einem Pfeil in der Brust am Boden liegen. Er zieht seinen Geist zurück, findet sich wieder Mora gegenüber sitzen, ist zu keinem Wort fähig.
Milandra starrt sie aufgewühlt an.
Mora schüttelt zweifelnd den Kopf. „Er sah nicht gut aus, Breka.“
„Es war der Pfeil von Schwarze Feder“, ruft Breka so unvermittelt, das Mora und Milandra erschreckt zusammenfahren. „Er hat sich nicht mal die Mühe gemacht, seine Tat zu verbergen.“
Mora setzt sich neben ihn und drückt ihm anteilnehmend den Arm.
„Hinter dem Hügel am Fluss, sagt ihr?“ Milandra stehen Tränen des Mitgefühls in den Augen. Sie hat Breka noch nie so völlig neben sich erlebt. Er hat einen kleinen Sohn!
Mora nickt und senkt den Kopf ohnmächtig in seine Hände. „Wir haben diese verdammten Rentierfresser wohl unterschätzt.“
„Das werden sie büßen“, raunt Breka mit Grabesstimme.
Mora entgegnet ihm nichts mehr und atmet angesichts seiner entschlossenen Miene angespannt durch. Hass ist im Moment das Letzte, was sie in der bevorstehenden Auseinandersetzung mit den Rentierjägern gebrauchen können. Und gerade in Brekas Vermittlung hatte er große Hoffnung gesetzt.
Sie schweigen eine ganze Weile.
Breka fühlt eine alles beherrschende Leere in seinem Herzen. Nun erst spürt er wahrhaft, was ihm Eisfuchs bedeutet hat.
Jollina betritt das Zelt und reisst sie beide aus den Gedanken. Sie hat Wolf im Arm und summt gut gelaunt vor sich hin. Als sie jedoch die bedrückten Mienen von Mora und Breka bemerkt, verstummt sie.
Mora erhebt sich schwerfällig und kommt vor sie, um ihr Wolf aus dem Arm zu nehmen. „Wo ist Milandra“, fragt er ärgerlich und atmet entnervt durch. Denn er missbilligt, dass Milandra Wolf so oft einfach Jollina in die Arme drückt, um sich Dingen zuzuwenden, die nicht zu ihren Aufgaben zählen.
Jollina ist überrascht. „Ich dachte, du wüsstest, dass sie fortgegangen ist.“
„Fortgegangen?“ Mora runzelt irritiert die Stirn. „Aber wohin wollte sie

denn?“
Jollina zuckt die Schultern. „Sie hat etwas von einem Eisfuchs erzählt. Ich dachte, sie will jagen.“
Mora starrt sie ungläubig an. „Was sagst du da?“
„Ich weiß, dass du es ihr nicht erlaubt hast. Aber das geht mich nichts an, Mora.“
Breka ist neben Mora gekommen. „Hast du gesehen, wohin sie gegangen ist?“
Jollina zuckt jedoch bedauernd die Schultern.
Mora drückt ihr Wolf wieder in die Arme. Er ist auffallend bleich.
„Es wird bald dunkel“, meint Breka beunruhigt.
„Kannst DU mir sagen, was in ihrem Kopf vorgeht?“ Mora ringt um seine Fassung. Er beginnt, unruhig auf und ab zu gehen. „Sie kann doch unmöglich vorhaben ...“, er bricht kopfschüttelnd ab. „Nein, das hat sie nicht vor“, versucht er, sich zu beruhigen. Als er wieder zu Breka blickt, sieht er ihn gleich zweimal.
„Ich fürchte doch“, meint Breka stöhnend und wühlt sich durchs Haar. Asil neben ihm wirft seine Waffen zusammen mit zwei erlegten Gänsen demonstrativ zu Boden und verschränkt die Arme nachdrücklich vor der Brust, um Mora grimmig anzustarren. „Hast du sie denn überhaupt nicht im Griff? Was ist geschehen, dass sie kurz vor der Dunkelheit wegreitet? Geradewegs in die Arme der Rentierfresser?“
Mora keucht auf, als hätte er einen harten Schlag in die Magengrube bekommen.

Milandra treibt die Stute noch weiter an und schmiegt sich an ihren Hals. Mora wird toben vor Wut. Doch sie will ihm zeigen, dass mehr in ihr steckt. Will ihm deutlich machen, wie viel mehr Freiheit er ihr lassen muss. Und ihr tut Breka unendlich leid. Sie will ihm unbedingt helfen, will seinen kleinen Sohn finden. Sie versucht, nicht an ihren eigenen Sohn zu denken. Denn sie braucht einen klaren Kopf. Milandra krallt sich in die Mähne der Stute und richtet sich ein wenig hoch, um über ihren Kopf hinweg nach vorn zu spähen. Der lichte Wald des Weiten Tales wurde zunehmend spärlicher und ist nun, im Übergang zur Weiten Ebene, fast nicht mehr vorhanden. Als sie die vielen Feuer der Reni sieht, erschrickt sie und zieht die Stute an der Mähne, dass sie langsamer werden soll. Und das Tier gehorcht. Um zum Hügel am Fluss zu gelangen, muss Milandra das Lager der Reni hinter sich lassen. So reitet sie in einem weiten Bogen um dieses herum und hofft, man möge sie in der inzwischen angebrochenen Dämmerung nicht bemerken. Sie muss sich eilen, Eisfuchs noch vor Einbruch der Dunkelheit zu finden. Als sie die Reni endlich umrundet hat, atmet sie innerlich auf. Sie konzentriert sich nun nur noch auf den Hügel, der kurz vor ihr liegt. Sie muss auch ihn umrunden, um an seine Nordseite zu gelangen, die sich der Sicht der Reni entzieht. Dort hofft sie, ihn zu finden. Als sich Milandra umwendet und zurückblickt, stellt sie mit Entsetzen fest, dass man sie entdeckt hat. Mindestens fünf Reni laufen ihr hinterher. Und sie tun dies mit erstaunlicher Ausdauer. Allerdings sind sie noch weit entfernt. Doch sie könnten ihr auf dem Rückweg gefährlich werden. Milandra versucht, im Augenblick nicht daran zu denken. Sie spornt die Stute wieder an und konzentriert ihre Gedanken ganz auf Eisfuchs. Als sie die Nordseite des Hügels erreicht hat, sieht sie ihn schon von weitem. Er liegt reglos auf der Seite. Milandra erreicht ihn schließlich und bremst das Pferd ab, dass sich dessen Vorderhufe stiebend in den Dreck graben. Sie sitzt ab und beugt sich erstaunt über ihn. Er ist viel größer und älter, als sie es für möglich gehalten hätte. Sie hatte gedacht, es würde sich bei ihm um ein Kind handeln und nicht um einen erwachsenen Mann. Milandra flucht. Denn wie soll sie ihn aufs Pferd bekommen? Sein Atem geht schwach und er stöhnt, als sie ihn auf den Rücken dreht. „Eisfuchs." Sie rüttelt ihn. Er hat eine solche Ähnlichkeit mit Asil, dass sich Milandra das Herz zusammenkrampft. Nur sein Haar ist dunkler und ganz glatt. Doch als er die Augen aufschlägt, sind diese ebenso schwarz, wie ihre eigenen. Milandra lächelt ihm aufmunternd zu und bedeutet ihm, aufzustehen. Eisfuchs versucht es, sinkt jedoch wieder zurück. „Nein", ruft sie verzweifelt und zieht an seinen Händen. Eisfuchs stöhnt und beißt die Zähne zusammen. Dann versucht er es noch einmal. Milandra kommt an seine Seite und stützt ihn ächzend hoch.

Eisfuchs kommt wankend auf die Beine.

Milandra lockt die Stute. Doch diese scheut vor Eisfuchs zurück. „Oh nein." Sie hatte es nicht bedacht. Sie hatte so einiges nicht bedacht!

Eisfuchs verbindet sich mit dem Tier. Die Weiße Seherin hatte ihm gesagt, dass er dazu in der Lage sei. Und er kann es tatsächlich beruhigen. Auch wenn er noch nicht ganz begreift, was die schöne Frau mit ihm vorhat.

Milandra hat bemerkt, dass die Stute ruhig geworden ist und lockt sie wieder an. Das Tier getraut sich nun wieder nahe an sie heran. Milandra streckt die Hand aus und fährt ihm beruhigend übers weiche Maul. Dann bedeutet sie Eisfuchs, sich an der Mähne festzuhalten, damit sie ihn loslassen kann.

Eisfuchs versteht.
Milandra betrachtet abwägend den Pfeilschaft, der ihm aus der Brust ragt. Sie muss ihn kürzen, damit Eisfuchs hinter ihr sitzen kann. So greift sie zu ihrem Messer und schnitzt eine Kerbe in den Schaft. Dann bricht sie ihn dort so vorsichtig wie möglich durch.
Eisfuchs krallt sich schmerzgeplagt in die Mähne des Pferdes.
Milandra steckt sich den Pfeilschaft sorgfältig unter ihren Gürtel und sitzt behände auf. Als sie Eisfuchs die Hand reicht, macht er ein überraschtes Gesicht. Sie beugt sich so weit wie möglich zu ihm herab, damit er sich an ihr hochziehen kann. Eisfuchs sendet ihr zweifelnde Blicke, versucht es jedoch. Milandra zerrt aus Leibeskräften an ihm, aber er ist zu schwer. So sitzt sie eilig wieder ab und kniet vor ihm nieder.
Eisfuchs steigt vorsichtig auf ihre Schultern und hievt sich aufs Pferd hinauf. Als er einigermaßen sicher auf ihm sitzt, zieht sich auch Milandra auf den Rücken des Tieres und nimmt vor Eisfuchs Platz. Sie greift nach hinten und tastet nach seinen Händen, um ihm zu bedeuten, dass er sich an ihr festhalten soll. Als sie seine Hände an ihren Seiten spürt, treibt sie die Stute wieder an und wendet sie. Da sieht sie die Reni-Jäger direkt vor sich. Sie sind stehen geblieben und starren ihnen entgegen.
Eisfuchs bedeutet ihr, dass er näher an sie heran will. Milandra schüttelt zweifelnd den Kopf, tut ihm jedoch den Gefallen und hält die Stute einen halben Steinwurf von ihnen entfernt an.
Eisfuchs winkt sie noch näher heran, so dass Milandra nervös wird. Die Reni stehen schließlich nur noch eine Manneslänge von ihnen entfernt. Milandra bemerkt, dass sie blutjung sind.
„Ich kann nicht zu euch zurück.“ Eisfuchs versucht, seine Schmerzen wegzuatmen. „Sie haben versucht, mich zu töten“, raunt er, während er den abgebrochenen Pfeilschaft unter dem Gürtel der Frau hervor zieht und ihn Grauem Wolf vor die Füße wirft. Dieser bückt sich danach und betrachtet ihn dann überrascht, bevor er ihn an die anderen weiterreicht.
„Das verstehe ich nicht“, sagt Grauer Wolf.
„Es ist ganz einfach. Die Reni haben keine geistige Führung. Nur drei Betrüger, die Macht über den Stamm haben wollen.“ Er beißt die Zähne vor Schmerzen zusammen. „Ich hätte den Stamm führen und schützen können und war somit gefährlich für sie. Deshalb versuchten sie, mich zu töten.“
„Du bist ein Auserwählter“, will Grauer Wolf wissen.
Eisfuchs nickt. „Ich wurde vor kurzem in die Geheimnisse der Mutter

eingeweiht.“ Er lehnt sich flüchtig gegen Milandra. „Kommt zu den Wald-Clans ins Weite Tal. Sie sind uns wohl gesonnen, wie ihr sehen könnt. … Wolf und Malo sind bei ihnen. Es ist wichtig, dass wir sie uns nicht zu Feinden machen. … Ruft den Rat zusammen, wenn euch die drei Lügner Schwierigkeiten machen. … Denkt immer daran, dass ihr sie nicht fürchten müsst. Sie sind keine Seher. Sie können nichts heraufbeschwören, wie sie uns immer Glauben machten.“
Grauer Wolf tauscht mit den anderen vier Reni bedeutsame Blicke.
„Sie führen den Clan ins Verderben. Ihr müsst euch gegen sie wehren, sonst ist alles verloren“, versucht Eisfuchs, ihnen deutlich zu machen.
„Wirst du zurückkommen und uns wieder führen?“
Eisfuchs betrachtet ihn traurig. Wie gern würde er das tun. Doch er weiß nicht, ob ihm noch so viel Zeit bleibt. Aber das darf er ihnen nicht sagen. Sonst würden sie vermutlich alles beim Alten belassen. „Ja. Ich komme, wenn ihr sie gestürzt habt.“
Grauer Wolf kommt neben ihn und erblickt den Pfeilschaft in seiner Brust. Entsetzt ergreift er Eisfuchs blutige Hand. Doch das ist zu viel Nähe für die Stute. Sie scheut zur Seite weg. Eisfuchs kann sich gerade noch so halten und klammert sich an Milandra fest, die versucht, das Tier wieder unter Kontrolle zu bringen. Sie spornt die Stute an, so dass diese bereitwillig lostrabt, um nur ja recht schnell fort von den fremden Menschen zu kommen. Milandra treibt das Pferd nicht zu schnell an, damit Eisfuchs sich halten kann. Die Dunkelheit hat die Dämmerung schon beinahe abgelöst. Sie lenkt die Stute wieder um den Lagerplatz der Rentierjäger herum, von dem ihr unzählige Feuerstellen wie rote Sterne entgegenfunkeln. Doch viele Reni haben sie ganz offensichtlich bemerkt. Ihre rot angeleuchteten Gestalten stehen neben ihren Feuern und haben sich ihnen wachsam zugekehrt.
Milandra ist froh, als sie das Lager hinter sich haben. Eisfuchs in ihrem Rücken hält sich tapfer. Doch sie weiß, dass er vielleicht nicht mehr lange durchhält. Inbrünstig bittet sie die Große Mutter, ihn nicht zu sich zu nehmen. Die Stute unter ihnen kämpft schwer an ihrer beider Gewicht und wird zunehmend langsamer. Noch kann Milandra sie immer wieder anspornen. Konzentriert blickt sie nach vorn und sucht zwischen den dichter gewordenen Baumstämmen des lichten Waldes nach den Feuern der Wald-Clans. Sie hatte ein Licht gesehen. Die Stute scheut plötzlich vor etwas und weicht von der Richtung ab. Milandra zwingt sie, stehen zu bleiben. Da erkennt sie Männer mit Fackeln, die auf sie zukommen. Das Lager kann nicht mehr weit sein. Breka taucht vor ihr bei einem Baum auf und hält angesichts des Pferdes seinen

weißen Wolf zurück. Malo kommt neben ihn und übernimmt das Tier. Hinter ihnen drängen sich noch Wykat, Bower und Bärriss in den Schein von Malos Fackel.
„Vater“, ruft Eisfuchs matt.
Milandra spürt, dass er vom Pferd zu rutschen droht und versucht, ihn festzuhalten. Mora steht plötzlich neben ihr und kann ihn gerade noch abfangen. Er zieht ihn unter den Armen gepackt noch ein wenig vom Pferd weg und legt ihn vorsichtig auf dem Boden ab. Asil rammt zwei Fackeln neben Eisfuchs in die Erde.
Milandra sitzt behände ab, tätschelt dem nervösen Pferd noch dankbar das Maul, und begibt sich dann zu ihnen. Breka kniet sich neben Eisfuchs und nimmt seine Hand.
„Vater“, flüstert Eisfuchs und schert sich nicht um die Tränen, die ihm die Wangen herablaufen. „Wo warst du nur?“ Irritiert blickt er Asil neben seinem Vater ins Gesicht.
Breka lehnt die Stirn gegen die seine. „Ich bin jetzt da“, raunt er bewegt. Angesichts seiner schweren Verletzung sinkt Breka der Mut.
„Sie haben mich abgeschossen wie ein Tier auf der Jagd.“
Breka muss hilflos mit ansehen, wie Eisfuchs weint. Es bricht ihm beinahe das Herz. „Sie werden dafür büßen.“
„Grauer Wolf … hat den Pfeilschaft. Er weiß alles“, stößt Eisfuchs noch hervor, bevor er bewusstlos wird.
Breka nickt verstehend und sieht Mora aufgelöst dabei zu, wie dieser Eisfuchs das Felloberteil aufschlitzt und die Wunde untersucht.
„Auf jeden Fall war es kein guter Jäger, der auf ihn geschossen hat“, brummt Mora.
Breka blickt auf den abgebrochenen Pfeilschaft, der Eisfuchs eine Hand breit unter der Brustwarze im Körper steckt und forscht hoffnungsvoll in Moras Gesicht. „Du meinst ...“, er wagt kaum, es auszusprechen.
„Wenn ich den Pfeil entfernen kann, ohne ihm weitere Wunden zu reißen, besteht Hoffnung.“
Milandra fällt ihm von hinten freudig um den Hals und lehnt sich auf ihn. „Ich weiß, dass du das schaffst, Mora.“
„Ich danke dir, Milandra.“ Breka bricht die Stimme. Er räuspert sich. „Ich stehe tief in deiner Schuld.“
„Ich hab‘ gern geholfen“, meint Milandra ein wenig unsicher unter Moras ernsthaften Blicken. Aber sie entdeckt auch Anerkennung in ihnen. Und ein wenig Befremden. Versöhnlich stubst sie seine Hand an. Mora entringt sich daraufhin ein hilfloser Seufzer, der die Männer um sie herum herzlich auflachen lässt.

Nur Asil kann nicht lachen. Er ist wie Mora tausend Tode um sie gestorben.

Breka sitzt an Eisfuchs' Lager und wartet, dass er endlich erwacht. Seit Mora ihm den Pfeil samt der Spitze aus der Brust gezogen hat, ist er in eine tiefe Ohnmacht gefallen. Die Sorge um ihn lastet Breka schwer auf der Seele. Er weicht ihm nicht von der Seite. Und immer, wenn er ihn ansieht, drückt ihn sein schlechtes Gewissen. Er hat ihn lange allein gelassen. ZU lange. Eisfuchs ist erwachsen geworden, ohne dass Breka etwas davon mitbekommen hat. Nichts erinnert mehr an den ernsthaften Jungen, der er noch vor gar nicht so langer Zeit war, als Breka ihn zum letzten Male gesehen hat. Sein Gesicht wirkt wie das eines zwanzigjährigen Mannes. Und er ist beinahe so groß wie Breka geworden. Aber er ist zu schnell gewachsen. Und offenbar hat er gehungert. Er ist noch schmal und schlacksig. Man sieht ihm an, dass er viel durchgemacht hat. Breka atmet schwermütig durch. Er ist es nicht gewöhnt, sich um ihn sorgen zu müssen. Bisher hatte er nie Anlass dazu gehabt. Nun jedoch spürt er sie doppelt so hart. Die Sorgen eines Vaters.
Jemand legt ihm die Hand auf die Schulter. Asil setzt sich neben ihn. „Er wird schon wieder“, versucht er, ihn zu beruhigen, und reicht ihm eine knusprig braun geröstete Gänsekeule.
Breka nimmt sie mit einem dankenden Nicken entgegen und beißt lustlos von ihr ab.
„Ich kann immer noch nicht glauben, dass du schon einen erwachsenen Sohn hast“, murmelt Asil, während er Eisfuchs mustert.
Breka wiegt den Kopf. „Bei den Rentierjägern ist man schon sehr früh erwachsen. Ich war bereits Großvater.“
Asil verschluckt sich an seiner eigenen Gänsekeule, so dass ihn ein Hustenanfall quält. Als er sich wieder davon erholt hat, schüttelt er nur ungläubig den Kopf. Dann räuspert er sich. „WAR?“
Breka nickt nur. Daraufhin deutet er mit dem Kinn auf Eisfuchs. „Er zählt erst vierzehn Winter, Asil. Nur vier Winter mehr als Keril. Und er musste schon erleben, wie es ist, seinen Sohn zu verlieren. Oder von den Mächtigen des Stammes wie eine räudige Ratte abgeschossen zu werden.“ Breka wühlt sich durchs Haar. „Ich schwöre, ab jetzt immer für ihn da zu sein.“

Malo betritt Moras Zelt, um Jollinas Schlaffelle zu holen. Mora sitzt beim Feuer und holt mit einem Stock kleine verkohlte Stückchen

aus der Glut. Diese verströmen einen scharfen Geruch. Malo kommt er bekannt vor. „Warum verkohlst du Hornstücke?“
„Hm?“ Mora antwortet ihm nicht und arbeitet konzentriert weiter.
Malo greift sich Jollinas Felle, während Mora die noch qualmenden, stinkenden Hornstücke mit einem Stein in einem größeren ausgehöhlten Stein fein mahlt. Zu Malos Überraschung greift sich Mora an den Schritt und pinkelt auf das Pulver, noch ehe Malo die Flucht aus seinem Zelt ergreifen kann.
„Was machst du hier, verdammt“, fährt ihn Mora an. Offenbar hat er ihn erst jetzt richtig bemerkt.
„Das fragst DU?“ Malo fährt ein solch stechend ekeliger Geruch in die Nase, dass er husten muss. Es scheint Mora auch noch zu freuen.
„Es wirkt“, meint Mora belustigt. Da bemerkt er Jollinas Felle in Malos Arm und er wird ernst. „Ich kann mich nicht erinnern, dass du mich gefragt hast.“
Malo hat sich noch nicht wieder von seinem Hustenanfall erholt. Ihm tränen die Augen. Der Qualm des bepinkelten Hornpulvers zieht ihm direkt ins Gesicht und er verlässt Moras Zelt fluchtartig, um wieder zu Atem zu kommen.
Mora setzt ihm nach.
Malo zieht die frische Luft gierig in seine Lungen und fühlt sich rüde an der Schulter gepackt. Mora zerrt ihn wütend herum. „Ich hab‘ sie dir nicht gegeben, Malo!“
„Was?“ Malo wischt sich die Tränen aus den Augen, womit die verschwommenen Umrisse Moras allmählich wieder Form gewinnen. Dieser hat sich fuchtig vor ihm aufgebaut und blitzt ihn böse an. „Du bist eifersüchtig“, stellt er unbeeindruckt fest und kann sich eines Grinsens nicht erwehren. Zu seiner Überraschung verpasst ihm Mora einen deftigen, überaus schmerzhaften Kinnhaken, so dass Malo strauchelt. Nun wird auch ER wütend. Er lässt sich in den Handstand fallen, schlingt die Füße blitzschnell um Moras Hals und rollt sich rücklings ab. Damit reißt er Mora von den Beinen, so dass sich dieser wie ein Karnickel überschlägt und unsanft flach auf dem Rücken landet.
Mora jappst nach Luft.
Malo lässt sich provokativ viel Zeit und setzt sich Mora in aller Ruhe auf die Brust. „In meinem Volk nennt man diesen Wurf JAPPSENDES FISCHMAUL.“
Mora verdreht die Augen und ringt noch immer nach Atem. Hilflos muss er über sich ergehen lassen, dass Malo seinen Kopf zwischen die

Beine klemmt.
„Und? Gibst du sie mir nun“, fragt Malo.
Mora stöhnt.
Malo erwidert es mit einem selbstsicheren Grinsen, während dem er noch ein bisschen stärker zudrückt. Mora entringt sich daraufhin so etwas, wie ein gedämpftes Lachen. Malo lässt etwas lockerer und sieht erwartungsvoll auf ihn herab.
Mora packt ihn an seinem Oberteil und zerrt ihn zu sich herunter. „Wenn du sie unglücklich machst, dann hilft dir auch das hier nichts mehr.“
Malo macht sich von seiner Faust frei. „Ich nehme das als ein JA“. Er wiegt anerkennend den Kopf. „Eins muss ich dir lassen. Du verlierst in keiner Lage deine Haltung!“ Er erhebt sich und reicht Mora die Hand.
Mora ergreift sie und kommt auf die Beine. Sie tauschen einen belustigten Blick.
„Ich liebe sie“, meint Malo beschwichtigend.
Mora nickt. „Ich weiß. Sonst würde ich sie dir nicht geben.“ Er reicht ihm die Hand und sie besiegeln es mit einem gegenseitigen Händedruck gegen ihre Unterarme.
Malo atmet erleichtert auf. „Dann ist ja alles geklärt.“ Er klaubt Jollinas Schlaffelle wieder vom Boden auf und macht eine einladende Geste auf Moras Zelt zu, aus dem heraus es wenig einladend riecht. „Ich will dich nicht aufhalten. Bei was auch immer.“
Mora erwidert sein Grinsen und sieht ihm noch einen Augenblick nachdenklich hinterher, bevor sich seine Mundwinkel wieder zu einem Lächeln verziehen und er sich zurück ins Zelt begibt.

Veni beugt sich über Eisfuchs und befühlt seine Stirn. Doch sie ist kühl.
„Er sollte endlich erwachen, damit er was auf die Rippen bekommt. Die Wunde zehrt an ihm.“
Sie hat ein stinkendes Pulver aus den Spänen von Hufen und Geweihen ihrer erlegten Rentiere dabei, die Mora auf seine Methode erhitzte und dann noch mit Urin anrührte.
Breka wird es speiübel, als ihm der penetrant stichige Geruch in die Nase steigt. Doch bei Eisfuchs bewirkt es nichts, als Veni ihm die Mischung direkt unter die Nase hält.
Sie setzt sich mit einem besorgten Seufzen zurück.
Plötzlich dringt eine munter gespielte Flötenmelodie an ihr Ohr.
Veni schlägt die Hand vor den Mund und blickt Breka überrascht an.

Dieser hebt fragend eine Braue.
Veni springt freudig auf und ergreift seine Hand. „Komm! Ich muss dir jemanden vorstellen."
Als Breka nach ihr ins Freie tritt, blickt er sich verblüfft um. Der ganze Clan scheint vor der Behausung der Veni auf den Beinen zu sein. Dabei gilt das Interesse der Veni einem hochgewachsenen Fremden, dessen Haar ebenso hell ist wie Venis. Es reicht ihm bis fast zur Hüfte. Man umarmt ihn freudig und heißt ihn freundschaftlich willkommen. Veni arbeitet sich zu ihm vor und tippt ihm von hinten auf den Rücken. Der Fremde stützt seine Hände in die Seiten und kratzt sich gespielt nachdenklich am Kopf. Dann überkommt ihn offenbar ein Geistesblitz und er wendet sich schlagartig zu ihr herum, um sie an der Taille zu umarmen und hoch zu nehmen.
Breka mustert sein Gesicht. Es ist ebenmäßig, sehr ausdrucksstark und ungewöhnlich schön. Es strahlt Freude aus. Insbesondere seine stechend blauen Augen. Veni küsst und herzt ihn, so dass Breka wachsam wird.
Der Fremde blickt ihm plötzlich ins Gesicht. Er nickt ihm lächelnd zu.
Breka erwidert es und öffnet sich einfach aus einem Gefühl heraus, um sich mit ihm zu verbinden. Der Fremde lässt sich grinsend darauf ein und schickt ihm solch ein Gefühl der Liebe, dass sich Breka überwältigt von ihm trennt. Er weiß, es war ein Willkommensgruß, der von Herzen kam.
Veni winkt Breka eindringlich heran. Der Fremde lässt sie daraufhin wieder herunter und schließt erst einmal Asil in die Arme, der neben ihn gekommen ist.
Breka nähert sich ihnen und rückt neben Veni.
Sie lächelt. „Breka, das ist mein Bruder Konsai."
Er macht große Augen. Ihr Bruder ist der geistige Führer des Konsai-Clans.
Konsai blickt aufmerksam zwischen Asil und ihm hin und her. Offenbar, um einen Unterschied zwischen ihnen festzustellen, an dem er sie beide voneinander unterscheiden kann.
Veni lenkt seine Aufmerksamkeit auf sich, indem sie seine Hand nimmt. Sie deutet auf Breka und formt mit den Lippen lautlos seinen Namen.
Konsai grinst ihm nickend zu und zieht ihn ebenfalls in eine Umarmung. Dann löst er sich wieder von ihm und berührt Breka an jener Stelle auf seiner Stirn, wo sein inneres Auge sitzt, und führt sich die Hand selbst an diese Stelle auf seiner eigenen Stirn. Dann verfährt

er ebenso mit der Stelle über Brekas und seinem Herzen.
Breka sendet Veni fragende Blicke.
„Weißt du etwa nicht, wie man sich unter euch Sehern begrüßt“, zieht Asil ihn auf und schlägt ihm freundschaftlich gegen den Rücken.
Die Veni lachen herzlich über Brekas erstauntes Gesicht.
Dann lässt Breka Konsai dieselbe Begrüßung zuteil werden.
Konsai grinst und tippt ihm daraufhin auffordernd gegen die Brust, um seine volle Aufmerksamkeit zu haben. Er fragt ihn in der Handsprache der Jäger, ob Veni wohl seine Beute wäre.
Breka fällt nun in das Lachen der Veni ein. Er zieht seine Beute an sich und gibt ihr demonstrativ einen langen Kuss, so dass beifallende Pfiffe ertönen.
Konsai macht ein ahnungsvolles Gesicht. Sein Blick weicht plötzlich auf etwas in Brekas Rücken ab. Konsais Augen weiten sich und er zeigt aufgeregt mit dem Finger auf das Mamont.
Keril ergreift seine Hand und zerrt ihn in die Richtung des Kadavers. „Komm. Das haben WIR getötet!“
Konsai lässt sich von Keril zu dem toten Mamont führen und bleibt ehrfurchtsvoll vor diesem stehen. Zaghaft wagt er, einen der riesigen Stoßzähne zu berühren. Das Fleisch des Tieres ist fast verbraucht. Nur noch das weiße Skelett zeugt von seiner ehemaligen Größe.
Konsais Hände sprechen plötzlich davon, dass die Konsai das Mamont aus der Entfernung in der Ebene gesehen hatten. Als sie es mit den Augen der Mutter sahen wussten sie, es ist gefährlich und würde ihnen Tod und Verderben bringen.
Veni nickt still. Dann zupft sie Konsai am langen Haar, um wieder seine Aufmerksamkeit zu haben. „Wo sind die Konsai, wann werden sie hier sein?“ Sie blickt sich suchend um. „Ich hörte doch seine Flöte.“
Konsai deutet mit dem Kopf zurück.
Breka folgt fragend seinem Blick. Da erst bemerkt er, dass sich die Kinder um jemanden geschart haben, dessen heller Schopf sie selbst nur wenig überragt. Im selben Moment ertönt wieder das Flötenspiel. Dieses Mal ist es unglaublich schnell, so dass die Kinder erfreut aufschreien.
Veni hält nun nichts mehr und sie eilt zurück.
Als Breka Konsai fragende Blicke sendet, erntet er von diesem nur ein vieldeutiges Lächeln. Konsai macht eine einladende Geste auf die kleine Ansammlung hin.
Breka lässt sich nicht lange bitten und sie folgen Veni.
Als sie bei ihr ankommen, kniet sie im Staub und lächelt einem Jungen

zu, der ein erstaunliches Flötenspiel vorträgt. Geduldig wartet sie, bis er es beendet hat und zieht ihn dann in eine innige, lange Umarmung. Aufgrund seiner Körpergröße schätzt ihn Breka auf etwa vierzehn Winter. Er ist ebenso schön und anmutig, wie Veni. Als er jedoch sein Flötenspiel beendet hat, bricht er in ein übermäßig kindliches Lachen aus. Das Lachen ist absolut rein. Es wirkt ansteckend. Und doch zeigt es, dass der Geist des Jungen nicht gemäß seines Alters entwickelt ist.
„Veniii“, ruft er und klatscht immer wieder entzückt in die Hände, so dass ihm die knöcherne Flöte schließlich herunter fällt. Keril neben ihm klaubt sie hurtig wieder auf und versucht, ihr ein paar Töne zu entlocken. Doch es endet in jämmerlichem Gefietsche. Die Veni lachen darüber, anders jedoch der blonde Junge. Er hält sich die Ohren zu und macht eine entsetzte Miene.
Veni streichelt ihm beruhigend über den blonden Schopf und nimmt Keril das Instrument ab. Als sie Breka erblickt, erhebt sie sich und dreht den Jungen an den Schultern zu ihm herum. „Alver. Ich will dir jemanden zeigen.“
Breka nähert sich ihm. Der Junge betrachtet ihn mit unergründlichem Blick, bevor sich seine Lippen zu einem herzlichen Grinsen verziehen.
„Ja“, ruft er, wieder unbeschwert lachend.
„Breka, das ist mein Bruder Alver.“
Alver kichert vergnügt, seine hellblauen Augen strahlen. Breka bemerkt, dass er Veni wieder die Flöte aus der Hand nimmt. Glucksend kommt er auf ihn zu. „Alver kennt Breka schon“, meint er. Er spricht unglaublich schnell, ohne sich dabei jedoch zu verhaspeln. Und leichthändig begrüßt er Breka auf die Art der Seher. So, als hätte er dies schon unzählige Male getan.
Breka erwidert seine Begrüßung und versucht, sich sein Erstaunen nicht anmerken zu lassen. Doch es scheint ihm nur leidlich zu gelingen, da Asil ihn mit einem hämischen Grinsen bedenkt.
Die Kinder zerren an Alver. „Spiel uns ein Lied“, fordern sie ihn lauthals auf.
Alver lacht wieder sein kindliches Lachen und spielt die Flöte für sie erneut. Dabei wirbelt er herum und beginnt, zu tanzen. Nun hält die Kinder nichts mehr. Lachend versuchen sie, mit ihm Schritt zu halten.
Breka bemerkt Veni, die glücklich lächelnd neben ihn gekommen ist. Er schüttelt nur mit einem schnaubenden Grinsen den Kopf. Alver scheint jeden Veni mit seinem Lachen angesteckt zu haben.

Es ist späte Nacht. Doch niemand schläft. Funken sprühen vom großen Feuer in den Nachthimmel und mogeln sich unter die funkelnden Sterne. Es ist ein Feuer, das an Größe seinesgleichen sucht. Es vereint die drei Wald-Clans, die schon lange ausgiebig zum Klang von Trommeln um dieses herum tanzen, wärmt und nährt sie mit auf heißen Steinen gebraten Fleischstreifen.
Asil nimmt noch einen prickelnd-aromatischen Schluck vom säuerlichen Gärsaft der Konsai, den diese aus den schwarzen Früchten der Krähenbeere gegoren und mit Honig versüßt haben. Mit schwirrendem Kopf lehnt er sich gegen einen Baumstamm zurück. Er weiß, dass er nicht zu viel vom Gärsaft trinken darf, will er nicht seine Sinne verlieren und am nächsten Morgen mit brummendem Schädel erwachen. Doch er lässt zu, dass er ihn wenigstens betäubt. Denn er kann den Anblick von Milandra in den Armen Moras nicht länger ertragen. Gewiss, er könnte sich mit einer schönen Konsai ablenken. Ein paar von ihnen haben ihm bereits schöne Augen gemacht. Selbst die ein oder andere der Mora-Schönheiten scheint ihm sein Kriegstreiben nicht länger nachzutragen. Aber Asil will keine andere. Er kann Milandra einfach nicht vergessen. So hält ihn nun nichts mehr am Feuer, dessen Schein auf viele verschlungene Leiber fällt, die sich gemäß des Brauches am „Großen Feuer der Stämme" vereinen. Es soll neue Bänder zwischen den Stämmen knüpfen.
Etwas, das Asil im Moment nicht locken kann. Er erhebt sich und wankt zurück zur Behausung der Veni. Ihm wird dabei so schwindlig, dass er beinahe fällt und sich in aller Not an einem der dicken Eckpfeiler des Veni-Unterschlupfes festkrallt. Nur die Kinder sind da und schlafen friedlich. Um nicht über sie zu stürzen, geht Asil lieber auf alle Viere und kriecht wie ein Tier zu seinem Schlafplatz. Der Wolf, welcher am Rande der Behausung zusammengekringelt geschlafen hat, hebt wachsam seinen Kopf und knurrt böse zu Asil herüber. Es belustigt ihn und er kann sich nur schwer zusammenreißen, nicht zurückzuknurren. „Was bei Veni habt ihr wieder für ein Zeug zusammengemischt?" Nicht, dass er es zum ersten Mal bereuen würde, etwas vom Gärsaft angerührt zu haben …
Als er endlich auf seinen Fellen liegt, schließt er durchatmend die Augen und will nur noch schlafen. Da spürt er, wie sein Schlaffell angehoben wird. Er schreckt hoch.
Es ist Edil, die zu ihm unter die Felle kriecht. Ungläubig blickt er auf sie herab. „Du?"
Edil legt ihm einen Finger über den Mund.

Asil nimmt ihn nachdenklich in die Hand. Einst, vor scheinbar langer Zeit, war Edil seine erste Gefährtin gewesen. Und er war ihr erster Gefährte. Was sie verband, war ein solch starkes Band der Liebe, dass sie es für untrennbar hielten. Doch es war nicht untrennbar. Edil durchtrennte es. Denn er konnte ihr auf Dauer nicht geben, was ihr offenbar das Wichtigste war.
Er merkt plötzlich, dass sie weint. „Was …“ Edil legt ihm ihre freie Hand über den Mund.
„Ich hab‘ einen Fehler gemacht, Asil“, schnieft sie flüsternd. Sie lässt ihn los und wischt sich über die Augen.
Er runzelt verwirrt die Stirn. „Wwelcher Ffehler?“ Wie verflucht er es, dass sein Geist so benebelt ist. Er kann nicht klar denken oder reden. Etwas, das einem bei Edils wachem Geist zum Verhängnis werden kann. Doch er könnte ahnen, was sie meint. Er räuspert sich. „Redest du vvon uns?“
Sie nickt.
Asil hingegen lässt sich stöhnend neben sie fallen und schließt müde die Augen. „Edil, das ist tausend Winter her. Ich hab‘ jetzt w wirklich keinen Kopf dafür.“ Wie wünschte er, Milandra würde jetzt hier neben ihm liegen. Edil bewegt sich und er glaubt, sie will nun wieder gehen. Doch als er die Augen öffnet, sitzt sie plötzlich splitternackt neben ihm, sieht ihm auffordernd in die Augen.
Asil hatte ganz vergessen, wie schön ihr Körper ist. Alles an ihr ist ihm vertraut. Und doch auch neu. Sie ist reifer geworden. Und das Ungeborene in ihrem Bauch wölbt diesen bereits ein wenig auf. Als sie sich einfach auf ihn setzt, lässt er es geschehen. Sie beugt sich zu ihm für einen Kuss herab. Ihre weichen Lippen berühren sanft und forschend seinen Mund. „Edil, ich bin betrunken“, raunt er. „Du machst schon wwieder … einen Fehler.“
„Nein“, flüstert sie. „Ich weiß jetzt, was ich will.“ Ihre Küsse werden leidenschaftlich und Asil kann ihr kaum noch etwas entgegensetzen. „Aber“, er zwingt sich fort von ihrem Mund und blickt ihr tief in die Augen. „Aber ICH weiß es nicht mehr“, haucht er atemlos. Wie kann es nur sein, dass sie ihn derart verwirrt?
„Dann lass es mich dir zeigen.“

Breka erwacht in Venis Armen. Etwas hat ihn geweckt. Direkt vor ihm sitzt Alver und beobachtet ihn. Sein Gesicht erstrahlt, als sich Breka auf einen Ellbogen hochstützt.
„Alver wartet auf dein Erwachen.“

Breka reibt sich müde die Augen und gähnt. „Was?“ Kaum vermag er, den schnell ausgesprochenen Worten Alvers zu folgen. Er richtet den Blick in die gerade aufgehende Sonne und dann wieder auf den eigentümlichen Jungen. Um sie herum schlafen noch beinahe alle. Das „Große Feuer“ ist heruntergebrannt. Es war wirklich ein ausgelassenes Fest gewesen.
„Er muss jetzt aufwachen.“ Alver erhebt sich und beugt sich über Breka, um ihn am Arm auffordernd hoch zu ziehen.
„Aufwachen?“ In Breka sträubt sich noch alles gegen ein Aufstehen. Und sein Schädel schmerzt.
„Ja“, meint Alver nun ungeduldig. „Er geht sonst zur Mutter.“ Wieder zerrt er an Brekas Arm.
Brekas Müdigkeit verfliegt mit einem Male als ihm aufgeht, dass Alver von Eisfuchs redet. Er stemmt sich hoch und kommt auf die Beine. Veni dreht sich auf die andere Seite und schläft weiter.
„Komm“, fordert Alver ihn wieder auf. „Konsai hat gesagt, er ist schon ganz schwach.“
„Wo ist Konsai?“
„Schon da, schon da!“ Aufgeregt zieht Alver ihn weiter.
„Warum hast du mich denn nicht geweckt?!“ Er beschleunigt seine Schritte in Richtung auf Moras Zelt zu.
Alver lacht. „Aber ich HABE dich doch geweckt!“
Breka seufzt entnervt und schlägt das Fell vorm Zelteingang zur Seite. Als er eintritt müssen sich seine Augen erst an das Dämmerlicht im Zeltinneren gewöhnen. Er erkennt Konsai an der Seite von Eisfuchs‘ Lager kauern. Breka weiß, dass Konsai ein außergewöhnlich guter Heiler ist. Dass Veni ihr Handwerk bei ihm lernte. Er ist sehr froh, ihn nun hier bei Eisfuchs zu wissen. Nickend begrüßt er Konsai.
„Hier“, Alver weist ihm lächelnd einen Platz direkt neben Eisfuchs‘ Kopf. „Hier sitzt du.“
Als Breka seiner Aufforderung folgt, klatscht Alver lachend ganz entzückt in die Hände. Dann nimmt er übers ganze Gesicht strahlend am Kopfende Platz. Er legt Eisfuchs beide Hände auf die Schultern und schließt immer noch lächelnd die Augen.
Breka sieht fragend zu Konsai herüber. Dieser erwidert seinen Blick mit einem Lächeln und ruckt dann mit dem Kinn auffordernd zu Alver. Als Breka sich diesem wieder zuwendet, lächelt Alver noch immer. Doch nicht mehr mit geschlossenen Augen. Vielmehr hat er sie auf Eisfuchs gerichtet.
„Vater“, flüstert Eisfuchs schwach. „Ich habe keine Kraft.“

Brekas Herz vollführt einen Luftsprung. Eisfuchs hat die dunklen Augen auf ihn gerichtet. Er nimmt das Gesicht seines Sohnes zwischen die Hände und legt die Stirn gegen die seine. „Das wird schon wieder."

Breka sitzt neben Eisfuchs und füttert diesen geduldig mit einer starken Brühe, in der dicke Fleischstückchen schwimmen. Es strengt seinen Sohn an. Immer wieder ist er zu langen Pausen gezwungen.
Veni tritt ein und kniet sich neben Breka. Wachsam mustert sie Eisfuchs' bleiches, eingefallenes Gesicht und schenkt dann Breka ihr so typisches, offenes Lächeln. Ihm fällt ihre Ähnlichkeit mit Alver auf. Als er sich wieder seinem Sohn zuwendet muss er feststellen, dass dieser eingeschlafen ist. So lässt er die hölzerne Schüssel mit der dampfenden Brühe sinken und schenkt wieder Veni seine Aufmerksamkeit.
„Er macht sich gut", bedeutet ihm Veni lächelnd.
Breka nickt. „Es war höchste Zeit." Wenn er bedenkt, was sie alles versucht hatten, damit Eisfuchs wieder erwacht. Doch nichts hat geholfen. Bis dann Alver kam. „Wie hat er das nur gemacht?"
Veni fixiert ihn. „Was denkst du?"
Breka atmet angespannt durch. Doch er grübelt schon lange darüber nach und kam bisher zu keinem schlüssigen Ergebnis.
Veni tippt ihm demonstrativ gegen den Bauch. „Hiermit sollst du denken!"
Breka atmet angespannt durch. „Er holte sich Hilfe?"
Veni nickt.
„Bei den Ahnen?"
Veni zieht eine unbefriedigte Miene.
„Bei euch Eingeweihten?"
Doch Veni schüttelt den Kopf. „Was denkst du über ihn?"
„Dass sein Geist nicht entsprechend seines Alters entwickelt ist."
„Dann hast du ihn nicht mit deinem inneren Auge betrachtet", tadelt sie ihn. „Verlass dich nie nur auf deine beiden weltlichen Augen. Wozu bist du ein Seher?"
Breka nickt zustimmend. Er wird es sich merken.
„Meine beiden Brüder zählen zu den bedeutendsten Sehern, die es zwischen dem Eisrand und diesseits des Großen Meeres gibt. Sie sind führend in der geistigen Welt. Aber in der hiesigen Welt haben sie es schwer, würden ohne die Gemeinschaft des Clans kaum überleben. Bei Konsai ist es nur die fehlende Stimme und das fehlende Gehör. Alver hingegen ist ganz und gar ein Kind der geistigen Welt. Sein Geist ist so

ausgereift, wie kaum der eines Menschen. Die Mutter spricht direkt zu ihm, spricht aus ihm. Sie ist Freude, ist Lachen, ist Liebe. Sie ist so rein wie ein Kind. Und Alver ist wie sie. Er hat direkten Zugang zu ihr. Die hiesige Welt, wie wir sie sehen, ist jedoch fremd für ihn. Er kennt sie nicht, da er sie noch nie so gesehen hat, wie wir. Daher kommt er uns so seltsam vor."
„Du meinst, er lebt ständig in der geistigen Welt?"
Veni lacht. „Ja. Die Welt besteht im Grunde aus beiden Welten zugleich. Sie sind ineinander verflochten. Genau so sollte man sie zugleich sehen und verstehen. Doch das ist nicht Vielen möglich."
„Nur uns Sehern", versteht Breka plötzlich.
„Ja. Zumindest versuchen wir es."

Die Gastfreundschaft der Rentierjäger

Asil hat sich aufgestützt und betrachtet Edil, die noch friedlich neben ihm schläft. Die Nacht mit ihr war unbeschreiblich gewesen. Noch nie zuvor hat er mit einer so liebeserfahrenen Frau geschlafen. Sie konnte ihm Wonnen geben, von denen er noch nicht einmal etwas geahnt hat. Es hat ihm gut getan. Und seinem verletzten Stolz. Und doch kann er nicht ihr Gefährte werden. Nicht noch einmal. Sein Herz schlägt nicht mehr für sie. Auch wenn er sie gern hat. Denn es schlägt nur für Milandra. Feuriger, als ihm lieb ist.
Schwermütig ausatmend erhebt er sich von ihrem gemeinsamen Lager und lenkt seine Schritte zum Fluss. Der Tag ist schon fast bis zur Hälfte fortgeschritten, die Sonne steht über Asil beinahe in der Mitte des Himmels. Doch an der Feuerstelle liegen noch viele eng umschlungene, schlafende Gestalten. Sie hatten die Nacht zum Tage gemacht und holen nun ihren Schlaf nach. Die Clans haben sich vermischt. Asil hofft, dass frisches Blut in den Veni-Clan kommt. Als er Milandra entdeckt, die ganz vetraut auf Mora liegt, wendet er sich abrupt ab und begibt sich zum Fluss. Unterhalb der Badestelle erleichtert er sich in diesen hinein. Dann entkleidet er sich für ein Bad. Es wird nur kurz ausfallen, denn er fröstelt. Die Sommer sind empfindlich kühl geworden. Er bemerkt seinen Bruder Breka, der gedankenversunken in seine Richtung geschlendert kommt. Als dieser ihn gewahrt bleibt er stehen und nickt ihm zu. Asil begibt sich zu ihm.

„Eisfuchs ist endlich erwacht“, begrüßt Breka ihn erleichtert.
Asil lässt ihn mit einem Grinsen wissen, dass er bei ihm ist. Dann nickt er auffordernd zum Fluß.
Breka zieht herausfordernd eine Braue hoch und grinst ihn nur vieldeutig an.
„Hm?“ Asil stellt fragend den Kopf schräg.
Breka hingegen beginnt, sich den Schurz und die Beinlinge vom Körper zu streifen. „Ja, nach einer schweißtreibenden Liebesnacht ist so ein Bad im Fluß die reinste Wohltat.“
Asil verdreht die Augen.
„Wo bleibt dein Grinsen“, zieht Breka ihn auf. Insgeheim hofft er, Edil hätte seinen Bruder nicht nur getröstet, sondern auf ganz andere Gedanken gebracht. Asil jedoch reagiert überhaupt nicht auf seine Neckereien und bläst angespannt die Luft aus. Breka beobachtet ihn genau. Er kennt ihn nun gut genug, um beunruhigt zu sein. „Milandra“, stellt er tonlos fest und nimmt Asils weiteres, ungewöhnlich ernsthaftes Schweigen als Bestätigung. Ratlos zuckt er die Schultern. „Sie tut dir nicht gut, Bruderherz.“ Er mustert die Narben, die Asils Körper übersäen. Es sind sehr viel mehr, als er selbst trägt. Oder Malo. Auch von den Reni kennt er niemanden, dessen Körper von solch schlimmen Verletzungen erzählt. Unter den Veni-Jägern jedoch ist Asil keine Ausnahme. Sie machen eben nicht nur Jagd auf harmlose Rentiere.
Asil fährt sich stöhnend durch die losen Haare. Breka kann nur ahnen, wie aufgewühlt er im Innersten ist. Er muss plötzlich über ihn grinsen. Asil zieht darüber ärgerlich die Augenbrauen zusammen.
„Weibergeschichten“, kommentiert es Breka herablassend und versetzt ihm einen auffordernden Stoß Richtung Flussufer, so dass Asil nach vorn ruckt. „Na los. Wer als Erster drüben ist.“
Sie blicken zur anderen Seite des Flusses, den zu überqueren eine Herausforderung ist, da seine Wasser in seiner Mitte reißend sind. Breka bemerkt, wie sich Asils Muskeln anspannen und stößt ihn mit hämischem Lachen in die Seite, um vor ihm loszukommen. Und sein Plan gelingt.
Asil stößt lachend einen herausfordernden Schrei aus und eilt ihm hinterher. „Das träumst du!“
Breka hastet barfuß über die glatten Steine des Ufers. „Wie früher“, lacht er, hechtet kopfüber ins Nass des Flusses und beginnt, zu kraulen. Als er unter seinem Arm hindurch nach hinten späht, ist Asil schon ganz nahe.
„Ja, ganz genau“, kommentiert Asil es prustend. „Wie früher!“

Die Stromschnellen in der Flussmitte wirbeln Breka herum. Er bringt seine ganze Kraft auf, um gegen sie anzukämpfen und seine Richtung zu halten. Überrascht muss er feststellen, dass sie ihn unter Wasser saugen, ihn völlig herumstoßen, als wäre er ein wehrloser Grashalm. Er weiß nicht mehr, wo oben und wo unten ist. Völlig unerwartet prallt er rücklings auf die Steine des Flussbettes und versucht dann, sich von diesem abzustoßen. Es reicht, um kurz über Wasser zu kommen und Atem zu schöpfen. Er hört noch Asils Rufe, bevor er wieder von einem Strudel heruntergerissen wird. Breka kämpft erneut gegen die Strömung. Er wird wütend. Warum nur ist er Asil ständig unterlegen? Weder im Laufen, noch im Ringen oder Werfen, geschweige denn im Schwimmen ist er so gut wie er. Nur im Schießen. Da trifft er alles. Sein Kopf prallt schmerzhaft gegen einen Stein. „Getroffen", denkt er noch, bevor er versucht ist, nach Luft zu ringen. Wieder stößt er durch die wirbelnde Oberfläche des Wassers und saugt Luft in seine Lungen.
„Treiben! Lass dich treiben", hört er Asils Schreie, bevor er wieder untertaucht in die unbarmhärzige Nässe. Doch nun kämpft er nicht mehr gegen die Strudel an und lässt sich treiben. Wie damals. Da trugen ihn die Wasser jedoch so weit fort, dass er nicht mehr zurück fand. Breka spürt, wie er in ruhigeres Wasser kommt. Mit letzter Kraft schafft er es wieder über Wasser und atmet, hustet. Ein Paar kräftiger Hände packt ihn von der Seite her und zieht ihn mit sich fort. Breka spürt bald darauf Boden unter seinen Füßen und versucht, auf die Beine zu kommen. Er packt Asils Hände. Ja, es sind nicht die alten Hände seines Reni-Vaters, der ihn fand. Es sind eindeutig die Pranken seines Bruders, der ihn mit einem erleichterten Grinsen bedenkt.
Breka prustet ihm Wasser ins Gesicht und rappelt sich zu seiner vollen Größe auf. Er hebt gewichtig den Zeigefinger und deutet keuchend auf Asil. „Aber im Schießen bin ich der Bessere."
Asil lacht auf und wischt sich mit beiden Händen übers klatschnasse Gesicht. Als er sie wieder herunter nimmt, wirkt er verwundert. „Ja, das stimmt."
Breka nickt. „Ich weiß." Er ist noch völlig außer Atem. „Ich weiß wieder alles."
Asil stößt ihm anerkennend mit der Faust gegen die Schulter. Er muss über seine freudige Miene lachen. „Wozu so ein Bad im Fluss nicht alles gut ist", ruft er, um die lauten Geräusche des Wassers zu übertönen. Dann packt er ihn auffordernd bei der Schulter und weist mit dem Kopf zum Ufer. „Komm."
Sie verlassen den Fluss und lassen sich matt auf eine Sandbank fallen.

Sie ist ganz warm von der Sonne. Der Fluss hat sie weit vom Lager abgetrieben. Breka bemerkt, dass er am Kopf blutet. Doch die Wunde ist nur klein. Er kann sich nun an alles erinnern. An sein Veni-Leben, als er noch ein Junge war. An Ulan. Und an seine Mutter. Auch, wie er zu den Reni kam. Als er wieder an seine Mutter denkt, überkommt ihn tiefe Traurigkeit über ihren Verlust. Asil muss es ihm ansehen, denn er schaut betreten zur Seite.

„Ich habe Abras getroffen“, raunt Breka.

Asil blickt ihn überrascht an. „Ihren Mörder?“

Breka nickt. „Er leidet unmenschliche Qualen. Und das ist gut so.“

Asil entgegnet ihm nichts darauf, nickt nur unmerklich mit dem Kopf. Eine ganze Weile lang sagen sie nichts, machen es sich auf der Sandbank bequem und lassen sich von der Sonne trocknen. „Wie früher“, murmelt Breka. Damals hatte er im Sommer oft mit Asil im Fluss gebadet.

„Fast“, bemerkt Asil. „Heute ist es kälter.“ Die Sonne hat ihn nun endlich soweit aufgewärmt, dass er nicht mehr friert.

Breka gibt ihm im Stillen Recht. Es lässt ihn wieder sorgenvoll an die Zukunft des Stammes denken. Er blickt zu Asil, der schwermütig in den Himmel sieht. Er weiß, an wen er denkt. „Schlag dir Milandra aus dem Kopf, Asil. Sie wird Mora niemals verlassen.“ Er hört, wie Asil geknickt durchatmet, ihm jedoch nichts entgegnet. Breka wälzt sich auf den Bauch herum und stützt das Kinn in die hohle Hand. Er beobachtet Asil, der den Blick noch immer in den Himmel richtet. „Warum gibst du nicht einer der Konsai-Frauen nach. Oder Milandras Schwestern?“

Asil schüttelt den Kopf. „Würdest du Veni gegen eine andere eintauschen?“

Breka überlegt. „Sie würde mich nicht wegen eines anderen verlassen.“

Asil brummt Unverständliches in sich hinein.

„Milandra hat ihren Zweck in deinem Leben erfüllt, Asil. Und du in ihrem.“

Asil blickt ihn ungläubig an. Verächtlich stößt er die Luft zwischen den Zähnen aus und sieht wieder ins Blau des Himmels. „Bist du wirklich so berechnend?“

„Manchmal ist es gut, die Dinge so zu sehen.“

„Aber ich liebe sie!“ Asil fährt wütend hoch. „Warum …“, ruft er und versucht dann, sich zu sammeln. „Warum“, fährt er leiser fort, „passiert mir das immer? Sie lassen mich fallen, als hätte ich keine Gefühle.“

Breka stößt ein provokatives Lachen aus. „Du glaubst, dass nur dir das so geht? Dann unterhalte dich einmal mit Malo.“ Auf Asils ungläubige

Miene hin nickt er. „Und auch mir ist es schon so ergangen. Das ist eben der Lauf der Dinge, wenn man die Richtige sucht und sie noch nicht gefunden hat. Man wird verlassen oder verlässt selbst jemanden, der nicht zu einem passt."
Nachdenklich lässt Asil den Blick übers Wasser schweifen. „Woran merkt man, dass man die Richtige gefunden hat?"
„Du WIRST es merken. Glaube mir."
Asil jedoch schüttelt zweifelnd den Kopf.
Breka denkt an Veni. „Sie würde alles für dich tun, würde ihr Leben für dich geben. Nicht, dass es immer leicht mit ihr ist. Aber es stimmt einfach mit ihr. Sie ist ein Teil von dir. Und sie würde dich nicht so einfach wegen eines anderen verlassen."
„Dann kann es auch Edil nicht sein."
Breka zuckt die Schultern. „Vielleicht war damals noch nicht die richtige Zeit für euch."
„Ach", ruft Asil verächtlich und wirft einen Stein in den Fluss. „Das wird mir zu kompliziert."
Breka grinst über ihn, kann ihn jedoch aus leidlicher Erfahrung gut verstehen. Er schlägt ihm aufmunternd gegen die Schulter. „Ich hatte die Suche auch schon aufgegeben. Aber eines Tages wirst du sie treffen."
Das Brechen eines Astes in ihrem Rücken reisst sie abrupt aus ihrem Gespräch. Sie ducken sich ab und fahren herum. Breka erheischt noch einen Blick auf einen dunklen Schopf, der sich fluchtartig von ihnen fort bewegt. Sonst scheint die Luft rein zu sein.
Sie richten sich wieder auf, den Blick wachsam auf der Umgebung ruhen lassend. Das mannshohe Schilf am Ufer wiegt sich sanft raschelnd im Wind. Es verdeckt jegliche Sicht.
„Wie blöd von uns", raunt Asil.
Breka stimmt ihm nickend zu. „Das gefällt mir nicht." Sie sind nur zu zweit. Überdies nackt und gänzlich ohne ihre Waffen. „Die Reni scheinen sich sehr für uns zu interessieren."
„Lass uns zurück gehen", schlägt Asil vor. „Wir queren den Fluss an der Badestelle. Dort ist er ruhiger."
Das erneute Knacken und Rascheln von Schilf lässt sie erstarren.
„Los", flüstert Breka und sie laufen das sandige, verwilderte Ufer flussaufwärts. Ganz unvermutet jedoch springt eine Gestalt direkt vor ihnen aus dem Schilf heraus und versperrt ihnen mit drohend auf sie gerichtetem Speer den Weg.
Breka erkennt Weißer Falke, einen Reni aus dem Ältestenrat.

Asil versucht, nach hinten und dann durchs Schilf durchzubrechen, doch überall erscheinen Reni-Krieger, stoßen mit drohend auf sie gerichteten Speeren wie aus dem Nichts hervor. Asil lässt sie nicht dazu kommen, einen Kreis um sie herum zu ziehen und hastet zum Fluss, dem einzigen Ausweg, der ihnen noch bleibt. Da bohrt sich ein Speer nur eine Hand breit vor ihm warnend in den Ufersand. Asil bremst stiebend ab, ergreift den Speer und wirbelt mit ihm herum. Nun HAT er eine Waffe. Er holt mit dem Speer aus, richtet ihn drohend auf den nächstbesten Reni.
„Nein Asil“, ruft Breka entsetzt und stellt sich zwischen Asil und den Reni.
Doch Asil weiß selbst, dass sie nicht geringste Chance hätten, lebend zu entkommen.
Breka wendet sich zu den Reni um und hebt zum Zeichen ihrer Ergebung demonstrativ die Hände nach oben. Doch die Reni halten ihre Speere noch immer gesenkt und rufen aufgeregt durcheinander, schreien Asil an. Breka blickt sich zu seinem Bruder um und macht eine eindringliche Miene.
Asil hingegen richtet seinen Speer auf einen Reni, der als einziger keine Waffe trägt und sich auch durch einen Federschmuck in seinem Haar von den anderen unterscheidet. Er brüllt ihn wild an.
Rabenherz weicht entsetzt einen Schritt zurück.
Asil kommt drohend auf ihn zu, packt Breka am erhobenen Arm und zerrt ihn Richtung Fluss.
Die Reni jedoch umstellen sie nun unter wildem Geschrei.
Asil lässt Rabenherz nicht aus den Augen.
„Asil“, ruft Breka wütend. Doch sein Bruder setzt Rabenherz den Speer auf die linke Brust.
„Sag ihnen, dass ich ihn töte, wenn sie die Speere nicht wegwerfen!“ Er spürt, dass der Anführer der Reni nicht hier ist, um zu verhandeln. Ein tiefes Gefühl sagt ihm, dass er gefährlich ist. Seine lodernden Blicke scheinen ihn durchbohren zu wollen.
Breka wendet sich an die Reni, hebt beschwichtigend die Hände. „Männer, er meint es ernst. Lasst die Speere sinken.“ Die Reni verstummen, verharren jedoch unsicher.
„Was wollt ihr“, versucht Breka, sie zum Reden zu bringen. Es ist der einzige Weg. Sie müssen verhandeln. Rabenherz jedoch scheint nicht gewillt, den Reni Anweisung zu geben. Breka begreift, dass er gar nicht reden will.
„Warum greift ihr uns an Weißer Falke?“

Gefragter fixiert ihn mit aufgerissenen Augen.
Breka glaubt beinahe, Weißer Falke habe Angst vor ihm. „Sie sind nur böse Geister“, hört er Rabenherz sagen.
Rabenherz springt mit einem hastigen Satz zur Seite und entweicht wenig rühmlich hinter einen jungen Reni, einem sicheren Schutzschild vor Asils Speer. Der Reni starrt Asil an und schlägt seine Speerspitze auffordernd gegen die seine.
„Worauf wartet ihr Dummköpfe“, kreischt Rabenherz.
Asil spürt einen starken Schmerz in der Seite. Man hat mit einem Speer nach ihm gestoßen, warmes Blut rinnt aus einer Wunde an seiner Hüfte und bahnt sich einen Weg an seinem Oberschenkel herab. Asil muss nun einsehen, dass er nichts ausrichten kann. Wütend stößt er seinen Speer in den Sand.
Breka sinnt fieberhaft über Rabenherz‘ Worte nach. „Wir sind keine Geister!“
„Hört nicht auf seine Worte. Er versucht, euch zu verwirren.“ Rabenherz wagt sich nun aus seiner Deckung hervor. „Seht sie euch an. Es ist der böse Geist von Wolf, der euch gleich zweimal erscheint. Tötet ihn!“
In Breka kommt nun Bewegung. Er stellt sich Rücken an Rücken mit Asil. „Wartet.“ Sein Geist arbeitet fieberhaft. Die Reni-Krieger zögern noch, doch einige Gesichter zeigen schon wilde Entschlossenheit. „Glaubt ihm nicht. Ich bin es, Wolf.“ Er hört Rabenherz verächtlich auflachen. „Und das hier“, fährt er hastig fort, wobei er auf Asil deutet und dessen blutverschmierten Oberschenkel berührt, „das ist Asil, mein Bruder vom Clan der Veni. Ich habe meinen Stamm wiedergefunden.“
„Ich sage, tötet sie“, fährt Rabenherz dazwischen und entreißt dem jungen Reni neben ihm dessen Speer. Ohne Zögern geht er damit auf Breka los.
Breka kann ihm ausweichen und umfasst den Speerschaft mit festem Griff. Wütend entreißt er ihn Rabenherz. „Denkt nach“, erwidert er schnell, damit sich die Reni nicht von Rabenherz hinreißen lassen. „Seit wann können Geister aus Wunden bluten?!“
„Seit wann hat Wolf einen Bruder! Wolf ist tot“, ruft Rabenherz.
Breka atmet tief durch, kann sich jedoch nicht mehr zur Ruhe zwingen. „Rabenherz!“ Er wechselt den Speer in die Linke, tritt neben ihn und packt ihn bei der Gurgel. Im selben Moment spürt er einen harten Schlag gegen seinen Hinterkopf und es wird schwarz um ihn.

Stöhnend kommt Breka wieder zu sich. Ihm schmerzt der Schädel, als würde er zerspringen wollen. Es macht ihm wieder klar, was geschehen ist. Er liegt bäuchlings im Staub, geknebelt und an Händen und Füßen gefesselt. Überall um ihn herum entdeckt er vertraute Gesichter. Gesichter von Menschen, die es einst gut mit ihm gemeint hatten, deren Vertrauen er einmal besaß und bei denen sein Wort etwas galt. Doch die Gesichter wirken abweisend. Sie drücken Angst aus, oft auch Unsicherheit. Ein kleines Mädchen hockt sich neben Breka und streichelt ihm mitfühlend übers Gesicht. Abrupt wird es weggezerrt.

Sie haben tatsächlich Angst vor ihm. Und er kann sie ihnen nicht einmal nehmen. Sicher war es Rabenherz‘ Einfall, ihn knebeln zu lassen.

Breka wälzt sich stöhnend auf die Seite und sieht sich nach Asil um. Er entdeckt ihn gleich neben sich im Dreck liegen. Man hat ihm bis auf den Knebel dieselbe Behandlung wie ihm angedeihen lassen.

„Das ist ja ein herzlicher Empfang“, grollt Asil missmutig. „Ich sehe, du bist beliebt!“

Breka würgt an seinem Knebel.

„Und zu denen wolltest du mal freiwillig zurück?“

Während Asil ihn mit bösen Blicken bedenkt, atmet Breka angespannt durch. Wenigstens haben sie sie nicht getötet. Ein klarer Verstoß gegen Rabenherz‘ Befehl. Es lässt ihn hoffen. Er sieht sich nach den Sehern der Reni um, kann sie jedoch nirgends entdecken. Auch keinen der Männer aus dem Ältestenrat. Nur ein paar junge Burschen wurden zu ihrer Bewachung zurück gelassen. Offenbar haben sie den Rat der Ältesten einberufen. Breka kann es nur hoffen. Er überlegt, was sie tun könnten, um sich selbst aus ihrer misslichen Lage zu befreien. Doch ihm bleibt nur, den verdammten Knebel endlich loszuwerden. So wälzt er sich wieder auf den Bauch herum und kriecht ganz nah an Asil heran.

„Was hast du gemacht, dass sie so sauer auf dich sind!“

Breka verdreht die Augen und nuschelt.

Asil blickt ihn nur verständnislos an. „Was?“

Breka versucht, eindringlich auf das Stück Leder zu schielen, das ihm im Mund steckt und vorsichtshalber noch mit einem dünnen Lederstreifen um seinen Kopf herum festgezurrt wurde.

Asil versteht und streift ihre Bewachung mit vorsichtigem Blick. „Sicher hast du dich schon mit unseren Sehern verbunden“, raunt er und kommt Brekas Gesicht nun ganz nahe.

Breka erstarrt. Nein, das hat er NICHT. Er weicht Asil aus, der gerade dem Lederstreifen mit seinen Zähnen zu Leibe rücken will, und lehnt die Stirn gegen den Boden, um sich zu konzentrieren.
„Bei Veni“, schnaubt Asil aufgelöst. „Dann beeil dich, verdammt. Sie kommen zurück!“
Breka spürt, wie sich Asil wieder am Knebel zu schaffen macht. So schnell er kann dehnt er seinen Geist aus. Er orientiert sich am Fluß, wird plötzlich von einem gleißend hellen Licht angesogen. Es beruhigt ihn. Er bringt sich mit ihm in Einklang und ist plötzlich von solch einem Hochgefühl der Liebe erfüllt, dass es ihm den Atem nimmt. Er spürt Freude und hört ein ganz reines Lachen. Das Lachen einer jungenhaften Stimme. ALVERS Lachen!
Derb wird er wieder zurück in die hiesige Welt gerissen. Atemlos findet er sich im Staub liegen und mit einem starken Schmerz in seiner Magengrube konfrontiert. Sein Gesicht berührt ein Paar dreckiger Füße, die ihm sofort einen groben Tritt gegen die Wange versetzen. Breka schreit auf. Er ist plötzlich nur noch wütend. Da geht ihm auf, dass er wieder schreien kann. Asil muss also erfolgreich gewesen sein. Mühevoll rappelt er sich nun hoch. Zuerst auf die Knie, den Blick auf die dreckigen Füße gerichtet, die einen Schritt zurück weichen. Dann kommt er auf die Beine, die ihm zwar noch etwas wackelig, aber zuverlässig gehorchen. Breka ist noch immer an Händen und Füßen gefesselt, baut sich jedoch bedrohlich vor Schwarze Feder, dem Besitzer der gnadenlos tretenden Dreckfüße, auf und blickt grimmig auf ihn herab. „Mein Bruder hier“, er weist mit dem Kinn auf Asil, der sich mit schmerzverzogenem Gesicht zusammengekrümmt hat und dessen kurze Atemstöße jedesmal kleine Staubwölkchen vom Dreck des Bodens aufblasen, „mein Bruder Asil wundert sich über den schlechten Empfang, den uns die Reni bereiten. Ein Empfang, der des Anführers eines der Wald-Clans unwürdig ist!“ Er lässt seine Stimme nur so auf Schwarze Feder herabdonnern. Dieser zeigt sich jedoch nur einen winzigen Moment lang beeindruckt und gewinnt schnell wieder seine herablassende Fassung zurück.
„Was hat ein Verräter auch anderes zu erwarten“, gibt er bissig zurück. Milan und Rabenherz drängen sich neben ihn, um nicht etwa als unbedeutender angesehen zu werden.
Breka ringt um seine Fassung.
Schwarze Feder bedenkt es mit einem gehässigen Grinsen und wendet sich von ihm ab. Er hebt die Arme in die Höhe, um sich der Aufmerksamkeit aller Reni gewiss zu sein. „Das hier“, dramatisch

wendet er sich wieder Breka zu und zeigt mit dem Finger auf ihn, „das ist der Verräter, dem wir den Unmut des Sturmvaters Ada zu verdanken haben.“ Er kommt mit dem Gesicht ganz nah an Breka heran. „Er hat uns im Stich gelassen und sich mit dem Feind verbündet.“

„Mit dem Feind?“ Breka versucht, sich zur Ruhe zu zwingen. „Die Wald-Clans sind euch freundlich gesonnen!“ Er nutzt seine tragende Stimme, damit jeder Reni ihn hören kann. „Zumindest bis heute“, vieldeutig weist er wieder mit dem Kopf auf Asil, der im Begriff ist, sich strauchelnd zu erheben.

„Es ist gleich, wie sie uns gesonnen sind.“ Milan drängt sich nun wieder hervor. „Wir sind ihnen eindeutig überlegen.“

„Ihr seid schwach, Reni. Der Winter hat vielen Reni das Leben gekostet. Ihr könnt euch die Feindschaft der Wald-Clans nicht leisten!“

„Wir sind hungrig“, mischt sich Rabenherz ein. „Die Wald-Clans sollen dorthin zurückgehen, wo sie hergekommen sind. Die Weite der Ebene ist schon seit jeher der Jagdgrund der Rentierjäger.“ Euphorisch begrüßt er es, dass die Reni in seinem Rücken ihm lauthals zurufen.

„Es ist Wild für mindestens soviele Clans da, wie ich Finger an meinen Händen habe“, entgegenet ihnen Breka, doch seine Stimme geht in den Rufen der Reni unter. Allmählich sinkt ihm der Mut.

Hilflos sieht er nach Asil, der ihn nackt, verdreckt und verletzt, mit blutiger Nase und aufgesprungenen Lippen nicht aus den Augen lässt. Sein Anblick ist zum Erbarmen. Und sicher nicht besser als der von ihm selbst. „Was ist mit den Reni geschehen?!“ Breka schüttelt ungläubig den Kopf. „Was ist aus euch geworden?“ Der Tumult beginnt, sich etwas zu legen. „Ich habe euch noch nie so erbarmungslos erlebt, so gewalttätig. Ihr wart einmal friedfertige Rentierjäger.“

„Die Kälte hat uns gezeichnet“, bedeutet ihm Weißer Falke. Er hat sich unter den etwa fünfzehn Ältesten der Reni in ihre Nähe begeben und zieht nun sein Steinmesser.

„Nein“, ruft Breka. „Ihr folgt nur den FALSCHEN!“ Er merkt, dass er sich beeilen muss. „Was haben sie euch von Eisfuchs erzählt?“

Die Ältesten tauschen bedeutsame Blicke. „Er ist tot. Der Pferdemensch hat ihn geholt.“

„Der Pferde…“, Breka atmet durch. „Grauer Wolf hat den Pfeil gesehen, der Eisfuchs in der Brust steckte. Es war der Pfeil von Schwarze Feder!“ Mit Genugtuung vernimmt er das verwirrte Raunen, das nun durch die Reni geht.

Weißer Falke schlägt sich nachdenklich die scharfe Klinge seines Steinmessers mit der flachen Seite gegen die Wange. „Grauer Wolf ist

tot. Der Fluß hat ihn geholt und weggetragen."
Breka stößt verächtlich die Luft aus. „Lasst mich raten, seinen Körper hat man nie gefunden!" Doch es kann die Ältesten nicht überzeugen.
„Nun führe aus, was wir zusammen beschlossen haben", fordert Rabenherz Weißer Falke beinahe gelangweilt auf.
„Eisfuchs lebt", ruft Breka verzweifelt. „Die Heiler der Wald-Clans konnten ihn retten und er kann euch bezeugen, dass die drei Seher der Reni versucht haben, ihn zu töten!" Er hat damit plötzlich die Aufmerksamkeit aller. Und er hat nicht vor, diese wieder zu verlieren. „Eisfuchs fand heraus, dass die Seher der Reni allesamt Lügner sind. Sie haben nicht die Fähigkeiten eines Sehers. Sie sind nur gierig nach Macht." Er hört Rabenherz' herablassendes Lachen, lässt sich jedoch nicht beirren. „Eisfuchs ist von der Großen Mutter auserwählt. Er wurde bereits eingeweiht in ihre Geheimnisse. ER ist euer Führer in der geistigen Welt, nicht diese drei Lügner, die morden, um an der Macht zu bleiben. Die Mutter hat euch verlassen, Reni! Sie schützt euch nicht mehr, da niemand sie um ihren Schutz bitten kann. Ihr seid den höheren Mächten schutzlos ausgeliefert, folgt einem Irrglauben an böse Geister und Pferdemenschen, an Ada als den Herrscher über Sturm und Kälte …" Ihm schlägt jemand etwas über den Schädel. Breka taumelt und er fragt sich besorgt, wieviele solcher Schläge sein Kopf wohl noch so aushalten kann. Dann bricht wieder Dunkelheit über ihn herein.

„Breka!"
Jemand rüttelt an ihm.
„Breka. Bei Veni, wach auf!"
Asils Stimme dringt nur dumpf zu ihm vor.
„Bruderherz!"
Breka öffnet stöhnend die Augen. Asils Gesicht schwebt über ihm. Breka grinst erleichtert, doch es tut ihm weh. Sein Kopf fühlt sich an wie eine schmerzende heiße Kugel. „Du siehst übel aus", haucht er und vernimmt, wie sich Asil eines Grinsens nicht erwehren kann.
„Ja. Ich will eben nicht, dass sie uns unterscheiden können."
Breka schließt stöhnend die Augen.
„Ich weiß nicht, was du ihnen erzählt hast. Doch es hat diesen hässlichen Vogel mit dem Federschmuck im Haar dazu gebracht, dir eins drüberzuziehen."
Breka nickt nur müde.
„Aber die Krieger hat es wohl endlich zur Besinnung gebracht."
Breka öffnet die Augen und lässt den Blick umherschweifen. Sie

befinden sich allein im Halbdunkel eines Reni-Zeltes.
„Naja, ihre Gastfreundschaft lässt zu wünschen übrig“, bemerkt Asil und versucht, immer noch gefesselt, aus einer flachen Holzschüssel zu trinken. Er bringt Breka damit zu einem Lachen, das von schmerzhaftem Stöhnen begleitet wird.
Dann richtet sich auch Breka umständlich auf, um nach seinem Bruder etwas Wasser zu trinken.
„Willst du mir nicht endlich erklären, was hier los ist?“
Breka löst sich von der Schüssel und lehnt sich kraftlos gegen einen Pfosten des Zeltgestänges.
„Hast du die Seher verständigt?“
Schwermütig bläst Breka die Luft aus. „Nein.“
„Was“, fragt Asil entsetzt.
„Ich konnte nur noch Alver erreichen.“
Asil starrt ihn verblüfft an. „Na Bestens.“
„Ich weiß“, erwidert Breka geqält.
„Nein, nein. Im Ernst.“ Er stellt den Kopf spöttisch schräg. „Du scheinst ja nicht sehr viel über ihn zu wissen.“
Breka nickt nur matt. Er fühlt sich noch wie betäubt. Auf Asils Schnauben hin blinzelt er träge zu ihm.
„Ich muss mich nun nicht mehr sorgen, dass du je zu ihnen zurückgehen könntest.“
Breka deutet ein Lächeln an. „Ich wusste schon vorher, wo mein Platz ist.“
„Im Ernst?“ Asil rutscht interessiert neben ihn. Für einen flüchtigen Moment verzieht er schmerzhaft das Gesicht und berührt beiläufig seine Seite. Dann stößt er ihm herausfordernd mit dem nackten Fuß gegen sein Bein. „Jetzt erkläre mir, warum sie so wütend auf dich waren!“
Er entlockt Breka damit ein gepeinigtes Stöhnen. „Bist du nicht müde?“ Asil jedoch blickt ihn erwartungsvoll an. Breka muss einsehen, dass er ihm eine Erklärung schuldig ist. „Also gut“, willigt er gedehnt seufzend ein.

Breka träumt von Veni. Sie beobachtet ihn, nickt ihm auffordernd zu. Dann schüttelt sie mit einem offenen Lächeln ihr langes blondes Haar, so dass es um sie herum flutet und ihn regelrecht blendet. Breka blinzelt in die Morgensonne. Jemand hat das Fell vom Eingang zurück aufs Zelt geschlagen. Als er sich ein wenig regt bemerkt er, dass er nicht mehr gefesselt ist. Und man hat fürsorglich ein wärmendes

Schlaffell über ihn gebreitet.
Breka richtet sich erstaunt hoch. Asil liegt ebenfalls zugedeckt in seiner Nähe und schläft noch. Ein Schatten fällt auf ihn, jemand kommt zu ihnen ins Zelt.
Es ist eine Reni, die unschlüssig im Eingang verharrt. Unsicher kommt sie dann näher. Sie hat etwas in der Hand. Mit einem Räuspern scheint sie sich zu fassen und kniet sich beherzt neben Breka.
„Rose“, raunt er. Sie war einst die hübsche Gefährtin von Eisfuchs gewesen. Ihre Wangen sind stets leicht gerötet, was ihr ihren Namen einbrachte. Sanft ruhen nun ihre großen hellbraunen Augen auf Breka.
„Ich bin froh, dass du lebst, Wolf“, gibt sie ihm zu verstehen und reicht ihm eine hölzerne Schüssel mit gekochtem Fleisch. „Und ich kann auch gut verstehen, dass du zu deinem Stamm zurückgekehrt bist.“
Breka nimmt ihr die Schüssel dankend ab und beginnt, hungrig zu essen.
„Du sagst, Eisfuchs lebt?“
Breka nickt.
„Dann will ich zu ihm.“
Er hält überrascht im Essen inne und mustert sie. „Von mir aus gerne. Doch ich fürchte, sie lassen mich hier nicht weg.“
Rose jedoch schüttelt den Kopf. „Ihr könnt gehen, hat Adlerschrei gesagt.“
Breka macht große Augen. Doch wenn Adlerschrei, der Redner der Ältesten, dies gesagt hat, dann ist es auch so. „Was ist passiert?“
Rose zuckt die Schultern. „Du hast Recht.“
„Womit?“
Sie nickt. „Mit unseren Sehern, meine ich. Die Ältesten haben sich entschieden. Adlerschrei will mit dir reden, sobald du erwacht bist. Ich gehe jetzt zu ihm.“
„Ja“, meint Breka zerstreut. Er muss ein dümmliches Gesicht machen, da sie im Aufstehen nur mühevoll ein Grinsen verbergen kann. Breka räuspert sich. „Rose?“
Sie blickt sich noch einmal fragend nach ihm um.
„Eisfuchs braucht dich.“
Rose nickt verstehend und schenkt ihm ein Lächeln.
Als sie wieder verschwunden ist bemerkt er, dass sie ihnen zwei Lendenschurze dagelassen hat.
„Viel zu klein“, nuschelt Asil.
„Was?“
Asil richtet sich ein wenig unbeholfen hoch. „Ihre Frauen sind viel zu

klein, wenn du mich fragst."
Breka reicht ihm grinsend die Schüssel mit dem restlichen Fleisch und sieht ihm dabei zu, wie er hungrig das Rentierfleisch verschlingt und sich dann genüsslich jeden Finger leckt. Er erhebt sich und reicht ihm auffordernd die Hand. „Komm, Rentierfresser. Wir nehmen zuerst ein Bad." Als er Asils Hand ergreift, ist diese furchtbar heiß. Alarmiert mustert er seinen Bruder genauer, bemerkt seine glasigen Augen. „Du fieberst, Asil."
Doch dieser wischt es nur lachend mit einer Hand weg und lässt sich von ihm hochziehen. „Hab' schon Schlimmeres erlebt", tut er ab und wankt auf den Zeltausgang zu.
Misstrauisch blickt ihm Breka nach. Dann greift er sich noch schnell die beiden Schurze und folgt ihm hinterher.
Als sie sich im Bach mit weichem Ufersand den Dreck vom Körper schmirgeln, mustert Breka die Speerwunde in Asils Seite genauer. Sie ist tief. Die Haut um sie herum ist gerötet. Und die aufklaffenden Wundränder sind verschmutzt. Kein Wunder. Hatten sie doch den ganzen Tag im Dreck liegend zubringen müssen. Beunruhigt nähert sich Breka seinem Bruder. „Lass mich deine Wunde waschen, Asil. Sie sieht nicht gut aus." Asil lässt ihn gleichmütig gewähren. Doch so sehr sich Breka auch müht, er bekommt sie nicht ganz sauber.
Schließlich gibt er es auf und sie machen sich auf den Weg zurück ins riesige Zeltlager der Reni.
Ein paar junge Reni gabeln sie auf und geleiten sie zum großen Zelt. Als sie eintreten, sind bereits viele des Ältestenrates versammelt. Von Rabenherz, Milan und Schwarze Feder jedoch fehlt jede Spur.
Man schart sich um sie.
„Wir entschuldigen uns für die raue Behandlung, Wolf." Weißer Falke reibt sich betreten die Nase. Dann zieht er einen abgebrochenen Pfeilschaft aus einem kleinen Lederbeutel an seinem Gürtel hervor.
Breka nimmt ihm diesen aus der Hand. Es ist der Pfeil von Schwarze Feder.
„Grauer Wolf hatte ihn mir noch zugesteckt, bevor er ...", Weißer Falke atmet schwermütig durch. „Wir konnten und wollten ihm und den anderen vier jungen Reni keinen Glauben schenken. Doch wir hätten es tun sollen."
„Ja, das hätten wir", brummt Adlerschrei, der eigentliche Kopf des Ältestenrates der Reni, bedrückt. Seit Breka ihn das letzte Mal gesehen hat, ist sein Haar fast völlig ergraut. Nur wenige Reni sind älter als er, der bereits über vierzig Winter zählt. „Doch als dann deine Worte die

Worte von Grauer Wolf bestätigten, kamen wir nicht mehr umhin. Die Tatsachen sprachen gegen die Seher. Und Rabenherz verriet sich selbst, als er dich niederschlug, um dich zum Schweigen zu bringen.“
Er tauscht mit den anderen Ältesten betretene Blicke und wiegt das ergraute Haupt. „Wer konnte schon ahnen, dass unsere Seher solch abgrundtiefe Machenschaften betreiben. Wir vertrauten ihnen.“
Breka legt ihm ermutigend seine Hand gegen die Schulter.
Adlerschrei ergreift seinen Unterarm und drückt ihn freundschaftlich. „Gut, dass du wieder hier bist.“
Breka nimmt seine Worte mit einem wohlwollenden Nicken zur Kenntnis. Dann wendet er sich an Asil und übersetzt ihm alles. Auch die letzten Worte von Adlerschrei lässt er nicht unerwähnt und kostet Asils misstrauischen Blick grinsend aus.
„Wolf, sage deinem Bruder, dass wir hoffen, eine friedliche Übereinkunft mit den Wald-Clans zu finden.“
Breka übersetzt es Asil.
Dieser jedoch lässt den Blick versonnen auf Adlerschrei ruhen und verschränkt die Arme nachtragend vor der breiten Brust.
Breka runzelt überrascht die Stirn.
Adlerschrei hingegen reicht Asil die Hand und nickt ihm auffordernd zu.
Asil kostet den Augenblick bis zur Gänze aus. Dann lässt er Adlerschrei nicht länger zappeln.
Sie umfassen jeder den Unterarm des anderen und besiegeln damit ihre friedlichen Absichten.
„Ich kann sie trotzdem nicht leiden“, raunt Asil, während er Adlerschrei noch mit einem knappen Lächeln begegnet.
Breka verkneift sich ein Grinsen. Auf Adlerschreis fragende Miene hin räuspert er sich. „Er hat gesagt, dass eure Gastfreundschaft einzigartig ist.“
Die Reni brechen in herzliches Gelächter aus.
„Kommt“, meint Adlerschrei versöhnlich und winkt sie in die Mitte des Zeltes, wo der Boden in einem Rund mit Fellen weich ausgepolstert wurde. Jede Menge Köstlichkeiten warten dort fein angerichtet in hölzernen Schüsseln auf sie. „Ich hoffe, er kann es uns jemals verzeihen.“

Asils Liebe

Breka steht auf einer kleinen Anhöhe und blickt flußaufwärts ins Tal hinein. Doch sie haben noch einen kräftigen Fußmarsch vor sich, bis die Bäume beginnen, dichter beieinander zu stehen. Dort weiß er die drei Lager der Wald-Clans. Wenn er sich anstrengt, kann er bereits die blassen Rauchsäulen ihrer Feuer erkennen. Die Sonne steht schon tief und sie müssen sich eilen, um das Lager der Veni noch rechtzeitig vor Einbruch der Nacht zu erreichen. Ungeduldig kehrt er wieder zurück zu Asil, dessen Starrsinn sie es zu verdanken haben, heute noch aufgebrochen zu sein. Denn Breka hätte damit lieber bis zum nächsten Morgen gewartet. Er weiß, dass es Asil nicht gut geht. Doch dieser wollte so schnell wie möglich wieder zurück zum Clan. Er ist mit den Reni einfach nicht warm geworden. Breka kann es ihm im Anbetracht der Geschehnisse nicht verdenken.

„Wolf", begrüßt ihn Rose auf ihre ernste Art. „Deinem Bruder geht es nicht gut. Er hat starkes Fieber."

Auch sie will so schnell wie möglich zu den Veni. Aus Sorge um Eisfuchs.

Breka begibt sich zu Asil, der an einen Baum gelehnt mit geschlossenen Augen ausruht. Prüfend berührt er seine Stirn. Sie ist schweißnass.

Asil zuckt zusammen und blinzelt ihn an.

„Kannst du weiter?" Er erntet nur Asils ärgerliche Miene.

„Deine Besorgnis beginnt, mich zu nerven", entgegnet er übellaunig. Strauchelnd kommt er hoch, greift sich mürrisch seinen Speer, der am Baum lehnt, und geht weiter.

Breka tauscht mit Rose noch einen nachdenklichen Blick, bevor auch er zu seinem Speer greift. Einem guten alten Reni-Speer, den Weißer Falke ihm mit auf den Weg gab. Die Reni selber wollen später nachkommen. Dann, wenn sie ihre Seher bestraft haben. Beim Gedanken daran läuft es Breka kalt über den Rücken. Denn nach Reni-Brauch sollen sie der Mutter geopfert werden. Man wird ihnen bei lebendigem Leibe das Fleisch von den Knochen schaben und es vor ihren Augen verbrennen.

Asil vor ihm strauchelt, kann sich jedoch noch mit seinem Speer abfangen. Breka schließt zu ihm auf, doch Asil lässt ihn stehen und geht strauchelnd weiter.

Nach einem besorgten Durchatmen folgt er ihm hinterher. Ihm wird

klar, dass sie es vor Einbruch der Dunkelheit nicht mehr bis zum Lager schaffen werden. Angespannt beobachtet er, wie Asil seine Schritte plötzlich zum Ufer des Flusses lenkt. Offenbar, um zu trinken. Doch als er sich in den Kies kniet, um seine Hände ins Wasser zu tauchen, bricht er zusammen.
Breka eilt ihm zur Seite und zieht ihn ein Stück vom Wasser weg.
„Durst“, raunt Asil. „Ich hab‘ Durst, verdammt.“
Rose kniet sich neben Asil und gibt ihm aus ihrem Wassersack zu trinken. Er leert ihn vollständig.
„Du schaffst keinen Schritt mehr.“
Asil jedoch strafft sich. „Ich schaff das schon.“ Sein Versuch, sich wieder zu erheben, scheitert jedoch kläglich und er gibt daraufhin kaum merklich nickend klein bei.
Breka ist zutiefst beunruhigt. Denn er weiß, wie gefährlich das Wundfieber ist. Oft hat er schon erlebt, wie es jemanden das Leben kostete. Er könnte sich ohrfeigen. „Warum hab ich mich nur drauf eingelassen“, ruft er wütend und besorgt zugleich. Roses bestürzte Blicke lassen ihn jedoch verstummen. Er denkt nach. „Ich rufe Mora“, meint er mehr zu sich selbst. Veni möchte er nach Einbruch der Dunkelheit lieber in der Sicherheit des Lagers wissen.
„Lieber will ich verrecken“, knurrt Asil.
Breka bedenkt ihn wortlos mit einem finsteren Blick. Dann schließt er die Augen und konzentriert sich. Es ist nicht schwer, sich mit Moras starkem Geist zu verbinden. Er wirkt wie ein Sog. Zwar wird er gerade durch Milandra abgelenkt, die sich unzufrieden von ihm abwendet, doch nur für Kurz. Dann ist Mora ganz bei ihm und versteht.
Breka löst sich wieder von ihm.
„Lass uns eine Rutsche bauen, Rose.“
Nicht lange, und sie haben eine aus den Zweigen umstehender Weiden gefertigt.
„Da steig ich nicht drauf“, protestiert Asil, als er ihrer ansichtig wird. „Erst, wenn ich tot bin, könnt ihr mich mit sowas zum Lager reinschleifen!“
Gerade ist Breka dabei, die Geduld zu verlieren, als er ein Geräusch vernimmt. Es ist noch fern, und doch spürt er es als feines Beben ganz deutlich unter seinen Füßen. Da geht ihm auf, wer sich ihnen nähert. Er stützt die Hände in die Seiten und sendet Asil mit ungläubigem Kopfschütteln einen provokativen Blick. „Es ist mit dir nicht viel einfacher als mit einem trotzigen, sturköpfigen Kind! Und ich freue mich schon jetzt drauf, mal an deiner Seite über die Geschicke der Veni

zu wachen, wenn es überhaupt noch dazu kommen sollte, so, wie du dich anstellst. Doch scheinbar bekommst du mal wieder deinen Willen!“

Asil blickt ihn mit seinen glasigen Augen grübelnd an. Dann vernimmt auch er das Geräusch von Pferdehufen. Seine Augen weiten sich. „Nein. Tu mir das nicht an, Bruder“, fleht er.

Breka erwidert es mit einem herausfordernden Lachen und weist dann wortlos auf die Rutsche zu seinen Füßen.

Asil lässt sich resigniert wieder auf die Seite fallen. „Du bist ein gnadenloser Mistkerl.“ Er kehrt ihm den Rücken zu und kauert sich beleidigt und zerschlagen zusammen.

Breka muss über ihn grinsen. „Du bist also übellauniger als ein bettlägriger Greis, wenn es dir schlecht geht“, zieht er ihn auf, erhält als Antwort jedoch nur ein verächtliches Schnauben von ihm.

Das Getrappel des Pferdes ist nun nicht mehr zu überhören. In Asil kommt plötzlich Bewegung. Kraftlos versucht er, sich hochzuhieven, taumelt jedoch immer wieder erfolglos zurück. Wie jemand, der zuviel vom Gärsaft der Konsai getrunken hat. Breka kann es nicht länger mit ansehen und hilft ihm auf. Gerade noch rechtzeitig, bevor das Pferd in Sichtweite kommt. Asil schwankt und so stützt er ihn, indem er ihm einen Arm um die gesunde Seite schlingt.

„Ich kann das nicht, Breka.“

„Du willst es ja nicht anders!“

Asil atmet angespannt durch. „Wenn mir doch nur nicht so verdammt schwindlig wäre …“

Milandra hat sie entdeckt und lenkt das Pferd auf sie zu.

Breka hört Rose entsetz aufschreien. Er hatte sie ganz vergessen. „Hab‘ keine Angst, Rose“, ruft er ihr zu. Sie wollte gerade die Flucht ergreifen, bleibt nun jedoch in einem sicheren Abstand stehen und starrt wie gebannt nach vorn auf den vermeintlichen Pferdemenschen.

Milandra bremst das Pferd vor ihnen ab und rutscht von seinem Rücken herunter. Sie wirft Rose einen kurzen, neugierigen Blick zu, bevor sie diesen dann wieder auf Breka und Asil richtet. Besorgter Miene kommt sie vor sie. Forschend blickt sie ihnen abwechselnd in die Gesichter, mustert sie unschlüssig von oben bis unten und wird verlegen. „Ich könnte nicht sagen, wer von euch beiden schlimmer aussieht.“

Breka versteht. Doch ehe er ihr bedeuten kann, bei wem von ihnen beiden es sich nun um Asil handelt, bleibt ihr Blick auf seinem Bruder ruhen.

Asil sieht ihr in die Augen. Sie sind ihm so vertraut, sind so voller

Ausdruck, dass sie ihm alles über sie verraten.
Milandra weicht seinem forschenden Blick betreten aus, bevor er noch mehr in ihren Augen lesen kann, und beisst sich auf die Unterlippe. „Wir haben uns solche Sorgen um euch gemacht."
Breka kann die Spannung zwischen den beiden förmlich spüren. „Ja", raunt er. „Es steht nicht gut um Asil, Milandra. Auch wenn er sich lieber die Zunge abbeißen würde, als dies zu gestehen."
Asil stöhnt geplagt über Brekas Worte.
Milandra jedoch betrachtet ihn voller Besorgnis. „Dann sollten wir keine Zeit verlieren. Mora erwartet uns bereits." Sie wendet sich zu ihrem Pferd um.
„Ich ziehe Veni vor", murrt Asil.
Milandra sitzt auf. „Veni ist beschäftigt." Sie deutet hinter sich aufs Pferd. „Schafft ihr das?"
Breka hievt Asil mehr schlecht als recht hinter Milandra aufs Pferd hoch. Dieses tänzelt nervös und macht es ihm damit nicht leichter. Als Asil dann hinter Milandra zu sitzen kommt, wahrt er Abstand zu ihr. Doch Milandra greift nach hinten zu seinen Händen und führt sie demonstrativ an ihre Hüften. „Du musst dich festhalten!" Sie schlägt dem Tier die Fersen in die Seiten und es trabt getreulich los.
Breka sieht ihnen nachdenklich hinterher. Er spürt, wie Rose wieder neben ihn kommt.
„Die beiden sind wie Eisfuchs und ich", überlegt sie laut.
Als Breka sie fragend ansieht, nickt sie mit einem traurigen Lächeln. „Ihr Herz scheint genauso zerrissen, wie meines."
Breka muss ihr nickend eine gute Beobachtungsgabe zugestehen. Solch ein Maß an Lebenserfahrung hatte er diesem halben Kind noch nicht zugetraut. „Komm", meint er lächelnd und weist mit dem Kopf auffordernd in die Richtung, in der die beiden verschwanden. „Nur, dass deines offenbar wieder weiß, für wen es schlägt."

Asil hat längst bereut, nicht die Rutsche bevorzugt zu haben. Die Erschütterungen durch das Pferd lassen ihn seine Wunde schmerzhafter denn je spüren. Und das, obwohl Milandra bereits ein langsames Tempo angeschlagen hat. Sie scheint zu spüren, wie es um ihn bestellt ist. Denn geredet haben sie noch kein einziges Wort. Allmählich kommt ihm alles beinahe unwirklich vor, was wohl auch daran liegen mag, dass sich sein Blick immer wieder vernebelt. Er fühlt sich kraftlos wie nie zuvor in seinem Leben und kämpft dagegen an, einfach einzuschlafen. Doch sein Durst und die Angst, er könne vom

Pferd fallen, halten ihn wach. Er ertappt sich, wie er an Milandra lehnt und ruckt zurück. Doch bald schon findet er sich wieder bei ihr, gleitet ab in eine viel ruhigere Welt.
„Asil!“ Milandra versucht, ihn zurück hinter ihren Rücken zu zwängen. Er gleitet zur Seite.
Asil schreckt wieder in eine lautere Welt zurück und richtet sich mühevoll hoch. Er versucht, sich erneut von Milandra zu lösen. Ihr Haar duftet vertraut nach ihr und dem Qualm vom Feuer des Lagers.
„Halte dich fest und bleib‘ wach.“
„Erzähl mir was“, raunt er müde.
„Was?“ Sie wird nervös. „Was soll ich dir denn erzählen?“
Asil bemerkt die Steife in seinem Schritt und verflucht sie innerlich. Er hofft, dass Milandra davon nichts spürt. „Ich weiß nicht“, weicht er ihr aus. „Hast du mir denn nichts mehr zu sagen?“ Wenn Mora ihn so sieht!
Milandra schweigt.
Asil indes versucht angestrengt, ihr nicht zu nahe zu kommen und sich unter Kontrolle zu bringen. Im Grunde möchte er nur schlafen.
„Ich“, Milandra atmet angespannt durch. „Ich hab‘ gedacht, es bricht mir das Herz, als ich sie in deinen Armen sah.“
Asil müht sich vergeblich, ihren Worten einen Sinn abzuringen. Sein Geist arbeitet träge, sein Körper sehnt sich nach Ruhe. Und nach ihr.
„Was“, meint er verwirrt.
„Edil“, platzt es aus ihr ein wenig zu laut heraus.
Nun weiß er, wovon sie redet. „Ich hab‘ gedacht, du hast dich entschieden“, wundert er sich.
„Mein Herz ist gespalten, Asil.“ Ihr kommen die Tränen.
„Du meinst …“, wie verflucht er seine Benebeltheit. Doch es fällt ihm unendlich schwer, einen klaren Gedanken zu fassen.
„Ich KANN dich nicht vergessen.“
Asils Herz macht einen Sprung. Er hätte nicht zu träumen gewagt, was sie ihm da offenbart. Auch wenn er es gehofft hat. Doch ihm fallen wieder Brekas Worte am Flußufer ein. Er muss ihr auf den Zahn fühlen.
„Aber du stehst nicht zu mir, Milandra. Du würdest Mora nie mir zuliebe verlassen.“
Sie schnieft, antwortet ihm jedoch nicht darauf.
Er nimmt ihr Schweigen als Bestätigung. Und es tut weh. Es schneidet ihm erneut schmerzhaft ins Herz. Plötzlich kommt ihm der Verdacht, dass es nur ihr gekränkter Stolz ist, mit dem sie kämpft. Er hatte NICHT auf sie gewartet, hat sich einfach einer anderen zugewendet. Es

ernüchtert Asil. Und auch wenn er sie noch immer liebt, hat er nicht vor, sich selbst zu betrügen. „Du liebst mich nicht, Milandra. Nicht so, wie Mora. Aber du kannst nicht uns beide haben. Nur, weil es wieder mal schwer mit ihm ist."
„Du tust mir unrecht", ruft sie laut.
„Nein." Asil versucht, seine letzten Kräfte aufzubringen. „Sei ehrlich zu dir selbst und auch zu mir." Ihm verschwimmt der Blick erneut. „Ich finde, das bist du mir schuldig." Stöhnend versucht er, seine Schmerzen zu ignorieren. „Ich hab' dich aus Liebe gehen lassen. Auch wenn es mich unendlich schmerzte. Aber ich hab' deine Entscheidung respektiert." Es wird dumpf um ihn herum. „Jetzt steh gefälligst zu ihr", hört er sich noch wie aus weiter Ferne sagen. Er spürt, dass er fällt, kann jedoch nichts mehr dagegen tun. Gnadenlos hart schlägt er auf dem Boden auf und ein gräßlicher Schmerz reißt ihn mit sich fort.

Immer wieder einmal reißt der Schleier um Asil herum auf. Hände greifen nach ihm. Milandras verzweifeltes Gesicht taucht über ihm auf. Und dann kommt Mora. Er ist ganz ernst, sagt etwas zu ihm, doch er kann ihn nicht verstehen und taucht wieder ab ins Dunkel. Er glaubt, dass er träumt. Von Ulan, der neben ihm kniet. Von Breka, der die Stirn ergriffen gegen die seine legt. Von Veni und Mora. Und von Edil. Weinend gibt sie ihm zu trinken. Mit blutverschmierten Händen wäscht sie ihn ab. Immer wieder, mit eiskaltem Wasser …
Asils Herz rast, er bekommt kaum Luft zum Atmen. Mora erscheint ihm wieder. Er hat etwas Rotglühendes in der Hand. Dann rast eine Welle des Schmerzes durch Asil. Er hört sich schreien, spürt Wut. Doch der Schmerz hat sich wie ein wildes Tier in ihm festgebissen und lässt ihn nicht los. Verzweifelt will er um sich schlagen, kann sich jedoch nicht mehr rühren. Er gleitet ab, stürzt zurück ins Dunkel.

Nur langsam kommt Asil zu sich. Immer wieder fällt er zurück in die Dunkelheit. Doch schließlich kann er ihr doch entkommen.
Etwas Warmes, Feuchtes wischt Asil auffordernd übers Gesicht. Es ist beharrlich und löst ihn aus seiner Trägheit. Er vernimmt ein Winseln und einen stinkenden Atem, der ihm ins Gesicht schlägt und öffnet blinzelnd die Augen. Der Wolf hat sich direkt neben ihn gelegt und leckt ihm freudig das Gesicht ab. Er begrüßt ihn aufgeregt jaulend. Asil muss über ihn lachen und krault ihm durchs Fell. Dann hat er genug und drückt seine Schnauze eindringlich weg. Das Tier kommt winselnd an seine Seite und legt sich dort neben ihn, den großen Kopf auf Asils

Bauch gebettet und ihn aufmerksam und ergeben anblickend. Asil stützt sich kraftlos ein wenig hoch, um sich umzusehen, und spürt einen pochenden Schmerz von der Wunde in seiner Seite ausgehend. Er ist in Moras Rundzelt. Licht fällt durch die offenstehende Rauchöffnung schräg über ihm und blendet ihn, so dass er den Kopf abwendet. Edil liegt ganz in seiner Nähe auf seinem Lager und hat sich im Schlaf zusammengekauert. Er entdeckt Breka, der noch sitzend gegen einen Pfosten des Zeltgestänges lehnt und ebenfalls schläft. Eine Bewegung gleich neben ihm lässt Asil zusammenschrecken. Mora sitzt mit verschränkten Beinen neben dem Kopfende seines Krankenlagers und blickt ihn wachsam an. „Willkommen zurück im Reich der Lebenden“, raunt er.
Asil lässt sich schlapp wieder zurück auf die Felle sinken.
Müde fährt sich Mora mit beiden Händen übers Gesicht und fixiert ihn dann wieder mit seinen schwarzen Augen. „Wer hätte je gedacht, dass ich mal so um dein verdammtes Leben kämpfen werde.“
Asil lacht herausfordernd auf. „Warum hast du es getan?“
Mora zieht eine Braue hoch. „Nicht DIR zuliebe.“
Nachdenklich krault Asil dem Wolfskopf auf seinem Bauch durchs Fell. Er beißt sich auf die Unterlippe. „Ich wünschte, es wäre anders. Doch ihr Herz gehört nur dir, Mora.“
„Nur zur Hälfte“, entgegnet Mora verbittert.
„Nein.“ Asil lässt ihn nicht aus den Augen. „Ich weiß zwar nicht wieso, nach dem, was du ihr angetan hast. Doch es ist so.“ Er hält Moras forschenden Blicken stand. „Aber solltest du ihr nochmal nur EIN Haar krümmen …!“ Der Kopf des Wolfes fährt bei seiner erhobenen Stimme hoch und stellt sich fragend schräg.
Mora schüttelt abwesend den Kopf. „Du gibst sie frei“, meint er verwundert.
Asil atmet durch. Doch er ist sich nun sicher. „Ja.“ Trotzdem fühlt er sich elend dabei. Niedergeschlagen beobachtet er, wie sich Mora aufgelöst übers Gesicht streicht.
„Danke, Asil. Es wird sie hoffentlich endlich zu sich kommen lassen.“
Asil pflichtet ihm matt nickend bei. „Hoffentlich nicht nur sie.“
„Ja“, entgegnet Mora nachdenklich. Er schüttelt sich. „Ich bin müde.“ Wankend kommt er hoch auf die Beine. „Du solltest etwas essen“, murmelt er und wendet sich von ihm ab, um sein Zelt zu verlassen.
„Mora?“
Er dreht sich noch einmal zu Asil herum.
„Danke.“

Mora deutet ein Lächeln an und geht.
Asil sinkt in sich zusammen. Er hat sie endgültig an Mora verloren, hat den Kampf um sie aufgegeben.
Der Wolf neben ihm erhebt sich und begrüßt jemanden erfreut schwanzwedelnd. Eine große Hand legt sich Asil auf die Schulter und drückt sie ermutigend. Er wischt sich über die Augen.
„Ich hab‘ gedacht, du verlässt mich.“ Breka legt seine Stirn an die seines Bruders.
„So schnell wirst du mich nicht los“, raunt Asil und drückt Brekas Kopf fest gegen den seinen. Dann lösen sie sich wieder voneinander und blicken sich in die geröteten Augen.
Breka muss lachen. Es ist ein unendlich erleichtertes Lachen. Er versucht, seinen Wolf zu bändigen, der ihn bestürmt und ihm das Gesicht ableckt.
Asil schüttelt grinsend den Kopf über ihn. „Wie war es eigentlich ohne dich. Ich weiß es gar nicht mehr.“
Breka pflichtet ihm nachdenklich nickend bei. Das Band, welches sie wieder miteinander verbindet, ist so stark wie nie zuvor. Er empfindet Asil als einen Teil von sich, fühlt sich wieder vollständig. Sein Leben lang hat er ihm gefehlt, ohne dass er es gewusst hatte.
Asils Magen gibt knurrende Töne von sich und reißt sie beide aus den Gedanken.
Breka erhebt sich. „Ich hol dir etwas Brühe.“
„Brühe“, hakt Asil spöttisch nach.
Breka grinst und macht sich geschäftig auf den Weg nach etwas Bissfestem. Sein Wolf begleitet ihn in freudiger Erwartung auf etwas Abwechslung.
Das Verschwinden der beiden gibt Asil den Blick auf Edil frei. Sie hat sich aufgestützt und sieht scheu zu ihm herüber.
Etwas steht zwischen ihnen. Etwas, das er noch nicht versteht.
Edil erhebt sich und kommt zu ihm. „Ich hätte das nicht tun sollen“, flüstert sie reuevoll und sucht in seinem Gesicht nach einer Regung. „Hast du sie wegen MIR verloren?“
Asil entringt sich ein Lächeln. Er verdreht die Augen. „Nein“, kann er sie beruhigen. Dann betrachtet er sie wieder. „Ich bin nicht sicher, ob es ein Fehler war.“
Edil ist überrascht.
„Ich meine“, er grinst sie an. „es war überwältigend!“
Sie knufft ihm zurechtweisend die Schulter, bevor sie den Blick eilig von ihm abwendet.

Doch Asil weiß, dass sie traurig und enttäuscht ist. Er hat sie wirklich gern. Aber eben nur wie eine Schwester, die sie ihm in all den Jahren geworden ist. Alles an ihr ist ihm viel zu vertraut. Er ist nicht mehr wie damals in sie verliebt und kann ihr nicht geben, was sie sich von ihm erhofft. Und er könnte ihr nicht noch einmal vertrauen. Immerhin hat sie ihn nur verlassen, weil ...

„Ich liebe dich noch immer", flüstert sie. „Ich hab' nie aufgehört." Vorwurfsvoll richtet sie ihren tränenverschleierten Blick auf ihn. „Du probiertest eine nach der anderen aus und hast sie dann einfach nach Kurzem wieder fallen lassen, als sie dich langweilten. ... Genau, wie mich."

„Nein!" Er ist entsetzt.

„Das hab' ich aber geglaubt, Asil."

Er hat sich hingesetzt und starrt sie an. „DESWEGEN hast du mich verlassen?"

Sie nickt. „Du hast ja nicht darüber geredet. Erst Breka hat mir die Augen geöffnet." Sie schnieft. „Wenn ich gewusst hätte, dass es nicht an MIR liegt ...", sie atmet aufgelöst durch. „Ich hab' geglaubt, du hättest mich nur benutzt. Ich konnte es nicht mehr ertragen."

Sie erhebt sich und will eiligst das Zelt verlassen.

Doch Asil hält sie an der Hand zurück. „Bleib", raunt er. „Bitte." Er kann keinen klaren Gedanken fassen. Da bemerkt er plötzlich Blut auf den Innenseiten ihrer Beine. Viel Blut. Asil zieht die Luft scharf ein und sieht ihr erschrocken ins Gesicht.

Edil blickt schniefend hoch gegen die Decke des Zeltes. „Heute ist mein Glückstag." Sie spürt, wie Asil sie an der Hand zu sich herunter ziehen will und lässt es geschehen.

„Es tut mir leid", haucht er niedergeschlagen und nimmt sie tröstend in die Arme. Wie sehr hatte sie sich dieses Kind gewünscht!

Edil verkrampft sich. „Asil. Ich ertrage deine Umarmungen nicht."

Betreten löst sich Asil von ihr. Er weicht ihrem Blick aus. „Es tut mir leid."

Veni steht plötzlich bei ihnen. Ihr Blick gleitet nachdenklich von Asil zu Edil. Dann tritt sie an Edil heran und hilft ihr auf. „Es war zu viel für dich", meint sie zu ihr, als wenn sie Edil vorher gewarnt hätte, und streicht ihr tröstend übers Haar.

Edil lehnt schniefend die Stirn gegen Venis Schulter.

Währenddessen betrachtet Veni Asil. Ihr Blick ist undurchdringlich und dennoch bereitet er ihm Unbehagen. Schlechten Gewissens weicht er ihm aus.

„Es macht uns alle sehr froh, dass es dir wieder so gut geht, Asil.“
Er sieht überrascht zu ihr auf. Doch sie scheint es ganz ehrlich zu meinen, bedenkt ihn gar mit einem sanften Lächeln.
„Manchmal“, hebt sie an, verwirft dann jedoch ihren Gedanken mit einem Kopfschütteln und wendet sich mit Edil, die sich den Bauch hält und gekrümmt vor Schmerzen geht, dem Ausgang zu.
„Manchmal?“ Asil betrachtet sie erwartungsvoll, während sie sich wieder zu ihm umwendet.
Veni schenkt ihm ein nachsichtiges Lächeln. „Manchmal nimmt man für selbstverständlich, was nicht selbstverständlich ist“, bedeutet sie ihm und hinterlässt ihn keinen Deut schlauer.

„Es gefällt mir nicht“, meint Malo noch einmal. „Sie sind uns an Männern weit überlegen und betrachten die Ebene als IHR Jagdrevier.“
„Sie wollen unsere Freundschaft“, versucht Breka, die angespannte Stimmung abzumildern.
„Ja“, meint Mora. „Doch offenbar nur, wenn wir tun, was sie uns sagen.“
„Und es ist lange keine große Rentierherde mehr gesehen worden“, wirft Umanthu ein, der Führer der Konsai. „Zur Zeit ist das Wild knapp.“
Breka sieht beunruhigt zu ihm herüber. Denn Umanthu hat einen wunden Punkt getroffen. Mittlerweile schätzt er den rothaarigen Konsai als einen klugen Mann. Auch wenn es im groben Gegensatz zu dessen wildem Äußeren und zu seiner zur Schau getragenen Lebenslust steht. Wenn sich Umanthu nicht gerade mit den Führern der Stämme berät, hört man sein schallendes Lachen oft aus dem Lager der Konsai bis zu ihnen herüber erklingen. Und er verträgt Unmengen vom benebelnden Gärsaft seines Clans.
„Es sind noch Herden zu uns unterwegs“, wirft Veni ein. „Wir sollten uns mit den Reni treffen und sie einbeziehen.“
Sie schweigen nachdenklich.
„Was meinst DU dazu, Asil“, fragt Umanthu schließlich.
Asil lässt sich Zeit mit einer Antwort. Denn diese wird Breka nicht gefallen. Bedächtig drückt er sich von der Zeltstange ab, an der er gelehnt hat. „Wie geht es Eisfuchs?“
Breka erstarrt und sieht ihn an, als wenn Asil Verrat an ihm üben würde. „Nein. Er ist noch nicht so weit.“
Asil hält seinem vernichtenden Blick stand. „Ich weiß, dass du Angst

um ihn hast. Denn sie sind nicht gerade zimperlich, wie ich erfahren musste. Doch ich denke, es ist der einzige Weg."
Breka will ihm widersprechen, doch Veni legt ihm eindringlich eine Hand auf den Arm.
„Er IST soweit, Breka."
„Steht ihr Ältestenrat über ihm", will Mora wissen.
„Sie sind gleichberechtigt", erwidert Malo. Er lässt Breka nicht aus den Augen. „Ich bin dafür, ihn jetzt gleich herzuführen. Dann können wir ja selbst sehen, ob er soweit ist."
Breka stöhnt ohnmächtig. „Ihr habt verdammt gut Reden!"
„Oh Bruder", ruft Asil. „Sie lagern nun direkt vor unserer Nase. Wir können nicht länger so tun, als würde das nichts bedeuten."
Mora nickt. „Da muss ich Asil ausnahmsweise Recht geben. Sie führen uns ihre Stärke vor Augen."
„Morgen wird ihr Anführer ins Lager der Veni kommen. Wir sollten ihm nicht planlos begegnen", bemerkt Umanthu. „Ruft Eisfuchs."
Brekas Haltung drückt pure Ablehnung aus. So übernimmt Veni es, seinen Sohn zu rufen.
„Wie alt ist dein Sohn", will Umanthu von ihm wissen.
„Er zählt gerade mal vierzehn Winter", erwidert Breka scharf.
Umanthu wiegt den Kopf. „Wir vertrauen einem halben Kind an, was wir bisher selbst nicht zu regeln vermochten und wovon die Zukunft der Wald-Clans abhängt. Was zwischen Krieg und Frieden, zwischen Leben und Tod entscheiden wird." Er nickt Breka zu. „Ich verstehe deine Sorge. Aber lass uns prüfen, was in ihm steckt."
„Es ist seine Bestimmung", betont Veni.
Doch es kann Breka nicht beruhigen.
Da schiebt sich das Fell auch schon vom Eingang des Zeltes beiseite und Eisfuchs tritt ein. Selbstbewusst begibt er sich zum kleinen Feuer in der Mitte ihres Kreises. Er kommt Breka wieder kräftiger vor. Und er ist viel unbeschwerter, seit Rose wieder an seiner Seite weilt.
Umanthu erhebt sich und nähert sich ihm bedächtig. „Du bist Eisfuchs", fragt er beinahe ungläubig.
„Er versteht nur Reni", wirft Breka ein, erntet von Eisfuchs jedoch ein offenes Lächeln.
„Ja, ich bin Eisfuchs", erklärt er Umanthu in der Sprache der Wald-Clans. Dabei betont er die Worte für sie ganz ungewohnt. So, wie er es vom Reni her kennt.
Umanthu nickt. „Die Seher der Konsai verstehen auch alle möglichen Sprachen."

„Er ist eingeweiht“, versucht Veni, zu erklären.
Mora erhebt sich ungeduldig und kommt vor Eisfuchs. „Du hast dich gut erholt, wie ich sehe.“
Eisfuchs nickt. „Dank deiner Hilfe.“
„Wie willst du die Reni führen, Eisfuchs“, fragt ihn Mora auf seine direkte Art.
„Nur im Einklang mit der Mutter. Denn nur was MIT ihr ist, hat Bestand.“
Mora nickt. „Auch wir wollen den friedlichen Weg gehen. Doch was machst du, wenn die Ältesten gegen dich sind?“
Eisfuchs wird nachdenklich. „WARUM sollten sie gegen mich sein?“
Mora hebt eine Braue. „Weil sie nicht wie du Einblick in Dinge haben, die du ihnen unmöglich erklären kannst. Weil sie an einen Vater glauben, der Gewalt über die Wetter hat.“
Eisfuchs zuckt mit den Schultern. „Die meisten Reni entsinnen sich noch des Glaubens an die Große Mutter, haben früher selbst um ihren Schutz gebeten.“ Er wiegt nachdenklich den Kopf. „Ist es nicht einerlei, welchen Namen wir dieser obersten Kraft geben? Ob es eine Mutter oder ein Vater ist? Im Grunde zählt doch nur, dass wir zu ihr finden, in ihrem Sinne handeln und alles von ihr erfahren. Wissen, Schutz …“
Mora unterbricht ihn mit einem ungeduldigen und zugleich übereinstimmenden Wink seiner Hand. „Was glaubst du. Werden sie dir folgen?“ Gespannte Stille macht sich breit. Die Augen aller richten sich erwartungsvoll auf Eisfuchs, der jedoch ein Grinsen andeutet.
„Ich habe sie schon geführt, als ich noch keinen Einblick in die Geheimnisse der Mutter hatte. Und sie sind mir trotzdem gefolgt.“
Mora wendet sich von ihm ab und tauscht mit Breka und Malo überraschte Blicke. „Du hast bereits Erfahrung in der Führung der Reni?“
Eisfuchs nickt und erntet eine anerkennende Miene von Mora.
„Du befolgtest dabei den Willen der Ältesten und der Seher.“
„Ja. Wenn sie da waren. Doch oft war ich bei der Führung der jungen Reni-Jäger auf mich allein gestellt und traf meine eigenen Entscheidungen. So, wie Wolf vor mir.“
„Wie jung sind denn die Jäger der Reni“, will Umanthu wissen.
„In euren Augen sehr jung. Wir gehen schon mit zehn Jahren erfolgreich auf die Jagd und dürfen uns mit Zwölf eine Frau nehmen.“
Ein Raunen geht durch die Runde.
„Aber die älteren Jäger sind dir ebenfalls gefolgt“, will Mora unbeirrt wissen.

Eisfuchs zuckt die Schultern. „Ich sehe älter aus, als ich bin. Und ich bin größer als sie. Außer, wenn man unter die Jäger oder Ältesten aufgenommen wird, weiß kein Reni vom anderen so genau, wie alt er ist. Es ist unwichtig. Man wird danach beurteilt, was man kann." Er wird ob Moras vieldeutig gehobener Braue verlegen. „Und ich hatte auch Unterstützung. Oft setzte ich auf die Meinung der Männer. Dann hielten wir immer gemeinsam Rat", mildert er sein Können etwas ab.
Mora lässt ihn flüchtig mit einem nachsichtigen Grinsen verstehen, dass er ihn verstanden hat. „Doch DU hattest das letzte Wort."
Eisfuchs nickt.
„Das ist sehr gut", resumiert Mora mit einem eindringlichen Blick auf die anderen. Dann wendet er sich wieder Eisfuchs zu. „Doch sag, wie siehst du die Sache mit den Jagdgründen der Reni?"
„Die Ebene ist ganz klar der Jagdgrund der Reni", erwidert Eisfuchs fest und bewirkt damit ein nervöses Murmeln unter den Führern der Waldclans. Angespannt lassen sie ihre Blicke auf ihm ruhen.
Mora gibt sich betont gelassen und nickt. „Du weißt, dass das nicht im Sinne der Mutter ist und zum Krieg mit uns führt."
Eisfuchs grinst. „Es ist die Meinung der Reni. Und ich kann nicht aus meiner Haut." Er blickt zu Breka. „Aber die Ebene ist nur noch in der warmen Jahreszeit ein Ort zum Leben. Die Reni können im Winter nicht länger auf der Ebene bleiben. Es drängt sie in den Schutz des Waldes. Und das sind eure Jagdgründe. Ihr habt also etwas in der Hand, um mit uns zu verhandeln."
Mora lacht belustigt auf. „Ja. Das wissen wir, junger Reni." Er wendet sich schmunzelnd zu den anderen um.
Asil grinst. „Irre ich mich, oder verhandelt er bereits mit uns?"
Mora nickt bestätigend und fasst Eisfuchs wieder ins Auge. Anerkennend schlägt er ihm auf die Schulter. „Du BIST bereits ihr Führer, Eisfuchs. Was hält dich noch auf?"
Eisfuchs begegnet Brekas Blick.
Breka erhebt sich und kommt vor ihn. Er ist stolz auf ihn und lässt es Eisfuchs lächelnd mit einem einverstandenen Nicken wissen. Dann begrüßt er ihn auf die Art der Seher, berührt ihn an der Stirn und führt die Hand an die eigene Stirn und verfährt mit der linken Brust ebenso. Durchatmend nimmt er den Kopf seines Sohnes zwischen die Hände und lehnt seine Stirn gegen die seine. „Vergiss nie, wer du für sie bist. Wenn du sie im Sinne der Mutter führst, dann wird alles gut."
Sie lösen sich wieder voneinander.
Eisfuchs nickt ihm bewegt zu. Dann lässt er den Blick durch die Runde

schweifen. „Ich werde nie vergessen, was ihr für mich getan habt. Mein Herz ist euch in Freundschaft verbunden.“ Er lächelt Veni und Mora zu. Die beiden erwidern sein Lächeln.
Eisfuchs wendet sich wieder an Breka. „Ich werde nun zurück zu den Reni gehen. Es ist Zeit, mich endlich mit Adlerschrei und den anderen Ältesten zu besprechen. Es gefällt mir nicht, was sie demonstrieren. … Doch ich gehe besser allein.“
Breka wägt seine Worte ab und kommt zu dem Schluss, dass er Recht hat. Er nickt einverstanden. „Wir sehen uns morgen. Zusammen mit Adlerschrei.“
Eisfuchs nickt den anderen zum Abschied zu und verlässt das Zelt. Das Fell schlägt wieder über den Eingang zurück.
Einen Moment lang macht sich Stille breit, die nur vom Knistern des Feuers beherrscht wird.
„Solche Söhne kann man sich nur wünschen“, unterbricht Mora sie raunend und begibt sich wieder auf seinen Sitzplatz.
„Ja“, pflichtet ihm Umanthu bei, während er ihm folgt.
Breka atmet erleichtert durch und nimmt wieder zwischen Veni und Asil Platz.
„Er folgt nun seiner Bestimmung“, bedeutet ihm Veni.
„Ja“, witzelt Asil. „Das hat sich die Mutter wirklich klug ausgedacht.“ Er klaubt einen kleinen Stein neben den Fellen vom Boden auf. „Sie nimmt sich mal einen von uns, lässt ihn alles vergessen und setzt ihn in einen wildfremden Stamm, damit er dort einen Sohn hinterlässt, der ihm in Liebe verbunden ist. Dann lässt sie es kalt werden, um es ein bisschen spannender zu machen.“
Malo und Umanthu lachen herzhaft auf.
Ernster Miene setzt Asil den Stein wieder auf dem Boden ab. „Und sie lenkt den Weg ihres Auserwählten wieder zurück zu seinen Wurzeln, damit er alles über sich erfährt, was sie ihn zuvor hat vergessen lassen. Und weil die restlichen ihrer Kinder langsam zu frieren beginnen und verhungern, lässt sie diese nachkommen. Doch sie müssen erst noch ihre falschen Vorstellungen von der Mutter aufgeben, wenn sie überleben wollen. Beinahe bringen sie dabei die Saat der Liebe in ihren Reihen um. Und auch den Auserwählten, der ihnen noch im letzten Moment die Augen öffnen kann. Alle hoffen nun, dass ein Band der Liebe sie rettet. Und nur, wenn sie im Sinne ihrer Mutter handeln, wird alles gut werden.“ Er lehnt sich wieder gegen das Zeltgestänge. „Sie muss wirklich Langeweile haben, wenn ihr mich fragt.“
Veni wartet mit einem nachsichtigen Lächeln ab, bis sich Malo und

Umanthu von ihrem Lachen erholt haben.
„Das sind die Worte eines weltlichen Führers“, meint sie dann. „Aber du hast in Vielem Recht, Asil.“
„Tatsächlich?“ Asil tut überrascht.
„Wenn wir MIT der Mutter sind, dann führen unsere Wege, die wir gehen, auch ans Ziel. Meist verschlungen. Und oft erkennen wir erst am Ende, wie wahnwitzig umständlich wir unseren Weg gewählt haben, um ans Ziel zu kommen. Doch wir lernen dadurch, zu GEHEN.“ Sie hat die volle Aufmerksamkeit der Runde und lässt ihre Worte auf die Männer wirken. „Uns kommt es so vor, als wenn sie uns ständig auf die Probe stellt, damit wir sie erkennen. Als wenn sie unter uns auswählt. Doch die Menschen lenken selbst ihre Schritte. Und wenn sie auf einen Abgrund zugehen und ihn im Nebel ihrer Unwissenheit nicht erkennen, dann stürzen sie eben ab und müssen erneut aufstehen. Sie müssen nur lernen, ihre Augen zu öffnen, die Hilfe der Mutter anzunehmen. Die Große Mutter ist immer bei ihnen. Sie ist allgegenwärtig und ständig in Liebe bemüht, ihnen zu zeigen, wie und wohin sie ihre Schritte am besten lenken könnten, um nicht zu stürzen oder irrwitzige Umwege zu gehen. Wie eine Mutter, die ihrem kleinen Kind das Laufen beizubringen versucht. Das Kind muss dabei selbst laufen und wird Fehler machen und sicher auch stürzen. Doch wissbegierig wird es immer auf die Hilfe und die Liebe seiner Mutter vertrauen. Und eines Tages KANN es laufen.“
„Und sie zeigt und erklärt ihm, was es sieht“, raunt Mora. „Sie lehrt es das Sprechen.“
Veni nickt zustimmend. „Ja Mora, ganz genau.“
Asil runzelt die Stirn. „Das ist alles?“
Veni lächelt. „Im Grunde schon. Ihre Welt erscheint uns nur so verworren und kompliziert, weil wir nicht sehen, was SIE sieht. Nicht wissen, was SIE weiß. Genau, wie es einem Kind ergeht, das die Welt der Erwachsenen kennen lernt.“
Asil lässt sich nachdenklich wieder gegen den Pfosten des Zeltgestänges sinken.
Mora wiegt den Kopf. „Das waren weise Worte, Veni“, meint er anerkennend. „Es ist nicht leicht, den Willen der Mutter in Worte zu fassen.“
Veni lacht. „Wie du siehst, kriechst du noch, Mora.“
Breka muss über Moras säuerliche Miene lachen und hat damit die Aufmerksamkeit der beiden. Sie senden ihm herausfordernde Blicke.

„Oh nein“, er hebt abwehrend die Hände. „Ich weiß schon, ich hänge sicher noch an ihrer Brust.“
„Nein“, meint Veni belustigt. „Du hast noch nicht einmal die Augen geöffnet und sie gesehen.“
Malo und Asil lachen.
„Aber“, meint Veni bedeutungsvoll, „du versuchst es bereits. Du spürst, dass alles miteinander in Verbindung steht. Und du kannst dich noch erinnern, mit allem in Verbindung getreten zu sein, bevor du zuletzt gestürzt bist.“
Breka ahnt, was sie meint. Er kann sich mit Tieren verbinden. „Warum kann ich mich nicht auch mit der Mutter verbinden?“
Veni grinst. „Hast du schon mal einen noch blinden Säugling erlebt, der bereits reden und gehen kann?“
Breka ist verwirrt. „Aber ich LIEF doch bereits. Sonst hätte ich nicht stürzen können.“
Veni streift Malo, Asil und Umanthu mit einem abwägenden Blick. Die drei betrachten sie gespannt. „Also gut“, meint sie, bevor sie sich wieder Breka zuwendet. „In einem großen Kreislauf beginnt alles wieder neu, ein Schritt kommt vor dem nächsten. Nur Wenige, bedeutende Seher, können auf die Gesamtheit ihres allumfassenden Lebens zurückblicken und werden nach ihrem letzten Sturz wieder mit ihrer gesamten Bewusstheit aufstehen. Das ist unser Ziel. Das Ziel eines jeden von uns Lebewesen. Dann sind wir würdig, mit all unserer errungenen Weisheit für immer vom Geist der Mutter aufgenommen zu werden. Denn dann sind wir so reif, wie sie selbst. Sie hat uns alles beigebracht, was sie weiß.“
Schweigen macht sich breit. Venis Worte eröffnen ihnen eine ganz neue Sicht auf die Dinge.
„Dann seid ihr gar nicht auserwählt“, platzt Asil erkenntnisreich heraus und erntet Venis strahlendes Lächeln.
„Ja“, erwidert sie. „Aber das macht es euch leichter verständlich. Alle sind in ihrer geistigen Entwicklung unterschiedlich reif.“
„Und du“, fragt Mora. „Wie weit bist du, Veni?“
„Ich?“ Sie blitzt ihn verschmitzt an. „Ich KANN schon laufen, Mora.“ Sie erntet ein herzliches Lachen von der kleinen Runde der Männer. Insbesondere von Malo, nach dessen Geschmack es offenbar ist, Mora einen Dämpfer zu verpassen. Veni zwinkert Mora versöhnlich zu. „Ich habe gerade begonnen, meine ersten Worte zu sprechen“, erklärt sie sich.
„Und Konsai“, fragt Asil interessiert. Es geschieht nicht allzu oft, dass

die Seher einen Einblick in ihre Welt gestatten.
„Mein stummer und tauber Bruder Konsai“, meint Veni, „kann bereits perfekt mit ihr sprechen, wenn er ihren Gesang hört.“
„Ja“, meint Mora. „Ihr Gesang ist ...“, er sucht nach den richtigen Worten, hebt dann jedoch resigniert die Hände. „Ich kanns einfach nicht in Worte fassen.“
Veni nickt ihm bestätigend zu.
„Und was ist mit Alver?“ Breka blickt seine Gefährtin gespannt an.
Veni wendet sich ihm mit einer gehobenen Braue zu. „Mein von dir so verkannter kleiner Bruder Alver ist bereits ein uralter Greis, der kaum noch gehen kann und weise auf die Gesamtheit seines erfüllten Lebens zurückschaut. Er kann nicht nur mit der Mutter REDEN, er LEBTE unvorstellbar lange, in unzählig vielen Kreisläufen, im Einklang mit ihr nach ihrem Gesetz, versteht es durch und durch und kann es daher auch für sich nutzen.“
„Er kann die Gesetze der Natur für sich nutzen“, hakt Breka ungläubig nach.
Veni nickt. „Im Grunde gehört er schon gar nicht mehr auf diese Welt. Er ist soweit, endlich Eins mit der Mutter zu werden.“

Asil wirft sich auf seinem Lager stöhnend hin und her. Dann fährt er keuchend hoch. Irritiert versucht er, sich zu orientieren. Es ist mondhelle Nacht, die Veni um ihn herum schlafen friedlich. Mit einem erleichterten Stöhnen lässt er sich wieder zurück auf sein Schlaffell sinken. Er hatte schon lange nicht mehr so furchtbar geträumt. Es ist immer wieder derselbe Traum. Er läuft als Kind am Flussufer über dicke umgestürzte Baumstämme, um zu seiner entsetzlich schreienden Mutter zu gelangen. Doch er kommt nicht vorwärts. Je mehr er sich anstrengt, umso langsamer wird er. Und die Baumstämme werden immer riesiger und unüberwindbarer.
Asil setzt sich wieder auf und streicht sich mit beiden Händen abgespannt übers Gesicht, als wenn er damit seine düsteren Gedanken wegwischen könnte. Doch erfahrungsgemäß werden sie ihn noch den Rest der Nacht beschäftigen.
Er ist am ganzen Körper schweißnass. Versonnen lässt er den Blick zum Fluss schweifen, der silbern im Mondlicht daliegt und ihn zu einem kühlen Bad einlädt. Etwas war anders in seinem Traum, als sonst. Dieses Mal schrie nicht seine Mutter, sondern Edil. Asil blickt sich suchend nach ihr um. Seitdem er sie abgewiesen hat, schläft sie nicht mehr wie sonst in seiner Nähe. Sie weicht ihm aus. Doch er kann

sie nirgends in der Behausung der Veni entdecken. Auch nicht bei Bärriss, ihrem einstigen Gefährten. Bei ihm liegt sie allerdings schon länger nicht mehr. Die schwierige Verbindung der beiden war schon unrettbar zerrüttet, BEVOR Edil das Kind verlor.
Asil erhebt sich und lenkt seine Schritte zum Fluss, um ein Bad zu nehmen. Er will auf andere Gedanken kommen. Vielleicht kann er dann für den Rest der Nacht noch etwas Schlaf finden. Er begibt sich zur Badestelle. Dort hat sich der Fluß an einer Engstelle durch eine Unzahl angeschwemmter Baumstämme zu einem kleinen See angestaut und seine Wasser sind weniger reißend. Asil entledigt sich seines ärmellosen ledernen Oberteils. Milandra hatte es einst für ihn genäht. Nachdenklich lässt er es neben sich auf den Ufersand sinken. Ein Geräusch reißt ihn aus seinen Gedanken. Er duckt sich ab und lässt den Blick aufmerksam über die nähere Umgebung wandern. Dabei entnimmt er der ledernen Scheide, die noch an seinem abgelegten Gürtel hängt, sein scharfes Steinmesser. Noch einmal würden ihn die Reni nicht überraschen!
Da vernimmt er das Geräusch erneut. Es kommt direkt aus dem kniehohen Gras des Ufers vor ihm und hört sich an wie Stöhnen. Asil erhebt sich, kann jedoch nichts im Gras erkennen. Leise nähert er sich ihm, den Blick auf eine Stelle geheftet, an der das Gras niedergedrückt ist und dunkler erscheint. Eine Gestalt liegt dort reglos am Boden. Asil erstarrt, als er sie erkennt. Doch schnell kommt Bewegung in ihn und er begibt sich zu ihr.
„Edil“, raunt er besorgt. Aber sie scheint ihn nicht zu hören und hält die Augen geschlossen. Als er ihre schlaff daliegende Hand berührt, ist diese ganz heiß. Auch ihre Stirn.
„Edil“, versucht er, sie erneut zu wecken. Doch umsonst. Asil streicht sich aufgelöst das Haar aus der Stirn. Dann fasst er sie unter und hebt sie hoch. Ihr Kopf fällt kraftlos weit hintenüber, als wäre sie tot. Asil lehnt ihn sich umständlich gegen die Brust und eilt los zur Behausung der Veni. Auf dem Weg dorthin kann er den kraftlosen Anblick Edils nicht ertragen. Er hat sie noch nie so gesehen. Sie war sonst das Leben selbst und sprudelte nur so vor frischem Witz, vor Freude. Als er endlich das Lager erreicht hat, drängt er sich unter das Zeltdach aus dem Fell des Mamonts und sucht die Schlafstätte Venis auf. Er kniet sich neben Breka und stößt ihn derb an, so dass dieser aus dem Schlaf hochschreckt.
„Veni“, ihm bricht die Stimme.
Breka hat Edil erkannt. Er glaubt, sie ist tot und erstarrt.

Veni drängt ihn beiseite und berührt Edils Stirn. Dann ertastet sie deren großes Blutgefäß am Hals, das ungewöhnlich schnell pulsiert, und lässt ihren Zeigefinger drauf ruhen. „Ihr Herz rast." Sie überprüft ihren Atem, der flach ist und ebenfalls sehr schnell geht. Die Lippen von Edil sind trocken und spröde.
Edil stöhnt. Sie bewegt sich, so dass ihr Kopf erneut hinten überzufallen droht. Asil drückt ihn sich wieder gegen die Brust und vernimmt, wie sie etwas murmelt.
„Sie ist schon sehr schwach", flüstert Veni.
„Sag, dass sie es schaffen wird", fleht Asil und seine Stimme ist nicht halb so fest, wie er es beabsichtigte. Zu seiner Bestürzung weicht Veni seinem Blick aus.
Sie erhebt sich. „Wir müssen sie abkühlen. Asil, das übernimmst du. Geh mit ihr ins Wasser. Reibe ihren Rücken und ihren Bauch."
Asil nickt.
„Und versuche, ihr Wasser einzuflößen. Ich werde eine Abkochung von Weidenrinde vornehmen. Breka, du hilfst mir."
„Veni", ruft Asil gequält. „Was hat sie denn?"
Veni sieht ihm in die Augen und versucht, ihn nicht ihre Zweifel spüren zu lassen. „Das Kind, Asil. Etwas von ihm ist noch in ihr. Das geschieht manchmal, wenn nicht alles mit dem Blut aus der Frau herausgespült wurde. Es beginnt, zu faulen und sie zu vergiften." Sie hatte es schon ein paar Mal bei Veni-Frauen miterlebt. Und das, was dann im besten Fall doch noch herausgespült wurde, stank jedes Mal entsetzlich.
Asil starrt sie an.
Veni legt ihm beruhigend eine Hand auf die Schulter, doch er entzieht sich ihr ruppig. „Dann hol es heraus!"
Veni jedoch schüttelt den Kopf. „Das kann ich nicht. Es würde sie zerreißen."
„Was … ." Asil versucht, sich zu fassen. „Was können wir tun?"
„Wir können nur abwarten und hoffen, dass es von selbst herausgespült wird. Und wir müssen sie unterstützen, indem wir ihr Fieber senken."

Asil hat sich ins Wasser gesetzt und hält Edil im Arm. Er hat sie entkleidet und reibt mit bloßen Händen ihren Rücken und ihre Vorderseite. So, wie Veni es ihm gesagt hatte. Er weiß nicht, wie lange er schon so dasitzt. Es kommt ihm wie eine Ewigkeit vor. Vor Kälte schlotternd hört er gebannt, ob sie noch wirr redet. Doch sie ist schon viel ruhiger geworden. Auch ihr Atem geht langsamer und der Schlag

ihres Herzens.
„Lass mich dich ablösen, Bruder."
Asil bemerkt Breka, der neben ihn gekommen ist. Doch er schüttelt den Kopf.
Breka akzeptiert es nickend und setzt sich zu ihm ans Ufer. „Dasselbe hat sie für dich getan, als du im Fieber lagst."
Asil atmet schwermütig durch. „Ich weiß." Er schnaubt verbittert. „Sie war IMMER für mich da, weißt du. Ich hab' sie deshalb schon gar nicht mehr bemerkt."
Breka stutzt. „Soll das heißen …"
Asil nickt. „Ich war ein solcher Schwachkopf", raunt er. „So weit musste es kommen bis ich endlich merke, was sie mir bedeutet." Er lacht gequält auf. „Nicht, dass es nicht SCHON einmal so war." Er stöhnt. „Ich habs einfach vergessen, dass ich sie …" Asil atmet angespannt durch. Er spürt Brekas Hand auf seiner Schulter, die ihn trösten und ermutigen will. „Wie hoffe ich, dass es nicht zu spät ist."
Nachdenkliche Stille macht sich zwischen ihnen breit. Am östlichen Horizont weicht das Dunkel der Nacht allmählich dem Grau der Morgendämmerung.
„Veni hat mal zu mir gesagt", unterbricht Breka die Stille, „dass man seine Welt nach seinen Vorstellungen formt. Stelle dir also nur das Gute für dich vor, sonst könnten deine Ängste und Befürchtungen noch wahr werden. Und bitte die Mutter darum."
„Ja", schnaubt Asil, „bei Veni klingt immer alles so furchtbar einfach."
Breka lacht. „Tja, wie du nun gerade selber festgestellt hast, hätte alles viel einfacher sein können."
Asil muss ihm mit einem bitteren Lachen Recht geben. Edil in seinen Armen beginnt, sich zu regen. „Sie kommt zu sich", murmelt Asil und beobachtet gebannt, wie sich die Finger ihrer halb geöffneten Hände bewegen. Er nimmt eine ihrer Hände und küsst sie.
Breka erhebt sich. „Ich hole Venis Weidenrinden-Absud. Vielleicht kann sie ihn trinken."
Asil benetzt ihre aufgesprungenen Lippen mit Wasser und beobachtet, wie Edil sich die Lippen ableckt.
„Wach auf, Edil", flüstert er ihr zu.
Da schlägt Edil die Augen auf. Sie blickt ihn erstaunt an, schaut überrascht um sich.
Asil zieht sie überglücklich an sich. Dann küsst er ihre Stirn. „Du musst wieder gesund werden."
Edil hebt matt eine Hand aus dem Wasser und legt sie ihm lächelnd

gegen die Wange. „Mir ist so heiß“, haucht sie. „Und dir ist kalt.“ Sie berührt seine bläulichen Lippen.
Asil nimmt ihre Hand und schmiegt sich dagegen. „Geh nicht von mir, Edil.“ Er merkt, wie schwach sie ist und es lässt ihn beinahe verzweifeln.
Edil schließt mit einem glücklichen Lächeln die Augen.
Asil starrt sie an.
„Asil.“ Veni reicht ihm eine dampfende hölzerne Schale.
Er nimmt sie ihr vor Kälte schlotternd ab und setzt sie Edil an die Lippen. „Edil, trink.“
Doch Edils Kopf gleitet kraftlos zur Seite weg.
„Nein!“ Asil erstarrt.
Veni nimmt ihm die Schale aus der Hand, reicht sie angespannt an Breka weiter und kommt eilig neben Asil. Sie legt einen Zeigefinger an Edils Hals und prüft den Schlag ihres Herzens. Es schlägt noch. „Sie ist bewusstlos.“
Asil atmet mit geschlossenen Augen durch.
Veni nickt. „Ich hole Alver.“ Sie wendet sich von ihnen ab und geht ans Ufer zurück. Dort setzt sie sich ins Gras und schließt die Augen.
„Mutter, ich bitte dich“, raunt Asil und wiegt sich mit Edil auf seinem Schoß sanft vor und zurück.
Breka ist bei ihm, weicht ihm nicht von der Seite. Er hat Asil noch nie so am Boden zerstört erlebt. Er fühlt mit ihm, sein Herz ist schwer wie Stein. Niedergeschmettert schließt er die Augen und bittet die Mutter für Edil. Bittet um ihr Leben.
Ein Lachen erschallt. Licht zerreißt das Dunkel um Breka herum und taucht ihn in strahlende Wärme. Er öffnet seine Augen und die Welt um ihn herum tanzt in den wunderschönsten Farben. Die Farben beherrschen alles, sie pulsieren und klingen, versetzen sich gegenseitig in andere Farben und Klänge. Alles um Breka herum ist bunt und laut, es macht ihm Angst, er ist absolut orientierungslos und weiß nicht mehr, wo oben und unten ist. Breka wird panisch. Er hört wieder das klare Lachen eines Kindes. Und plötzlich scheinen die Farben dem Lachen zu gehorchen. Sie pulsieren und erklingen in seinem Rhythmus. Ihr Klang wird Eins und erschafft eine so wunderschöne Melodie, dass es Breka bis ins Herz berührt. Er spürt und begreift, dass die Melodie auch ihn ergriffen hat, sein ganzer Körper schwingt in ihrem Klang, ist Melodie. Er ist Eins mit ihr und den Farben und dem Lachen. Er ist glücklich wie nie zuvor, hat allen Kummer vergessen. Da werden die Farben heller. Ihr Klang wird noch schöner und ist nun allgegenwärtig.

Das Licht erfüllt Breka mit einer solchen Liebe, … es ist ihm so vertraut. Er ist eins mit ihm. Es fragt ihn, wie es ihm geht. Doch ohne mit ihm dabei zu sprechen. Er spürt seine Frage in seinen Gedanken. Und er kann sich wieder an seine Traurigkeit erinnern. Das Licht tröstet ihn. Breka weiß, dass es immer für ihn da ist, schon immer da war, dass er selbst als kleiner Funken aus ihm kommt und dass es auch für Edil da ist. Er ist nun voller Vertrauen und ganz ruhig. Es macht ihm nichts aus, das Licht wieder zu verlassen. Er kann es jederzeit wieder erreichen.

Breka findet sich neben Asil wieder, scheinbar nur einen Atemzug später. Er legt seine Hand auf Edils Kopf, damit ihr Körper wie der seine in der Melodie der Mutter schwingt und ihm wieder zu seinem früheren Gleichgewicht verhilft, damit er sich heilen kann. Breka weiß es aus einem innersten Gefühl heraus, weiß es von der Mutter. Er nimmt seine Hand wieder zurück und begegnet Asils aufgelöstem Blick. „Die Mutter wird sich um sie kümmern“, bedeutet er ihm und schenkt ihm ein zuversichtliches Lächeln. „Lass mich dich endlich ablösen, Bruder.“
Asil zögert. Doch etwas ist anders an Breka. Etwas, das Asil auf unerklärliche Weise ganz plötzlich beruhigt. Er merkt nun, wie entsetzlich er friert. Und er ist müde. Mit einem Nicken willigt er ein und gibt Breka Edil behutsam in die Arme.
Veni hilft Asil auf und geleitet ihn ans Ufer, wo er sich ins Gras niedersinken lässt. Sie hüllt ihn fürsorglich in Brekas Umhang. „Versuche, zu schlafen Asil.“
Er willigt nickend ein und legt sich hin.
Veni watet zu Breka zurück und bleibt neben ihm stehen.
Breka sieht zu ihr auf.
Sie kniet sich zu ihm ins Wasser und begrüßt ihn auf die Art der Seher. Dabei führt sie jede Bewegung bedächtig und beinahe feierlich aus. „Du bist nun eingeweiht, Breka. Du weißt nun, wie du sie immer erreichen kannst. Versprich, diese friedliche Kraft niemals zu missbrauchen. Schwöre, sie stets nach bestem Gewissen anzuwenden und niemandem ein Leid durch sie hinzufügen zu wollen.“
Breka ist überrascht. „Ich bin eingeweiht?“
Veni nickt. „Schwöre es“, meint sie mit Nachdruck.
„Ja. Ich schwörs dir“, beeilt er sich.
„Nutze diese Kraft, um Antworten zu finden und dich leiten zu lassen. Nutze sie, um zu heilen. Vertraue ihr und stelle dich unter ihren Schutz.

Und komme in den Kreis derer, die eingeweiht sind."
„Das war's schon?"
Veni stöhnt. „Das ist eine feierliche Zeremonie, Liebster!"
„Oh", macht Breka. Er grübelt. „Dann hat mich das Lachen Alvers eingeweiht?"
„Ja. Es hat dir den nötigen Anstoß versetzt."
„Aber wolltest nicht DU mich einweihen?"
„Ja", meint sie beinahe ärgerlich. „Und weißt du was?" Sie erhebt sich. „ICH hätte es auch noch nicht gemacht!"

Der Staubsturm

Asil erwacht auf seinem Schlaflager und er ist einen Moment lang verwirrt. Es ist bereits taghell, der Wind zerrt am Felldach ihrer Behausung und alle Veni, bis auf Edil neben ihm, sind schon auf den Beinen. „Edil", raunt er und kommt neben sie. Er berührt ihre Stirn, doch diese ist kühl.
Edil regt sich schläfrig.
Asil kann nicht anders. Freudig nimmt er ihr Gesicht zwischen die Hände und küsst sie auf den Mund. Edil erwidert es schlaftrunken.
„Edil", flüstert er wieder. Ihre Küsse werden wacher. Er löst sich von ihr und blickt sie an. Sie hat das helle Braun ihrer Augen auf ihn gerichtet.
Edil legt eine Hand in seinen Nacken und zieht ihn wieder auf ihren Mund. Ihre Küsse sind verlangend. Asil verliert sich in ihnen. Sein Herz beginnt, zu rasen. Er spürt, wie Edil sein Gesicht zwischen die Hände nimmt und ihn von sich weg zieht. Atemlos blicken sie sich in die Augen.
„Asil!" Keril steht plötzlich neben ihnen und tritt Asil unsanft gegens Bein, so dass dieser zusammenzuckt.
Unter gequältem Stöhnen lässt sich Asil mit dem Gesicht gegen Edils Hals sinken. Er saugt den Duft ihrer Haut ein. „Jetzt nicht", knurrt er ungehalten.
„Asil! Alle Führer sind schon versammelt. Nur DU fehlst noch. Wir treffen uns mit den Reni!"
„Ich komme", faucht Asil und vernimmt, wie Edil unter ihm kichert. Er blickt sie bedauernd an.

Edil zuckt die Schultern. „Ich werde hier sein“, bedeutet sie ihm.
Asil betrachtet ihr bleiches Gesicht. Sie ist noch immer schwach. Er nimmt ihre Hand und streicht über ihre Finger. „Werde wieder meine Gefährtin, Edil.“ Verlegen blickt er ihr in die schönen braunen Augen.
Edil lächelt und nickt.
„Ja?“
Edil nickt heftiger.
„Das heißt JA, oder?“
Sie lacht. „Ja! Und nun geh schon.“
Asil lässt den Blick glücklich auf ihr ruhen. Dann drückt er ihr einen Kuss auf die Stirn und erhebt sich eilig. Mit ein paar schnellen Griffen kleidet er sich an, gürtet sich mit seinen Waffen. Denn diese will er bei den Reni nicht noch einmal missen.
„Asil!“ Keril tritt nervös von einem Bein aufs andere. „Die Reni kommen!“

Breka blickt seinem Bruder entgegen, der gerade unter dem Fell des Mamonts hervortritt und sich eilig auf sie zu in Bewegung setzt. Windböen zerzausen ihm das offene Haar.
„Er kommt jetzt“, ruft Alver und klatsch erfreut in die Hände.
Veni neben ihm nickt nur kühl und sieht wieder nach vorn auf die sich nähernden Anführer der Reni.
Breka hätte nicht gedacht, dass sie so nachtragend sein könnte. Den ganzen Morgen über hat sie kein einziges Wort mit ihm gewechselt. Er äugt zu Alver, der sich nun ebenfalls den Reni zugewendet hat und ihrer Ankunft in kindlicher Vorfreude entgegenblickt.
„Das habt ihr euch wirklich fein ausgedacht“, macht Veni nun ihrem Groll endlich Luft.
Alver bedenkt es mit einem schelmischen Blick auf Breka. „Ach Veni“, meint er dann lachend zu ihr. „Du musst doch sehen, wie alt er ist.“
Breka verkneift sich ein Grinsen. Manchmal kommt ihm Veni wirklich wie eine Mutter vor, die an ihm wie an ihrem kleinen Kind klammert.
„Weißt du denn nicht, dass ihr gleichalt seid“, fragt Alver sie heiter.
„Natürlich“, faucht Veni ihn an.
Alver hält sich eine Hand vor den Mund, um sein Lachen vor ihr zu verbergen. Breka hat ihn bisher nur selten ernst erlebt. Es scheint einfach nicht zu seinem Wesen zu gehören. Und je fuchtiger Veni wird, umso lustiger scheint Alver es zu finden.
„Ich habe ihm nur wieder beim Aufstehen geholfen“, nuschelt Alver zwischen seinen Fingern hindurch.

„Ich hätte das aber gern selbst gemacht“, erwidert ihm Veni vorwurfsvoll und bedenkt ihn mit einem ernsten Seitenblick. Bei seinem Anblick beißt sie sich auf die Lippen und ringt mit einem Grinsen.
„Du bist nicht mehr böse auf Alver“, erfasst er es sogleich.
Veni verdreht nur die Augen und seufzt gequält.
Breka bindet sich das Haar, damit es ihm nicht ständig vom Wind ins Gesicht geblasen wird, und versucht, sich auf die Reni zu konzentrieren. Asil kommt atemlos neben ihn.
„Ein guter Platz“, keucht er.
„Ja. Das wird ihnen hoffentlich ein wenig Respekt einflößen“, raunt Mora neben ihm.
Breka streift das imposante Skelett des Mamonts in ihrem Rücken noch einmal prüfend. Es ist in der Tat respekteinflößend. Sie haben sich vor ihm in einem Halbkreis aufgestellt.
„Tritt DU ihnen entgegen“, meint Umanthu an Breka gerichtet.
„Und Malo“, wirft Mora ein.
Malo und Breka wechseln einen angespannten Blick und begeben sich vor die Führer der Waldclans, in den Halbkreis hinein.
„Ein komisches Gefühl, sie unter diesen Umständen wiederzusehen“, bemerkt Malo, während sie wieder nach vorn zu den Reni sehen. Der gesamte Rat der Ältesten hat sich auf den Weg zu ihnen gemacht und ist vielleicht noch drei Steinwürfe von ihnen entfernt.
„Ja“, pflichtet ihm Breka bei. „Sie kommen mir so fremd vor.“ Er beobachtet Eisfuchs, den sie in ihre Mitte genommen haben. Es scheint ihm ein gutes Zeichen zu sein. Der Anblick von Eisfuchs, der die Reni beinahe um Haupteslänge überragt, beeindruckt Breka und macht ihn stolz. Sein Sohn drückt Würde und Verantwortung aus. Und doch befremdet es ihn. Es ging alles viel zu schnell, dass er so erwachsen wurde. Er hört Alver in seinem Rücken vor Freude glucksen. „Eisfuchs!“
Veni ergreift wohlweislich Alvers Hand und hält sie fest umschlossen.
„Aber Alver will zu Eisfuchs“, ruft er enttäuscht.
„Du kannst ja gleich zu ihm gehen. Aber warte noch.“ Sie weiß, dass sich die beiden angefreundet haben.
„Nein.“ Alver tritt unruhig von einem Bein aufs andere. „Nein. Das ist nicht gut!“
Veni wird stutzig und sie macht sich bereit, um das zu sehen, was Alver sieht.
Breka beobachtet, wie sich ihnen die Reni auf etwa zehn Schritte

genähert haben und nun stehen bleiben. Der Wind zaust an ihrer Kleidung. Und an ihrem dunklen Haar, so dass es ihnen immer wieder ins Gesicht schlägt. Sie streichen es sich zur Seite, um den Blick frei zu haben. Den Blick auf die sterblichen Überreste von etwas, das für Angst und Schrecken unter den Rentierjägern sorgte. Das unter ihnen entfesselt tobte und viele Menschenleben gefordert hatte. Etwa fünfzehn Reni im besten Mannesalter bis hin zum Greis starren fassungslos auf das Mamont im Rücken der Anführer der drei großen Wald-Clans. Eisfuchs und Adlerschrei lösen sich aus ihrer Menge heraus und machen drei Schritte auf sie zu, bevor sie wieder vor ihnen verharren.
Breka und Malo kommen nun vor sie. „Seid willkommen, Reni“, begrüßt Breka sie.
„Wir danken euch“, meint Adlerschrei kühl und blickt wieder ehrfurchtsvoll auf die bleichen Gebeine des Untieres in ihrem Rücken. Dann wendet er sein Augenmerk auf Malo. „Wir wähnten euch beide tot. Und nun gehört ihr zu ihren Anführern und heißt uns auf UNSEREN Jagdgründen willkommen.“
Breka spürt die Ablehnung in seinen eisigen Worten und er zweifelt, ob die Idee mit dem Mamont so gut war. Adlerschrei jedenfalls scheint sich herausgefordert zu fühlen.
„Dass sie nun ihre Anführer sind soll es uns doch erleichtern, zueinander zu finden“, meint Eisfuchs nachdrücklich und bedenkt Adlerschrei mit einem durchdringenden Blick.
„Eisfuchs!“ Alver kommt auf sie zugestürmt. Er rennt Eisfuchs beinahe um.
Eisfuchs findet jedoch sein Gleichgewicht wieder und schenkt ihm lachend eine Umarmung. Dann löst er sich von ihm und sie begrüßen sich auf die Art der Seher.
Breka und Malo werfen sich einen ratlosen Blick zu und wenden sich fragend nach den anderen um. Diese kommen ihnen zögernd entgegen.
Als sie sich wieder den Reni zuwenden, tippt Alver Adlerschrei soeben gegen die Brust.
„Warum bist du so grimmig“, fragt er ihn mit gespielter Düsternis auf reinstem Reni.
Adlerschrei jappst erschrocken nach Luft.
Das ist ganz nach Alvers Geschmack. Er verfällt in sein klares Lachen.
Breka muss grinsen. Adlerschrei steht der Mund noch immer offen und er bietet einfach einen zu komischen Anblick. Er vernimmt, wie Malo neben ihm prustet, um sich krampfhaft das Lachen zu verkneifen. Und

auch Eisfuchs kämpft um seine Fassung. Er spürt, wie auch ihn das Lachen ergreifen will und gibt seinem Drang nach. Er weiß plötzlich, was Alver tut, spürt es mit jeder Faser seines Körpers. Er bringt die Farben, aus denen alles besteht, in Einklang. Durch sein ansteckendes Lachen, das die Herzen berührt und öffnet. Selbst Adlerschrei verfällt in ein selbstkritisches Grinsen. Er beugt das Haupt vor Alver. Breka versucht, sich zu beruhigen und wischt sich die Tränen aus den Augenwinkeln. Die Reni haben sie umringt. Ihre Gesichter sind nun freundlich. Alle reden durcheinander, begrüßen ihn und Malo und drängen sich um Alver, damit er ihre Köpfe berührt. Breka weiß, dass die Reni Menschen, die wie Alver sind, tief verehren.
Als Veni und die anderen bei ihnen eintreffen, werden sie einfach von den Reni aufgesogen. Breka atmet auf. Das Eis ist gebrochen.

Adlerschrei betastet ehrfurchtsvoll einen der riesigen Stoßzähne des Mamonts. „Es hat so viele von uns getötet“, raunt er und wendet sich dann zu Breka um. „Und ihr habt es einfach erlegt.“
Breka schüttelt den Kopf. „Es war gewiss nicht einfach. Und es hat auch Opfer von UNS gefordert.“
Veni nimmt Brekas Hand. „Der Weg des Mamonts endet hier, wo sich die Stämme vereinen.“
Adlerschrei sinnt über ihre Worte nach und gibt ihr schließlich lächelnd Recht. „Ja. Es ist beinahe so, als hätte es uns hier zusammengeführt.“ Er wird wieder ernsthaft. „Aber sie beginnt erst, unsere Zusammenkunft.“
Mora pflichtet ihm nickend bei. „Wir haben viel zu besprechen.“ Auf Umanthus und Asils fragende Mienen hin übersetzt er ihnen.
„Ja“, meint Umanthu. „Doch vorerst lasst uns unser Treffen ordentlich würdigen“, ruft er fröhlich und hält zur Untermalung einen beachtlich großen Ledersack mit hörbar schwappendem Inhalt nach oben. „Hier, der beste Gärsaft, den ihr je getrunken habt.“
Adlerschrei tippt Malo fragend an und dieser übersetzt ihm Umanthus Worte grinsend.
„Gärsaft“, fragen Adlerschrei und Weißer Falke wie aus einem Munde.

Sie sitzen vor dem Mamont in einem großen Kreis auf weichen Fellen. Die Flammen des Feuers in ihrer Mitte flackern unruhig im Wind. Es sind kaum noch Fleischstreifen übrig, die sie auf den Feuersteinen brieten.
„Nnein“, lallt Adlerschrei und hebt ablehnend eine Hand nach oben.

„Ich gllaube, ich hap genug."
Umanthu zuckt gleichgültig die Schultern und lässt sich noch etwas vom roten Gärsaft in den Mund fließen. Sie haben den Ledersack beinahe geleert.
„Also gut", schließt Mora. Er schraubt die Augen heraus, als würde sich dadurch sein Blick schärfen. Schwindelig lehnt er eine Hand gegen die Stirn. „Dann ist es beschlossene Sache", bringt er mühevoll heraus und schüttelt ablehnend den Kopf, als Umanthu ihm den Ledersack auffordernd hinhält.
Adlerschrei nimmt Umanthu den Sack aus der Hand, knüllt diesen zusammen und lässt sich die letzten Tropfen in den Mund laufen.
„Ich hoffe, wir können uns morgen noch an unsere Beschlüsse erinnern", raunt Asil nur mehr zu sich selbst, denn er bezweifelt, noch Gehör zu finden. Als Einziger hatte er sich beim Gärsaft zurückgehalten und sieht abwartend in die unaufmerksam gewordene Runde. Die Reni hat es am ärgsten erwischt. Etliche der Ältesten sind bereits eingenickt oder davongewankt in Richtung ihres Lagers. Die Kinder der Waldclans machen sich einen Spaß daraus. Sie warten nur darauf, die nächsten von ihnen zurück zu begleiten. Doch viel Neues haben sie ohnehin nicht beraten. Nur beschlossen, was sie Tags zuvor mit Eisfuchs erörtert hatten. Die Reni und die Waldclans werden sich ihre Jagdgründe von nun an teilen.
Er wird aus seinen Gedanken gerissen, als ihm Weißer Falke kichernd gegen die Schulter schlägt und etwas auf Reni nuschelt.
Asil blickt Eisfuchs neben ihm fragend an.
Eisfuchs grinst. „Er meint, wir sollten ein großes Fest mit diesem Gärsaft machen." Er hat damit plötzlich die Aufmerksamkeit beinahe aller, die sich noch wach halten können. Nur Adlerschrei ist soeben schnarchend auf die Seite gefallen, gefährlich nahe ans Feuer, das in ihrer Mitte brennt.
„Ich hab' noch einen ganz ansehnlichen Vorrat in meinem Zelt", meint Umanthu einladend und zerrt Adlerschrei vom Feuer weg. Wie immer ist es ihm kaum anzumerken, dass er von allen den meisten Gärsaft hatte. Selbst Alver hatte kräftig bei diesem heimtückischen Getränk zugeschlagen und ist auffallend still geworden.
Mora nickt. „Die Wald-Clans begingen früher auf ihrem Treffen immer ein Fest. Und sie trugen einen Wettstreit im Kämpfen aus."
„Ja", meint Asil. „Doch dem ging eine erfolgreiche Jagd voraus, um etwas zum Schmausen zu haben. Und wir haben beinahe alles aufgezehrt."

„Das Wild macht einen weiten Bogen um die Lager der Jäger", meint Stiller Rauch, wie Weißer Falke ein noch sehr junger der Reni-Ältesten. Breka übersetzt seinem Bruder dessen Worte.
Asil schlägt ihm herausfordernd gegen den Rücken, so dass Breka nach vorn ruckt. „Warum rufst du uns nicht eine große Herde Rentiere?"
„Ja", meint Veni schläfrig und lehnt sich gegen Breka. „Zusammen mit Eisfuchs." Sie nickt weg, fängt sich jedoch wieder und blinzelt.
Breka blickt Eisfuchs überrascht an. Dieser deutet ein Nicken an.
„Ja, zeige es mir", bittet Eisfuchs. „Ich kann kaum glauben, so etwas zu können."
„Doch", meint Veni, bevor ihr Kopf von Brekas Schulter abzugleiten droht.
Breka bettet Venis Kopf wieder auf seine Schulter zurück und schenkt seinem Sohn ein Lächeln. „Es wäre mir eine große Freude, sie mit dir zusammen zu rufen."
„Wann", fragt Eisfuchs ganz aufgeregt.
„Morgen", meint Asil mit einem vieldeutigen Blick auf die umherliegenden Würdenträger der Reni. „Wenn überhaupt." Jemand legt ihm eine schmale Hand auf die Schulter und er sieht sich fragend um. Keril steht mit dem Rücken zu ihm und blickt neben seinem Freund Babuk in die bereits tiefer stehende Sonne.
„Asil", haucht Keril. „Was bei Veni könnte das sein?"
Gefragter versucht zu erkunden, was Kerils Blicken gilt.
„Ich spüre, dass das nichts Gutes bedeutet", meint Babuk.
Asil wendet sich ihnen nun gänzlich zu. Am Horizont hat sich etwas vor die absteigende Sonne geschoben. Diese ist nun als dunklere Scheibe zu erkennen, durchleuchtet gerade noch so das Oberste einer riesigen Wand aus dunklem Staub. Asil schlägt das Herz mit einem Male bis zum Hals. „Oh verflucht." Jemand hinter ihm schreit plötzlich etwas auf Reni.
„Ein Staubsturm", ruft Stiller Rauch. „Ada, der Herr der Winde, zürnt uns!"
Breka folgt seinen Blicken und rappelt sich hoch. Dann sieht er die dunkle, in vielen Wolken in sich wirbelnde Wand, die von der Weiten Ebene her auf sie zurast. Er kennt diese Stürme und weiß, dass ihnen nicht mehr viel Zeit bleibt. „Veni!" Breka rüttelt sie wach. „Mora, Umanthu!" Fluchend versucht er, schlafende Reni zu wecken. „Ein Staubsturm! Wir müssen in den Wald fliehen. Asil!"
Asil rüttelt an einem Reni. „Keril. Lauft in die Lager und warnt alle. Sie sollen so schnell wie möglich nach oben in den Wald fliehen!"

Breka packt Asil. „Er wird die Zelte wegwehen oder unter sich begraben. Wir müssen die Vorräte retten!"
Asil nickt, schultert sich einen Reni, der einfach nicht erwacht, und läuft los. „Flieht in den Wald", ruft er den Kindern zu, die noch unschlüssig sind. „Den Pfad hinauf und dann so tief wie möglich in den Wald hinein!"
Breka kommt atemlos neben ihn, Veni an der einen Hand hinter sich herzerrend, mit der anderen hat er sich Alver geschultert. Asil kommt die Strecke bis zur Behausung der Veni wie eine Ewigkeit vor. Als sie diese endlich erreichen, wirft er den Reni in den Dreck und begießt dessen Gesicht hastig mit einer Schale Wasser. Der Reni fährt erschreckt hoch. Asil deutet auf die Staubwolke, die nun nicht mehr zu übersehen ist. Sie verdunkelt die Sonne, hat alle Menschen aufgescheucht.
Breka hat Ulan und Tallidon erklärt, dass sie die Rutschen mit ihren getrockneten Fleischvorräten beladen und hoch zum Absatz bringen müssen. Die Frauen haben ihre Kinder auf die Hüften genommen oder um sich geschart und eilen ihnen voraus. Ihnen schließen sich Mora an.
Asil kommt zu Edil, die sich auf ihrem Lager kraftlos aufgesetzt hat und der unheilverkündenden Staubwolke entsetzt entgegenblickt. Sie schrickt zusammen, als er sie hochzerrt und sich dann einfach auf den Rücken setzt. Er spürt, wie sie ihn mit ihren Schenkeln fest umklammert, blickt noch einmal um sich. Die Männer haben ihre Fleischvorräte auf die Rutschen gepackt und hasten mit ihnen los. Als sich Asil ganz sicher ist, dass alle aufgebrochen sind, folgt er ihnen mit Edil hinterher.

Der Wind um Asil herum wird heftiger. Er beginnt, Staub vom Boden aufzuwirbeln. Schwer keuchend versucht Asil, den anderen schnellen Schrittes zu folgen. Doch er gewinnt immer mehr Abstand zu ihnen. Die Frauen und die Mora befinden sich bereits mitten auf dem steilen Pfad nach oben. Breka ist mit Veni an der Hand und Alver auf seinem Rücken mit den Männern am Fuße des Absatzes angelangt und sie beginnen, die Rutschen hinaufzutragen. Die Welt um sie herum fängt an, sich zunehmend zu verdunkeln. Asil vermutet, dass die Staubwolke nicht mehr weit ist.
„Asil", ruft Edil auf seinem Rücken, um die Geräusche des heftigen Windes zu übertönen. „Sie hat uns gleich eingeholt!"
Asil schätzt, dass sie noch zwei Steinwürfe vom Fuße des Felsens trennen und rennt, was er kann, geradewegs auf den Pfad zu. Die

Geräusche des Windes nehmen zu. Er spürt ihn plötzlich wie wild an seiner Kleidung zerren, fühlt, wie ihm der aufgewirbelte Staub stechend ins Gesicht schlägt. Unzählige winzige Körnchen schmirgeln an seiner Haut und machen ihm Sehen und Atmen schwer. Sie setzen sich ihm in die Ohren, brennen in seinen Augen. Asil bleibt stehen und verengt die Augen zu zwei Schlitzen. Er hustet. Die Wolke hat sich erstickend über sie gelegt, es wird zunehmend dunkler, bis es schnell so finster ist, dass Asil nicht mehr die Hand vor Augen sieht. Er schließt die Augen, ringt hustend nach Luft und versucht, weiterzugehen. Dabei darf er nicht von der Richtung abweichen, die er noch im Kopf hat. Edil hat sich fest an ihn geschmiegt. Sie zieht ihm den Ausschnitt seines Oberteils umständlich nach oben. Asil versteht und er beugt den Kopf, damit sie es ihm über den Mund ziehen kann. Dann atmet er befreit in seine Kleidung hinein und bekommt wieder Luft. Keuchend stößt er auf eine Schräge. Sie sind am Fuße des Abhanges angelangt. Er versucht, zu blinzeln, bereut es jedoch sofort. Es ist stockfinster und der Dreck setzt sich ihm schmerzhaft in die Augen. Asil unterdrückt das Bedürfnis, ihn wieder herauszureiben und geht bergan. Sein Weg ist zu seiner Erleichterung fest, offenbar hat er den Pfad genau getroffen. Er versucht, sich dessen Verlauf ins Gedächtnis zu rufen. Sie dürfen nicht an eine Steilstelle geraten, an der man abstürzen könnte. Auch nicht in einen Schuttbereich, der das Gehen unmöglich macht. Bedächtig setzt er einen Fuß vor den anderen und tastet sich auf dem Weg vor. Es ist unerträglich steil, er keucht schwer unter Edils Gewicht und saugt die warme, verbrauchte Luft unter seinem Oberteil begierig ein. Doch er kommt vorwärts. Schritt für Schritt. Er wagt nicht, stehen zu bleiben. Der Weg unter seinen Füßen wird zusehends schlüpfriger, weicher. Asil bückt sich, um ihn mit seinen Fingern zu betasten. Doch es ist kein derber Gesteinsschutt, den er fühlt. Es ist feiner Staub. Der Staub aus der Wolke hat begonnen, auf alles niederzurieseln. Asil bemerkt, dass der Wind weniger stark an ihm zerrt und schöpft Hoffnung. Doch ihm wird auch klar, dass er nicht weitergehen sollte. Er kann den Weg unter dessen weicher Decke nicht länger mit den Füßen ertasten. So lässt er Edil von seinem Rücken herabgleiten. Dabei ergreift er ihren Arm, um sie nicht zu verlieren. Sie setzen sich in den weichen Staub, schmiegen sich eng aneinander und warten mit eingezogenen Köpfen ab. Asil kommt es wie eine Ewigkeit vor. Immer wieder schütteln sie sich vom auf sie niedergehenden Staub frei. Ab und zu erlaubt sich Asil, kurz zu blinzeln. Und es wird heller.

Der Wind lässt allmählich nach, bis er kaum noch zu spüren ist.

„Es ist Nacht“, meint Edil.
Asil zieht sich das Oberteil von Mund und Nase und atmet frische Luft.
„Lass uns schlafen“, raunt er und legt sich erschöpft in den Staub.
Edil bettet den Kopf auf seinen Bauch. „Ich fürchte mich vor dem Morgen, Asil.“
Asil nickt. Er ist ganz krank vor Sorge um den Clan.

Ulan steht sorgenvoll auf dem Felsabsatz und hofft, im aufkommenden Dämmerlicht des Morgengrauens irgendwo unten im Tal ein Lebenszeichen von Asil zu entdecken. Er kann das Bild von Asil und Edil, als diese vor der monströsen Wolke zu fliehen versuchten, nicht vergessen. Auch nicht, wie sie dann von ihr verschluckt wurden.
Breka legt ihm beruhigend die Hand auf die Schulter. „Sie leben, Vater.“
Ulan fällt ein Stein vom Herzen. Er weiß, dass Breka seinen Geist nach Asil auf Wanderschaft geschickt hat.
„Ich helfe ihm“, meint Breka und begibt sich auf den Pfad. Denn trotz dem er Eisfuchs und Asil und sogar seinen Wolf lebend weiß, ist er zutiefst beunruhigt. Er spührt eine ungreifbare Gefahr.
„Warte. Wir kommen mit.“ Tallidon und seine Söhne Bower, Wykat und Jerat schließen zu ihm auf. Sie alle sind noch völlig verstaubt und lösen bei jedem Schritt kleine Staubwölkchen aus, die vom Boden aufstieben. Der Staub hat sich wie ein erstickender gelblich-grauer Schleier über die Landschaft gelegt und wird vom leisesten Lüftchen aufgeweht.
Breka nickt ihnen zu. Er bemerkt Mora und Malo, die sich ihnen ebenfalls anschließen.
„Breka“, Alver versucht, zu ihm zu gelangen, doch Veni hält ihn zurück. „Das Wasser“, ruft Alver aufgeregt. „Es ist ganz wütend, heute!“Alver sucht nervös nach den richtigen Worten. „Es ist böse.“
Breka winkt ihm zu und nickt, dass er ihn verstanden hat. Nun weiß er, worauf er sich konzentrieren muss. Er wird den Fluß nicht aus den Augen lassen, sobald er ihn richtig sehen kann. Noch liegt er im dunklen Schatten der Talwand. Gefolgt von den anderen setzt er seinen Abstieg ins Tal fort. Im oberen Bereich ist der Weg besonders steil und es hielt sich dort nur wenig Staub. Weiter unten jedoch sammelte er sich an und sie tauchen knietief in ihn ein. Manchmal, im Windschatten eines Felsvorsprunges, versinken sie gar hüfthoch in ihm. Alles um sie herum ist unnatürlich still. Der Staub scheint jedes Geräusch zu

schlucken, auch das ihrer Schritte. Nicht ein einziger Vogel begrüßt die Sonne, die soeben rötlich aufgeht und die Felswand des Abhanges in ein tiefes Orange taucht. Sie beleuchtet den Talboden. Und was die Männer dort erblicken, ist ein Bild des Grauens. Eine dicke braungelbe Staubschicht hat sich auch dort über alles gelegt. Ihre Zelte sind unter dem Gewicht des Staubes eingesunken und kaum noch zu erkennen. Doch am ärgsten ist, dass der Fluss über seine Ufer getreten ist. Er hat immense Massen an Staub mit sich geführt und bis zum Damm der Badestelle gespült, wo er dann weiter angestaut wurde und sein Bett verlassen hat. Die Lager der Veni und Mora wurden komplett mit einer schlammigen Brühe überspült. Die Konsai, die ihr kleines Lager ein wenig flußaufwärts der Badestelle errichteten, hatten noch Glück. Doch die Reni weiter flußabwärts hat es größtenteils ebenfalls erwischt. Ihr riesiges, im Staub versunkenes Lager wurde durch unzählige kleine Wasserströme überflutet.
Breka schreckt vor einem gelblichen Etwas zurück, das sich kurz vor ihm aus dem Staub erhebt. Es ist Asil. Der Staub rieselt ihm vom Körper, so dass er husten muss. Edil, die zu seinen Füßen sitzt, schüttelt sich wie er den feinen Dreck mehr schlecht als recht aus den Haaren und von der Kleidung.
„Schön, euch zu sehen“, grinst Asil.
Breka ist froh, ihn gefunden zu haben. Doch er hat große Sorge um die Reni. „Asil.“ Er weist mit dem Kopf nach unten ins Tal.
Asil wendet sich um und erstarrt. „Bei Veni“, entfährt es ihm.
„Wir müssen ihnen helfen“. Breka überlegt, was sie mit Edil machen sollen.
„Ich fürchte, dass viele Reni tot sind“, raunt Mora mit Blick weiter flußabwärts.
Breka erkennt inmitten der Schlammmassen, die von den kleinen Strömen durchzogen werden, neben angeschwemmten Steinen und kleineren Baumstämmen reglos erscheinende Körperteile. Ihm geht auf, dass es die aus dem Schlamm ragenden Körper von Toten sein müssen.
„Nein“, haucht er.
„Das kann nicht sein“, zweifelt Malo mit tonloser Stimme.
„Kommt“, reißt Tallidon sie aus ihrer Fassungslosigkeit. „Kommt endlich!“
Breka versucht, einen klaren Gedanken zu fassen.
„Ich bringe Edil noch schnell nach oben“. In Asil kommt Bewegung.
„Nein.“ Edil schüttelt den Kopf. „Geh und hilf ihnen, Asil.“ Ihre Wangen schimmern hautfarben in feuchten schmalen Spuren unterm

Dreck hervor. Sie weint.
Asil nimmt ihre Hand und drückt sie wortlos. Edil schenkt ihm ein Lächeln.
Breka zieht Asil auffordernd am Arm und sie machen sich wieder auf den Weg bergab. Nach Kurzem kommen ihnen zwei Wölfe auf ihrem Weg entgegen. Ihr Fell ist gelblich verdreckt und hebt sie kaum von der Umgebung ab. Es ist Brekas Wolf in Begleitung seiner Gefährtin, die bei den Mora lebt. Sie tragen jeweils zwei Junge im Maul.
Breka begrüßt ihn erfreut mit einem knappen Streicheln. „Ja. Geht weiter nach oben", murmelt er. Das Tier legt ihm seine zwei Jungen zu Füßen und blickt besorgt ins Tal. Zu Brekas Überraschung beginnt der Wolf plötzlich, den Kopf in den Nacken zu legen und laut zu heulen.
„Ja. Das ist wirklich zum Heulen." Tallidon und die anderen gehen weiter, Asil zupft Breka auffordernd an seinem ledernen Oberteil.
Breka ist irritiert über das Verhalten seines Wolfes. Es ist, als wolle ihn das Tier warnen, weiterzugehen. Er verbindet sich mit ihm. Zum ersten Mal in seinem Leben. Der Wolf blickt ihn plötzlich neugierig mit schräg gestelltem Kopf an. Breka fragt ihn, warum er so unruhig ist. Und er erhält eine klare Antwort. Er spürt eine alles beherrschende Angst vor dem Wasser. Es ist, als ob es lauert wie ein mächtiges, gefährliches Tier. Kraftvoll und brodelnd vor Wut.
Breka jappst erschrocken auf und löst sich wieder vom Wolf. Er sieht angespannt zum Fluss hinab. Auch wenn dieser schon viel Unheil angerichtet hat, es scheint noch eine ganz andere Gefahr von ihm auszugehen. Eine viel größere. Warum nur kann er diese nicht erkennen? Auch Alver hat sie gesehen.
„Was ist los?" Asil schaut nachdenklich zwischen dem Wolf und seinem Bruder hin und her.
Breka bedeutet ihm konzentriert mit einer erhobenen Hand, ihm kurz Bedenkzeit zu lassen. Er verfolgt den Flusslauf bis zu dem, was einmal ihre Badestelle gewesen war. Dicke Schlammmassen haben sich dort mit allem Möglichen an Treibgut angesammelt und vor die Baumstämme des Dammes geschoben, quellen über diese hinweg. Der Großteil des Flusswassers strömt nun an den Seiten des Dammes vorbei und sucht sich zahllose neue Wege. Doch der Fluss bringt immer neuen Schlamm heran, der sich vor dem Damm staut und das Wasser am Abfließen hindert. Dort, wo einst Menschen badeten, brodelt eine schlammige, reißende Brühe. Breka reißt die Augen auf. „Der Damm", entfährt es ihm bestürzt. „Der Damm wird brechen, Asil!"
Er stürzt los, weiter bergab, den anderen hinterher.

„Bei Veni“, raunt Asil und setzt ihm nach.
Der Wolf blickt ihnen hinterher und hält den Kopf fragend schräg.
Breka verbindet sich mit Eisfuchs und bedeutet ihm die Gefahr. Er heißt ihn, sich und die anderen so schnell wie möglich hoch auf die sichere Talflanke zu begeben. Er spürt Eisfuchs‘ Trauer. Eine tiefe Trauer um unzählige Reni. Breka wird ob seiner Zögerlichkeit zornig und rüttelt Eisfuchs damit auf. Ihre Verbindung löst sich. Breka und Asil haben Tallidon fast erreicht. Die Männer setzen den Fuß gerade auf den schlammig gewordenen Talboden. „Wartet!“
Malo wendet sich fragend nach Breka um und streckt die Hand nach Mora aus.
Breka kommt keuchend bei ihnen an. „Der Damm.“ Er ringt jappsend nach Luft. „Wenn er bricht, dann ist alles aus.“
Mora ruckt zum Fluss herum und lässt den Blick auf dem Damm ruhen. „Du hast Recht.“
„Dann lasst uns an der Talwand entlang flussabwärts gehen. Und wenn er noch hält, gehen wir ins Lager der Reni“, überlegt Malo. „Ich sah Kinder, die sich nicht übers Wasser trauen. Wir MÜSSEN ihnen helfen!“
Brekas Gedanken überschlagen sich. Er bemerkt, dass sich die Konsai auf den Weg zu ihnen gemacht haben. Mit einem tiefen Seufzer nickt er. „Ich habe euch gewarnt. Tut, was ihr für richtig haltet. Aber lasst den Damm dabei nicht aus den Augen. Es ist nichts gewonnen, wenn noch mehr Menschen ihr Leben lassen. Wir würden fast nur wehrlose Frauen und Kinder hinterlassen.“
Die Männer hasten los, immer am Fuße des Talabhanges entlang flussabwärts.
Breka wartet noch einen Moment, bis die Konsai ihn erreicht haben. Konsai macht ein besorgtes Gesicht.
Sie begrüßen sich auf die Art der Seher und dann sprechen Konsais Hände davon, dass sie Umanthu verloren haben.
Breka atmet angespannt durch. „Verdammt!“ Die Konsai sind nun im Grunde führungslos. Denn Konsai verfügt nur über die Fähigkeit, den Clan in der geistigen Welt zu führen. „Ihr müsst einen neuen Anführer wählen“, gibt er ihm zu verstehen.
Konsai nickt. Er deutet hoch auf die Anhöhe und dann auf die etwa fünfzehn Menschen seines Clans, die unruhig hinter ihm stehen.
Breka nickt verstehend.
Konsai zeigt auf den Damm und macht ein besorgtes Gesicht.
„Ja. Ich weiß. Wir werden Acht geben.“ Er lässt die Konsai an sich

vorbeiziehen und nimmt dann seinen Weg wieder auf. So schnell er kann, eilt er Asil und den anderen hinterher. Dabei fragt er sich besorgt, wievielen Ältesten der Reni es wohl ebenfalls das Leben gekostet hat. Er schwört sich, nie wieder auch nur einen Tropfen Gärsaft anzurühren.

Breka hat Rotes Wiesel, einen Reni-Jungen, geheißen, vom Abhang aus den Damm im Auge zu behalten und sie zu warnen, wenn er brechen sollte. Doch er sieht immer wieder selbst zum Damm hinauf, wenn dieser sein unheilvolles Knacken von sich gibt.

Sie nehmen sich nicht mehr die Zeit, unter den eingedrückten Zelten nach Überlebenden zu suchen. Viele Reni haben sich bereits selbst geholfen und sind dem Wasser in Richtung zum Abhang hin entkommen. Einige von ihnen sind schon wieder zurück, um noch Überlebende zu holen. Doch es gibt so viele Tote. Offenbar wurden sie unter ihren vom Staub niedergedrückten Zelten vom Wasser überrascht und saßen regelrecht in der Falle.

Malo hat ein paar hilflose Alte und Kinder entdeckt, die gefährlich vom Wasser eingekreist wurden. Er ist bereits bei ihnen und hat einem kleinen Mädchen einen Säugling aus den Armen genommen.

Breka schließt zu Asil auf, der vor einem eingesunkenen Zelt stehen geblieben ist, unter dem dumpfe Hilferufe ertönen.

„Wir werden niemals alle retten“, ruft Asil resigniert, während er versucht, eine der Zeltbahnen anzuheben. Doch sie wird von Wasser und Dreck schwer nach unten gedrückt.

„Nein“, erwidert Breka laut, um das Rauschen der unzähligen kleineren Ströme zu übertönen und zerrt mit an der Bahn. Sie bekommen diese frei.

Asil zwängt sich unter der Bahn ein Stück ins Zeltinnere. Eine Alte streckt ihm ihre runzeligen Hände entgegen. Sie versucht, ihn näher zu winken, um ihm etwas zu geben.

„Wolf“, sie legt ihm ein kleines nasses Bündel umständlich in die Arme und bittet ihn flehentlich um etwas auf Reni. Asil nickt verstehend. Er legt der Alten mitfühlend eine Hand auf den Kopf und nimmt nickend Abschied von ihr. Dann kriecht er wieder hervor. Der Säugling in seinen Armen lebt nicht mehr.

„Hier!“ Malo drückt Asil ein weiteres Bündel in die Arme und gibt ihm ein kleines Mädchen an die Seite. „Bring DU sie weiter. Ich muss schnell zurück!“

„Rotes Wiesel soll auf sie Acht geben“, meint Breka zu Asil und deutet zu dem Jungen, der am Fuße des Abhanges steht.

„Asil!“ Tallidon winkt ihm zu und schickt ihm drei Kinder entgegen. Eines davon fällt durch eine ungewöhnlich dunkle Hautfarbe auf.
Asil atmet angespannt durch und hockt sich neben das Mädchen. „Ihr gehört wohl zusammen, was?“ Dabei setzt er in ihrem Rücken den toten Säugling ins Wasser und lässt ihn wegtreiben.
Die Kleine sieht ihn aus großen dunklen Kulleraugen an und sagt kein Wort. Er nimmt ihre Hand und wartet, bis die drei größeren Kinder bei ihm angelangt sind. Sie mögen sechs bis zehn Winter zählen. Alt genug um das zu schaffen, was ihnen auf ihrem Weg zum Abhang bevorsteht. Ihre Augen sind schreckgeweitet und verweint.
„Kommt“, meint Asil und versucht, seine Stimme sanft klingen zu lassen. Und die Kinder verstehen. Asil wendet sich nun den unzähligen kleineren Strömungen zu, die sich in den Schlamm gegraben haben, und sucht den einfachsten Weg durch diese hindurch. Der Untergrund ist glitschig und lässt ihn mitunter knietief versinken. Und trotz dem die unzähligen verzweigten Strömungen nur bis zu ein paar Schritt schmal sind, so sind sie dennoch reißend und könnten leicht ein Kind mit sich fortführen. Und immer wieder müssen sie an Toten vorbei, die im Schlamm stecken.
Plötzliches Gekreisch lässt Asil herumfahren. Eines der Kinder, jenes mit der dunklen Hautfarbe, hat sich neben eine tote Reni in den Schlamm gekniet und kann nicht aufhören, zu schreien.
Asil schluckt. Vertraute Bilder steigen in ihm hoch. Er setzt sich die Kleine, die er an der Hand geführt hatte, auf die Schultern und zerrt den Jungen von seiner toten Mutter fort. „Komm“, versucht er, ihn zu beruhigen. Der Reni blickt ihn heulend an und schüttelt immer wieder den Kopf, versucht, zurück zur Leiche zu gehen. Asil klemmt ihn sich einfach unter den Arm und bedeutet den anderen beiden mit dem Kopf, ihm weiter zu folgen. Er versucht, sich das Geschrei des Kindes nicht zu nahe gehen zu lassen, während er wieder nach dem leichtesten Weg sucht. Sie haben es bald geschafft. Es trennen sie vielleicht noch zehn Schritt von der Steilwand. Die Kleine auf seinen Schultern versucht, sich an seinem Kopf festzuhalten und bedeckt dabei mit ihren dreckverschmierten Händchen immer wieder seine Augen. Durch Asils Körper geht plötzlich ein ganz sanftes Vibrieren. Er versucht, mit einer hochgezogenen Schulter seinen Blick wieder von den Kinderhänden zu befreien und herrscht den Jungen unter seinem Arm derb an, ruhig zu sein. Der Kleine tut ihm erschrocken den Gefallen, so dass das aufgeregte Gekreisch von Rotes Wiesel an Asils Ohr dringt. Und was Asil dann hört und sieht, lässt ihm das Blut in den Adern gefrieren.

„Lauft“, ruft er den Kindern zu und beginnt, mit großen Schritten über die Bäche zu setzen. Der Damm hat begonnen, den drängenden Kräften von Wasser und Schlamm nachzugeben. Er löst sich unter unbeschreiblichem Getöse von der Uferseite her, die zur Ebene hin zeigt, auf, wird von dunklen Wassermassen regelrecht weggesprengt. Es bewirkt, dass die Ströme, über die Asil und die Kinder hinweg müssen, plötzlich versiegen. Alles Wasser schießt aus dem sich auflösenden Damm heraus, um wieder seinem alten Flussbett zu folgen. Asil erreicht den trockenen Übergang zum Talabhang und stellt den Reni-Jungen auf die Füße. Die anderen beiden Reni-Kinder kommen neben ihn und blicken wie gebannt zurück auf den Fluss. Asil erkennt die Männer, die versuchen, sich vor den herannahenden Wassermassen in Sicherheit zu bringen. Ein paar von ihnen haben sich ein Kind unter den Arm geklemmt. Der Fluss bahnt sich wie eine gigantisch große schwarze Zunge wieder seinen Weg durch sein altes Bett, schießt schnell mit seinen angestauten Wassermassen über dieses hinaus, reißt die abgelagerten Schlammbereiche mit sich und erreicht bereits die ersten halbversunkenen Zelte der Reni. Er reißt diese einfach weg, als wären sie so leicht wie Federn. Unzählige Baumstämme wogen im Wasser und stoßen unter dumpfem Gekrache gegeneinander. Asil muss hilflos mit ansehen, wie die Veni nur einen Steinwurf von der reißenden Flut entfernt um ihr Leben laufen. Tallidon, der dem Fluss am nächsten ist, stürzt. Und ehe er sich wieder aufgerappelt hat, ist das Wasser bei ihm, erfasst sein Bein.
Asil schreit entsetzt auf. Gebannt starrt er auf Tallidon, der noch immer am Boden kauert und rücklings wie ein Krebs vor dem Wasser zurückweicht. Da begreift Asil, dass das Wasser wieder in sein Bett zurückfließt. Es wird nicht noch höher steigen.

Der Frieden der Stämme

Die Clans und diejenigen, welche von den Reni übriggeblieben sind, haben sich oben auf dem Felsabsatz versammelt. Der Klang von Trauergeschrei hat sich noch nicht wieder gelegt. Im Herzen sind die Clans bei den Reni. Etwa zwanzig Reni haben die Katastrophe nicht überlebt. Nur fünf Älteste, Eisfuchs, dreiundzwanzig junge Reni-Männer und –Frauen sowie deren zwölf Kinder sind von ihnen übrig geblieben. Und sieben Kinder, die elternlos geworden sind. Sie haben nun die Stärke von zwei großen Wald-Clans.
Rose setzt sich neben Breka und Asil ans Feuer. Sie hat einen Säugling auf dem Arm. „Wolf", beginnt sie, bricht dann jedoch kopfschüttelnd ab und wischt sich übers Gesicht.
Breka streicht ihr anteilnehmend übers Haar und drückt sie kurz an sich.
Rose atmet durch. „Was soll nun werden?"
Breka nickt. „Wir besprechen das, wenn ihr genug getrauert habt."
„Ich kann nicht aufhören, mich zu sorgen. Und Eisfuchs ist gerade nicht in der Lage, einen klaren Gedanken zu fassen."
Die Trauer seines Sohnes ist tief. „Wir werden das alle zusammen besprechen", beharrt Breka.
„Kommst du zu den Reni zurück?" Rose betrachtet ihn erwartungsvoll.
„Nein, Rose", erwidert Breka festen Herzens und beobachtet, wie sie sich wieder schwerfällig mit dem Säugling auf ihrem Arm erhebt. „Aber die Reni könnten sich auf die Waldstämme aufteilen. … Wir wollen das später besprechen."
Rose hingegen schüttelt den Kopf. „Wir sind Kinder der Weiten Ebene. Das Waldleben ist nichts für uns."
„Das habe ich auch einmal gedacht", wendet Breka ein.
„Nein Wolf", erwidert Rose. „Du hast im Herzen nie aufgehört, ein Veni zu sein."
Er muss ihr schweigend Recht geben.
Rose entfernt sich von ihm.
„Sie wollen zurück auf die Ebene", brummt Mora, der sich zu ihnen gesellt hat. „Eisfuchs ist unbeirrbar. Ich habe mich lange mit ihm unterhalten. Denn die Mora könnten Jäger gebrauchen. Wir haben durch das Mamont große Verluste erlitten."
Breka zwinkert ihm zu. „Aber die Schönheiten deines Stammes haben schon alleine von uns Veni zwei junge Jäger angezogen."

„Ihr gebt sie frei", fragt Mora wachsam, während er abwechselnd von Breka zu Asil blickt, der neben seinem Bruder sitzt.
Asil nickt. „Es ist ihr Wunsch", erwidert er zerstreut und erhebt sich von seinem Fell, um Rose hinterher zu folgen, die ihre Schritte zu den Veni gelenkt hat. Sie steuert direkt auf Edil zu, welche, um nicht im feinen Staub zu versinken, unter anderen Veni auf einem der Zelte Platz genommen hat, das sie aus dem Schlamm gerettet haben.
Der Gang zu Edil fällt Rose nicht leicht. Doch er ist wichtig für das Überleben des Kindes auf ihrem Arm.
„Edil." Rose hat nun deren Aufmerksamkeit. Sie weiß, dass Edil ein Kind verloren hat und Milch in ihren Brüsten nur darauf wartet, getrunken zu werden. Edil hat sich die Brüste mit einer weichen Lederbahn hochgebunden, um den Milchfluss zu stoppen. Eine unglaubliche Vergeudung. Sie gibt Edil den Säugling schweren Herzens in die Arme. Im Grunde sehnt sich ihr eigenes Herz nach ihm. Doch sie kann ihn nicht stillen.
Edil nimmt das Kind von Rose mit großen Augen entgegen. Rose nickt ihr mit verschwommenem Blick aufmunternd zu und wendet sich eilig von ihr ab. Sie prallt mit Asil zusammen.
„Asil", haucht Edil und starrt ungläubig auf das Kind in ihren Armen herab.
Asil kniet sich neben sie. Er kennt das Kleine genau. Hatte er es doch lange genug auf dem Arm gehabt, um sich die dunklen Augen und die feinen Züge einzuprägen. Er bemerkt das kleine Mädchen, das zu ihm gehört, und sich unschlüssig und verloren vor den Veni herumdrückt. Es blickt verstohlen zu ihnen herüber. Asil nickt ihm lächelnd zu und winkt es auffordernd zu sich heran. Das Kind kommt scheu in ihre Nähe und bleibt unschlüssig ein paar Schritte von ihnen entfernt inmitten der Veni stehen.
Edil hat ihre schmerzhaft geschwollenen Milchbrüste freigemacht und legt den Säugling an. Sie verzieht das Gesicht ein wenig gequält, als dieser geschäftig an ihrer Brustwarze zu saugen beginnt. Doch es funktioniert. Als wenn es nichts Selbstverständlicheres gäbe. Es macht sie derart glücklich, dass sie sich schniefend die Tränen von den Wangen wischt. Es entschädigt sie für alles. Freudestrahlend blinzelt sie zu Asil neben ihr herüber, der ihr ein verstehendes Lächeln schenkt. Er hat ein kleines Mädchen an der Hand, welches Edil mit großen, dunklen Augen erstaunt ansieht.

„Wir müssen zurück in den Wald. Hier im Staub lässt es sich nicht leben“, raunt Mora mit gesenkter Stimme, um die Schlafenden nicht zu wecken.
Breka übersetzt seine Worte den fünf Reni-Ältesten, die sich ihrer Runde angeschlossen haben. Nur die Jüngsten von ihnen haben es geschafft. Adlerschrei weilt nicht mehr unter ihnen. Doch Weißer Falke hat überlebt.
„Wir sind gerade dabei, unsere gesamten Fleischvorräte aufzuzehren“, wendet Asil ein.
„Ja. Wir müssen jagen, bevor wir zurückkehren“, pflichtet ihm Breka bei.
Gedankenvolle Stille macht sich unter den Anführern der Stämme breit.
„Meint ihr, ihr könntet eine Herde Rentiere hierher rufen“, unterbricht Malo sie fragend. Er hat einen dunkelhäutigen Jungen bei sich, der mit dem Kopf auf Malos Beinen eingeschlafen ist. Es ist unter den Reni ganz augenscheinlich nicht sein einziges Kind. Doch das einzige, das mutterlos geworden ist und dem er sich angenommen hat.
Breka und Eisfuchs wechseln einen übereinstimmenden Blick und nicken.
„Also gut“, meint Mora. „Dann jagen wir und fördern alles mit Rutschen von hier weg.“
„Bis dahin, wo kein Staub mehr liegt“, sinnt Malo weiter.
Asil nickt. „Dort legen wir unsere Vorräte neu an.“
„Ja“, pflichtet ihm Mora bei. „Und dann trennen wir uns. Bis zum nächsten Frühling. In Anbetracht der Trauer jedoch ohne ein Fest, wie ich meine.“
Sie nicken übereinstimmend.
„Und die Jagdgründe gehören nun allen“, wiederholt Eisfuchs noch einmal. Sie hatten sich einhellig darauf geeinigt. „Die Reni brauchen die Weite der Ebene zum Leben. Aber wir wissen nun, wie die Herden ziehen und werden keinen Hunger mehr leiden. Und wenn die Stürme zu stark werden, kommen wir in die bergigen Wälder hier.“
„Ihr steht nun unter dem Schutz der Mutter“, meint Veni bedächtig. „Ich hoffe, dass wir uns im nächsten Frühling alle wohlbehalten wiedersehen.“
Breka sieht Eisfuchs durchdringend an. Denn wie alle aus den Waldclans zweifelt er, ob die Entscheidung der Reni, weiterhin auf der Ebene zu verharren, so weise ist. Aber die Rentierjäger sind absolut unbeirrbar. Es macht ihm deutlich, dass er wahrhaft ein Veni ist. Weißer Falke reißt ihn aus der Versonnenheit, indem er ihn fragender

Miene an seinem Oberteil zupft. Breka übersetzt ihm ihre Worte.
Als er geendet hat, wiegt Weißer Falke den Kopf. „Ich habe eine neue Gefährtin bei den Konsai gefunden."
Die Jäger grinsen. Denn es ist Keinem entgangen, dass er sich zu einer rothaarigen Konsai-Schönen hingezogen fühlt.
„Es ist abgemacht, dass ich zu den Konsai gehe."
Konsai nickt ihm zu. Und seine Hände sprechen zum Erstaunen aller davon, dass Weißer Falke der neue Anführer der Konsai sein wird.
„Aber deine Söhne wollen bei den Reni bleiben", fragt Eisfuchs sicherheitshalber.
Breka weiß, dass die vier Söhne von Weißer Falke erfahrene Jäger sind und sein Sohn nur ungerne auf sie verzichten würde.
„Ja. Sie bleiben", kommentiert es Weißer Falke.
Asil hebt die Schultern. „Die Veni haben zwei Reni-Kinder aufgenommen. Und wir knüpften neue Verbindungen. Es werden zwei Frauen zu den Konsai gehen und ein junger Mora möchte zu uns kommen." Er sieht Breka tief in die Augen. „Und mein Bruder, der lange bei den Reni gelebt hat, ist wieder zu seinem Stamm zurückgekehrt. Die Veni haben nun zwei Seher, die sich die geistige Führung des Stammes teilen."
Mora nickt. „Und zwei Veni-Jäger werden zu Mora. Malo von den Reni ist der neue Anführer der Mora geworden."
Breka wechselt mit Malo einen nachdenklichen Blick. Dann lächeln sie sich zu. „Wir werden alles daran setzen, den Frieden untereinander zu wahren. Denn wir können uns unter dieser Kälte keine Feindschaften leisten. Wir sind aufeinander angewiesen." Man raunt ihm beipflichtend zu. Er atmet auf. Es ist ein hoffnungsvoller Neuanfang.

Keril bindet sich aufgeregt das lange, braune Haar im Nacken zusammen. Er wirft Babuk ein triumphierendes Grinsen zu und legt mit stolz geschwollener Brust einen Pfeil an die Sehne seines Bogens. Sie stehen unter ebenso jungen Jägern, wie sie es sind. Reni, die schon mächtig viel Jagderfahrung vorweisen können. Endlich dürfen sie nun zusammen mit den erwachsenen Jägern Beute machen. Ulan und Tallidon konnten es ihnen angesichts dieser jungen Reni nicht länger verwehren.
Aufmerksam blickt Keril einer riesigen Herde Rentieren entgegen, von denen beinahe nichts weiter als die Geweihe aus der aufgewirbelten Staubwolke hervortreten. Asil bedeutet ihnen, noch ein wenig zu warten, bis noch mehr von ihnen in Schussweite gekommen sind. Die

Tiere sind auffällig ruhig und folgen dem lockenden Gesang von Breka und Eisfuchs, die oben auf dem Talabsatz sitzen.
Asil gibt das Zeichen und endlich ist es soweit. Keril konzentriert sich auf einen großen Bullen, der ihn direkt ansieht, und schickt diesem seinen ersten Pfeil entgegen. Euphorisch begrüßt er es, dass er ihn tödlich getroffen hat.
Breka beruhigt die Tiere. Er bedankt sich bei ihnen, verspricht ihnen, dass eines Tages auch die zu Staub zerfallenden Körper der Menschen die Kinder der Rentiere nähren werden. Dann, wenn sich ein weiterer Kreislauf im unendlich erscheinenden Kreislauf der Natur wieder geschlossen hat. Auch wenn er insgeheim hofft, dass es noch lange dauert, bis er selbst geht. Denn er hat ja gerade erst begonnen, seine Welt zu entdecken. Eine manchmal gnadenlos erscheinende Welt, hinter der jedoch eine alles liebende Kraft steht, die jedem und allem zum Antrieb gereicht. Die Breka ergründen will, von der es alles zu erlernen gilt. Die ihm das Überleben des Clans sichert, wenn er im Einvernehmen, im EINKLANG mit ihr ist. Die sie schützt und die schweren Zeiten, welche vor ihnen liegen, überstehen lassen wird.
Breka löst sich von den Rentieren und öffnet die Augen. Die Herde beginnt nun, erschreckt in alle Richtungen auseinanderzustieben. Doch es bleiben viele tote Körper von ihnen zurück, so dass Breka seinem Sohn freudig die Schulter klopft. Die Beute ist als Vorrat für die Reni und die Wald-Clans mehr als ausreichend. Im Herbst werden sie vielleicht wieder herkommen, um ihre Wintervörräte von den in die Ebene hinausziehenden Rentieren anzulegen.
Veni kommt neben ihn und schenkt ihm ihr zauberhaftes Lächeln.

Eine Kraft, die alles mit Liebe durchdringt.
Auch einen selbst.

Wenn man es zulässt.

Nachwort

LiebeR LeserIN.
Hat Dir der Roman gefallen? Dann lass es mich doch bitte durch eine Kundenrezension wissen. Dieses Feedback ist äußerst wichtig für mich. Falls Du gar Anregungen hast oder einen Austausch mit mir suchst, dann besuche mich doch auf meinem Blog oder meiner Fanseite bei Facebook. Die Links dazu findest Du auf meiner Homepage (siehe letzte Seite).

Doch zurück zum Buch.

Die Charaktere der Geschichte sind frei erfunden.
Sie spielen im Spätpaläolithikum vor 12.700 Jahren. Am Ende der Weichselkaltzeit, als nach einer Warmphase (Alleröd-Interstadial) ein scharfer Kälterückfall die letzte Kaltphase der Eiszeit einleitete. Diese wird Jüngere Dryas genannt. Namensgebend ist ein kleines Rosengewächs, die Weiße Silberwurz (*Dryas octopetala*), die während dieser Kaltphase hauptsächlich das Tundrengebiet überzog. Für 1.200 Jahre senkte sich Kälte über die nördliche Hemisphäre. In Mitteleuropa lagen die Sommertemperaturen bei 14°C, die im Winter bei -15 bis -20 °C. Das Jahresmittel war 13°C kälter, als heute.
Danach sollte das Holozän beginnen, unsere jetzige sogenannte „Nacheiszeit", die geologisch gesehen jedoch nur die nächste Warmzeit innerhalb eines globalen Eiszeitalters darstellt, in dem sich etwa 15.000 Jahre andauernde Warmzeiten mit 90.000 Jahre anhaltenden Kaltzeiten abwechseln.
Man nimmt an, dass die Kälte zu Beginn der Jüngeren Dryas vergleichsweise abrupt einsetzte. Ausgelöst in einer Warmphase (Alleröd-Warmzeit) durch ein rasches Abschmelzen des Arktischen Eisschildes und der damit einhergehenden Vermischung von Süß- und Salzwasser. Der Salzgehalt des Meereswassers sank dadurch. Es hatte den Stillstand einer ökologisch bedeutsamen Meeresströmung zur Folge, die auf dem Absinken schwerer saliner Wässer beruht. Der Golfstrom kam zum Erliegen. Die Thematik ist brandaktuell, Korrelationen zur heutigen Gefahr des Erliegens des thermohalinen Kreislaufes im Nordatlantik werden in wissenschaftlichen Kreisen gezogen. Warme tropische Gewässer könnten dann somit nicht mehr vom Äquator in die nördliche Hämisphäre transportiert werden, was zur

Vereisung von letzterer führen würde. Genau wie damals, vor 12.700 Jahren.
In der Alleröd-Warmzeit (zwischen den Kältephasen der Älteren und der Jüngeren Dryas gelegen) war Europa mit großen, lichten Waldflächen überzogen, die von den sog. Federmessergruppen besiedelt wurden. Sie gingen aus der Kultur des Oberen Magdalénien hervor, die in Deutschland insbesondere auf den Mittelgebirgsraum beschränkt war. Ihre Pfeilspitzen bestanden aus paarigen Federmessern. Sie lebten nach bzw. in Überlappung mit den Rentierjägern der Hamburger Kultur, die nördlich der Mittelgebirgsschwelle beheimatet waren und in der nachfolgenden Kälteperiode der Älteren Dryas vermutlich nach Süden bis in die Mittelgebirge abwanderten. Später dann, mit Einbruch der Jüngeren Dryas, zog sich der Wald aufgrund der Kälte nach Süden zurück und wich einer von Baumgruppen durchsetzten, endeiszeitlichen Tundra-Vegetation. Insbesondere Krähenbeere und Silberwurz breiteten sich aus. Die Waldclans in der Geschichte beziehen sich auf die mobil lebenden Federmesser-Gruppen, die dann im Verlauf der Jüngeren Dryas nur noch im bergigen Waldland des südlichen Mitteleuropa beheimatet waren. Die Reni hingegen sind als Vertreter der Ahrensburger Kultur, bzw. der Stielspitzen-Gruppe, zu sehen. Es waren spezialisierte Rentierjäger, die, ähnlich wie die Rentierjäger der Hamburger Kultur, nördlich der Mittelgebirgsschwelle lebten. Hingegen jedoch in der Jüngeren Dryas-Zeit. Ihre typischen Pfeilspitzen bestanden aus gestielten Klingen, wie in der hiesigen Geschichte beschrieben (siehe Einband-Motiv). Sie lebten nomadisch, waren jedoch nicht nur auf das waldlose Flachland des nördlichen Mitteleuropas beschränkt (Nordwesteuropäisches Flachland, Niederrheinische Bucht), sondern kamen auch zweifelsfrei bis in die südlich angrenzenden Mittelgebirge hin vor.
Es war eine Zeit, in der die großen Rentierherden zum letzten Male auf ihrer jahreszeitlichen Wanderung bis weit nach Süden vorstießen. Man vermutet, dass die Rentierjäger die Herden im Frühling am Mittelgebirgssaum an Engstellen abpassten, um sie in großer Vielzahl zu erlegen, bevor sie in die Wälder entschwanden. (*Baales, 2006*)
In Gräbern der Rentierjäger gefundene Hundeknochen lassen auf eine bereits früher vollzogene Domestikation des Wolfes schließen. Vermutlich wurde er zur Jagd eingesetzt, aber auch als Last- und Zugtier.
Man nimmt aufgrund der unterschiedlichen Ausbildung der Klingen bei den Rentierjägern der Stielspitzen-Gruppen und den Waldclans der

Federmesser-Gruppen unterschiedliche Völker mit unterschiedlichen Traditionen an. Aus Grabfunden wird jedoch schon im Magdalénien eine Hierarchie innerhalb der Stämme bzw. der kleineren Clans abgeleitet. Man fand Kinder mit reich geschmückten Gewändern, die sich unmöglich schon irgendwelcher Verdienste ausgezeichnet haben konnten, deren Führungsstatus also vermutlich auf sie vererbt wurde (*Behringer, 2011*).

Es ist nicht viel über den Glauben der Steinzeitjäger bekannt. Man nimmt an, dass es über viele tausend Jahre einen Weiblichkeits-Kult gab (Venusstatuetten, Vulva-Motive), in welchem nach Ansicht der Wissenschaft die Regenerierung des Kosmos, das Weltbild einer zyklischen Erneuerung zum Ausdruck kommen könnte. Der in diesem Buch aufgeführte uralte Glaube an die Erdmutter als eine weibliche Gottheit, die als lebendiges Wesen verstanden wird, steht damit im Zusammenhang. Weiterhin wird hier gezeichnet, dass ein schamanisches Wissen bei den Steinzeitjägern vorlag, äquivalent zum überlieferten Wissen heutiger indigener Völker. Diverse steinzeitliche Felszeichnungen wurden von einigen Fachleuten dahingehend interpretiert. Unbestreitbar ist der Schamanismus eine der ältesten Formen religiösen Verhaltens der Menschheit.
Und Kenntnisse über die Mysterien der Natur können von all jenen erlangt werden, die in der Lage sind, sie zu sehen. Egal, zu welcher Zeit. Das hiesige Wissen darüber wurde von den großen Mystikern des Mittelalters entlehnt, insbesondere Hildegard von Bingen. Aber auch anderen Glaubensrichtungen, wie dem Buddhismus. Denn allen Glaubensrichtungen liegt im Kern das von ihren Begründern GESEHENE zu Grunde, welches, wohlgehütet, dann in verschiedener Art und Weise ausgelegt wurde (sog. Weisheitsreligion) und in dessen Folge Verhaltensregeln für das „einfache Volk“ aufgestellt wurden.
Dann, in der erneuten Kaltphase (Jüngere Dryas), war der Glaube vielleicht von einem Sturmvater beeinflusst. Denn die furchtbaren Staubstürme, welche von Aufwinden über dem Eisschild herrührten und Boden vom vegetationslos gewordenen Eis-Vorland aufblies, müssen sehr prägend gewesen sein. Noch heute erinnern viele Meter mächtige sog. Lößablagerungen von diesen Ereignissen. Zwar werden erst mit dem Aufkommen eines ersten Schrifttums im Vorderen Orient vor etwa 5000 Jahren (Sumerer) strafende Gottheiten fassbar. Dabei führt der sumerische Sturmvater Ischkur/ Adad diese als oberste Gottheit von Anbeginn an. Doch könnten deren Wurzeln noch viel

weiter zurück reichen. Vielleicht bis zum Verlust des Paradieses in der Jüngeren Dryas-Zeit (*W. Behringer, 2011*).

Literatur

Michael Baales (2006): **Der „Hohle Stein“ bei Kallenhardt, Stadt Rüthen, Kreis Soest.** In: H. G. Horn (Hrsg.): Neandertaler + Co., 204-206.Michael Baales

Michael Baales (2005): **Ein kurzer Gang durch die älteste Geschichte Westfalens.** In: Archäologie in Ostwestfalen, Band 9. Bielefeld, S. 11–37

Wolfgang Behringer (2011): **Kulturgeschichte des Klimas: Von der Eiszeit bis zur globalen Erwärmung**, Deutscher Taschenbuch Verlag, ISBN-13: 978-3423346528

Olaf Jöris, Martin Street, Frank Sirocko (2009) Kap. 16: **Rentierjäger der Jüngeren Dryaszeit- das letzte kaltzeitliche Intermezzo (12.700 – 11.500 BP).** In: F. Sirocko (Hrsg.), Wetter, Klima, Menschheitsentwicklung. Von der Eiszeit bis ins 21. Jahrhundert (WBG Darmstadt), 100-102.

Helena Wegner (2004): **H. P. Blavatsky und die Weisheitsreligion-** Grundlegende Texte der esoterischen Lehre der Gegenwart, ISBN 3-89427-262-7

Weitere Bücher von **Evelyn Holmy**:

„Die rote Farbe des Schnees“ – Mittelalter-Roman

„Wolfsherzen- eine Liebe in Alaska“ – Abenteuer-Roman

Weitere Informationen unter:
http://evelyn-holmy.jimdo.com

35372700R00150

Printed in Poland
by Amazon Fulfillment
Poland Sp. z o.o., Wrocław